ZONE

기본편 2

GRAMMAR ZONE 기본편 2

지은이	NE능률 영어교육연구소
선임연구원	김진홍 한정은
연구원	배연희 이하나 송민아 김지현 신유승
영문교열	Patrick Ferraro Lisa Young Benjamin Robinson Lewis Hugh Hosie
표지·내지디자인	닷츠
내지일러스트	정대웅 김나나
맥편집	허문희
Photo credits	http://www.shutterstock.com

Let's grow together

NE능률이
미래를
창조합니다.

건강한 배움의 고객가치를 제공하겠다는 꿈을 실현하기 위해
40년이 넘는 시간 동안 열심히 달려왔습니다.

앞으로도 끊임없는 연구와 노력을 통해
당연한 것을 멈추지 않고

고객, 기업, 직원 모두가 함께 성장하는 NE능률이 되겠습니다.

NE 능률

'대한민국 영문법 교재의 새로운 표준'을 표방하며 2004년 처음 출간된 이후로 Grammar Zone 시리즈는 수많은 학교와 학원에서 강의용 교재로 활용되었고, 과외용 또는 자습용 교재로도 많은 학습자들에게 사랑 받아 왔습니다. Grammar Zone 시리즈가 이렇게 많은 인기를 얻게 된 이유는 다음 두 개의 영어 형용사로 설명할 수 있을 것 같습니다.

Authentic

Grammar Zone 시리즈는 실생활에서 쓰는 대량의 언어 데이터(코퍼스, corpus)를 분석하여 자주 사용되는 구문 중심으로 문법 항목을 선정했기 때문에 더 이상 사용하지 않는 문법은 공부할 필요가 없도록 구성했습니다. 또, 문법 설명만을 위해 만들어진 어색한 예문을 배제하였고, 영미문화권에서 실제로 사용되는 활용도 높은 예문을 제시하였습니다.

Practical

물론 영어에는 일정한 규칙이 있지만, 언어는 계속해서 변화하는 것이기 때문에 지나치게 규칙에 얽매이면 영어라는 언어를 종합적으로 이해하기가 불가능해집니다. Grammar Zone 시리즈는 분석적인 규칙 제시를 최소화하고, 실제 활용도가 높은 예문과 구문을 제시하여 이를 통해 자연스럽게 문법을 이해할 수 있도록 하였습니다. 또한, 학생들이 문법 학습을 하는 궁극적인 목적은 독해력 향상이므로, 문법 학습 후에는 이를 바로 적용해 볼 수 있는 독해 지문을 제시하여 문법 실력과 독해력을 동시에 높일 수 있게 하였습니다.

이번에 Grammar Zone 2차 개정판을 기획하면서 몇몇 독자로부터 영문법이 자주 바뀌는 것도 아닌데 개정이 필요하냐는 얘기를 듣고, 일면 타당한 의견이라고 생각했습니다. 하지만 빠르게 변화하고, 특히 다양한 매체가 존재하는 요즘에는 하루가 멀다 하고 신조어와 새로운 언어 규칙이 생겨나고 있으며 몇 년 사이에 더 이상 쓰지 않는 말들도 많아지고 있습니다.
이제 '대한민국 영문법 교재의 표준'이 된 Grammar Zone은 이런 언어의 변화상까지 담을 수 있어야 한다고 생각했습니다. 그것이 Grammar Zone의 장점인 'authentic'하고, 'practical'한 면을 유지할 수 있는 길이라고 믿기 때문입니다.

구성과 특징

문법학습을 위한 단계적 구성

본 책은 유기적이고 단계적인 구성을 통해 영어 실력을 효율적으로 업그레이드 할 수 있도록 만들어졌습니다. 먼저 동사에 대한 이해를 쌓고, 4~6장 준동사 부분에서 구에 대한 개념을 학습합니다. 이후 7, 9장에서는 절의 개념을 배우고, 구와 절을 총 정리한 15장 〈독해력 향상을 위한 문장구조 이해하기〉를 통해 문장 성분을 구조적으로 파악할 수 있는 종합적인 안목을 키울 수 있습니다.

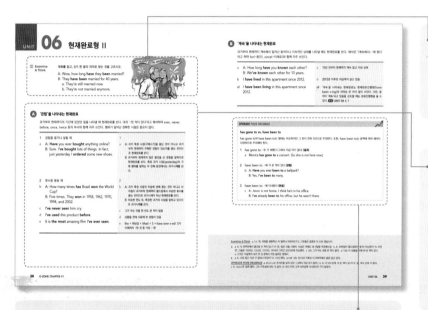

EXAMINE & THINK

간단한 문장이나 문제를 통해 UNIT의 주요 문법 개념에 대해 미리 생각해 볼 수 있습니다.

문법 해설

원어민들이 실제로 사용하는 문법을 담아 살아있는 문법 학습을 할 수 있습니다. 실용적인 예문과 그에 대응하는 설명을 함께 제시하여 한눈에 읽고 이해할 수 있습니다. 관련 UNIT을 **참조**로 제시함으로써 종합적인 문법 학습을 가능케 합니다.

UPGRADE YOUR GRAMMAR / LEARN MORE EXPRESSIONS

두 개의 코너를 통해 주요 문법과 표현의 심화 학습이 가능합니다. UPGRADE YOUR GRAMMAR에서는 중요한 문법 사항의 원리를 보다 자세하게 설명하고, LEARN MORE EXPRESSIONS에서는 실제 활용되는 다양한 표현들을 제시했습니다.

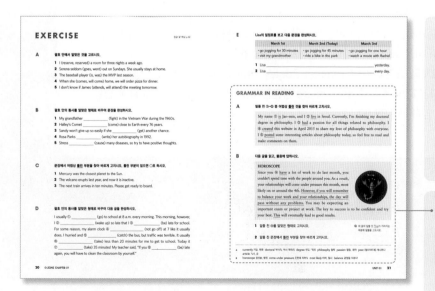

EXERCISE

각 UNIT에서 학습한 내용을 바로 확인할 수 있도록 다양한 유형의 연습 문제를 수록했습니다. 유의미한 드릴부터 사고력을 길러주는 서술형 문제에 이르기까지 풍부한 연습 문제를 통해 문법 실력을 다지고 쓰기 능력을 동시에 강화할 수 있습니다.

GRAMMAR IN READING

다양하고 흥미로운 소재의 지문을 통해 앞에서 배운 문법 지식을 독해에 바로 적용해 봄으로써 독해력 또한 높일 수 있습니다.

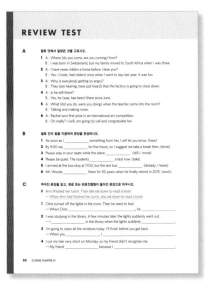
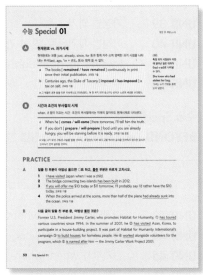
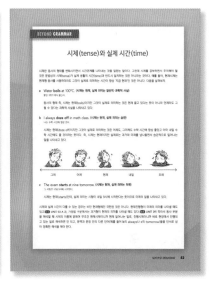

REVIEW TEST

각 CHAPTER마다 학습한 문법사항에 대한 총정리를 할 수 있도록 REVIEW TEST를 수록했습니다. 테스트를 통해 문법 학습 이해도를 점검하고, 나아가 내신 및 서술형 평가를 체계적으로 대비할 수 있습니다.

수능 Special

수능 기출 및 평가원 문제의 어법 문항을 분석하여 자주 출제되는 문법 요소를 따로 학습할 수 있도록 구성했습니다. 이 코너만으로도 수능 어법 필수 개념을 마스터할 수 있습니다.

BEYOND GRAMMAR

영어의 감각을 익히고 원리를 이해함으로써 앞에서 배운 문법을 더욱 깊이 있게 이해할 수 있도록 하였습니다.

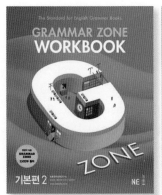

WORKBOOK 별매

본 교재와 연계된 워크북에서 더욱더 많은 문제를 풀어볼 수 있습니다.
양질의 다양한 문제를 통해 배운 사항을 확인하고 문법 실력을 더욱 공고히 다질 수 있습니다.

Contents 기본편 2

Contents 기본편 1

CHAPTER

08

SUBJUNCTIVE MOOD

가정법

가정법이란, 실제 사실을 있는 그대로 말하는 직설법과는 달리, 사실과 반대되는 가정, 상상, 소망, 후회, 추측 등과 같은 화자의 심리 상태를 나타내는 동사의 형식을 말한다. if로 시작하는 조건절 안에서 가정법이 쓰이는 경우가 많다.

이 장에서는 현재 사실의 반대나 실현 가능성이 없는 일을 가정할 때 쓰는 **가정법 과거**와 과거 사실의 반대나 과거에 실현하지 못한 일을 가정할 때 쓰는 **가정법 과거완료**를 중심으로 다루었다. were to를 이용한 가정법은 동사의 형태가 과거시제인 것에 초점을 맞추어 '가정법 과거'에서 다루었다.

■ 가정법의 종류

가정법 과거 **If** he **were** here now, I **would be** very glad. 그가 지금 여기 있다면 내가 참 기분이 좋을 텐데. **If** I **became** a wizard, I **could do** anything. 내가 마법사가 된다면 나는 뭐든지 할 수 있을 텐데.	현재 사실을 반대로 가정하거나 실현 가능성이 희박한 일을 가정
가정법 과거완료 **If** I **had been** there, I **could have met** him. 내가 거기에 있었다면 그를 만날 수 있었을 텐데.	과거 사실을 반대로 가정
혼합 가정법 **If** I **had taken** the train, I **would be** in Seoul by now. 그 기차를 탔다면 나는 지금쯤 서울에 있을 텐데.	현재에까지 영향을 미치는 과거의 사실을 반대로 가정

UNIT 39 가정법 과거

□ **Examine & Think**

다음 문장이 나타내는 내용으로 맞는 것을 고르시오.

If I **were** a witch, I **could fly** on a broomstick.
    a. I'm a witch.
    b. I'm not a witch.

A 가정법 과거의 개념

가정법 과거는 현재 사실과 반대되는 일이나 실현 가능성이 희박한 일을 가정하거나 상상할 때 쓴다. if절에 항상 동사의 과거형을 쓰기 때문에 '가정법 과거'라고 부르며 '(만일) ~라면 …일[할] 텐데'와 같이 현재시제처럼 해석한다. 현재의 일을 과거형으로 나타내는 이유는 현재로부터 시간상 멀리 떨어진 과거형을 씀으로써 그것이 현재의 사실과는 거리가 있다는 것을 보여주기 위함이다.

a **If I were** tall, **I would play** basketball. (I'm not tall, so I don't play basketball.)	a 현재 사실의 반대: 나(I)는 키가 크지 않음
b **If I won** the lottery, **I would travel** around the world. (There's little chance that I will win the lottery, so I won't travel around the world.)	b 현재나 미래에 실현 가능성이 희박한 일: 내(I)가 복권에 당첨될 가능성이 거의 없는 상황

UPGRADE YOUR GRAMMAR

단순 조건문과 가정법의 구별

흔히 조건문 안에서 가정법을 쓰는 경우가 많은데, if가 있다고 무조건 가정법 문장인 것은 아니다. 화자가 조건문의 내용이 실현될 가능성을 어떻게 보느냐에 따라 단순 조건문을 쓰기도 하고 가정법을 쓰기도 한다.

a **If** we **have** the time, we **will go** to Europe. [단순 조건]
    우리가 시간이 있다면 유럽에 갈 거야. (실제 유럽에 갈 가능성이 있음)

b **If** we **had** the time, we **would go** to Europe. [가정법 과거]
    우리가 시간이 있다면 유럽에 갈 텐데. (시간이 없음)

c **If** we **had had** the time, we **would have gone** to Europe. [가정법 과거완료]
    우리가 시간이 있었다면 유럽에 갔을 텐데. (시간이 없었음)

다시 말해, 화자가 if절의 내용에 실현 가능성이 있다고 생각하면 a와 같이 주어의 수와 시제에 따라 동사가 바뀌는 직설법을 쓰며, 이것은 단순 조건문이 된다. 반면, 실제 사실과 반대되는 가정을 하거나, 가상의 일을 상상한다면 b, c와 같이 가정법을 쓴다.

* 영미권에서는 조건문 a~c의 형태를 각각 1st~3rd conditionals로 구분한다.

B 가정법 과거의 형태: If + S + 동사의 과거형 ~, S + would[could/might] + V

a **If** she **lived** near here, I **would see** her every day. = I **would see** her every day **if** she **lived** near here.	a if절과 주절의 순서는 바뀌어도 상관없다.
b **If** I **didn't have** a friend like you, I **would be** very lonely.	b if절이 부정문일 경우는 「didn't + 동사원형」의 형태로 쓴다.
c **If** I **were** you, I **wouldn't lie** to her.	c if절에 쓰인 be동사는 인칭·수에 상관없이 were를
cf. **If** he **was[were]** rich, his life **would be** a lot better.	쓰는 것이 원칙이나 실제로는 *cf.*처럼 was도 자주 쓴다.
d **If** I **knew** him, I **could ask** him for help.	d-e 주절에서 조동사는 보통 would를 쓰지만, 가능성·추
e **If** I **were** you, I **might wait** for it to go on sale.	측 등의 의미를 나타내기 위해 could, might를 쓰기도 한다.

C were to를 쓴 가정법

실현 가능성이 전혀 없는 미래의 일은 if절에 were to를 써서 나타낸다.

a **If** you **were to** have the choice of any super powers, which one **would** you **choose**?	a-b 실현 가능성이 전혀 없는 일: 초능력을 갖거나 하와이로 거처를 옮기는 것은 화자가 생각하기에 실현 가능성
b **If** you **were to** move to Hawaii, I **would visit** you.	이 없는 일 (이 경우, 영국 영어에서는 were to 대신 should가 쓰이기도 함)
cf. **If** you **should** meet Tom, tell him to call me.	*cf.* 어느 정도 실현 가능성이 있는 미래의 일은 should로 나타낸다. should 대신 happen to, should happen to를 쓸 수 있다.

Examine & Think b / 내가 마녀라면 나는 빗자루를 타고 하늘을 날 텐데.

A a 내가 키가 크다면 나는 농구를 할 텐데. b 내가 복권에 당첨되면 세계 여행을 갈 텐데.
B a 그녀가 여기 근처에 산다면 나는 그녀를 매일 볼 텐데. b 너 같은 친구가 없다면 나는 정말 외로울 거야. c 내가 너라면 그녀에게 거짓말하지 않을 것이다.
cf. 그가 부자라면 그의 삶이 훨씬 더 나을 텐데. d 내가 그를 안다면 도움을 요청할 수 있을 텐데. e 내가 너라면 그것이 판매될 때까지 기다릴지도 몰라.
C a 아무 초능력이나 선택할 수 있다면 무엇을 선택하겠니? b 네가 만약 하와이로 거처를 옮긴다면 나는 너를 만나러 갈게. *cf.* 네가 혹시 Tom을 만난다면 그에게 내게 전화해 달라고 말해줘.

EXERCISE

정답 및 해설 p.02

A   괄호 안에서 알맞은 것을 고르시오.

1 If I (have, had) more friends, I would be very happy.

2 If I (am, were) younger, I (will, would) try to become a movie star.

3 If we (go, went) shopping next week, we will buy new headphones.

4 If that team (were to win, win), I would give you my car.

5 If you (see, saw) Mr. Jones, please give him my best wishes.

6 If you (teach, taught) science, you would be a great teacher.

B   두 문장이 비슷한 뜻이 되도록 가정법 과거를 이용하여 고치시오.

0 Because I have to work, I can't see you.

     → If I <u>didn't have to work, I could see you.</u>

1 Because I don't have the time, I don't do any volunteer work.

     → If I _____ .

2 As the weather isn't good, we can't eat outside.

     → If the weather _____ .

3 As I have a TV in my room, I don't read many books.

     → If I _____ .

4 My dad is not here, so I can't get any advice on this matter.

     → If my dad _____ .

5 These vegetables are not fresh, so I won't buy them.

     → If these _____ .

C   우리말과 일치하도록 보기의 말을 활용하여 가정법 문장을 완성하시오.

[보기]	eat it	find things easily	be worth a lot

1 만약 네 방이 정리되어 있다면 너는 물건을 쉽게 찾을 수 있을 텐데.

     → If your room _____ tidy, you _____ .

2 만약 이 목걸이가 금이라면 그것은 크게 값어치가 있을 텐데.

     → If this necklace _____ gold, it _____ .

3 내가 이 케이크를 좋아하지 않는다면 나는 먹지 않을 것이다.

     → If I _____ this cake, I _____ .

D 다음 각 사람들에게 해줄 수 있는 조언을 가정법을 이용하여 완성하시오. (보기의 말을 활용할 것)

> · Jessy's room is a mess.
> · Rick doesn't get along with his new boss.
> · Ted spilled milk on his computer a minute ago and doesn't know what to do.

[보기]   look for another job   put things back   turn it off immediately

1 To Jessy: If I _____ you, _____ in their proper places.

2 To Rick: If I _____ you, _____ .

3 To Ted: If I _____ you, _____ .

GRAMMAR IN READING ....

A 다음 글을 읽고, ⓐ~ⓒ의 괄호 안에서 알맞은 것을 고르시오.

> If someone ⓐ (offers, offered) you a new personality, would you accept it? If
> somebody ⓑ (says, said) to you, "I can change the way you think and act," would
> you pay to have that person do that? There might be a few things you'd like to
> change about yourself if you could. But most likely you wouldn't want to change too
> much. If you did, you ⓒ (will, would) stop being YOU!

B 다음 글을 읽고, ⓐ, ⓑ의 괄호 안의 말을 어법에 맞게 고쳐서 문장을 완성하시오.

> The concept of moving freely to different points in time is known as time travel.
> Time travel is impossible to consider without addressing the issue of paradoxes. One
> of these is known as the "grandfather paradox." Imagine that you invented a time
> machine and could travel into the past. What would happen ⓐ (if / you / meet / your
> grandfather) when he was a young man and accidentally killed him? That would
> mean that one of your parents could never be born; _____, you could never be
> born. But if you were never born, ⓑ (how / can / you exist) to travel back in time
> and kill him? Like all paradoxes, it's a logical contradiction.

ⓐ _____

ⓑ _____

Q 위 글의 빈칸에 들어갈 말로 알맞은 것은?
① therefore
② however
③ otherwise

....

A   personality 성격

B   address 언급하다 paradox 역설, 패러독스 accidentally 우연히, 뜻하지 않게 logical 논리적인, 논리학의 contradiction 모순

UNIT 40 가정법 과거완료, 혼합 가정법

⚠ Examine & Think

과거에 실제로 있었던 일을 고르시오.

If she **had set** her alarm, she **wouldn't have been** late this morning.
  a. She set her alarm.
  b. She was late this morning.

A 가정법 과거완료의 개념

가정법 과거완료는 과거 사실과 반대되는 일이나 과거에 실현하지 못한 일을 가정하거나 상상할 때 쓴다. if절의 동사가 「had v-ed」형태이기 때문에 '가정법 과거완료'라고 하며, '(만약) ~했다면 …했을 텐데'와 같이 해석한다. 과거의 일을 과거완료형으로 나타내는 이유는 과거로부터 시간상 멀리 떨어진 과거완료형을 씀으로써 그것이 과거의 사실과는 거리가 있다는 것을 보여주기 위함이다.

a **If** I **had known** the truth, I **wouldn't have criticized** him. (I didn't know the truth, so I criticized him.)	a 과거 사실의 반대: 내(I)가 진실을 몰랐음
b **If** David **had played**, we **would have won** the match. (David didn't play, so we didn't win the match.)	b 과거에 이루지 못한 일: David가 (선수로) 뛰지 않았음

criticize 비난하다

B 가정법 과거완료의 형태: If + S + 동사의 과거완료형, S + would[could/might] + have v-ed

a **If** I **had had** enough money, I **would have bought** a motorcycle.	a ≒ As I didn't have enough money, I didn't buy a motorcycle.
b **If** I **hadn't missed** the interview, I **would have gotten** the job.	b if절이 부정문이면 「had not[hadn't] v-ed」의 형태로 쓴다.
c **If** we **had prepared** for emergency situations, we **could have saved** many people.	c-d 주절의 조동사는 보통 would를 쓰지만, 가능성·추측 등의 의미를 나타내기 위해 could, might 등을 쓰기도 한다.
d **If** Pete **had come** to the amusement park with us yesterday, he **might have enjoyed** it.	

emergency 응급 (상황)

C 혼합 가정법

혼합 가정법은 주절과 종속절이 나타내는 때가 서로 다를 때 쓴다.

- 대표적 형태: If + S + 동사의 과거완료형, S + would[could/might] + V
  If + S + 동사의 과거형, S + would[could/might] + have v-ed

a **If** he **had taken** the doctor's advice, he **would be** fine now.	**a-b** (과거에) 만약 ~했더라면 (지금) …할 텐데 (if절은 과거 사실의 반대, 주절은 현재 사실의 반대)
b **If** you **hadn't been born**, my life **would be** meaningless.	
c **If** Tom **knew** me well, he **wouldn't have talked** like that.	**c** (지금) ~하다면 (과거에) …했을 텐데 (if절은 현재 사실의 반대, 주절은 과거 사실의 반대)

meaningless 의미 없는

UPGRADE YOUR GRAMMAR

가정법 과거완료와 혼합 가정법의 비교

a **If** I **had gone** to the party last night, I **would have met** lots of people. [가정법 과거완료]
   어젯밤에 파티에 갔더라면 많은 사람들을 만났을 텐데.

b **If** I **had gone** to the party last night, I **would be** tired now. [혼합 가정법]
   어젯밤에 파티에 갔더라면 지금 난 피곤할 텐데.

a는 가정법 과거완료로 if절과 주절 모두 과거에 대한 이야기이다. 반면, **b**는 혼합 가정법이 사용된 문장으로 파티에 가지 않은 것은 과거, 피곤하지 않은 것은 현재 상태에 대한 이야기이다.

<u>**Examine & Think**</u> b / 그녀가 알람을 맞춰 놓았다면 오늘 아침 지각하지 않았을 것이다.

A a 내가 그 사실을 알았더라면 그를 비난하지 않았을 텐데. b 만약 David가 (선수로) 뛰었더라면 우리는 그 시합에서 이겼을 텐데.

B a 내게 충분한 돈이 있었다면 나는 오토바이를 샀을 텐데. b 내가 면접을 놓치지 않았더라면 그 일자리를 얻었을 텐데. c 우리가 비상 상황에 대비했더라면 많은 사람들을 구할 수 있었을 텐데. d Pete가 어제 우리와 함께 놀이공원에 갔었다면 그는 아마 즐거워했을 텐데.

C a 그가 의사의 조언을 받아들였더라면 지금은 괜찮을 텐데. b 네가 태어나지 않았다면 (지금의) 내 삶은 무의미할 것이다. c Tom이 나를 잘 안다면 그런 식으로 말하지 않았을 거야.

EXERCISE

정답 및 해설 p.03

A 두 문장이 비슷한 뜻이 되도록 가정법 과거완료를 이용하여 고치시오.

0 I missed the bus, so I was late for the meeting.
→ If I hadn't missed the bus, I wouldn't have been late for the meeting.

1 I didn't bring my wallet yesterday, so I couldn't lend him any money.
→ If I _____.

2 David wore his seat belt, so he wasn't injured in the car accident.
→ If David _____.

3 As Jenny wasn't careful, she fell down the stairs.
→ If Jenny _____.

4 Because she reminded me about Mom's birthday, I didn't forget.
→ If she _____.

5 We didn't listen to his advice, so we lost all our money.
→ If we _____.

B 괄호 안의 말과 혼합 가정법을 이용하여 다음 대화를 완성하시오.

1 A: I'm so hungry. If _____ (I / eat) lunch, I wouldn't be hungry now.
B: Let's go out for a bite to eat.

2 A: You look very tired today.
B: Well, if my husband hadn't woken me up last night, _____ (I / not / be) so tired.

C 우리말과 일치하도록 보기의 말을 활용하여 문장을 완성하시오.

[보기]	would have gone	would be making	would not have met

1 만약에 네가 의대를 갔었다면 너는 지금 돈을 많이 벌고 있을 텐데.
→ If _____ to medical school, _____ a lot of money now.

2 만약에 Gina가 어제 서울에 있었다면 나는 그녀를 보러 갔었을 텐데.
→ If _____ in Seoul yesterday, _____ to see her.

3 만약에 내가 그 비행기를 놓쳤다면 나는 내 남편을 만나지 못했을지도 몰라.
→ If _____ the plane, _____ my husband.

16 G-ZONE CHAPTER 08

D 다음 상황을 읽고, 괄호 안의 말을 활용하여 질문에 답하시오.

Martha became very ill and stayed in the hospital for a week. Dan didn't know about it and didn't visit her. Then he met Martha after she left the hospital.

Q What would you have said if you were Dan?

→ If _____ that you were ill, I _____ in the hospital. (know / visit)

GRAMMAR IN READING ....

A 다음 글을 읽고, 어법상 <u>틀린</u> 부분 두 개를 찾아 바르게 고치시오.

Can assassination ever be morally justified? Some people think so. They say that if Hitler were assassinated in 1936, many Jewish people in Europe wouldn't have been killed in concentration camps and the world might not go to war in 1939.

B 다음 글을 읽고, 물음에 답하시오.

> **Astronomer Q&A**
>
> **Ⓠ** I read recently that an asteroid almost hit Earth. What could have happened if that ⓐ (occurs, occurred, had occurred)? Aren't asteroids a huge ____①____ to life on Earth? *(Jason Lee, 15, USA)*
>
> -
>
> **Ⓐ** First of all, the asteroid in question, 2000 EM26, was never that close to our planet. Despite early reports, we were not in any danger. But like you said, asteroids can be a big ____②____. If 2000 EM26 had hit Earth, it ⓑ (will cause, would cause, would have caused) widespread damage. The asteroid is estimated to be about 270 meters in diameter. That means, <u>만약 그것이 우리 행성과 충돌했다면</u>, the ecosystem could have been devastated.

1 ⓐ, ⓑ의 괄호 안에서 가장 알맞은 것을 고르시오.

2 밑줄 친 우리말과 일치하도록 괄호 안의 말을 활용하여 영작하시오.

(collide with / planet)

Q 위 글의 빈칸 ①, ②에 공통으로 들어갈 말로 가장 적절한 것은?

① failure
② threat
③ loss

A assassination 암살 (⑧ assassinate 암살하다) morally 도덕적으로 justify 정당화하다 concentration camp 강제 수용소
B asteroid 소행성 widespread 광범위한 estimate 추정하다 diameter 지름, 직경 devastate 완전히 파괴하다

41 I wish / as if [though] / It's time + 가정법

A I wish + 가정법

이루기 힘든 현재의 소망이나 과거에 이루지 못한 일에 대한 아쉬움 등을 나타낼 때 「I wish + 가정법」 문장을 쓴다.

1 I wish + 가정법 과거 (~라면 좋으련만)	**1** I wish 다음의 동사가 과거형(be동사의 경우 were)이면 현재 사실에 대한 유감이나 실현 불가능한 소망을 나타낸다.
a **I wish** she **were** here now. (I'm sorry that she isn't here.)	
b I **wish** I **knew** him better!	**a** 현재 그녀(she)가 여기에 없음
cf. **If only** I **knew** him better!	**b** 현재 내(I)가 잘 모름
	cf. If only는 I wish와 비슷하지만 더 강한 소망을 나타낸다.
2 I wish + 가정법 과거완료 (~했더라면 좋으련만)	**2** I wish 다음의 동사가 과거완료형이면 과거에 이루지 못한 일에 대한 소망이나 아쉬움을 나타낸다.
c **I wish** I **had had** a sports car. (I'm sorry that I didn't have a sports car.)	**c** 과거에 내(I)게 스포츠카가 없었음

B as if[though] + 가정법

as if[though] 다음에 동사의 과거형이나 과거완료형이 오면 현재나 과거의 사실과 반대되는 내용을 가정하여 '실제로 그렇지 않지만 그런 척한다'는 의미를 나타낸다.

1 as if[though] + 가정법 과거 (마치 ~인[하는] 것처럼)	**1**
a Mom treats me **as if** I **were** a child. (In fact, I'm not a child.)	**a** 현재 사실의 반대: 실제로는 어린아이가 아님
2 as if[though] + 가정법 과거완료 (마치 ~이었던[했던] 것처럼)	**2**
b She talked **as if** she **had been** to Venice. (In fact, she hadn't been to Venice.)	**b** 과거 사실의 반대: 실제로는 베니스에 갔던 적이 없음
cf. The woman acts **as if** she **owns** the place. (I don't know if the woman owns the place or not.)	*cf.* as if 다음에는 직설법이 올 수도 있다. 이 경우, as if가 이끄는 절의 내용이 가정의 의미가 아니고, 실제 사실일 가능성이 있음을 나타낸다. (그녀가 그 장소를 소유했을 가능성이 있음)

「as if[though] + 가정법」의 시제

as if[though] 다음에 가정법 과거가 오느냐 과거완료가 오느냐는 말하는 사람이 주절의 시제를 기준으로 언제의 일을 가정하는지에 따라 결정된다. 즉, 주절의 시제가 현재이건 과거이건 상관없이 주절의 시제와 일치하는 시점의 일을 가정할 때 「as if + 가정법 과거」를, 주절보다 앞선 시간대의 일을 가정할 때 「as if + 가정법 과거완료」를 쓴다.

1 as if + 가정법 과거
 a She **acts** *as if* she **were** a celebrity. (지금 현재) 유명 인사인 것처럼 행동한다.
 b She **acted** *as if* she **were** a celebrity. (과거 당시에) 마치 유명 인사인 것처럼 행동했다.

2 as if + 가정법 과거완료
 c She **acts** *as if* she **had been** a celebrity. (전에) 유명 인사였던 것처럼 현재 행동한다.
 d She **acted** *as if* she **had been** a celebrity. (그 이전에) 마치 유명 인사였던 것처럼 행동했다.

ⓒ It's time + 가정법 과거

It's time 다음에 가정법 과거가 오면, 마땅히 벌써 되어야 했거나 (시급히) 해야 할 일임을 나타낸다. '(이제) ~해야 할 때다'로 해석한다.

a **It's time** you **went** home. It's late.
b **It's about time** you **did** something instead of just talking.
cf. **It's time to have** some fun. The weather is fantastic!

a 네(you)가 집에 서둘러 가야할 때라는 재촉의 의미
b 비판이나 유감의 의미를 좀 더 강조해서 '정말 ~할 때이다'라고 할 때에는 「It's about[high] time + 가정법 과거」로 나타낸다.
cf. It's time 다음에 to부정사가 오는 경우도 흔한데, 이때 가정법 과거처럼 유감을 나타내는 어감은 없고, 단지 '~할 때이다'라는 의미다.

A a 그녀가 여기 있으면 좋으련만. b 내가 그를 더 잘 알면 좋으련만! *cf.* 내가 그를 더 잘 알기만 한다면! c 내게 스포츠카가 있었다면 좋으련만.
B a 엄마는 내가 마치 어린애인 것처럼 대한다. b 그녀는 자신이 베니스에 갔던 적이 있는 것처럼 말했다. *cf.* 그 여자는 마치 자신이 그 장소를 소유한 것처럼 구는군.
C a 너 집에 갈 시간이야. 늦었어. b 이제는 네가 말 대신 행동을 해야 할 때야. *cf.* 놀기 딱 좋은 날이야. 날씨가 환상적이군!

UNIT 41   **19**

EXERCISE

A   다음 문장을 「I wish + 가정법」 문장으로 고치시오.

0 You were rude to your parents last night, and you're sorry about that.
→ I wish I hadn't been rude to my parents last night.

1 You can't fix computers, and your computer has just stopped working.
→ I wish _____ .

2 You never learned to play an instrument, and now you regret it.
→ I wish _____ .

3 It is cold, and you hate cold weather.
→ I wish _____ .

4 You want to live in a big city. It's boring to live in a small town.
→ I wish _____ .

5 You have eaten a lot of dessert, and you feel sick.
→ I wish _____ .

6 You chose to major in politics, but now you regret it.
→ I wish _____ .

B   괄호 안의 문장과 의미가 통하도록 빈칸에 알맞은 말을 쓰시오.

0 He talks as if he were rich. (In fact, he is not rich.)
1 She talks as if _____ . (In fact, she doesn't know Jim.)
2 David talked as if _____ . (In fact, he hadn't seen a ghost.)
3 They act as if _____ . (In fact, they have heard the news.)
4 He talked as if _____ . (In fact, he was not Canadian.)
5 She treats me as if _____ . (In fact, I'm not her younger brother.)
6 Peter acted as if _____ . (In fact, he hadn't come up with the idea.)

C   괄호 안의 동사를 알맞은 형태로 바꾸어 문장을 완성하시오.

1 It's time he _____ (study) harder. He hasn't been doing well in school.
2 It's time Jenny _____ (get promoted). She's been working so hard.
3 It's high time you _____ (clean) your room. It's so messy.
4 It's about time she _____ (do) some exercise. She's getting fat.

D   다음 그림을 보고, I의 생각을 한 문장으로 완성하시오.

조건 1   wish, at the beach를 포함할 것
조건 2   현재 이룰 수 없는 소망을 빈칸에 6단어로 써서 나타낼 것

→ I _____.

GRAMMAR IN READING ....

A   다음 글을 읽고, 괄호 안의 말을 어법에 맞게 고치시오.

> Unfortunately, we have only recently discovered how air pollution contributes to global warming. If we ____ⓐ____ (know) about it earlier, we might have taken stricter measures. It is high time we ____ⓑ____ (become) more aware of the possible causes of global warming in order to protect ourselves.

B   다음 대화를 읽고, 물음에 답하시오.

> A : I wish there ⓐ (is, were) one more day before the final exam.
> B : I do too. I'm really nervous about taking ① it.
> A : I haven't studied half the things I have to go over.
> B : Neither have I.
> A : I think I'll have another cup of coffee.
> B : But too much caffeine can decrease your ability to focus.
> A : You're talking _____ _____ you were a doctor.
> B : Well, ② it might keep you from concentrating.
> A : Maybe, but I'm just doing whatever I can to stay alert and awake.

1 괄호 ⓐ 안에서 알맞은 것을 고르시오.

Q 위 글의 밑줄 친 ①, ②의 it이 각각 가리키는 것을 찾아 영어로 쓰시오.

2 빈칸에 문맥과 어법에 맞게 알맞은 단어를 쓰시오.

....

A   contribute to ~에 기여하다; *~의 원인이 되다   global warming 지구 온난화   strict 엄격한   measure 조치, 정책
B   go over 복습하다   keep A from v-ing A가 ~하는 것을 막다   concentrate 집중하다   alert 정신이 초롱초롱한   awake 깨어 있는

UNIT 42 주의해야 할 가정법

⚠️ **Examine & Think**

다음 문장에서 가정의 의미를 나타내는 구절을 찾아 밑줄을 그으시오.

A true friend wouldn't talk about you behind your back.

Ⓐ If it were not for ~ / If it had not been for ~

a **If it were not for** the Sun, nothing **could live** on Earth. = **Without[But for]** the Sun, nothing **could live** on Earth.	a If it were not for ~: (지금) ~이 없다면 가정법 과거 표현으로 Without이나 But for로 바꾸어 쓸 수 있다.
b **If it had not been for** him, we **would have lost** the game. = **Without[But for]** him, we **would have lost** the game.	b If it had not been for ~: (그때) ~이 없었다면 가정법 과거완료 표현이며 역시 Without이나 But for로 바꾸어 쓸 수 있다. **참고** 「But for ~」는 문어체로 일상회화에서는 거의 쓰지 않는다.

Ⓑ if의 생략과 도치

a **Were my mom a chef**, I *could eat* all kinds of delicious food. → If my mom were a chef, I could ~.	a-c if절의 동사가 were, had, should인 경우 문어체에서는 접속사 if를 생략할 수 있는데, 이 경우 주어와 동사가 도치된다.
b **Had it not been for the accident**, she *would have become* a great athlete. → If it had not been for the accident, she would ~.	
c **Should you need anything**, please *call* me. → If you should need anything, ~.	

C if절을 대신하는 말

가정법의 if절 대신 다른 표현을 이용할 수 있다.

a It *would be* good **to include a chart**, but you don't have to. → It would be good if you included ~.	a 부정사(구)가 if절을 대신하는 경우
b **Born in better times**, he *could have become* a great leader. → If he had been born in better times, he could ~.	b 분사구문이 if절을 대신하는 경우
c **A British person** *would* not *use* such a word. → If he/she were a British person, he/she wouldn't ~.	c 주어인 명사구가 if절을 대신하는 경우
d **With her guidance**, we *could have worked out* the problem. → If we had had her guidance, we could ~.	d-e 부사구가 if절을 대신하는 경우
e **Without water**, no creature *could survive*. → If there were no water, no creature could ~.	

guidance 지도, 안내 work out ~을 해결하다

D if절의 생략

if절 없이 주절만으로 가정의 의미를 나타낼 수 있다.

a Fortunately, she was not seriously injured. It **could have been** worse.	a could have v-ed: ~할 수도 있었는데 (그러지 않았다)
b We **would have arrived** sooner, but the traffic was horrible.	b would have v-ed: ~했을 텐데 (그러지 않았다)

Examine & Think A true friend wouldn't (→ If he/she were a true friend, he/she wouldn't) / 진정한 친구라면 네 뒤에서 험담하지 않을 것이다.

A a 태양이 없다면 지구상의 어떤 것도 살 수 없을 것이다. b 그가 없었더라면 우린 그 경기에서 졌을 것이다.

B a 우리 엄마가 요리사라면 온갖 맛있는 음식을 먹을 수 있을 텐데. b 그 사고가 아니었더라면 그녀는 훌륭한 운동선수가 되었을 텐데. c 필요한 것이 있으면 내게 전화해요.

C a 도표를 첨부하면 좋겠지만 그럴 필요는 없어요. b 더 나은 시대에 태어났더라면 그는 위대한 지도자가 될 수 있었을 텐데. c 영국 사람이라면 그런 말을 쓰지 않을 것이다. d 그녀의 지침이 있었더라면 우리는 그 문제를 해결할 수 있었을 텐데. e 물이 없다면 생물체는 살아남지 못할 것이다.

D a 운 좋게도 그녀는 심하게 다치지는 않았다. 상황은 더 나쁠 수도 있었다. b 우리는 좀 더 일찍 도착할 수 있었을 테지만, 차가 너무 막혔다.

EXERCISE

정답 및 해설 p.05

A   두 문장이 같은 뜻이 되도록 가정법을 이용하여 빈칸을 채우시오.

0   Without my father's help, I couldn't have graduated from university.

= If it had not been for my father's help, I couldn't have graduated from university.

1   Without her advice, he might have failed the exam.

= If _____, he might have failed the exam.

2   Left alone, he couldn't have survived the accident.

= If _____, he couldn't have survived the accident.

3   But for his support, I wouldn't have gotten the job.

= If _____, I wouldn't have gotten the job.

4   It would be nice of him to help his friends, but he doesn't have time.

= It would be nice if _____, but he doesn't have time.

B   다음 문장을 If를 생략하여 같은 뜻이 되도록 고치시오.

0   If I were healthy, I could help you with this.

→ Were I healthy, I could help you with this.

1   If you had told me about it earlier, we wouldn't have made the mistake.

→ _____, we wouldn't have made the mistake.

2   If it were not for air, not a single living thing could exist.

→ _____, not a single living thing could exist.

3   If it had not been for his wife's advice, he might have gone out of business.

→ _____, he might have gone out of business.

C   괄호 안에서 알맞은 것을 고르시오.

1   I was absent from school because I had the flu. Jack visited me and helped me finish my homework. Without his help, I (couldn't finish, couldn't have finished) my homework.

2   I have a lot of chores to do, but I'm very busy writing a report. I hope you can help me out. With your help, I (could finish, could have finished) my chores quickly.

D   밑줄 친 부분이 어법상 옳으면 ○표 하고, 틀린 부분은 바르게 고치시오.

1   Rose would answer the phone, but she didn't hear it ring.

2   Should you change your mind, please let us know immediately.

3   He had known how to solve the problem, he would have told me.

E 다음 환불정책을 읽고, 괄호 안의 말을 활용하여 문장을 완성하시오.

☆ **Return Policy** ☆

- _____ _____ _____ any complaints about the product, return it to the shop within 30 days. (should / you)
- Without a receipt, your purchase won't be refunded.

GRAMMAR IN READING ....

A 괄호 안의 동사를 활용하여 문맥과 어법에 맞게 문장을 완성하시오.

An American student tells how he was surprised when he was in a foreign country. He said to a local, "I don't speak your language very well." The local replied, "I agree." An American _____ _____ _____ (reply), "Well, you have only been here two months," or "But you are making progress."

B 다음 글을 읽고, 물음에 답하시오.

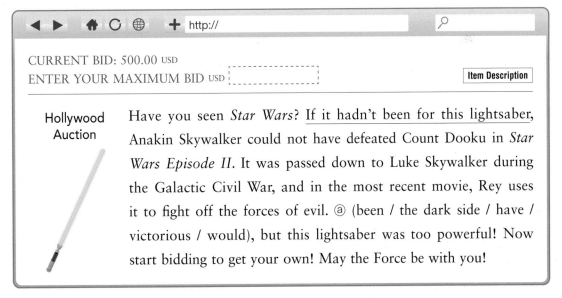

CURRENT BID: 500.00 USD
ENTER YOUR MAXIMUM BID USD [_____]
Item Description

Hollywood Auction

Have you seen *Star Wars*? <u>If it hadn't been for this lightsaber,</u> Anakin Skywalker could not have defeated Count Dooku in *Star Wars Episode II*. It was passed down to Luke Skywalker during the Galactic Civil War, and in the most recent movie, Rey uses it to fight off the forces of evil. ⓐ (been / the dark side / have / victorious / would), but this lightsaber was too powerful! Now start bidding to get your own! May the Force be with you!

1 밑줄 친 부분과 같은 의미가 되도록 빈칸을 채우시오.
→ _____ this lightsaber

2 괄호 ⓐ 안의 말을 문맥에 맞도록 배열하시오.

Q 위 홍보글에서 유추한 것으로 맞는 내용이면 T, 그렇지 않으면 F를 쓰시오.
The minimum price to buy the item is $500. ( )

....

B bid 응찰, 입찰; (경매에서) 값을 부르다, 입찰하다 auction 경매 lightsaber 광선 검 defeat 패배시키다, 물리치다 pass down ~을 물려주다, 전해 주다 galactic 은하계의 fight off ~와 싸워 물리치다 force 힘; 세력 victorious 승리한, 승리를 거둔

REVIEW TEST

A   괄호 안의 말을 활용하여 빈칸을 채우시오.

1 That electric scooter isn't safe for children. I wouldn't buy it if I _____ (be) you.

2 Jon must have done well onstage. I wish I _____ (see) the performance.

3 _____ (have) my father been there, he would have been proud.

4 If it _____ (not / be) for your advice, I would have wasted a lot of time.

5 If you _____ (not / leave) the window open, this room wouldn't be full of mosquitoes now.

B   보기의 사실과 반대되는 상황을 가정하는 문장을 완성하시오.

> [보기]   I visited Stonehenge last year   I didn't wear a coat   I lost my job
>   I didn't receive the message in time   I don't have any fruit

0 If I didn't like historic sites, I wouldn't have visited Stonehenge last year.

1 _____, I could bake a pie.

2 If I hadn't been late for work, _____.

3 _____, I wouldn't have been so cold on the street.

4 If my computer hadn't crashed, _____.

C   우리말과 일치하도록 괄호 안의 말을 활용하여 문장을 완성하시오.

1 내가 3개 국어를 유창하게 할 수 있다면 좋으련만. (can / speak)

→ I wish _____ _____ _____ three languages fluently.

2 그녀가 그의 양복을 찾아 왔다. 그는 그녀가 없었다면 그 예식을 놓쳤을 것이다. (miss)

→ She picked up his suit; he _____ _____ _____ the ceremony without her.

3 그 전쟁이 더 일찍 끝났더라면 수많은 생명을 구할 수 있었을 텐데. (end)

→ _____ the war _____ earlier, millions of lives would have been saved.

4 좀 더 주의한다면 너는 이런 실수를 저지르지 않을 텐데. (make)

→ _____ a little more care, you _____ _____ _____ these mistakes.

5 과격파들의 지지가 없었다면 그 정부는 몇 년 전에 붕괴했을 것이다. (collapse)

→ _____ the support of extremists, the government _____ _____ _____ years ago.

[D~E] 다음 중 밑줄 친 부분이 어법상 틀린 것을 고르시오.

D

① My brother talked as if he knew all about life.
② I wish I studied German history before I went there.
③ Were it not for the Sun, Earth would simply fly off into space.
④ If I were young again, I would try to become a pop star.
⑤ A true friend would never let you experience such a hard time alone.

E

① I wish my boyfriend would come to see me.
② Should you need help, feel free to call me.
③ If I had done my research earlier, I would know the answers.
④ If I had realized you were here, we could have met for lunch.
⑤ It hadn't been for Ted's help, we couldn't have done this on time.

F **(A), (B), (C)의 각 네모 안에서 어법상 알맞은 것을 고르시오.**

Insects are vital to our world. But because of their small size, we don't always appreciate all the things insects do. Insects make up around 80 percent of all species on Earth, so wiping them out (A) ⌈has / would have⌋ a huge effect on the world's ecosystems. Without them, many species of plants and animals (B) ⌈become / would become⌋ extinct. Insects are wonderful little creatures. It's about time they (C) ⌈get / got⌋ the respect they deserve!

G **다음 글을 읽고, 물음에 답하시오.**

No one has had a bigger effect on modern fantasy than J.R.R. Tolkien, author of *The Lord of the Rings*. Indeed, bookstore shelves ⓐ look very different nowadays if Tolkien ⓑ had not written his trilogy. ⓒ His publisher had decided not to publish the books, we couldn't enjoy them as movies either. And what if things had been different for Tolkien himself? For instance, 만약에 Tolkien이 오늘날 그의 책을 쓴다면, what would change? Perhaps not much. People still love stories of the struggle between good and evil, and recent authors, such as JK Rowling, have been successful with long fantasy series.

1 ⓐ~ⓒ 중 어법상 틀린 것을 모두 찾아 바르게 고치시오.

2 우리말과 일치하도록 다음 빈칸에 알맞은 말을 쓰시오.

→ if Tolkien _____ _____ write his books today

A **가정법 과거 vs. 가정법 과거완료**

가정법 과거는 현재 사실과 반대되는 가정을, 가정법 과거완료는 과거 사실과 반대되는 가정을 하지만, 동사의 형태는 각각 과거형과 과거완료형으로 쓰는 것에 유의한다.

> **a** Imagine what would [**happen** / ~~have happened~~] if a song was made up of only notes and no rests. 평가원 기출
>
> **b** If the accident [~~didn't happen~~ / **hadn't happened**], the traffic wouldn't have been so bad.
>
> **a** 노래가 쉼표 없이 오직 음표로만 이루어져 있다면 무슨 일이 일어날지 상상해보라. **b** 그 사고가 일어나지 않았다면 교통체증이 그렇게 심하지 않았을 것이다.

B **if절의 대용어구**

가정법의 if절 대신 with, without 등의 부사구나 분사구문, to부정사 등을 쓸 수 있다.

> **c** I thanked her because I couldn't [**get** / ~~have gotten~~] a job without her advice.
>
> **d** To hear his speech, you [~~consider~~ / **would consider**] him a professional speaker.
>
> **c** 그녀의 조언이 없었더라면 나는 취직을 하지 못했을 것이기에 그녀에게 감사했다. **d** 그의 연설을 들으면 너는 그가 전문 연설가라고 생각할 거야.

TIP
가정법 if절을 대신하는 without은 'if it were not for ~ (~이 없다면)' 또는 'if it had not been for ~ (~이 없었다면)'의 의미이다.

PRACTICE ⋯⋯⋯⋯⋯⋯⋯⋯⋯⋯⋯⋯⋯⋯⋯⋯⋯⋯⋯⋯⋯⋯⋯⋯⋯⋯⋯

A **밑줄 친 부분에서 어법상 틀린 것을 바르게 고치시오.**

1 I lost the game, but I couldn't <u>participate in</u> it without your help.

2 If everyone <u>had been motivated</u> by fear, nothing creative would ever be achieved. 교육청 기출

3 If the decision to get out of the building hadn't been made, the entire team <u>would be killed</u>. 교육청 기출

B **다음 글의 밑줄 친 부분 중, 어법상 틀린 것은?**

As master artists, Pablo Picasso and Henri Matisse had an ongoing rivalry ① <u>that</u> pushed them to new heights. Picasso motivated Matisse ② <u>to use</u> darker themes and imagery. Matisse, in turn, inspired Picasso ③ <u>to invent</u> the revolutionary style of Cubism. In this way, both artists made innovative representations of the human form, ④ <u>though</u> Picasso's unique genius was his use of dramatic brushstrokes while Matisse's was his application of color. Without each other's influence, neither ⑤ <u>made</u> such great contributions to the art world.

가정법 현재

가정법의 명칭은 그 문장 내용이 실제 가리키는 때보다는 문장에서 쓰이는 동사의 형태에 근거한다. 가정법 과거가 현재의 사실과 반대되는 일을 가정하거나 상상하더라도 if절의 동사는 과거형, 주절에는 조동사의 과거형을 사용하는 것처럼 말이다. 가정법 문장에는 인칭이나 시제와 관계없이 동사의 원형을 사용하는 형식도 있다. 이것을 흔히 가정법 현재라고 한다. 가정법 현재는 다음과 같은 경우에 쓰인다.

1 요구 · 제안 · 주장 · 명령 등을 나타내는 동사, 형용사, 명사 다음의 that절

요구 · 제안 · 주장 · 명령 등을 나타내는 동사(demand, insist, recommend, request, suggest 등), 형용사(essential, advisable, desirable, important, vital 등), 명사(advice, instruction, decision 등) 다음의 that 절에서 현재 이루어지지 않은 일에 대해 무엇인가가 중요하거나 바람직하다고 여기는 당위적 어조를 드러낼 때, 인칭이나 시제와 관계없이 동사의 원형을 쓴다. be동사의 경우 **a**처럼 be를 원형 그대로 쓰며 부정문에서는 **b**처럼 do[does] 없이 동사원형 앞에 not을 붙인다. 이러한 형태를 '강제적 가정법(mandative subjunctive)'이라고도 부른다. 특히 영국에서는 **c**와 같이 that절에 should를 함께 쓰는 방식을 줄곧 선호해 왔으나 미국의 영향을 받아 생략하는 경우가 늘고 있다.

a The judges *demanded* that the race **be** run again. 심판들은 경기가 다시 진행되어야 한다고 요구했다.

b It is *vital* that they **not leave** school before finishing the exams.
그들은 시험을 마치기 전까지 학교를 떠나지 않는 게 필수적이다.

c Our *advice* is that the company **(should) cut** costs. 우리의 조언은 그 회사가 비용을 절감하는 것이다.

하지만 요구 · 제안 · 주장 · 명령을 뜻하는 동사가 이끄는 that절에 가정법 현재만 오는 것은 아니다.

d He *insisted* [that she **reveal** the whole story]. **(가정법)** 그는 그녀가 일의 자초지종을 밝혀야 한다고 주장했다.

e He *insisted* [that she **had been lying** to him]. **(직설법)** 그는 그녀가 그에게 거짓말을 해왔다고 고집부렸다.

주어(He)가 that절의 내용을 마땅히 옳다고 여겨 실현되어야 한다고 생각하여 가정법을 쓴 **d**와 달리, **e**는 that절의 내용을 이미 벌어진 사실로 규정하고 있다. 이때 that절 이하는 직설법으로 시제 일치의 규칙에 따른다. 가정이냐 직설이냐의 구분이 모호한 경우, 강제성을 띤 술어동사 외에도 that절에 쓰인 동사 형태로 문장의 정확한 의도를 파악할 수 있다.

2 극히 한정된 정형화된 표현

현대 영어에서는 가정법의 쓰임이 조동사(should, would, may 등)로 대체되는 경향이 있어, 강제적 가정법 이외에 아래와 같이 정형화된 극히 일부 표현만이 남아 있다.

f God **save** the queen! (= May God save the queen!) **(조동사 may로 대체)** 신이여 여왕을 보호하소서!

g If we must be punished, then *so* **be** it. (= We can't do anything to change it.)
우리가 벌을 받아야 한다면, 그렇게 해야지.

CHAPTER

09

RELATIVES

관계사

관계사는 두 문장의 공통된 부분을 하나로 연결하는 역할을 하는 말로 **관계대명사**(who, whom, whose, which, that, what)와 **관계부사**(when, where, why, how)가 있다. 이때 관계대명사는 대명사와 접속사의 역할을 동시에 하며, 절을 이끌어 형용사처럼 앞의 명사인 선행사를 수식한다. 관계부사는 접속사와 부사의 역할을 동시에 하며, 역시 절을 이끌어 앞의 명사(구)를 수식한다.

■ 관계사의 쓰임

The man who lives upstairs travels a lot.

← The man – he lives upstairs – travels a lot.

관계대명사 who가 이끄는 절은
the man을 수식하는 형용사절
위층에 사는 남자는 여행을 많이 한다.

The house where I was born will be rebuilt.

← The house – I was born there – will be rebuilt.

관계부사 where가 이끄는 절은
the house를 수식하는 형용사절
내가 태어났던 집은 재건축될 것이다.

43 관계대명사 who, whom, whose, which

□ Examine
& Think

그림 속 Kate를 바르게 묘사한 문장을 고르시오.

a. Kate is the one who is examining Mina.
b. Kate is the one whom Mina is examining.

A 관계대명사의 개념과 역할

명사 뒤에서 앞에 있는 명사를 수식하는 절을 형용사절이라고 하며, 이런 형용사절을 이끌면서 일종의 접속사 역할을 하는 것이 관계대명사이다. 관계대명사는 수식을 받는 명사(선행사)를 대신하는 대명사 역할도 한다.

a He has a car **which** has seven seats.
　　　선행사

a₁ He has a car. a₂ The car has seven seats.
He has a car which (the car) has seven seats.

b Jim is a positive person.
　　　　　　　긍정적인 사람

b₁ Jim is a person **who** always thinks positively.
　한 사람　　　　　　　　항상 긍정적으로 생각하는

a 접속사 및 대명사 역할: 관계대명사 which는 문장 a₁과 a₂를 연결하는 접속사 역할과 선행사 a car를 가리키는 대명사 역할을 동시에 하고 있다.

주의 관계대명사 which가 선행사 a car를 대신하므로 which 뒤에 the car를 중복해서 쓰면 안 된다.

b 형용사절을 이끄는 역할: b에서 형용사 positive가 명사 person을 수식하듯 b₁에서 관계대명사가 이끄는 절이 선행사 a person을 수식하고 있다.

B who, whom, whose

선행사가 사람인 경우, 그 선행사가 관계사절 안에서 주어 역할을 하면 관계대명사를 who로, 목적어 역할을 하면 who(m)로, 소유격이면 whose로 구분하여 사용한다.

1 주격

a I have a *friend* **who** lives in Dublin.
　← I have a friend. + He/She lives in Dublin.

2 목적격

b₁ Ron is *one man* **whom** I admire.
　← Ron is one man. + I admire him.

b₂ Ron is *one man* **who** I admire.

b₃ Ron is *one man* ✓ I admire.

1

a 선행사 a friend는 관계사절에서 동사 lives의 주어(He/She)이므로 주격 관계대명사 who를 쓴다.

2

b₁ 선행사 one man은 관계사절에서 동사 admire의 목적어(him)이므로 목적격 관계대명사 whom을 쓴다.
이런 경우에는 b₂처럼 whom 대신 who를 쓰기도 하지만 b₃처럼 목적격 관계대명사를 생략하기도 한다.
참조 UNIT 44 C 1

cf. I know the boy **who[whom]** Zoe is talking **to**.
← I know the boy + Zoe is talking to him.

cf. 선행사가 관계사절에서 전치사의 목적어 역할을 할 때에도 목적격 관계대명사를 쓴다. **참조** UNIT 47 A

3 소유격

c I apologized to *the girl* **whose** coffee I spilled.
← I apologized to the girl. + I spilled her coffee.

3

c 선행사 the girl은 관계사절에서 명사 coffee를 수식하는 소유격(her)이므로 whose를 쓴다.

C which

선행사가 사람 이외의 사물·동물인 경우, 그 선행사가 관계사절 안에서 주어나 목적어 역할을 하면 which로, 소유격이면 whose나 of which로 구분하여 사용한다.

1 주격

a I like *pizza* **which** has lots of cheese.

1

a 선행사 pizza는 동사 has의 주어

2 목적격

b I've lost *the bracelet* **which** he gave me.
= I've lost the bracelet ✓ he gave me.

2

b 선행사 the bracelet은 동사 gave의 직접목적어이다. 이때 목적격 관계대명사는 생략할 수 있다.

3 소유격

c He made a movie **whose** title I've forgotten.
= He made a movie the title **of which** I've forgotten.
= He made a movie **of which** I've forgotten the title.

3

c 선행사가 사람 이외의 것일 때, 소유격 관계대명사는 whose 또는 of which를 쓴다. 둘 다 문어적인 표현이지만, 둘 중에서는 of which가 더 자주 쓰인다.
(← He made a movie. + I've forgotten the title of the movie.)

UPGRADE YOUR GRAMMAR

소유격 관계대명사 whose

소유격 관계대명사 whose는 격식을 갖춘 문어체에서 주로 쓰이며, 구어체에서는 whose를 쓴 관계사절 대신 with를 쓴 수식어구로 표현하는 것이 더 일반적이다.

a The girl **whose** *hair is blond* is my sister. [격식적인 표현]
b The girl **with** *the blond hair* is my sister. [비격식적인 표현]

Examine & Think b / a. Kate는 Mina를 진찰하고 있는 사람이다. b. Kate는 Mina가 진찰하고 있는 사람이다.

A a 그는 좌석이 7개가 있는 차를 가지고 있다. b Jim은 긍정적인 사람이다. b_1 Jim은 항상 긍정적으로 생각하는 사람이다.
B a 나는 더블린에 사는 친구가 한 명 있다. b_1=b_2=b_3 Ron은 내가 존경하는 한 남자이다. *cf.* 나는 Zoe가 말하고 있는 남자아이를 안다. c 나는 내가 커피를 쏟은 소녀에게 사과했다.
C a 나는 치즈가 많이 들어 있는 피자를 좋아한다. b 나는 그가 내게 준 팔찌를 잃어버렸다. c 그는 내가 제목을 잊어버린 영화를 만들었다.

UPGRADE YOUR GRAMMAR a=b 머리가 금발인 저 여자아이가 내 여동생이다.

EXERCISE

정답 및 해설 p.08

A 다음 두 문장을 관계대명사 who, whom, whose, which를 이용하여 한 문장으로 바꾸시오.

0 The couple owns a cat. The cat has odd eyes.
→ The couple owns a cat which has odd eyes.

1 She is a person. I've always looked up to her.
→ _____

2 Mr. Hart is an author. His books have won many awards.
→ _____

3 The hotel was very nice. It was recommended by Mr. Johnson.
→ _____

4 David is a baseball player. His position is shortstop.
→ _____

5 There is the professor. I spoke to him yesterday.
→ _____

6 We need a person. The person can speak both English and Korean fluently.
→ _____

B 괄호 안에서 알맞은 것을 고르시오. (✓는 필요 없는 경우임)

1 Did you see the doctor (was waiting, I was waiting) for?
2 The robber (who, whose) had broken into the shop was arrested today.
3 They lived in a small town the name (which, of which) I can't remember.
4 I'm going to interview a woman (who, whom) is willing to babysit my daughter.
5 When you read, you will often find words you don't know (them, ✓).

C 다음 괄호 안의 말을 바르게 배열하시오.

1 The music (I'm / is / listening to) beautiful.
2 I liked (whom / the man / met / I) at the party last night.
3 The glasses (were looking for / which / are / you) under the sofa.
4 She teaches a class for students (native language / not / whose / is / Korean).

34 G-ZONE CHAPTER 09

D   아래 제시된 정보를 읽고, 관계대명사를 이용하여 다음 문장을 완성하시오.

I like to write fantasy stories.

My wife owns a restaurant.

1 I met a girl _____ .

2 I met a man _____ .

GRAMMAR IN READING

A   ⓐ, ⓑ의 괄호 안에서 가장 알맞은 것을 고르시오.

When making a film, the director is an important person ⓐ (who, of which, whose) vision shapes the finished product. He or she is the person ⓑ (who, whom, whose) must turn a script into images on the screen. A film's actors, cinematographers, and writers revolve around the director like planets around the Sun.

B   다음 글을 읽고, 물음에 답하시오.

Most of us know about Einstein's important contributions to science, but as with any significant historical figure, there were many other sides to this outwardly simple, yet complex, man. Let's find out some more about him. The man ____ⓐ____ brought the world the theory of relativity spoke so slowly and hesitantly as a child that his parents worried that he was not very intelligent! This is believed to have been the result of a learning disability ____ⓑ____ affected his speech. He is remembered as ① (the violin / a child / interests / playing / whose / included) and listening to classical music—a passion ____ⓒ____ continued into his adult life.

1 빈칸 ⓐ~ⓒ에 관계대명사 who 또는 which를 써 넣으시오.

2 괄호 ① 안의 말을 어법에 맞게 배열하시오.

Q 아인슈타인에 관해 위 글의 내용과 일치하지 않는 것은?
① 신체적 성장이 더디었다.
② 학습 장애를 갖고 있었다.
③ 고전음악에 관심이 있었다.

A   director 감독 vision 시각; *상상력, 통찰력 script 대본 cinematographer 촬영기사 revolve 돌다, 회전하다
B   contribution 기여, 공헌 significant 중요한, 의미 있는 outwardly 겉으로는 hesitantly 머뭇거리며 disability 장애 passion 열정; *취미

44 관계대명사 that, what, 관계대명사의 생략

A 관계대명사 that

관계대명사 that은 소유격을 제외한 모든 관계대명사를 대신할 수 있으며, 한정적으로 쓰일 때는 which보다 선호된다.

1 관계대명사 who(m), which의 대용	**1**
a We need *a person* **that** is right for the job.	a 주격 관계대명사 who의 대용
b *The candidate* **that** we supported was elected president.	b 목적격 관계대명사 whom의 대용
c I live in *a small house* **that** has no garden.	c 주격 관계대명사 which의 대용
2 that을 주로 사용하는 경우	**2**
d I read a story about *a dog and his owner* **that** became heroes.	d 선행사에 사람과 동물·사물이 혼합된 경우
e I want to buy *something* **that** will make me look beautiful.	e all, every, little, few, none 또는 -thing으로 끝나는 부정대명사가 선행사일 때
f This was *the only picture* **that** he ever painted.	f 선행사에 「the + 최상급」, 「the + 서수」, the only, the same, the very 등의 한정어가 포함된 경우
g *Who* was the man **that** was playing the guitar?	g who, which 등의 의문사가 앞에 있는 경우

UPGRADE YOUR GRAMMAR

관계대명사 that과 접속사 that 구별하기

관계대명사 that이 이끄는 절은 문장 속에서 명사를 수식하는 형용사절의 역할을 하는 반면, 접속사 that이 이끄는 절은 명사절로 문장 속에서 주어, 목적어, 보어의 역할을 하거나 동격절을 이끌어 명사의 내용을 보충 설명한다.

a I know a girl **that** is from England. [관계대명사] 나는 영국 출신인 소녀를 알고 있다.
　　　　　　 형용사절(= a girl을 수식)

b I know **that** she is from England. [접속사] 나는 그녀가 영국 출신이라는 것을 알고 있다.
　　　명사절(= know의 목적어)

B 관계대명사 what

관계대명사 what은 관계대명사와 선행사가 결합한 것이다. what이 이끄는 관계사절은 명사절로 문장에서 주어, 목적어, 보어 역할을 한다.

1 관계대명사 what의 해석과 역할	**1** 관계대명사 what은 '~하는 것'의 의미로 the thing(s) that[which]로 바꿔 쓸 수 있다.
a **What** we saw last night gave us a big shock. = *The thing that* we saw last night ~.	a 주어 역할

b	Show me **what** you bought on sale.	b	목적어 역할
c	Please take **what** you want. = Please take *whatever* you want.	c	관계대명사 what은 '~하는 무엇이든'의 의미로 whatever(= anything that)를 대신할 수도 있다.

2 관계대명사 what을 이용한 강조 표현

d	A: Did that man scare you? B: No, **what** scared me was that big dog.	2	문장에서 강조하고 싶은 말을 관계대명사 what을 써서 나타낼 수 있다.
		d	that big dog을 강조 (나를 무섭게 한 것은 그 남자가 아닌 큰 개)
e	**What** he wants to do is (to) make a fresh start. ← He wants to make a fresh start.	e	make a fresh start를 강조 (그가 하고 싶은 것은 새 출발하는 것)

3 관계대명사 what의 관용 표현

		3	
f	She's not **what she used to be**.	f	what I[he/she/they] used to be: 예전의 나[그/그녀/그들]
g	This is **what we call** breakthrough technology.	g	what we[you/they] call: 소위, 이른바(= what is called)
h	You stayed out late, and **what's worse**, you didn't call home.	h	what is + 비교급: 더 ~한 것은

ⓒ 관계대명사의 생략

1 목적격 관계대명사의 생략

a	I forgot to bring *the homework* ✓ I did yesterday.	1	한정적 용법으로 쓰인 목적격 관계대명사는 생략하는 경우가 많다.
		a	did의 목적어에 해당하는 관계대명사 that[which]가 생략됨
b	Michael Jordan was *a player* ✓ almost every NBA team wanted to scout.	b	scout의 목적어에 해당하는 관계대명사 whom[who/that]이 생략됨

2 「주격 관계대명사 + be동사」의 생략

c	The girl (**who is**) wearing glasses is Ann.	2	「주격 관계대명사 + be동사」 뒤에 분사나 형용사가 오면 「주격 관계대명사 + be동사」는 생략할 수 있다. 이때 남아 있는 분사구[형용사구]는 선행사를 수식하는 관계가 된다.
d	He was born on an island (**that is**) close to Incheon.		

A a 우리는 이 일에 적임자가 필요하다. b 우리가 지지한 후보가 의장으로 선출되었다. c 나는 정원이 없는 소형 주택에 산다. d 나는 영웅이 된 어느 개와 그 주인에 관한 이야기를 읽었다. e 나는 날 예뻐 보이게 할 무언가를 사고 싶다. f 이것이 그가 그린 유일한 그림이었다. g 기타를 치던 그 남자가 누구였지?

B a 우리가 어젯밤에 목격한 것은 우리에게 커다란 충격을 주었다. b 할인 때 네가 샀던 것을 보여줘. c 원하는 것은 무엇이든 가져가세요. d A: 그 남자가 널 무섭게 한 거야? B: 아니, 날 무섭게 한 것은 그 커다란 개였어. e 그가 하고 싶은 것은 새 출발을 하는 것이다. f 그녀는 예전의 그녀가 아니다. g 이것이 소위 획기적인 기술이다. h 너는 늦도록 밖에 있었고, 더 나쁜 것은, 집에 전화도 안 했다는 거야.

C a 나는 어제 한 숙제를 가져오는 걸 잊어버렸다. b Michael Jordan은 거의 모든 NBA 팀들이 스카우트하길 원했던 선수였다. c 안경을 쓴 소녀가 Ann이야. d 그는 인천 근처의 섬에서 태어났다.

EXERCISE

정답 및 해설 p.10

A   빈칸에 들어갈 알맞은 형태를 보기에서 골라 <u>모두</u> 쓰시오.

[보기] whom	who	which	that	✓(생략 가능한 경우)

0 I didn't much like the music ___which / that / ✓___ they played.

1 The skirt _____ Donna is wearing is expensive.

2 Look at the boy and his cat _____ are playing over there.

3 Everything _____ I did went wrong. There are days like that.

4 The man _____ I was telling you about is sitting over there.

5 The apartment _____ you wanted to rent is no longer available.

B   밑줄 친 부분이 어법상 옳으면 ○표 하고, <u>틀린</u> 부분은 바르게 고치시오.

1 What <u>they are doing it</u> seems wrong.

2 Jason is no longer <u>what he used to be</u> ten years ago.

3 We've run out of money, and <u>that is worse</u>, we are running out of fuel.

4 <u>Anyone is interested</u> in modern art will enjoy the exhibition.

5 Diana was <u>the one dropped out of</u> school and never studied.

C   문장을 읽고 생략할 수 있는 부분을 괄호로 묶으시오.

1 We have to return the books that we checked out a week ago.

2 The old house which is next to ours is for sale.

3 I called every student that I could find on the list.

4 Could you please bring me the papers that are filed in the cabinet?

5 Many soldiers whom we depended on were killed during the mission.

D   괄호 안에서 알맞은 것을 고르시오.

1 I didn't realize (that, what) you loved Amy.

2 Some people think (that, what) they learned nothing (that, what) was useful at school.

3 The idea (that, what) only local produce is good for you is under attack.

4 (That, What) Susie is looking for is a job in broadcasting.

5 Would you tell me (that, what) I need to know?

6 The only thing (that, what) I need now is a paintbrush.

E 다음 그림을 보고, 괄호 안의 말을 활용하여 대화를 완성하시오.

A: I need to find my backpack.
B: Oh, there are three backpacks on the carousel. Is the one _____ in the front pocket yours? (have / running shoes)
A: No. Mine is the one _____ _____. (have / a water bottle / side pocket)

GRAMMAR IN READING ....

A 다음 글을 읽고, 빈칸에 들어갈 알맞은 말을 <u>모두</u> 고르시오.

A doctor gave an unusual prescription to patients _____ by worry, fear, or self-doubt. "For six weeks, I want you to smile and say 'thank you' every time anyone does you a favor." Within six weeks, most of the doctor's patients showed real improvement.

① afflicted ② were afflicted ③ who were afflicted
④ which afflicted ⑤ what were afflicted

B 다음 글을 읽고, 물음에 답하시오.

People often say ⓐ <u>that</u> you get what you pay for. Now, a new study shows ⓑ <u>that</u> this may really be true. Researchers gave subjects two glasses of wine and explained ⓒ <u>that</u> one cost $5, while the other cost $45. In reality, however, they were simply two glasses of the same wine. They found the part of the brain ⓓ <u>that</u> experiences pleasure was more active when subjects drank the wine that they thought was more expensive. ① <u>What this implies</u> is that the price of a product can affect ② <u>what the consumer experiences in terms of quality</u>.

1 밑줄 친 ⓐ~ⓓ 중 쓰임이 <u>다른</u> 하나를 고르시오.

2 밑줄 친 ①, ②가 각각 문장에서 하는 역할을 밝히시오.

Q 위 글의 내용과 일치하면 T, 일치하지 않으면 F를 쓰시오.
The pleasure wine drinkers feel isn't affected by the price. (   )

A   prescription 처방전 self-doubt 자기 회의 improvement 발전, 개선 afflict 괴롭히다
B   subject 주제; *피실험자 imply 암시하다 consumer 소비자 in terms of ~의 점에서

관계부사 when, where, why, how

A 관계부사의 역할

관계부사는 형용사절을 이끌어 앞에 있는 명사(선행사)를 수식한다는 점에서 관계대명사와 동일하지만, 형용사절 안에서 부사 역할을 한다는 점에서 관계대명사와 구별된다.

a I remember the day **when** we first met. 　　　　　　선행사 a₁ I remember the day. + a₂ We first met on that day. a₃ I remember *the day* **on which** we first met. b This is *the road* **where** the accident happened. 　 ← This is the road. + The accident happened here. c This is *the road* **that** leads to the post office. 　 ← This is the road. + It leads to the post office.	a 접속사와 부사로서의 관계부사: 관계부사 when은 두 문장을 연결하는 접속사 역할을 하면서 관계사절 안에서는 전치사 on과 선행사 the day를 대신하는 부사 역할을 한다. a₃ 관계부사는 「전치사 + 관계대명사」로도 바꿔 쓸 수 있다. **참조** UNIT 47 A 4 b-c 관계대명사와 관계부사의 구별: b 선행사 the road가 관계사절에서 장소를 나타내는 부사 역할(here)을 하므로 관계부사 where를 쓴다. c 선행사 the road가 관계사절에서 주어(It)를 대신하므로 관계대명사 that을 쓴다.

B when, where, why, how

관계부사 when, where, why, how는 선행사가 때, 장소, 이유, 방법 중 무엇을 나타내는가에 따라 선택하여 쓰는데, how의 경우 선행사 the way와 함께 쓰지 않는다.

a January is *the month* **when** the weather is the coldest. 　 ← January is the month. + The weather is the coldest then. b He has never left *the town* **where** he was born. 　 ← He has never left the town. + He was born there. c I know *the reason* **why** she left. 　 ← I know the reason. + She left for that reason. d The Internet has changed **how[the way]** people buy music. 　 ← The Internet has changed the way. + People buy music that way. 　 ~~The Internet has changed the way how people buy music.~~	a 선행사 the month가 관계사절 안에서 시간을 나타내는 부사 역할(then)을 하므로 관계부사 when을 쓴다. ※ 흔히 쓰이는 선행사: time, day, year, age 등 b 선행사 the town이 관계사절 안에서 장소를 나타내는 부사 역할(there)을 하므로 관계부사 where를 쓴다. ※ 흔히 쓰이는 선행사: place, country, house 등 c 선행사 the reason이 관계사절 안에서 이유를 나타내는 부사 역할(for that reason)을 하므로 관계부사 why를 쓴다. d 선행사 the way와 관계부사 how는 같이 쓰지 않으므로 둘 중 하나를 반드시 생략해야 한다.

ⓒ 관계부사의 생략 및 that

a This is *the place* (**where/that**) a theater used to be.
   = This is (*the place*) **where** a theater used to be.

b I'll never forget *the day* (**when/that**) I arrived in Beijing.

c He always looks words up in the dictionary. That is *the way* (**that**) he expands his vocabulary.

a-b 선행사가 place, time, reason과 같이 일반적인 명사일 때 선행사나 관계부사가 생략되기도 한다. 또는 관계부사 when, where, why 대신에 that을 쓸 수도 있다.

c 선행사 the way 뒤의 관계부사는 that으로 대신할 수 있다.

expand 넓히다

UPGRADE YOUR GRAMMAR

관계사와 의문사의 구분

who, which, what, where, when, why, how는 관계사와 의문사 어느 쪽으로도 쓰일 수 있지만 그 차이를 명확하게 구별하기가 쉽지 않다. 문장 속에서 그 둘을 구분하는 방법은 다음과 같다.

관계사	의문사

1 보통 '~하는' 또는 '~한'으로 해석한다. 단, what은 '~하는 것'으로 해석한다.
2 관계사가 속한 절이 앞의 명사(선행사)를 수식한다. 단, what은 선행사를 포함하므로 앞에 명사가 필요 없다.
 	
  a Are there any students **who** work part-time?
      아르바이트하는 학생
 	
  c This is the restaurant **where** we had our first date.   우리가 처음 데이트한 식당
 	
  e I told Julia **what** I was thinking.
      내가 생각하고 있던 것을
	1 '누구, 어느 것, 무엇, 어디, 언제, 왜, 어떻게' 등으로 해석한다.
	2 know, ask, wonder 등 질문이나 의문을 나타내는 동사와 함께 쓰이는 경우가 많다.
	
	  b Our teacher *asked* **who** worked part-time.
	      누가 아르바이트를 하는지
	
	  d He *asked* me **where** I wanted to go.
	      내가 어디에 가고 싶은지
	
	  f Julia *asked* me **what** I was thinking.
	      내가 무엇을 생각하고 있는지

A a=a₃ 나는 우리가 처음 만난 그 날을 기억한다. b 이것은 그 사고가 났던 길이다. c 이것은 우체국으로 가는 길이다.

B a 1월은 날씨가 가장 추운 달이다. b 그는 자기가 태어난 마을을 떠난 적이 없다. c 나는 그녀가 떠난 이유를 알고 있다. d 인터넷은 사람들이 음악을 구매하는 방식을 변화시켰다.

C a 여기는 극장이 있었던 자리이다. b 나는 내가 베이징에 도착했던 그 날을 결코 잊지 못할 것이다. c 그는 항상 사전에서 단어를 찾아본다. 그것이 그가 어휘를 늘리는 방법이다.

UPGRADE YOUR GRAMMAR a 아르바이트를 하는 학생이 있나요? b 우리 선생님이 누가 아르바이트를 하는지 물어보셨다. c 이것이 우리가 처음 데이트한 식당이다. d 그는 나에게 어디에 가고 싶은지 물어보았다. e 나는 Julia에게 내가 생각하고 있던 것을 말했다. f Julia는 내가 무슨 생각을 하고 있는지 물었다.

EXERCISE

정답 및 해설 p.11

A   빈칸에 알맞은 관계부사를 쓰시오.

1 Tell me the reason _____ you were crying in your room.

2 Mark showed me _____ he makes Christmas pudding.

3 Do you know the apartment _____ Anna lives?

4 I remember the day _____ you were born.

B   괄호 안에서 알맞은 것을 고르시오.

1 I live on the street (where, which) my friend used to live.

2 She bought a house (where, that) stands on a small hill.

3 I don't know the reason (why, which) so many people are out of the office today.

4 There is another reason (how, which) you don't know.

5 I stayed home the day before yesterday, (when, which) I had no money.

6 I saw the prettiest girl ever on the second of March, (when, which) was the first day of school.

7 John Grisham is a famous author. I like (how, which) he develops a story.

8 Sidney writes books in a way (in which, that) I like.

C   다음 두 문장을 관계부사를 이용하여 한 문장으로 바꾸시오.

1 I miss the summers. We used to travel to Europe then.

→ I miss the summers when _____.

2 Sarah bought her beautiful dress from the shop. And I want to stop by there.

→ I want to stop by the shop where _____.

3 John turned down the job offer. I don't know the reason for this.

→ I don't know the reason why _____.

4 Pete cooks his delicious stew in a particular way. He showed it to me.

→ Pete showed me the way _____.

D   다음 괄호 안의 말을 바르게 배열하시오.

1 This is (the place / a hit and run / where / occurred) this morning.

2 My boss obviously didn't like (Charles / the way / to him / spoke).

3 Lisa never told anybody (she / why / leave / had to).

4 I like to drive at night (are / empty and quiet / the roads / when).

E 괄호 안의 말을 순서대로 활용하여 다음 대화를 완성하시오. (알맞은 관계부사를 추가할 것)

> A : Do you know _____?
>   (the day / our essays / be / due)
> B : Oh, as far as I remember, it's in two days.
> A : What? I didn't know the due date was that close!

GRAMMAR IN READING ....

A 다음 글의 내용과 일치하도록 빈칸에 알맞은 관계부사를 쓰시오.

> The red and white stripes on a barber's pole date back to the days when European barbers not only cut hair but also performed surgery. They advertised by hanging bandages from a pole in front of their shops. Bloodied bandages became the red stripes, while white stripes signified the clean bandages.

→ Barbershops used to be places _____ surgery was performed.

B 다음 글을 읽고, 물음에 답하시오.

> **LA TIMES**
> _____
>
> ### The Other Hollywood
>
>  Say "Hollywood" and we think of movies, black limousines, and famous people living in luxury in Beverly Hills. But there's another Hollywood ___ⓐ___ we don't know about—the Hollywood that is home to the homeless. In Los Angeles as a whole, there are roughly 82,000 people living without shelter. Young homeless people tend to be found in Hollywood, ___ⓑ___ there are 7,000 homeless people between the ages of 16 and 25.

1 빈칸 ⓐ, ⓑ에 들어갈 관계대명사 혹은 관계부사를 쓰시오.

Q 기사의 제목 'The Other Hollywood'가 의미하는 바는 무엇인가?

2 위 글의 내용과 일치하도록 괄호 안의 말을 바르게 배열하시오.

→ Hollywood is (home to / a part of LA / that / is) thousands of homeless youths.

A   stripe 줄무늬, 줄   barber's pole 이발소 기둥   date back to ~로 거슬러 올라가다   surgery 수술   bandage 붕대   signify 의미하다, 나타내다
B   limousine 리무진, 대형 고급 승용차   live in luxury 호화롭게 살다   the homeless 노숙자들   shelter 주거지

UNIT 46 관계사의 계속적 용법

Examine & Think

다음 중 여자 형제가 한 명임을 암시하는 문장을 고르시오.

a. My sister, who is a flight attendant, loves to ski.
b. My sister who is a flight attendant loves to ski.

A 한정적 용법과 계속적 용법의 비교

관계사는 그 역할에 따라 한정적 용법의 관계사와 계속적 용법의 관계사로 나뉠 수 있다.

한정적 용법	계속적 용법
a I saw a man **who** was hurt severely. 나는 심하게 다친 어떤 남자를 보았다.	b I saw Paul, **who** was hurt severely. (= and he) 나는 Paul을 보았는데, 그는 심하게 다친 상태였다.
1 관계사 앞에 콤마(,)가 없다.	1 관계사 앞에 콤마(,)가 있다.
2 선행사는 관계사가 이끄는 절의 수식을 받아 지칭 범위가 특정한 것으로 한정된다. (아무 남자가 아니라 심하게 다친 남자)	2 관계사가 이끄는 절은, 선행사가 누구[무엇]인지는 이미 알고 있는 상황에서 선행사에 관해 추가적인 정보를 제공한다.
3 관계사가 이끄는 절이 선행사를 수식하는[한정하는] 논리 구조로 해석한다.	3 관계사 앞의 절부터 해석하고 문맥에 따라 and, but, for 등의 접속사를 넣어 관계사 뒤의 절을 해석한다.

B 관계사의 계속적 용법

관계사가 계속적 용법으로 쓰이면, 관계사가 이끄는 절은 앞 절에 대한 추가적인 설명을 담게 된다.

1 관계대명사의 계속적 용법

a I passed the ball to *Brian*, **who** dropped it.
= I passed the ball to *Brian*, **but he** dropped it.
~~I passed the ball to Brian, that dropped it.~~

b My favorite book is *Little Women*, **which** I've read eight times so far.
= My favorite book is *Little Women*, **and** I've read **it** eight times so far.
~~My favorite book is Little Women, ✓ I've read eight times so far.~~

1 계속적 용법의 관계대명사는 「접속사 + 대명사」의 의미를 가지며, 접속사는 문맥에 맞게 and, but 등을 적절히 넣어주면 된다.

a 관계대명사 that은 계속적 용법으로 쓰지 않는다.

b 계속적 용법으로 쓰인 관계대명사는 생략할 수 없다.

c Jim married *Carol*, **whose** brother is a lawyer.
   = Jim married Carol, **and her** brother is a lawyer.

d This house has a *bedroom*, **which** faces south.
   = This house has a bedroom, **and it** faces south.

cf. This house has a bedroom **which** faces south.

e *He was very hungry*, **which** led him to steal the bread.

f Saudi Arabia is *rich in oil*, **which** Korea is not.

d d와 *cf.*는 똑같은 내용처럼 보이나 d는 '침실이 하나 있는데(주요 정보), 그것이 남향이다(추가 정보)'라는 의미이고, *cf.*는 '침실이 둘 이상일 수 있으며, 그 중 남향인 침실이 하나 있다'는 의미이다.

e which가 앞의 절 전체를 대신하는 경우:
   which = and the fact that he was very hungry

f which가 앞의 절의 일부를 대신하는 경우:
   which = but ~ rich in oil

2 관계부사의 계속적 용법

g He graduated *in 2008*, **when** Korea was experiencing an economic crisis.
   = He graduated in 2008, **but** Korea was experiencing an economic crisis **then[at that time]**.

h He went to *LA*, **where** he started a business.
   = He went to LA, **and there** he started a business.

2 관계부사 when과 where만 계속적 용법으로 쓰인다.

g when = but[and] ~ then (← in 2008)

h where = and there (← in LA)

EXERCISE

A 관계사의 쓰임에 주의하여 다음 문장의 뜻을 바르게 나타낸 것을 고르시오.

1 Martha has a son, who lives in Russia.
   a. Martha has only one son.
   b. Martha may have more than one son.

2 Kate didn't come to the meeting, which made the boss very angry.
   a. The boss got very angry because of the meeting.
   b. The boss got very angry because of the fact that Kate didn't come.

3 The students, who had done well on the test, got free tickets to the concert.
   a. All of the students got free tickets.
   b. Only some of the students got free tickets.

B 다음 두 문장을 계속적 용법의 관계사를 이용하여 한 문장으로 바꾸시오.

0 My friends visited Milan. It's a city in northern Italy.
   → My friends visited Milan, which is a city in northern Italy.

1 You left your wallet in the car. That was careless of you.
   → _____

2 We bought a Lego set. Its main function was to keep the child quiet.
   → _____

3 I read an article about Karl Marx. He was a famous German philosopher.
   → _____

4 We went to Café Verona. And there I once had coffee with Jerry.
   → _____

C 우리말과 일치하도록 괄호 안의 말을 바르게 배열하시오.

1 사장님이 전화기를 꽝하고 내려놓았는데, 그건 그가 매우 화났다는 의미이다.
   → My boss slammed the phone down, (very angry / means / he was / which).

2 나는 뉴욕을 방문했었는데 거기서 '미녀와 야수'라는 뮤지컬을 보았다.
   → I visited New York City, (the musical / saw / I / where) *Beauty and the Beast*.

3 가난한 나라에서 많은 사람들이 굶어 죽는데, 나는 그 사실이 슬프다.
   → Many people die of hunger in poor countries, (makes / sad / which / me).

46 G-ZONE CHAPTER 09

D 다음 글의 내용과 일치하도록 괄호 안의 말과 관계대명사를 활용하여 아래 문장을 완성하시오.

> Founded in 1900, the Nobel Foundation is a private institution, and it manages the finances of the Nobel Prizes. Alfred Nobel, the inventor of dynamite, outlined his idea for the foundation in his last will.

1 The passage is about the Nobel Foundation, _____ in 1900. (found)

2 The idea for the foundation was in the last will of Alfred Nobel, _____ of dynamite. (inventor)

GRAMMAR IN READING

A 다음 글을 읽고, 빈칸 ⓐ, ⓑ에 각각 알맞은 관계대명사를 쓰시오.

> Since 2005, the elephant population has declined by 64 percent in central Africa. The main threat to African elephants comes from poachers, _____ⓐ_____ seek elephants' ivory. Poachers use poison arrows to kill elephants. These criminal acts, _____ⓑ_____ continue today, have prompted the US to ban commercial trade in ivory.

B 다음 글을 읽고, 물음에 답하시오.

> Feeding 7 billion people takes a huge toll on our planet. Our current large-scale farming methods cause problems with pollution, energy use, and habitat loss. But there are some creative solutions! ① One possible solution is urban farming, and it promises to make our food as local as possible. Urban farms are very near where we live, ⓐ which decreases the distance that food must travel. This allows us to get the freshest produce possible. Another benefit is that it adds green spaces to cities, ⓑ which creates peaceful places for relaxation and contemplation.

1 밑줄 친 문장 ①을 관계사를 이용하여 다시 쓰시오.

2 밑줄 친 ⓐ, ⓑ가 각각 가리키는 것을 찾아 우리말로 쓰시오.

Q 다음 중 'urban farming'의 장점으로 언급된 것이 <u>아닌</u> 것은?
① 농작물의 운송 거리 단축
② 도심에 휴식 공간 제공
③ 농사를 통한 경제적 이득

A   poacher 밀렵꾼 ivory 상아 poison 독, 독약 criminal act 범죄행위 prompt (어떤 결정을 내리도록) 하다 commercial 상업의; 상업적인
B   take a toll 타격을 주다 habitat 서식지 urban 도시의 produce 생산하다; *농산물 relaxation 휴식 contemplation 사색, 명상

47 관계사와 전치사, 복합관계사

A 관계사와 전치사

관계대명사가 관계사절 안에서 전치사의 목적어로 쓰이는 경우, 전치사는 관계대명사 앞 또는 관계사절의 동사 뒤에 올 수 있다.

1 전치사가 관계대명사 앞에 오는 경우

a David is *the man* **with whom** I'll live for the rest of my life.
~ ~~the man with ✓ I'll live for the rest of my life.~~
~ ~~the man with that I'll live for the rest of my life.~~
~ ~~the man with who I'll live for the rest of my life.~~

2 전치사가 관계사절의 동사 뒤에 나오는 경우

b This is a movie **that** Brad Pitt stars **in**.
= This is a movie ✓ Brad Pitt stars **in**.
= This is *a movie* **which** Brad Pitt stars **in**.

3 전치사가 반드시 관계대명사 앞에 와야 하는 경우

c This album contains *12 songs*, **some of which** you may have heard.
← This album contains 12 songs. + You may have heard some of them.

4 관계부사 = 전치사 + 관계대명사

d This is *the mansion* **where** Mr. Gates lives.
= This is the mansion **in which** Mr. Gates lives.
= This is the mansion **which** Mr. Gates lives **in**.

e I learned about *the era* **when** mammoths lived.
= I learned about the era **during which** mammoths lived.

f I don't know *the reason* **why** he had a fight with his friend.
= I don't know the reason **for which** he had a fight with his friend.

1 관계대명사가 전치사의 목적어로 쓰여 「전치사 + 관계대명사」의 형태일 때, 관계대명사를 생략할 수 없다. 또한 이 경우 whom, which 대신 that을 쓸 수 없으며, whom 대신 who를 쓸 수도 없다.

2 이 경우는 관계대명사를 생략할 수 있다.

3 some of which, many of which와 같이 어떤 전체의 부분을 나타내는 말이 올 경우 전치사는 관계대명사 앞에 나와야 한다.

4 관계부사는 「전치사 + 관계대명사」로 나타낼 수 있다.

d where = in[at, to, on, ...] which

e when = in[at, on, during, ...] which

f why = for which

---

star in ~에서 주연하다 era 시대 mammoth 매머드

B **복합관계사**

복합관계사는 관계사에 -ever를 붙인 것을 말하며, '~든지'와 '~하더라도'라는 두 가지 뜻으로 쓰인다.

1 복합관계대명사

a **Whoever** wants a brochure can have one.
= Anyone who wants a brochure ~.

b **Whoever** you are, you shouldn't talk like that.
= No matter who you are, you shouldn't ~.

c You can take **whichever** you like.
= You can take any of these that you like.

d **Whichever** you buy, you can't avoid paying the tax.
= No matter which you buy, you can't ~.

cf. **Whichever** road you take, you can't miss the village.

e We'll do **whatever** is necessary to help them.
= We'll do anything that is necessary ~.

f **Whatever** happens, we won't give up.
= No matter what happens, we won't give up.

2 복합관계부사

g **Whenever** I go to Jeju, I try to see Rita.
= Every time I go to Jeju, I try to see Rita.

h **Whenever** you start, you can learn to read.
= No matter when you start, you can ~.

i Please sit **wherever** you feel comfortable.
= Please sit in any place where you feel ~.

j Tom always keeps in touch **wherever** he is.
= ~ keeps in touch no matter where he is.

k **However** much it costs, I'd like to buy it.
= No matter how much it costs, I'd like to ~.

1 whoever, whichever, whatever가 이끄는 절은 문장 속에서 다음과 같은 역할을 한다.

a-b whoever

a 명사절: ~하는 사람은 누구든지

b 부사절: 누가 ~하든지, ~가 누구든지 〈양보〉

c-d whichever

c 명사절: ~하는 것은 어느 것이든지

d 부사절: 어느 것을 ~하더라도 〈양보〉

cf. whichever는 복합관계형용사로도 자주 쓰인다.

e-f whatever

e 명사절: ~하는 것은 무엇이든지

f 부사절: 무엇이[을] ~하더라도 〈양보〉

2 whenever, wherever, however가 이끄는 절은 부사절이며, 다음과 같은 뜻을 나타낸다.

g-h whenever

g ~할 때마다 〈때〉

h ~할 때는 언제라도 〈양보〉

i-j wherever

i ~하는 곳은 어디든지 〈장소〉

j 어디서 ~하더라도 〈양보〉

k however: 아무리 ~하더라도 〈양보〉

---

brochure (안내·광고용) 책자 keep in touch 연락하고 지내다[연락하다]

A a David는 내 남은 인생을 같이 살 남자이다. b 이것은 Brad Pitt가 주연한 영화이다. c 이 앨범에는 12개의 노래가 수록되어 있는데, 그중 일부는 네가 들어보았을 것이다. d 이것은 Gates 씨가 사는 저택이다. e 나는 매머드가 살았던 시대에 대해서 배웠다. f 나는 그가 그의 친구와 다툰 이유를 모른다.
B a 안내 책자를 원하는 분은 누구든 가져가실 수 있습니다. b 당신이 누구이든지 그런 식으로 말하면 안 돼요. c 너는 네 마음에 드는 것은 어느 것이든 가질 수 있다. d 당신이 어느 것을 사든지 세금 내는 것을 피할 수는 없다. *cf.* 당신이 어느 길로 가더라도 그 마을을 쉽게 찾을 수 있을 거예요. e 우리는 그들을 돕기 위해 필요한 것은 무엇이든지 할 것이다. f 무슨 일이 일어나도 우리는 포기하지 않을 것이다. g 내가 제주도에 갈 때마다 Rita를 만나려고 한다. h 언제 시작하든 당신은 읽는 법을 배울 수 있습니다. i 어디든 편한 곳에 앉으세요. j Tom은 어디에 있든지 항상 연락을 한다. k 그것이 아무리 비싸다 할지라도 나는 그것을 사고 싶다.

EXERCISE

정답 및 해설 p.14

A   괄호 안에서 알맞은 것을 고르시오.

1 (Whoever, Who) calls tonight, say that I am not in.

2 You can bring (whomever, whom) you want to spend some time with.

3 The girl (whomever, whom) they are blaming is my sister.

4 I won't believe (whatever, which) you are going to say. You always lie to me.

5 He smiled, and that was (whenever, when) I realized I loved him.

B   빈칸에 들어갈 알맞은 말을 보기에서 골라 쓰시오.

[보기]   none of which   after which   some of whom   to which   on which

1 Susie tried on five pairs of sandals, _____ she liked.

2 I often pass by the street _____ Rose used to live.

3 Our company hired new employees, _____ are from Canada.

4 On Saturday, we visited an art gallery, _____ we'd never been before.

5 I had an operation on my shoulder, _____ I was unable to play for months.

C   밑줄 친 부분이 어법상 옳으면 ○표 하고, 틀린 부분은 바르게 고치시오.

1 This is the house <u>which</u> my grandparents live.

2 Toronto is the city <u>where</u> I want to visit most.

3 Do you know the guy <u>with who</u> Jim goes jogging every morning?

4 Do you know <u>the guy Monica goes</u> jogging with every morning?

D   우리말과 일치하도록 괄호 안의 말을 활용하여 문장을 완성하시오.

1 네가 무엇을 하더라도, 넌 성공할 거야. (whatever / do)
   → _____, you will succeed.

2 당신이 원하시는 어느 곳에서든 내리셔도 됩니다. (wherever / want)
   → You can get off _____.

3 저 집이 아무리 비싸더라도, 나는 꼭 살 거야. (however / expensive / it / may)
   → _____, I'll buy that house.

4 당신이 어떤 것을 사든 1년간 품질 보증을 해 드립니다. (whichever / buy)
   → _____, there is a one-year guarantee.

50   G-ZONE CHAPTER 09

E 다음 조건에 맞게 사진 속 도구를 설명하는 문장을 완성하시오.

A tool _____ _____ you _____ into a wall or wood is called a hammer.

조건 1 「전치사 + 관계대명사」를 쓸 것
조건 2 hit, nails를 포함할 것

GRAMMAR **IN READING** ....

A 글의 내용과 일치하도록 빈칸에 알맞은 복합관계대명사를 쓰시오.

> The fact is that no matter how nicely we dress, how beautifully we decorate our homes, or how lovely our dinner parties are, we can't be truly stylish without good manners. It's impossible. Real style and graciousness go hand in hand.

→ _____ is truly stylish will also have good manners.

B 다음 글을 읽고, 물음에 답하시오.

> Human beings display a judgment bias called the *halo effect. The halo effect means that we judge people _____@_____ we have positive impressions of as good people. Those who make negative impressions, we judge as bad. A psychologist named Edward Thorndike first described the halo effect in 1920. He conducted an experiment ⓑ (military officers / in which / their soldiers / rated) on different physical and mental qualities. Soldiers who received high ratings in one area were usually rated highly in all areas, and likewise with negative ratings. This, Thorndike concluded, meant that <u>the officers viewed the soldiers as all good or all bad</u>. We experience the same effect when we assume that a fun-loving or attractive person is also intelligent and trustworthy.
>
> *halo effect 후광 효과

1 빈칸 @에 들어갈 수 있는 관계대명사를 <u>모두</u> 쓰시오.

2 괄호 ⓑ 안의 말을 문맥과 어법에 맞게 배열하시오.

Q 위 글의 밑줄 친 부분을 통해 추론할 수 있는 'halo effect'의 문제점은 무엇인가?
① 과도한 일반화
② 책임 의식의 결여
③ 지나친 과시 욕구

....

A graciousness 정중함, 상냥함 go hand in hand 함께 어울리다

B judgment 판단 bias 편견, 편향 impression 인상 conduct 실시하다 rate 평가하다 (몡 rating 평가, 등급) quality 자질 trustworthy 신뢰할 수 있는

REVIEW TEST

A   괄호 안에서 알맞은 것을 <u>모두</u> 고르시오. (✓는 생략 가능한 경우)

1 Don't put off till tomorrow (that, what, ✓) you can do today.

2 The girl (that, whom, which) I sit next to in class always studies hard.

3 Try to avoid situations (that, in which, where) can lead to arguments.

4 Send me a message or email me, (how, whichever, wherever) you prefer.

5 The plums (that were dipped, were dipped, dipped) in chocolate were delicious.

6 Parents should understand the reason (why, that, ✓) their children behave a certain way.

7 Mr. Wilson, (that, whom, to whom) I spoke at the conference, seemed interested in our plan.

B   다음 두 문장을 관계사를 이용하여 한 문장으로 바꾸시오.

1 I have two brothers. One of them serves in the military.

→ _____

2 I recently went back to the city. I was born there.

→ _____

3 This is the only song. I can play it on the guitar.

→ _____

4 I'll never forget the day. She left me then.

→ _____

5 This course is for students. Their first language is English.

→ _____

6 Tony doesn't have a cell phone. This makes it hard to contact him.

→ _____

C   다음 문장을 읽고, 생략할 수 있는 부분이 있다면 괄호로 묶으시오.

1 The novel that she was talking about is *Pride and Prejudice*.

2 She is the one whom we'd like to invite to our seminar.

3 I found a puppy that was sitting on the bench outside the house.

4 The college that Jim is studying at is very well known across the country.

5 I met an old friend of mine, whom I used to play in a band with.

6 I want to write down what you have just told me.

D   다음 중 어법상 맞는 것을 고르시오.

① The woman lives next door won the lottery.
② This is the funniest movie what I have ever seen.
③ Ted is smarter than I am, which I don't like to admit.
④ Can you explain one more time the way how you made the system?
⑤ The doctor about who you read in the paper works at this hospital.

E   다음 중 어법상 <u>틀린</u> 것을 모두 고르시오.

① Mr. Johnson likes the people he works with.
② No matter how hard I tried, it didn't seem to work.
③ That you need to think about is customers' needs.
④ Whoever wants to be a writer ought to read frequently.
⑤ Our best player got injured before the game, and that's worse, we lost the game.

F   다음 글의 ⓐ~ⓒ 중 어법상 <u>틀린</u> 것을 찾아 바르게 고치시오.

> Since 1927, the Ryder Cup golf tournament has evolved from a friendly set of matches into one of the world's premier sporting events. Europe and the United States take turns hosting this biennial event, ⓐ <u>that means</u> that the US only plays host once every four years. The 2010 Ryder Cup, ⓑ <u>in which Europe achieved</u> one of the greatest comebacks in Ryder Cup history, is a favorite of many golf fans. Martin Kaymer made the putt ⓒ <u>that won the cup for Europe.</u>

G   다음 글을 읽고, 물음에 답하시오.

> Some people don't understand (A) what / why others have tattoos. What is the point of getting something put onto your skin permanently? Well, 사람들이 문신을 하는 한 가지 이유는 is to look different from (B) that / what society expects. Another is because some tattoos have a special meaning, such as an event or a special date. And some people simply use their bodies to express themselves. Their tattoos may represent (C) wherever / whatever they are interested in.

1   (A), (B), (C)의 각 네모 안에서 문맥과 어법에 알맞은 것을 고르시오.

2   밑줄 친 우리말과 일치하도록 다음 괄호 안의 말을 바르게 배열하시오.

(tattoos / one / people / that / get / reason)

A 관계대명사 what vs. 관계대명사 that

관계대명사 what은 선행사를 포함하는 관계대명사로 명사절을 이끈다. 관계대명사 that이 선행사가 필요하고 형용사절을 이끈다는 점과 혼동하지 않도록 유의한다.

a Pay attention to [**what** / **that**] she is saying.

b Animals [**what** / **that**] live in water get their oxygen from the water. 교육청 기출

a 그녀가 말하는 것에 집중해라.　**b** 물속에 사는 동물들은 물로부터 산소를 얻는다.

B 관계대명사 vs. 관계부사

관계사절에서 관계대명사를 생략하면 주어, 목적어, 또는 보어가 없는 불완전한 문장이 되지만, 관계부사는 생략해도 완전한 문장 구조를 이룬다.

c We will renovate the restaurant [**that** / **where**] was built in 1970.

d The restaurant [**which** / **where**] we first met has closed down.

c 우리는 1970년에 지어진 그 식당을 보수할 것이다.　**d** 우리가 처음 만났던 그 식당은 폐업했다.

TIP

place, time, reason, way 등 일반적인 명사를 선행사로 하는 관계부사는 that으로 바꿔 쓸 수 있다.

PRACTICE

A 괄호 안에서 어법상 알맞은 것을 고르시오.

1 I visited the school [that / where] I graduated from and met my former teacher.

2 [What / That] they wanted to find out first was how much it was going to cost.

3 Meteora is famous for its monasteries [what / that] are built on high rocks. 교육청 기출

4 The year [which / when] the most hurricanes were predicted to occur had the lowest number of hurricanes. 교육청 기출

B 다음 글의 밑줄 친 부분 중, 어법상 틀린 것은?

"A huge giant ① must have drawn those pictures!" This is ② that you might think if you were in an airplane looking down at the Nazca Lines in southern Peru. On the land below, you would see huge triangles and other geometric figures. The drawings ③ were probably made by the Nazca people about 1,900 years ago. ④ Why they did this is a puzzle. One suggestion is ⑤ that these lines marked landing fields for visitors from outer space.

관계대명사와 formality

우리는 기존의 많은 문법서에서 관계대명사 who, whom, which 등을 that과 바꿔 쓸 수 있다고 배웠다. 물론 바꿔 쓴다고 해서 의미가 달라지지는 않지만 이들 관계대명사는 격식에 미묘한 차이가 있어서, 이 차이를 의식하면서 관계대명사를 사용한다면 좀 더 자연스러운 영어를 구사할 수 있다.

1 주격 관계대명사 who[which] vs. that

who와 which가 학술 서적과 같이 격식을 차린(formal) 글에서 많이 쓰이는 데 반해, that은 소설이나 일상적인 대화와 같은 회화체의(informal) 글에서 압도적으로 많이 사용된다.

a Women **who** eat plenty of vegetables are less likely to get cancer. **(formal)**
채소를 많이 먹는 여성들은 암에 걸릴 가능성이 더 낮다.

b Language is something **which** basically distinguishes humans from animals. **(formal)**
언어는 근본적으로 인간을 동물들과 구분하는 것이다.

c This is the man **that** tried to steal my car. **(less formal)**
이 사람이 바로 내 차를 훔치려고 한 사람이에요.

2 목적격 관계대명사 who(m)[which] vs. that vs. 관계대명사 생략

who(m)과 which는 격식을 많이 따지는 학술적인 글에서 선호되며, that은 이보다는 격식을 덜 차린 글에서 많이 쓰인다. 하지만 회화체의 글에서는 대부분 목적격 관계대명사가 생략되며, 현대 영어에서는 문어(written English)와 구어(spoken English)를 통틀어서 목적격 관계대명사를 생략하는 것이 일반적이다.

d A president is the person **who(m)** the people chose to stand for their country. **(formal)**
대통령은 국민이 그들의 나라를 대표하라고 뽑은 사람이다.

e The stadium **which** we are planning to build here will have a capacity of 30,000. **(formal)**
우리가 여기에 지으려고 하는 경기장은 3만 명을 수용할 수 있을 것이다.

f This is the most powerful typhoon **that** Korea has ever experienced. **(less formal)**
이번 태풍은 대한민국이 지금까지 겪은 가장 강력한 것이다.

g Who's the girl ✓ you like most in your class? **(informal)**
너희 학급에서 네가 가장 좋아하는 여자애는 누구니?

CHAPTER

10

NOUNS & ARTICLES

명사와 관사

명사는 사람이나 사물의 이름을 나타내는 말로, 크게 **셀 수 있는 명사**와 **셀 수 없는 명사**로 나뉜다. 셀 수 있는 명사에는 보통명사, 집합명사가 있으며, 셀 수 없는 명사에는 추상명사, 물질명사, 고유명사 등이 있다. 명사의 수나 양을 나타내기 위해 many/much, few/little 등의 수량형용사를 쓸 수 있는데, 뒤에 오는 명사가 셀 수 있느냐 없느냐에 따라 그 쓰임이 결정된다.

관사는 단독으로 쓰일 수 없고 명사 앞에 붙어서 명사의 의미를 한정해 주는 말로, **부정관사 (a[an])**와 **정관사(the)**가 있다. 부정관사는 처음 언급되는 명사 앞에, 정관사는 말하는 사람과 듣는 사람이 이미 알고 있는 명사 앞에 쓴다.

UNIT 48 셀 수 있는 명사 vs. 셀 수 없는 명사

A 셀 수 있는 명사와 셀 수 없는 명사

명사는 셀 수 있는 명사와 셀 수 없는 명사로 구분하는 것이 중요하다. 그 기준에 따라 관사가 필요한지 아닌지가 결정되며, 셀 수 있는 명사의 경우 단수와 복수의 구분을 확실히 해야 하기 때문이다.

셀 수 있는 명사	셀 수 없는 명사
1 '하나, 둘, 셋'과 같이 낱개로 셀 수 있다.	**1** 개체 수가 많거나 형태가 일정하지 않아 셀 수 없다.
a dog, boat, tree, phone, movie ...	b water, sand, rice, bread, money, luck ...
2 단수형과 복수형(-s[es])이 있다.	**2** 복수형이 없다.
c dogs, boats, trees, phones, movies ...	
3 부정관사 a[an] 또는 정관사 the와 함께 쓰일 수 있는데, 단수형 명사는 반드시 관사 또는 한정어와 함께 써야 한다. [참조] UNIT 51 Upgrade Your Grammar	**3** 부정관사 a[an]와 함께 쓰일 수 없지만, 정관사 the나, 소유격은 사용 가능하다.
d There is **a man** on the beach.	e **The water** at the beach is very clear. ~~a water / two waters~~
f I can't sing **this song**.	
4 복수형 명사 앞에는 many, few 등 막연한 수를 나타내는 말을 쓸 수 있다.	**4** 앞에 much, little 등 양을 나타내는 말을 쓸 수 있다.
g He wrote **many poems** in his 20s.	h I don't have **much money** to lend you.
i I have **a few questions** about this issue.	j Add **a little water** to the pan.

B 셀 수 있는 명사

1 보통명사

a A **boy** is surfing the Internet.

b Two **boys** are playing computer games.

2 집합명사

(1) 단수, 복수 취급이 모두 가능한 집합명사

c family, class, committee, staff, audience ...

d **The family was** welcomed by everyone.

cf. There are **two families** in this house.

e My **family have** different opinions about it.

1 보통명사는 같은 종류의 사람, 사물에 공통으로 붙여지는 이름으로 단수형과 복수형이 있으며, 복수형은 보통 단수형 뒤에 -s[es]를 붙인다. [참조] Appendix 14

2 여러 개체가 모여 이룬 집합을 나타내는 명사

(1) c의 집합명사들은 하나의 집합체로 보아 단수로 취급하거나, 개별 구성원에 중점을 두어 복수로 취급할 수 있다.

d 하나의 집합으로서의 가족 → 단수 취급

cf. 집합이 둘 이상일 때는 복수형으로 쓸 수 있다.

e 구성원 하나하나로서의 가족들 → 복수 취급

(2) 형태는 단수형이지만 항상 복수 취급하는 집합명사

f police, people, cattle, clergy …

g **The police are[is]** on high alert.

(3) 셀 수 없는 명사 취급하는 집합명사

h luggage[baggage], furniture, clothing, equipment …

i Your **luggage** is over the weight limit.

(2) f의 집합명사들은 복수형이 따로 없이 항상 복수 취급하는 명사들이다.

g The police는 형태는 단수형이지만 경찰 전체를 의미하기 때문에 복수 취급한다.

(3) h의 명사들은 의미상 집합체를 나타내지만 셀 수 없는 명사처럼 복수형이 없고 부정관사 a[an]를 붙이지 않는다.

C 셀 수 없는 명사

1 추상명사

a passion, virtue, courage, honesty, love …

b She is full of **passion** but lacks **virtue**.

1 구체적인 형체 없이 생각으로만 떠올릴 수 있는 대상을 가리키는 명사

2 고유명사

c Paris, Jim, Sunday, October, French, Mars …

d **Jim** and **Sandy** met last **December** in **Paris**.

2 장소, 사람, 요일, 월, 언어 등 사물에 붙여진 고유한 이름을 나타내는 명사로 첫 글자는 항상 대문자로 쓴다.

3 물질명사

e water, rice, sand, bread, cotton, money …

f **Water** consists of **oxygen** and **hydrogen**.

3 형체는 있지만 나누어 셀 수 없는 물질을 나타내는 명사로 재료, 음식, 기체, 액체, 고체 등이 해당한다.

4 셀 수 없는 명사를 세는 방법

g I'll give you **three pieces of** advice.

4 물질명사: 명사의 모양, 담는 용기, 단위 등으로 나타낸다.
추상명사: a piece of, an item of 등을 붙일 수 있다.

LEARN **MORE EXPRESSIONS**

물질명사의 수량 표시

a loaf of bread 빵 한 덩어리   a sheet of paper 종이 한 장   a piece of cake 케이크 한 조각

a glass of water 물 한 잔   a carton of milk 우유 한 팩   a bowl of rice 밥 한 그릇

a bottle of beer 맥주 한 병   a bag of sugar 설탕 한 포대   a can of soda 음료수 한 캔

A **d** 해변에 한 남자가 있다. **e** 그 해변의 물은 매우 맑다. **f** 나는 이 노래를 못 부르겠어. **g** 그는 20대에 많은 시를 썼다. **h** 나는 너에게 빌려줄 돈이 많이 없다. **i** 이 문제에 관해 몇 가지 질문이 있습니다. **j** 냄비에 물을 조금 넣어라.

B **a** 한 소년이 인터넷 검색을 하고 있다. **b** 두 소년이 컴퓨터 게임을 하고 있다. **c** 가족, 학급, 위원회, 직원, 청중 **d** 그 가족은 모두에게 환영받았다. *cf.* 이 집에는 두 가구가 있다. **e** 우리 가족은 그것에 대해 다른 의견을 갖고 있다. **f** 경찰, 사람들, 소, 성직자 **g** 경찰들은 삼엄한 경계 태세에 있다. **h** 짐[수화물], 가구, 옷[의복], 장비 **i** 짐이 중량 제한을 초과했습니다.

C **a** 열정, 미덕, 용기, 정직, 사랑 **b** 그녀는 열정에 차 있지만, 덕이 부족하다. **c** 파리, Jim(사람 이름), 일요일, 10월, 프랑스어, 화성 **d** Jim과 Sandy는 지난 12월에 파리에서 만났다. **e** 물, 쌀, 모래, 빵, 면, 돈 **f** 물은 산소와 수소로 이루어져 있다. **g** 내가 너에게 세 가지 조언을 해줄게.

EXERCISE

정답 및 해설 p.17

A   괄호 안에서 알맞은 것을 고르시오.

1 It takes (courage, courages) to go skydiving.
2 The rainy season has started, so there (is, are) a lot of moisture in the air.
3 We don't have (many, much) information on the subject.
4 I took my camera with me, but I didn't take many (picture, pictures).
5 The police (is, are) narrowing down possible suspects in the robbery case.

B   문장에서 어법상 <u>틀린</u> 부분을 찾아 바르게 고치시오. 틀린 부분이 없으면 ○표 하시오.

1 A Germany and Brazil advanced to the finals.
2 This car runs on an electricity instead of gas.
3 People is marching in the Thanksgiving Day parade.
4 The furniture was designed to be multi-functional.

C   우리말과 일치하도록 괄호 안의 말을 활용하여 문장을 완성하시오.

1 나의 가족은 나에게 가장 소중한 존재이다. (be)
→ My _____ the most important thing to me.
2 그 소들이 들판에서 풀을 뜯고 있다. (be / graze)
→ The cattle _____ in the field.
3 그녀는 매일 커피를 세 잔씩 마신다. (cup)
→ She drinks _____ coffee every day.

D   빈칸에 들어갈 말을 보기에서 골라 알맞은 형태로 쓰시오.

[보기]	glass	loaf	spoonful	bar	can

1 One of the two _____ of soda in the refrigerator is for you.
2 I slipped on a _____ of soap when I took a shower.
3 Two _____ of honey will make this yogurt much more delicious.
4 Drinking two _____ of milk every day is a good way to get calcium.
5 John was in jail for 19 years even though he had only stolen a _____ of bread.

E 다음 쇼핑 목록이 모두 포함되도록 문장을 완성하시오.

shopping list

→ I bought a carton of milk, _____ water, and _____
_____ at the market.

GRAMMAR IN READING ....

A 밑줄 친 ⓐ~ⓔ 중 어법상 틀린 것을 고르시오.

> ⓐ Experts claim that ⓑ a fatigue can be an early sign of dehydration. It's important
> to keep your ⓒ liquid intake up. Though you can get up to half of your water needs
> from ⓓ food, you still need to drink at least eight 250-ml cups of ⓔ fluid a day.

B 다음 글을 읽고, 물음에 답하시오.

> There are some parts of the world where entire communities depend
> on wools and meats from sheep. That's why a gift of a sheep can
> bring joy to a family in need! You can help many hungry ⓐ (family,
> families) through a gift of ⓑ (animal, an animal). Struggling families
> use sheep's wool to make ⓒ (a clothing, clothing) or sell it for extra
> income. What's more, sheep often give birth to twins or triplets and
> can graze even the hilliest, rockiest pastures unsuitable to other
> livestock.

1 밑줄 친 부분에서 어법상 틀린 부분을 찾아 바르게 고치시오.

2 ⓐ~ⓒ의 괄호 안에서 알맞은 것을 고르시오.

Q 위 글의 제목으로 가장 알맞은 것은?
① The Gift of a Sheep
② How to Raise a Sheep
③ The Natural Habitat of Sheep

....

A fatigue 피로 dehydration 탈수증 liquid 액체 intake 섭취(량) up to ~까지 fluid 액체

B in need 곤경에 처한; 궁핍한 give birth to 낳다 triplet 세쌍둥이 graze 풀을 먹다 hilly 험한, 언덕이 많은 pasture 목장, 목초지 unsuitable 부적합한 livestock 가축

⚠ **Examine & Think**

굵게 쓰인 말의 의미 차이를 설명하시오.

A: There's **a hair** in this soup!
B: That's impossible, ma'am. The chef has no **hair**.

A 셀 수 있는 명사로의 전환

물질명사나 추상명사는 셀 수 없는 명사이므로 원칙적으로 복수형을 만들거나 부정관사를 붙일 수 없다. 그러나 그것이 구체적인 제품이나 개체 등을 의미할 때는 보통명사로 쓰여 복수형으로 쓰거나 부정관사를 붙일 수 있다.

a	I had my **hair** cut the other day.	a	hair(모발)는 물질명사로 셀 수 없는 명사
b	The detective found **a hair** on the floor.	b	hair가 '한 개의 머리카락'이라는 의미로 쓰이면 셀 수 있는 보통명사
c	This notebook is made from recycled **paper**.	c	paper(종이)는 물질명사로 셀 수 없는 명사
d	I have to write two **papers** for biology class.	d	paper가 '신문', '보고서', '문서' 등의 의미로 쓰이면 셀 수 있는 보통명사
e	**Time**'s up. I don't have **time** to wait.	e	time(시간)은 추상명사로 셀 수 없는 명사
f	It was **a time** I'll never forget.	f	time이 한동안의 '기간' 또는 특정한 '때'라는 의미로 쓰이면 셀 수 있는 보통명사
g	We have enough **room** for three people.	g	room(여지, 공간)은 추상명사로 셀 수 없는 명사
h	There is **a spare room** in my house.	h	room이 '방'의 의미로 쓰이면 셀 수 있는 보통명사

detective 형사, 탐정

B 명사의 수·양을 나타내는 말

영어에는 수만 나타내는 말과 양만 나타내는 말이 있으므로 주의해서 써야 한다. many, (a) few는 셀 수 있는 명사 앞에서만, much, (a) little은 셀 수 없는 명사 앞에서만 쓰인다. some과 any, a lot of는 양쪽 모두에 쓸 수 있다.

1	수를 나타내는 many, (a) few	1	셀 수 있는 명사를 수식
a	**Many people** suffer from a lack of clean water.	a	many: (수가) 많은
b	We have **a few apples**. Let's make an apple pie for dessert.	b	a few: (수가) 어느 정도 있는 (대략 2, 3개)

c	There are **few people** who would try something so dangerous.		c	few: (수가) 거의 없는 **참조** UNIT 68 A 1

2 양을 나타내는 much, (a) little

d	Jason did the job, but without **much enthusiasm**.		d	much: (양이) 많은
e	Could I have **a little help**, please?		e	a little: (양이) 어느 정도 있는, 약간의
f	I should visit my grandma more often, but I have **little time** these days.		f	little: (양이) 거의 없는 **참조** UNIT 68 A 1

2 셀 수 없는 명사를 수식

3 수와 양 모두를 나타내는 some, any, a lot of[lots of]

g	**Some books** are available for free.		g-h	some: 몇 개의, 약간의, 얼마간의
h	Can you get me **some water**?			
i	Did you read **any books** last month?		i-j	any: 몇 개쯤의, 얼마쯤의, 약간의
j	I don't have **any information** about his family.			
k	They were criticized for using **a lot of[lots of]** animals in the experiment.		k	a lot of[lots of]: 많은 (수를 나타낼 때는 many, 양을 나타낼 때는 much로 바꿀 수 있다.)

3 셀 수 있는 명사와 셀 수 없는 명사 모두를 수식

주의 뒤에 오는 명사가 셀 수 있는 명사이면 동사의 복수형을 쓰고, 셀 수 없는 명사이면 동사의 단수형을 쓴다.

4 a number of, a (large) amount of

l	**A number of customers are** complaining about the quality of the service.		l	a number of + 복수명사: (복수형 동사를 취하여) 많은 수의 ~
cf.	**The number of male teachers** in elementary schools **is** decreasing.		*cf.*	the number of + 복수명사: (단수형 동사를 취하여) ~의 수
m	**A large amount of money is** needed to repair roads and bridges.		m	a (large) amount of + 셀 수 없는 명사: (단수형 동사를 취하여) 많은 양의 ~

4

---

enthusiasm 열정, 열의 experiment 실험

EXERCISE

정답 및 해설 p.18

A   괄호 안에서 알맞은 것을 고르시오.

1 We haven't got (many, much) time, so we'd better hurry up.

2 How (many, much) times have I told you this?

3 Can you lend me (a few, a little) dollars?

4 (A, The) number of students enrolled in Mr. Brown's class.

5 It took only twenty minutes to get here. There was (few, little) traffic.

6 There are too (many, much) people here. Let's go!

7 They're very similar. There are (a few, few) differences.

8 There's (a little, little) chance that he will pass the exam. He rarely studies.

B   빈칸에 들어갈 알맞은 말을 보기에서 골라 쓰시오.

[보기] hair / a hair	paper / a paper	room / a room

1 The building has _____ used for board meetings.

2 There's still _____ for improvement in your report.

3 Joshua is busy writing _____ on endangered species.

4 I bought a pack of _____ for the photocopier.

5 I noticed _____ on my shirt and picked it off.

6 Her friends think she looks pretty with long _____.

C   문장에서 어법상 <u>틀린</u> 부분을 찾아 바르게 고치시오. 틀린 부분이 없으면 ○표 하시오.

1 It's been very dry. We have had few rain.

2 There are much sports fans in this stadium.

3 My grandparents met each other during a time of war.

4 A number of employees in this company is 300.

5 I need some informations about Korean history.

6 A few encouragement is what we need right now.

7 A large amount of oil were imported from the Middle East.

8 This area produces excellent wine, which is sold worldwide.

9 Mom went to the grocery store to buy some milk and bread.

D 다음 뉴스 보도의 내용과 일치하도록 문장을 완성하시오.

> We now have some breaking news from New York. There has been a plane crash near LaGuardia Airport. Currently, it seems only a small number of people have survived the crash.

→ It is reported that _____ _____ have survived the plane crash.

GRAMMAR IN READING ....

A ⓐ, ⓑ의 괄호 안에서 알맞은 것을 고르시오.

> Rising temperatures continue to melt ice in the Arctic, which in turn shortens the winter seal-hunting season for polar bears. ⓐ (A, The) number of bears is decreasing dramatically as the ice disappears. Now, ⓑ (a, the) number of nations are trying to find ways to protect the polar bears.

B 다음 글을 읽고, 물음에 답하시오.

> Cows produce methane gas, one of the main causes of global warming. But why do cows produce methane? During the 1900s, farms became much larger with ⓐ (many, much) thousands of animals kept in large areas. Initially, grazing areas had a variety of grasses that grew naturally, offering a diverse diet for cows. _____①_____, farmers planted *ryegrass so they could feed more cows. Ryegrass has ⓑ (little, few) nutritious content and prevents more nutritious ⓒ (plant, plants) from growing. Ryegrass is also difficult for cows to digest, which adds to the methane production. This is why _____②_____ researchers are investigating ways to grow nutrient-rich plants alongside fast-growing grasses. This will reduce greenhouse gases and improve animal health.   *ryegrass 독보리

1 ⓐ~ⓒ의 괄호 안에서 알맞은 것을 고르시오.

2 빈칸 ②에 들어갈 말로 알맞지 <u>않은</u> 것을 고르시오.

   ① a lot of   ② a number of   ③ a large amount of

Q 빈칸 ①에 들어갈 말로 알맞은 것은?
① However
② Therefore
③ In addition

....

A temperature 온도 the Arctic 북극 seal 바다표범 dramatically 급격하게
B methane gas 메탄 가스 initially 처음에 diverse 다양한 nutritious 영양의; 영양분이 풍부한 digest 소화하다 investigate 조사하다, 연구하다

50 부정관사(a [an])와 정관사(the)

A 부정관사(a[an])를 쓰는 경우

부정관사는 기본적으로 불특정한 것, 처음 언급되는 것 등을 나타낼 때 쓰인다.

1 여러 개 중에 아무거나 하나를 언급할 때	**1** 주의 이때 a[an]는 '하나의'라고 해석하지 않는다.
a Where can I buy **a** newspaper?	a 여러 신문 중에 아무 신문이나 하나
2 어떤 집단의 일원, 직업을 나타낼 때	**2**
b He works hard as **a** programmer.	b 여러 프로그래머 중의 한 사람. 보통 직업을 밝힐 때 a[an]를 쓴다.
3 '하나의'(= one)라는 뜻으로	**3**
c He memorized the whole book in **a** day.	c 하루 만에(= in one day)
d It may take **an** hour to download this file.	d 한 시간 걸리다(= take one hour)
4 '어떤'(= a certain)이라는 뜻으로	**4**
e In **a** sense, this answer is correct too.	e 어떤 의미에서(= in a certain sense)
f **A** Ms. Jones called you while you were out.	f Jones라는 이름의 어떤 사람(= a certain Ms. Jones)
5 '~당/ ~마다'(= per)라는 뜻으로	**5**
g Take this medicine three times **a** day.	g 하루에 세 번(= three times per day)
h I visit this site twice **a** month for updates.	h 한 달에 두 번(= twice per month)
6 종류(종족) 전체를 나타낼 때	**6**
i **A** dog can hear things that are far away. = **Dogs** can hear things that are far away.	i A dog은 종 전체를 가리키며, 관사 없이 복수형 명사를 써도 같은 의미가 된다.
cf. **The** dog can hear things that are far away.	*cf.* 「the + 단수 보통명사」를 써도 같은 의미이지만, 좀 더 문어적이다.

B 정관사(the)를 쓰는 경우

정관사는 특정한 것, 명확한 것을 언급할 때 쓰인다.

1 앞에서 이미 언급된 명사 앞에	**1**
a I bought a book and **a magazine** this morning, but I haven't read **the magazine** yet.	a 앞에 나온 a magazine을 다시 언급하고 있으므로 magazine 앞에 the를 쓴다. (오전에 산 그 잡지)

2   상황으로 보아 언급하는 대상을 듣는 사람도 알 때

b   It's freezing in here. Please turn on **the** heater.

c   I'm going to **the** shopping mall.

3   구나 절이 뒤에서 명사를 한정할 때

d   **The** wine from this region is excellent.

4   형용사의 최상급, 서수, same, only, very, last의 앞

e   Andy got **the best** grade on the test.

f   I remember **the first** time I met you.

g   We graduated from **the same** high school.

5   세상에 유일한 것

h   **The Earth** revolves around **the Sun**.

i   **The government** changed its economic policy.

6   관용적으로 쓰이는 the

j   My sister can play **the** piano and **the** flute.

k   How about **going to the movies** tonight?

2

b   방안에 있는 (하나뿐인) 그 난방기

c   주변에 쇼핑몰이 하나밖에 없거나, 말하는 사람과 듣는 사람이 동일한 쇼핑몰을 머릿속에 떠올릴 때

3

d   아무 포도주가 아니라 이 지역에서 생산된 포도주

4   뒤에 오는 명사의 의미를 한정시키므로 the를 쓴다.

e   the + 형용사의 최상급

f   the + 서수 (first, second, third …)

g   the same: 같은 ~

5

h   지구와 태양은 세상에서 하나뿐임

i   한 나라의 정부는 하나뿐임
     e.g. the moon, the world, the sky 등

6

j   악기명 앞에

k   go to the movies: 영화를 보러 가다
     e.g. the weather, the country, the Internet, the sea, the environment, the radio 등

UPGRADE YOUR GRAMMAR

정관사 vs. 부정관사

a   I need to go to **the bank** today. 오늘 은행에 가야 해.

b   Is there **a bank** around here? 이 주변에 은행이 있나요?

a는 주변에 은행이 하나밖에 없거나, 여러 은행 중에서도 어디를 말하는지 상대방이 아는 상황이다. 즉 말하는 사람과 듣는 사람이 공통으로 떠올릴 법한 특정한 것에는 the를 쓴다. b는 말하는 사람이 특정 은행이 아닌 주변의 아무 은행이나 가려고 하는 상황이다. 이처럼 불특정한 어느 하나를 가리킬 때는 부정관사 a[an]를 쓴다.

A   a 어디서 신문을 살 수 있죠? b 그는 프로그래머로 열심히 일한다. c 그는 책 전체를 하루 만에 외웠다. d 이 파일은 다운로드 하는 데 한 시간이 걸릴지도 모른다. e 어떤 의미에서 이 대답도 맞다. f Jones 씨라는 여자분이 네가 나가 있는 동안 전화했어. g 이 약을 하루에 세 번 복용하시오. h 나는 최신 정보를 위해서 이 사이트를 한 달에 두 번 방문한다. i=*cf.* 개는 멀리서 나는 소리를 들을 수 있다.

B   a 나는 오전에 책과 잡지를 샀는데 그 잡지는 아직 못 읽었다. b 여기 너무 추워요. 난방기 좀 켜주세요. c 나는 쇼핑몰에 가려 해. d 이 지역에서 생산된 포도주는 일품이다. e Andy는 그 시험에서 최고 점수를 받았다. f 나는 너를 처음 만난 때를 기억한다. g 우리는 같은 고등학교를 졸업했다. h 지구는 태양 주위를 돈다. i 정부는 경제정책을 변경했다. j 우리 언니는 피아노와 플루트를 연주할 수 있다. k 오늘 밤 영화를 보러 가는 게 어때?

EXERCISE

정답 및 해설 p.19

A 빈칸에 a[an] 또는 the를 쓰시오.

1 My mom is in _____ kitchen with my sister.

2 Can you recommend _____ nice restaurant in town?

3 There is _____ car parked outside. _____ car's lights are on.

4 You are _____ only one who can stop this horrible fight.

5 Can you tell me where _____ nearest post office is?

6 Look at _____ pictures on _____ wall. What do they mean?

7 Her dream is to get hired by _____ airline as _____ flight attendant.

8 Jack is _____ first person that I talked to in this class.

9 Let's go outside to see _____ moon.

10 Could you pass me _____ salt? — Here it is.

11 If you take one step at _____ time, you'll reach your goal in the end.

B 밑줄 친 a[an]가 같은 의미로 쓰인 것끼리 연결하시오.

1 He takes vitamin C twice a day. •   • a. The speed limit is 65 miles an hour.

2 They lost all they had in a day. •   • b. You are right, in a sense.

3 There is a Mr. Taylor waiting for you. •   • c. They couldn't see each other for a year.

C 문장에서 어법상 틀린 부분을 찾아 바르게 고치시오. 틀린 부분이 없으면 ○표 하시오.

1 It is said that a tap water in this city is safe to drink.

2 Are you youngest in your family?

3 Tom is from a small village near St. Louis.

4 She works at a bank as teller.

5 He usually drinks three glasses of milk the day.

D 우리말과 일치하도록 괄호 안의 말을 활용하여 문장을 완성하시오.

1 지구는 태양으로부터 세 번째 있는 행성이다. (third planet from / Sun)

→ The Earth is _____.

2 과거에 나는 매주 영화를 보러 갔었다. (used to go / every)

→ In the past, _____.

3 그 국제 포럼은 일 년에 한 번 개최된다. (is held / once)

→ The international forum _____.

68 G-ZONE CHAPTER 10

E 대화의 내용과 일치하도록 문장을 완성하시오. (the를 사용할 것)

> A : Have you seen this documentary? It's about environmental protection.
> B : Of course. My brother Jim directed it.

→ _____ _____ about _____ _____ was directed by Jim.

GRAMMAR IN READING

A 밑줄 친 ⓐ~ⓓ 중 어법상 틀린 것을 찾아 바르게 고치시오.

> In ⓐ the sea, danger can appear from any direction—including from the depths below. One of ⓑ the ocean's most dangerous creatures is the shark. It can detect ⓒ the blood of ⓓ the injured animal from many kilometers away and quickly move in for the kill.

B 다음 글을 읽고, 물음에 답하시오.

KING FITNESS CLUB
Enjoy Flexibility!

Andrew Stewart was a busy man who never had any time to exercise. But two years ago, he took part in ① a stretching class. He enjoyed ____ⓐ____ feeling of stretching so much that he kept doing ____ⓑ____ exercises after the 10-week class ended. Now he does them at least three days ____ⓒ____ week for 40 minutes at ② a time. "I'm more flexible than I was in my 20s. Stretching has given me so much ease of movement. It's ③ a fluid feeling," he said. In addition, Mr. Stewart finds that stretching exercises give him ④ a sense of well-being.

1 빈칸 ⓐ~ⓒ에 알맞은 관사를 쓰시오.

2 밑줄 친 ①~④ 중 다음 문장의 밑줄 친 an과 쓰임이 같은 것을 고르시오.
How many calories do you burn in an hour of dancing?

Q 위 글에 드러난 남자의 심경으로 적절한 것은?
① annoyed
② satisfied
③ depressed

A   depth (pl.) 깊은 곳 creature 생물, 창조물 detect 찾아내다, 발견하다 injured 상처 입은 move in for ~하려고 접근하다
B   flexibility 유연성 (혱 flexible 유연한) fluid 물 흐르듯 부드러운 well-being 건강하게 잘 사는 것

UNIT 51 주의해야 할 관사의 쓰임

A 관사의 생략

아래 같은 경우에는 대체로 관사를 쓰지 않는다. 그러나 특정 상황에 따라 관사를 쓸 수 있는 경우도 있으므로 유의한다.

1 셀 수 없는 명사 앞

a You should have more **patience**.

b **Water** is essential to life.

cf₁ **The water** in this river is very clear.

1 추상명사나 물질명사와 같이 셀 수 없는 명사 앞에는 관사를 쓰지 않는다.

cf₁ 셀 수 없는 명사라 하더라도 뒤에 한정해주는 말(in this river)이 있으면 정관사 the를 붙인다.

2 일반적인 것, 정해지지 않은 것을 나타내는 복수명사 앞

c She likes **cats** but doesn't like **dogs**.

d Maybe I'll just stay home and read **books**.

2 구체적이지 않고, 일반적이거나 막연한 것을 언급할 때 복수형을 써서 나타내며 관사를 쓰지 않는다.

c 일반적인 고양이와 개 전체를 가리키고 있음

d 어떤 책을 읽을지 구체적으로 정하지 않은 상황

3 사람을 부르는 말이나 가족관계를 나타내는 말 앞

e **Captain**! Colonel Anderson is waiting for you.

f **Mom** told you to clean your room, Amy.

3

e 대위를 부르는 상황

f 호칭으로 쓰이는 가족명인 Mom, Dad, grandma 등은 관사 없이 쓴다.

4 시설물, 사물 등이 본래의 목적으로 쓰일 때

g I leave for **school** at 8. **School** begins at 9.

cf₂ Mom went to **the school** to meet my teacher.

h I usually go to **bed** at 11 p.m.

cf₃ He sat down on **the bed**.

4

g 학교의 본래 목적인 공부와 관련된 의미는 무관사

cf₂ 엄마가 학교에 간 목적은 공부가 아니므로 관사를 붙임

h 침대의 본래 목적인 자는 것과 관련된 의미는 무관사

cf₃ 잠잘 목적으로 침대에 앉은 것이 아닐 때는 관사를 붙임

5 교통 · 통신 수단을 나타낼 때

i I came here **by taxi**, but I'll go back **by bus**.

j I'll send the data **by email** today.

5 교통 · 통신수단을 나타내는 by 다음에는 무관사

i 교통수단: by taxi, by bus, by plane ...

j 통신수단: by email, by phone ...

6 기타 관사를 안 쓰는 경우

k He has been *watching* **TV** all day long.

l I often play **badminton** with my dad.

m What did you eat for **breakfast**?

cf₄ She had **a wonderful dinner** with him last night.

6

k watch TV, appear on TV(TV에 출연하다)

l 운동경기 앞은 무관사

m 식사명 앞은 무관사

cf₄ 앞에 형용사가 쓰이면 의미가 한정되므로 관사를 붙여야 한다.

셀 수 있는 단수 명사는 단독으로 쓰일 수 없다.

앞에서 언급한 것과 같이 명사 앞에 관사를 쓰지 않는 예외적인 경우가 있다. 그러나 기본적으로 셀 수 있는 단수 명사는 단독으로 쓸 수 없으며 반드시 관사 a[an], the 또는 수사, 지시어, 소유격 등의 한정어가 앞에 온다는 것에 유의한다.

a She was **a** great scholar. 그녀는 위대한 학자였다.
~~She was great scholar.~~

b **The** sports car he bought is very expensive. 그가 산 스포츠카는 매우 비싸다.
~~Sports car he bought is very expensive.~~

c You need to take **one** pill three times a day. 하루에 세 번 한 알씩 복용해야 합니다.

d **That** person is waving at us. 저 사람이 우리에게 손을 흔들고 있어.

e He wanted to read **my** novel before it was published. 그는 내 소설이 출판되기 전에 읽고 싶어 했다.

a의 scholar와 b의 sports car는 셀 수 있는 단수 명사이므로 앞에 관사가 왔다. 꼭 관사와 함께 쓰지 않더라도 c, d, e와 같이 수사(one), 지시어(that), 소유격(my) 등의 한정어를 함께 써야 한다.

B 관사의 위치

명사구 안에서 일반적으로 「관사 + (부사) + (형용사) + 명사」의 어순이 된다. 그러나 다음과 같은 경우에는 순서에 주의해야 한다.

1 such/quite + a[an] + 형용사 + 명사	**1** such, quite 등이 a[an]와 함께 쓰이면 a[an]가 이들 다음에 온다.
a Thank you for giving me **such a nice present**!	
b It's **quite a good idea**.	
2 「all/both/half + the + 명사」, 「half + a[an] + 명사」	**2** all, both, half 등은 관사 앞에 온다.(단, d와 같이 half 는 「a half + 명사」의 어순으로도 쓰일 수 있다.)
c An email will be sent to you with a list of **all the participants**.	
d The concert begins in **half an hour[a half hour]**.	

A a 너는 인내심을 좀 더 가져야 해. b 물은 생명에 필수적이다. cf₁ 이 강의 물은 아주 맑다. c 그녀는 고양이를 좋아하지만 개는 좋아하지 않는다. d 그냥 집에 있으면서 책이나 읽을까 봐. e 대위님! Anderson 대령님께서 기다리고 계십니다. f 엄마가 너한테 네 방을 청소하라고 그러셨어, Amy. g 나는 8시에 학교에 간다. 수업은 9시에 시작한다. cf₂ 엄마는 선생님을 만나러 학교에 가셨다. h 나는 보통 밤 11시에 잠자리에 든다. cf₃ 그는 침대 위에 앉았다. i 나는 택시를 타고 여기에 왔는데, 갈 때는 버스를 탈 것이다. j 오늘 이메일로 그 자료를 보낼게. k 그는 온종일 TV를 보고 있다. l 나는 아버지와 배드민턴을 자주 한다. m 너는 아침으로 무엇을 먹었니? cf₄ 그녀는 어젯밤 그와 함께 훌륭한 저녁을 먹었다.
B a 그렇게 좋은 선물을 주다니 고마워요! b 그거 꽤 좋은 생각이다. c 모든 참석자의 명단과 함께 이메일이 발송될 것입니다. d 그 콘서트는 30분 후에 시작한다.

EXERCISE

정답 및 해설 p.21

A   괄호 안에서 알맞은 것을 고르시오. (관사가 필요하지 않을 경우 ×)

1   People can't live without (the, ×) water.

2   (The sugar, Sugar) is bad for your health. Don't eat too much of it.

3   (The officer, Officer), could you tell me where the nearest gas station is?

4   Tom knows a lot about (the, ×) spiders.

5   He doesn't have (a, ×) white shirt. All his shirts are black.

6   The actor flew to France for a film festival by (the, ×) private plane.

7   Half (the, ×) teachers at my school are over 40.

8   We had (an, ×) early dinner before we got on the train.

9   Firefighters ran to (the, ×) church to put out a fire.

10 I have a habit of reading before I go to (the, ×) bed.

11 She has been learning (the, ×) tennis since she was very young.

B   문장에서 어법상 <u>틀린</u> 부분을 찾아 바르게 고치시오.

1   John thinks he left his wallet on bed.

2   He put his baggages in trunk of his car.

3   You shouldn't have said a such harsh thing to her.

4   Let's go there by a taxi. It's not within walking distance.

5   For the last two years, the man has been in the prison for theft.

6   There are two workers in the office. The both workers are Japanese.

C   우리말과 일치하도록 괄호 안의 말을 활용하여 문장을 완성하시오.

1   너는 아침을 거르면 안 된다. (skip)

→ You shouldn't _____.

2   너는 학교에 버스를 타고 가니? (school / bus)

→ Do you _____?

3   그것은 정말 흥미로운 경험이었다. (quite / interesting / experience)

→ It was _____.

4   나는 건물 사진을 찍으러 내 여동생이 다니는 대학교로 갔다. (college / that / attend)

→ _____ to take some pictures of the buildings.

D 다음 그림을 묘사한 문장을 완성하시오. (과거 시제로 쓸 것)

After Ted _____ _____ at noon,
he _____ _____ with his friends.

GRAMMAR IN READING ....

A 다음 글을 읽고, 어법상 틀린 것 두 개를 찾아 바르게 고치시오.

> If you're planning to go to Europe, consider traveling around by a train. Trains can get you around quickly, and there are many hotels located near each station. There are also quite a few scenic routes you can take. It's a great feeling to be able to enjoy the all amazing landscapes from the comfort of your own seat.

B 다음 노래 가사를 읽고, 물음에 답하시오.

> ### *Yesterday* by The Beatles
>
> Yesterday, all my troubles seemed so far away,
> Now it looks as though <u>they</u>'re here to stay,
> Oh, I believe in yesterday.
> Suddenly, ⓐ (not / the / I'm / half / man) I used to be,
> There's a shadow hanging over me,
> Oh, yesterday came suddenly.
> Why she had to go, I don't know. She wouldn't say.
> I said something wrong, now I long for yesterday,
> Yesterday, <u>사랑은 정말 쉬운 게임이었다</u>,
> Now I need a place to hide away,
> Oh, I believe in yesterday.

1 괄호 ⓐ 안의 말을 어법에 맞도록 배열하시오.

Q 밑줄 친 <u>they</u>가 가리키는 것을 찾아 3단어로 쓰시오.

2 밑줄 친 우리말과 일치하도록 괄호 안의 말을 활용하여 영작하시오.

→ love was _____ to play (such / easy)

A scenic 경치가 아름다운 route 길, 노정 landscape 풍경
B long for ~을 애타게 바라다, 열망하다

REVIEW TEST

A 괄호 안에서 알맞은 것을 고르시오.

1 The police (has, have) arrested a man.
2 Money (isn't, aren't) the most important thing in life.
3 Could you give me some (advice, advices) about my problems?
4 There (is, are) usually a lot of (traffic, traffics) in the city at this time of the day.
5 He's trying to find a (work, job) at the moment, but there isn't much (work, works) available.

B 빈칸에 들어갈 말을 보기에서 골라 알맞은 형태로 쓰시오.

[보기]	information	electricity	friend	language	picture

1 How many foreign _____ do you speak?
2 It would be very inconvenient to live without _____ .
3 I invited all of my _____ to my housewarming party.
4 Neither of us had a camera, so we couldn't take any _____ .
5 I often go to the library, where I can find lots of useful _____ .

C 빈칸에 알맞은 관사를 쓰시오. (필요 없는 경우 ×)

1 What he said is right in _____ sense.
2 The candidate was defeated in _____ last election.
3 I downloaded this song on _____ Internet.
4 After finishing _____ university, Kate looked for a job.
5 The restaurant was really crowded after it appeared on _____ TV.

D 보기의 말을 이용하여 두 문장이 비슷한 뜻이 되도록 빈칸을 완성하시오.

[보기]	(a) few	(a) little	a number of

1 There are some things we have to talk about.
→ We need to talk about _____ things.
2 We don't have enough money to buy this couch.
→ We have _____ money, so we can't buy this couch.
3 Many people gathered to welcome the Pope.
→ _____ people gathered to welcome the Pope.

E   다음 중 밑줄 친 부분이 어법상 맞는 것을 고르시오.

① The girl picked <u>some wild flower</u>.
② This house looks empty without <u>any furniture</u>.
③ The bus going to the mall will <u>pass by church</u>.
④ The number of university students <u>have decreased</u>.
⑤ Did you see the movie? It was <u>quite interesting a film</u>.

F   문장에서 어법상 틀린 부분을 찾아 바르게 고치시오. 틀린 부분이 없으면 ○표 하시오.

1   I'd like to emphasize importance of education.
2   Could you turn off a radio? Nobody is listening to it.
3   Frogs usually prey on insects such as flies or crickets.
4   Some people expect the law will be changed in a little years.
5   I had the cup of coffee and some toast for breakfast this morning.

G   (A), (B), (C)의 각 네모 안에서 어법상 알맞은 것을 고르시오.

The overuse of computers could lead to headaches, dry eyes, or neck pain.
(A) ⏐ A / The ⏐ best way to prevent this "computer fatigue" is to take frequent breaks. At least once (B) ⏐ an / the ⏐ hour, stop using your computer and take a break. Just walking around or stretching for (C) ⏐ a few / a little ⏐ minutes will help ease your tiredness.

H   다음 글을 읽고, 물음에 답하시오.

Here's ⓐ <u>a recipe</u> to make perfect ⓑ <u>popcorn</u>. You need three tablespoons of vegetable oil and ⓒ <u>half a cup</u> of popcorn kernels. First, coat ⓓ <u>a bottom</u> of a saucepan with oil and put the kernels in it. Don't forget to stir ① (all / are / so that / kernel / coated / the). Next, cover ⓔ <u>the pan</u> and shake it back and forth over medium-high heat until the popping is finished. Now, all you have to do ② (some / add / salt / is) and enjoy your delicious popcorn.

1   밑줄 친 ⓐ~ⓔ 중 어법상 틀린 것을 고르시오.

2   괄호 ①, ②의 말을 문맥에 맞도록 배열하시오. (필요한 경우 명사의 형태를 바꿀 것)

A 명사의 종류에 따른 수 일치

주어 역할을 하는 명사의 수에 동사의 형태를 일치시킨다. 특히 주어인 명사에 수식어구가
붙어 길어질 때 주어의 수 파악에 유의한다.

> **a** Members new to the club simply [**don't** / **doesn't**] understand
> when and how to communicate. 교육청 기출 응용
>
> **b** The desire to share our thoughts [**is** / **are**] one reason social
> media has become so popular. 교육청 기출 응용
>
> **a** 클럽의 새 회원은 언제 그리고 어떻게 소통해야 하는지 알지 못한다. **b** 우리의 생각을 공유하려는 욕구는 소
> 셜 미디어가 인기를 끌게 된 한 가지 이유이다.

B 수량 형용사와 명사

「(a) few, many, a large number of 등 + 가산명사」, 「(a) little, much, a large amount
of 등 + 불가산명사」 형태에서 명사의 종류에 따라 수량 형용사가 달라짐에 유의한다.

> **c** There were very [**few** / **little**] complaints from the people in the
> building. 교육청 기출
>
> **d** Doing [**a few** / **a little**] exercise can be helpful.
>
> **c** 건물에 사는 사람들로부터 불만이 거의 없었다. **d** 약간의 운동이 도움이 될 수 있다.

TIP
수량형용사의 의미
few / little
거의 없는
a few / a little
조금 있는
many / much
많은
a large number of /
a large amount of
많은

PRACTICE

A 괄호 안에서 문맥과 어법에 맞는 것을 고르시오.

1 The writer is rarely seen in public, so [few / a few] people know about his private life.
2 Though she had received [few / little] education, she was very skilled. 평가원 기출 응용
3 The growth in the size and complexity of human populations [was / were] the driving
force in the evolution of science. 수능 기출

B 다음 글의 밑줄 친 부분 중, 어법상 틀린 것은?

Luang Prabang, a town in north central Laos, ① is famous for its scenery and UNESCO
heritage status. Its modern history includes rule by the French for 60 years, ② after which
it became the royal capital of the independent Kingdom of Laos. Because of this, ③ a large
number of French architecture is mixed with traditional buildings throughout Luang Prabang.
Overall, the urban scenery ④ is an amazing fusion of styles, so it is no wonder ⑤ that many
tourists visit Luang Prabang each year.

셀 수 없는 명사에 대한 영미인의 사고방식

영어에서는 셀 수 있는 명사와 셀 수 없는 명사의 구분이 상당히 중요하다. 왜냐하면, 우선 그 기준에 따라서 앞에 관사가 오는지 안 오는지가 결정되고, 또한 셀 수 있는 명사라면 그것이 단수인지 복수인지에 따라 뒤에 따라오는 동사의 형태가 달라지기 때문이다.

그런데 영어의 명사를 공부하다 보면 누구에게나 한 번쯤 생기는 의문이 있다. 우리말에서는 분명히 셀 수 있는 명사로 보는 것을 왜 영어에서는 셀 수 없는 명사로 취급하는가이다. 이는 영어에 영미권 사람들의 사고방식이 반영되어 있기 때문인데, 그들의 사고방식을 엿볼 수 있는 대표적 사례들을 통해 명사에 대한 이해를 높여 보자.

셀 수 없는 명사의 부류	대표적인 예		비슷한 종류의 명사
개체 수가 너무 많은 명사		hair (머리카락) 머리카락 수가 너무 많아 일일이 세지 못하므로 셀 수 없는 명사로 인식	sand 모래, rice 쌀, sugar 설탕, salt 소금
쪼개어도 성격이 같은 명사		bread (빵) 빵은 큰 덩어리에서 떼어내도 빵이어 서 빵 한 개의 경계가 불명확하므로 셀 수 없는 명사로 간주	brick 벽돌, stone 돌, paper 종이, chalk 분필, gold 금, cake 케이크
집합적 의미를 가진 명사		clothing (의류) 의류는 옷 한 벌이 아닌 옷 전체를 막 연하게 의미하는 말이므로 셀 수 없는 명사로 취급	furniture 가구, fruit 과일, garbage 쓰레기, baggage 짐, merchandise 상품, work 일

하지만 위의 사례들이 모든 경우에 적용되는 것은 아니다. 개체성을 강조해야 하거나 위와 다른 의미로 사용되었을 경우에는 셀 수 있는 명사로 취급하기도 한다.

a I found a hair in my dish. (머리카락 한 가닥)
내 음식에서 머리카락 한 가닥을 발견했다.

b *The Last Supper* is one of the best works of Leonardo da Vinci. (작품들)
'최후의 만찬'은 Leonardo da Vinci의 최고의 작품들 중 하나이다.

c Can you finish all these papers before you go home? (서류들)
집에 가기 전에 이 모든 서류들을 다 끝마칠 수 있겠니?

CHAPTER

11

PRONOUNS

대명사

대명사는 명사의 반복을 피하기 위해서 명사 대신 쓰는 말이며, 명사와 마찬가지로 문장 속에서 주어, 목적어, 보어 역할을 하는 품사를 말한다. 일반적으로 대명사는 인칭대명사, 지시대명사, 부정(不定)대명사, 의문대명사, 관계대명사 등으로 분류되는데, 이 장에서는 그 가운데 주의해야 할 것에만 초점을 맞춰 **인칭대명사**, **재귀대명사**, **지시대명사**, **부정대명사**의 용법을 다뤘다.

■ it의 여러 가지 쓰임

비인칭주어 it (날씨)

It's neither too cold nor too hot.

너무 춥지도 덥지도 않다.

가주어 it

It is illegal to ride a motorcycle without a helmet.

헬멧을 쓰지 않고 오토바이를 타는 것은 불법이다.

막연한 상황의 it

Hi, Mark. How's **it** going with you?

안녕, Mark. 어떻게 지내니?

■ 재귀대명사의 역할

강조 용법

I cooked the soup **myself**.

내가 직접 수프를 만들었다.

재귀 용법

She's taking a picture of **herself**.

그녀는 자기 사진을 찍고 있다.

■ 부정대명사 (막연한 사람, 사물, 수량을 지칭)

One should not judge a person by appearances.

사람은 외모로 누군가를 판단해서는 안 된다.

52 인칭대명사, 대명사 it

A 주의해야 할 인칭대명사

1 인칭대명사의 순서	**1** 두 개 이상의 인칭대명사를 나란히 쓸 때 타인을 존중하는 의미로 2·3인칭을 1인칭보다 앞에 둔다.
a Both **you** and **I** passed the exam.	
b Who do you love more, **Jerry** or **me**?	
2 일반적인 사람을 가리키는 we, you, they	**2** we, you, they가 '우리', '당신(들)', '그들'이라는 뜻이 아닌 불특정 일반인의 뜻으로 쓰이기도 한다.
c **They** say that falling in love is wonderful.	
d **We** should respect others' privacy.	
cf. **One** should respect others' privacy.	*cf.* 일반인은 부정대명사 one으로도 나타낼 수 있다. 참조 UNIT 55 A 1
3 이중소유격	**3** a[an], some, this, that 등의 한정어가 명사 앞에 올 경우 소유격과 나란히 쓸 수 없다. 이때는 「한정어 + 명사 + of + 소유대명사」의 어순으로 쓴다.
e He traveled to Europe with **a friend of his**. ~~He traveled to Europe with a his friend.~~	
f I borrowed **some game magazines of Ted's**. = I borrowed some of Ted's game magazines. ~~I borrowed Ted's some game magazines.~~	

B 대명사 it의 여러 가지 쓰임

it은 '그것'이라는 의미로 앞에 언급된 단어, 구, 절 등을 가리키는 것 외에 다음과 같은 다양한 역할을 할 수 있다.

1 비인칭 주어 it	**1** 비인칭 주어 it은 시간, 날씨, 거리, 명암, 계절 등을 나타내기 위해 문장의 주어로 쓰이며 따로 해석하지 않는다.
a **It**'s already ten o'clock. I've got to go now.	
b **It**'s raining now. We'd better cancel our picnic.	
c **It**'s five kilometers from here to the station.	
2 가주어·가목적어·강조구문의 it	**2** 이들 용법으로 쓰이는 it도 해석하지 않는다.
d **It**'s true **that we need to do more research**.	d It = that we need to do more research 참조 UNIT 36 B 1
e I find **it** annoying **to hear him complaining**.	e it = to hear him complaining 참조 UNIT 20 C
f **It was** *her innocent smile* **that** charmed me. (her innocent smile을 강조) ← Her innocent smile charmed me.	f 강조하고자 하는 부분(주어, 목적어, 전치사의 목적어, 부사구)을 It is[was]와 that 사이에 넣어서 나타내며 '…한 것은 바로 ~이다'라고 해석한다. 참조 UNIT 69 B 3

3 사람을 가리키는 it

g (on the phone) Karen, **it**'s me, Jim.

h Someone knocked on the door. **It** was Emma.

4 상황을 나타내는 it

i A: How's **it** going?
B: Not bad. I've been busy with school.

j **It**'s very dangerous here in Baghdad.

k Take **it** easy.

l I hate **it** when you stare at other girls.

3 자신 또는 다른 사람의 정체를 밝힐 때 it이 사람을 가리키기도 한다.

g 전화 건 사람의 정체를 밝히고 있음

h 문을 두드린 사람의 정체를 밝히고 있음

4 it은 막연한 상황을 나타내기도 한다.

i How's it going?: 근황이 어떻습니까?

j 현재의 상황을 나타내는 it

k Take it easy.: 쉬엄쉬엄 해, 잘 지내.(작별 인사)

l I hate it when ~: 나는 ~하는 것이 싫다

UPGRADE YOUR GRAMMAR

가주어 it과 강조구문의 it의 구분

문장에서 it, be동사, that을 생략한 나머지 부분이 완전한 문장이면 강조구문이고, 불완전한 문장이면 가주어 구문이다.

a (It is) the president of the company (that) is to resign. [강조구문]
물러날 사람은 그 회사의 회장이다.

b (It is) reported (that) the president of the company is to resign. [가주어 구문]
그 회사의 회장은 물러날 것이라 전해진다.

LEARN MORE EXPRESSIONS

it을 포함한 관용표현

This is it!
드디어 오고 있다[올 것이 왔다, 이거다].

That's it!
자! 이제 됐어[끝났어].

Let's call it a day.
이제 마치자.

I got it.
알았어[내가 맡아서 할게].

That's the way it goes.
사는 게 다 그렇지 뭐.

I can't make it on time.
시간 맞춰 가지 못할 것 같아.

Give it a try.
한번 (시험 삼아) 해 봐.

I couldn't help it.
어쩔 수 없었어.

EXERCISE

정답 및 해설 p.23

A 밑줄 친 **it**의 쓰임이 비슷한 문장끼리 연결하시오.

1 It's five to ten. •
2 I thought it easy to make a cake. •
3 Isn't it funny that I loved him? •
4 Who's there? Is it Serena? •
5 It was on Christmas that I first met her. •

• a. It can't be true that he is the thief.
• b. It's Dave on the phone.
• c. Wear gloves. It's cold outside.
• d. He has found it hard to forgive her.
• e. What is it that makes you so angry?

B 문장에서 어법상 틀린 부분을 찾아 바르게 고치시오.

1 Computers make easy to solve complicated formulas.
2 I heard some my friends at the party went home at 5 a.m.
3 You look tired. Why don't you relax and take easy?

C 빈칸에 들어갈 알맞은 말을 보기에서 골라 쓰시오.

[보기]	I couldn't help it. Let's call it a day.	Give it a try. I can't make it on time.

1 A: Do you think we can finish this in time?
   B: I'm not sure, but let's _____.

2 A: What happened? You're late again.
   B: Sorry, but _____. The subway was delayed.

3 A: We're going to watch a movie at 8. Can you come?
   B: Yes, but _____.

4 A: It's late, and everyone looks exhausted.
   B: Okay. _____.

D 우리말과 일치하도록 괄호 안의 말을 활용하여 문장을 완성하시오.

1 태국은 이맘때쯤 날씨가 매우 습하다. (very / humid)
   → _____ in Thailand this time of year.

2 누군가 우리 집에 침입한 것은 바로 어젯밤이었다. (last night)
   → _____ someone broke into my house.

3 그녀는 그녀의 친구 중 한 명과 결혼했다. (get married to / a friend)
   → She _____.

82　G-ZONE CHAPTER 11

E 다음 상황을 읽고, 주어진 질문에 답하시오.

> When Jane was young, her mom read her a lot of books and let her imagine what she would have written if she had been the author. That's when she began to dream of becoming a writer.

Q Who inspired Jane to become a writer?

→ It was _____ inspired her _____.

GRAMMAR IN READING ....

A 괄호 안에 주어진 인칭대명사를 어법에 맞게 변형하여 ⓐ~ⓒ의 빈칸을 채우시오.

> One day I was cleaning out a closet and came across a favorite dress of ___ⓐ___ (I) from when I was slimmer. I gave it to ___ⓑ___ (I) daughter, and it fit ___ⓒ___ (she) perfectly. "My loss is your gain," I said. "No, Mom," she said, grinning. "Your gain is my gain."

B 다음 글을 읽고, 물음에 답하시오.

> One of Europe's most famous art galleries is the Museum of Prado in Madrid. ⓐ It has just opened a wonderful exhibit that allows the visually impaired to enjoy some of Western art's greatest masterpieces. The exhibition shows the works  of art in textured 3D so they can be touched. The raised 3D images make ⓑ it easier for the visually impaired to create mental images of the paintings. These 3D copies of the paintings were created using a 3D-printing technique. ⓒ It involves adapting a photo of a painting to represent its physical details, printing ① it with a specialized printer, and then treating ② it with chemicals to raise certain parts. If you have the chance, why not visit Madrid and touch some famous paintings!

1 밑줄 친 ⓐ~ⓒ 중 성격이 다른 하나를 고르시오.

2 밑줄 친 ①, ②가 공통으로 가리키는 것을 찾아 영어로 쓰시오.

Q 위 글의 제목으로 가장 알맞은 것은?
① A Unique Art Exhibit
② How 3D Printing Works
③ The History of Western Art

....

A closet 옷장 come across 우연히 마주치다 grin 활짝 웃다
B impaired 손상된; *~장애가 있는 masterpiece 걸작 textured 질감을 살린 adapt 맞추다, 조정하다 represent 나타내다 chemical 화학 물질

53 재귀대명사(-self), 지시대명사(this, that, these, those)

⚠ **Examine & Think**

각 문장에서 굵게 쓰인 말이 가리키는 사람이 누구인지 찾으시오.

a. Ed's father fell ill, so Ed had to support **himself**.
b. Ed's father fell ill, so Ed had to support **him**.

A 재귀대명사

재귀대명사는 재귀용법과 강조용법 두 가지 용도로 쓰인다.

1 목적어로 쓰이는 재귀대명사 (재귀용법)

a I don't think I can ever forgive **myself**.

b While playing soccer with his brother, Dave hurt **himself**.

cf. While playing soccer with his brother, Dave hurt **him**.

2 강조할 때 쓰는 재귀대명사 (강조용법)

c Did you make all this food **yourself**?

d Although she is a famous matchmaker, the woman **herself** is single.

e The king **himself** took part in the battle.

3 재귀대명사를 포함한 관용표현

f I can handle this problem **by myself**.

g **Help yourself to** this omelet I made.

---

1 주어와 목적어가 동일한 경우 목적어로 재귀대명사가 쓰인다.

a 목적어로 쓰인 myself (나 자신을)

b himself는 주어(Dave)와 동일인 (그 자신을)

cf. 이때 him은 Dave가 아닌 his brother임

2 강조용법의 재귀대명사는 '혼자서', '정작 자신은', '몸소[친히]' 등의 의미이며 강조되는 말 바로 뒤 또는 문장 맨 뒤에 온다. 이때 재귀대명사는 생략할 수 있다.

c 혼자서[직접]

d 정작 자신은

e 몸소[친히]

3

f by oneself: 혼자서(= alone)

g help yourself to: ~을 마음대로 먹다

---

matchmaker 결혼 중매인 take part in(= participate in) ~에 참가하다 handle a problem 문제를 처리하다

LEARN MORE EXPRESSIONS

재귀대명사를 포함한 기타 관용표현

enjoy oneself	Make yourself at home.	make oneself understood
즐거운 시간을 보내다	맘 편히 계세요.	의사소통하다
Do I make myself clear?	behave (oneself)	between ourselves[you and me]
내 말 똑바로 알아들었지?	예의바르게 처신하다	우리끼리 얘긴데

B 지시대명사 this, that, these, those

1 가까우면 this[these], 멀면 that[those]	**1** 시간 또는 공간상으로 가까운 것은 this, 먼 것은 that으로 나타낸다.
a Come and take a look at **this**.	a 눈 앞에 (가까이) 있는 사물을 가리킴
b I'm afraid I'll be busy all **this** week.	b this week: 이번 주
c There were no computers in **those** days.	c in those days: 그 당시에 (↔ these days 요즘에)
d **This** is my friend Cindy.	d 사람을 소개하거나 신원을 밝힐 때
2 명사의 반복을 피하기 위한 that[those]	**2**
e *The storyline* of the movie is almost the same as **that** of the original novel.	e that = the storyline (단수명사)
f *Prices* in Tokyo are higher than **those** in Seoul.	f those = prices (복수명사)
3 앞의 내용을 가리키는 this, that	**3** this와 that은 앞에서 언급된 문장의 내용을 가리킬 수 있다.
g I didn't do my best, and **this** disappointed Dad.	g this = (the fact that) I didn't do my best
h A: Oh, I'm so tired. We need a break. B: **That**'s exactly what I was thinking.	h that = (the fact that) we need a break
4 특정한 사람들을 가리킬 때 쓰이는 those	**4**
i **Those** who come first can get tickets.	i those (who): (~하는) 사람들
5 부사로 쓰이는 this, that	**5** this와 that은 일상체에서 '이 정도로[그 정도로], 이만큼[그만큼]'의 의미인 부사로 쓰이기도 한다.
j The statue is about **this** high.	
k The exam wasn't **that** difficult.	

storyline (소설 · 영화 등의) 줄거리

Examine & Think a-Ed, b-Ed's father / a. Ed의 아버지가 편찮으셔서 Ed는 자신의 생계를 꾸려나가야 했다. b. Ed의 아버지가 편찮으셔서 Ed는 아버지를 부양해야 했다.

A a 나는 내 자신을 용서할 수 없을 것 같다. b Dave는 남동생과 축구를 하다가 다쳤다. *cf.* Dave는 남동생과 축구를 하다가 그를 다치게 했다. c 네가 직접 이 모든 음식을 만들었어? d 그녀는 유명한 결혼 중매인이지만, 정작 자신은 독신이다. e 그 왕은 몸소 전투에 나섰다. f 이 문제는 나 혼자 처리할 수 있어. g 내가 만든 오믈렛 마음껏 먹어.

B a 와서 이것 좀 봐. b 미안하지만 나 이번 주 내내 바쁠 것 같아. c 그 당시에는 컴퓨터가 없었다. d 얘는 내 친구 Cindy야. e 영화의 줄거리는 원작 소설의 줄거리와 거의 똑같다. f 도쿄의 물가는 서울의 물가보다 높다. g 난 최선을 다하지 않았고 이것이 아버지를 실망시켰다. h A: 아, 나 정말 피곤해. 우린 휴식이 필요해. B: 내 생각이 바로 그거야. i 먼저 오는 사람이 표를 얻을 수 있습니다. j 그 조각상은 약 이 정도 높이이다. k 시험은 그렇게 어렵지 않았다.

EXERCISE

정답 및 해설 p.25

A 괄호 안의 인칭대명사를 알맞은 형태로 바꾸시오.

1 We should believe in _____ and try harder to succeed. (we)

2 Don't be nervous. Please make _____ at home. (you)

3 If you can't report the accident to the manager, I'll do it _____. (I)

4 Don't help _____. He must do it by _____. (he)

5 My parents traveled to Jeju Island. They enjoyed _____ there. (they)

6 I'm afraid I have no time to teach _____ how to use the program. You'll have to teach _____. (you)

B 1, 2, 3의 that과 같은 용법으로 쓰인 것을 보기에서 찾아 각 기호를 쓰시오.

> [보기]　a. He lied several times to the police. That made them suspect him.
> b. Your new haircut isn't that different from your old one.
> c. Your opinion is quite different from that of the authorities.

1 In fact, the quality of the food wasn't that good. [　　]

2 The brain of a human is about four times larger than that of a chimpanzee. [　　]

3 I emptied the trash can. I did that because nobody else had done it. [　　]

C 밑줄 친 부분에서 어법상 틀린 것을 바르게 고치시오.

1 Don't be hard on you. It's not your fault.

2 I rarely have any free time those days.

3 The eyes of eagles are similar to that of humans in many respects.

4 Dean went to the hospital for a check-up. His doctor warned himself about high blood pressure.

D 우리말과 일치하도록 괄호 안의 말을 바르게 배열하시오.

1 영화를 보는 동안 감자 칩을 마음껏 드세요.

→ (yourself / help / to / the potato chips) while you watch the movie.

2 우리끼리 얘긴데, 나는 그다지 그를 믿고 있지 않아.

→ (you / me / and / between), I don't quite trust him.

3 Jackie의 진술은 피고의 진술과는 달랐다.

→ Jackie's testimony was different (the defendant / that / from / of).

86　G-ZONE CHAPTER 11

E 다음 상황의 내용과 일치하도록 재귀대명사를 활용하여 문장을 완성하시오.

A bulb in Jessica's house burned out, but there was no one to help change it. She did it on her own.

→ Jessica had to change _____ _____

_____ _____.

GRAMMAR **IN READING** ···

A 밑줄 친 that이 가리키는 것을 찾아 영어로 쓰시오.

> Researchers suggest that the father plays a role in child development that is quite different from <u>that</u> of the mother. Fathers tend to be more playful, thus encouraging children to develop in a different way, both emotionally and physically, than they would under a mother's exclusive care.

B 다음 대화를 읽고, 물음에 답하시오.

> A : I'm thinking of taking Ms. Grace's class this semester. Can you tell me about her teaching style?
>
> B : Hmm. I think it is a little different from ⓐ <u>that</u> of the other professors.
>
> A : How is it different?
>
> B : Well, we need to read one novel every week. And we discuss our ideas during the class. She considers active participation in class important.
>
> A : ⓑ <u>That</u> sounds quite challenging.
>
> B : Actually, it is not ⓒ <u>that</u> difficult. While you read the books and reflect on their ideas, <u>너는 네 자신이 수업을 즐기고 있는 것을 알게 될 거야</u>.

1 밑줄 친 ⓐ~ⓒ 중 다음 문장의 that과 같은 의미로 쓰인 것은?

His latest performance wasn't <u>that</u> impressive.

2 밑줄 친 우리말과 일치하도록 괄호 안의 말을 활용하여 영작하시오.

→ _____ enjoying the class. (will / find)

> **Q** 위 글의 내용과 일치하면 T, 일치하지 않으면 F를 쓰시오.
> Ms. Grace encourages her students to participate actively in class. (   )

···

A development 발달 emotionally 감정적으로 physically 신체적으로 exclusive 독점적인

B semester 학기 professor 교수 participation 참여 challenging 도전적인 reflect 깊이 생각하다

UNIT 54 부정대명사 I (some, any, each, all, most, none)

부정(不定)대명사의 부정은 정하지 못했다는 의미이다. 즉, 부정대명사는 불특정한 사람[사물]이나 정해지지 않은 수량을 나타내며, 대부분이 대명사와 형용사의 역할을 겸한다. 대명사 역할을 할 때는 「부정대명사 + of + 한정사(the, 소유격, 지시 형용사 …) + 명사」 형태로 잘 쓰인다.

A some, any

some과 any는 부정대명사 외에도 명사의 수와 양을 나타내는 형용사로도 쓰일 수 있다. 참조 UNIT 49 B 3

1 some	1 some은 보통 긍정의 평서문에 쓰인다.
a **Some** of them were students.	a 몇몇의, 약간의 (긍정의 평서문)
b **Some** people try to look on the bright side, while **others** don't.	b some ~ others …: 어떤 사람[것]은 ~, 다른 사람[것]은 …
cf₁ Would you like **some** more iced tea?	*cf₁-cf₂* 약간의, 얼마간의 (긍정의 대답을 예상하는 의문문·조건문)
cf₂ Please give me water if you have **some**.	
c For **some** reason, I don't like him.	c 어떤 (정해지지 않은 불특정한)
2 any	2 any는 보통 부정문, 의문문, 조건문에 쓰인다.
d I haven**'t** heard **any** of his songs.	d not ~ any …: 조금의 …도 ~ 아닌
e Do you have **any** problems?	e-f 어떤, 약간(의) (의문문·조건문)
f If you have **any** questions, call me right away.	
cf₃ I'm prepared to face **any** difficulties.	*cf₃* 어떠한 ~이라도, 아무 것이나 (긍정문)
g I'm **not** alone **anymore**. = I'm **no longer** alone.	g not ~ anymore: 더 이상 ~ 않다(= no longer)

B each, all, most, none

each, all, most는 대명사와 형용사의 역할을, none은 대명사의 역할만 할 수 있다. each, none과 각각 의미가 비슷한 every, no는 형용사의 역할만 할 수 있다.

1 each vs. every	
(1) each	(1) each는 전체를 구성하는 개별적인 것에 초점을 두며, 원칙적으로 단수 취급한다.
a You have to answer **each** question honestly.	a each + 단수명사: 각각의 ~
b Each employee has **his or her** own PC.	b 「each + 단수명사」는 보통 단수 대명사로 대신하지만 구어체에서는 *cf₁*처럼 복수 대명사를 쓰기도 한다.
cf₁ Each employee has **their** own PC.	

c　Read **each of these sentences** carefully.

d　They are selling apples for one dollar **each**.

(2) every

e　He handles **every** matter very carefully.

f　Every country has **its** own constitution.

cf₂　Every country has **their** own constitution.

g　We do the shopping **every** Saturday.

h　I get a perm **every three months**.
　= I get a perm **every third month**.

i　Kevin visits his parents **every other week**.

2　all (of)

j　**All (of) the buildings** were damaged by fire.

k　**All (of) her money** was donated to charity.

cf₃　**All of us** were surprised by her marriage.

l　**All** (that) I want from you is your love.

3　most

m　**Most children** like animated movies.

n　I spend **most of my time** alone.

cf₄　The candidate who gets **the most** votes wins.

4　none vs. no

o　**None of the books** was[were] interesting.

p　There **are no** perfect **people**.
　= There **is no** perfect **person**.

q　We have **no time** to lose.
　= We don't have **any time** to lose.

---

c　each of + 한정사 + 복수명사: ~ 중 각자[각기]

d　부사로 쓰이는 each: 한 개당[일인당]

(2) every는 개별적인 것들의 집단 · 무리를 가리키며, 원칙적으로 단수 취급한다.

e　every + 단수명사: 모든 ~

f　「every + 단수명사」는 보통 단수 대명사로 대신하지만 구어체에서는 *cf₂*처럼 복수 대명사를 쓰기도 한다.

g　every day[week/year …]: 매일[매주/매년 …]

h　every + 숫자 + 복수명사: ~마다
　「every + 서수 + 단수명사」로도 나타낼 수 있다.

i　every other day[week/year]: 격일로[격주로/격년으로]

2　all 다음에 복수명사, 셀 수 없는 명사 둘 다 올 수 있다. 뒤의 명사의 수에 동사의 수를 일치시킨다.

j-k　all (of) + 한정사 + 명사: ~의 모두[전부], 모든 ~

cf₃　「all of + 인칭대명사」의 경우 of를 생략할 수 없음

l　all은 that절의 수식을 받아 'the only thing(s)'의 의미로도 쓰임

3　most 다음에 복수명사, 셀 수 없는 명사 둘 다 올 수 있다. 뒤의 명사의 수에 동사의 수를 일치시킨다.

m　most + 명사: 대부분의 ~

n　most of + 한정사 + 명사: ~의 대대수[대부분]

cf₄　이때 most는 '대부분'이 아닌 최상급(가장 많은)의 의미

4　none 다음에 복수명사, 셀 수 없는 명사 둘 다 올 수 있다. no 다음에 단수 · 복수명사, 셀 수 없는 명사 모두 올 수 있다. 뒤의 명사의 수에 동사의 수를 일치시킨다.

o　none of + 한정사 + 명사: ~ 중에 하나도[조금도] …아닌 (동사는 단수형과 복수형이 모두 가능함)

p-q　no + 명사: 하나도[조금도] ~ 아닌

q　no + 명사 = not ~ any + 명사

A　a 그들 중 몇 명은 학생이었다.　b 어떤 사람들은 밝은 면을 보려 노력하는 반면 다른 사람들은 그렇지 않다.　*cf₁* 아이스티 좀 더 드시겠어요?　*cf₂* 있으면 물을 좀 줘.　c 어떤 이유에서인지 나는 그가 싫다.　d 나는 그의 노래들 중 어떤 것도 들어본 적이 없다.　e 무슨 문제가 있습니까?　f 질문이 있으면 바로 나한테 전화해라.　*cf₃* 나는 어떤 어려움이라도 맞설 준비가 돼 있다.　g 난 더 이상 혼자가 아니다.

B　a 너는 질문 하나 하나에 솔직하게 대답해야 한다.　b=*cf₁* 직원 각자가 개인용 컴퓨터를 가지고 있다.　c 각 문장을 정독하시오.　d 그들은 사과를 개당 1달러에 팔고 있다.　e 그는 모든 일을 매우 신중하게 처리한다.　f=*cf₂* 모든 나라는 고유의 헌법을 가지고 있다.　g 우리는 매주 토요일에 쇼핑을 한다.　h 나는 3개월에 한 번씩 파마를 한다.　i Kevin은 격주로 부모님을 방문한다.　j 모든 건물이 화재로 파괴되었다.　k 그녀의 모든 돈이 자선 단체에 기부되었다.　*cf₃* 우리 모두는 그녀의 결혼에 놀랐다.　l 내가 네게 원하는 것은 너의 사랑뿐이야.　m 대부분의 아이들은 애니메이션 영화를 좋아한다.　n 나는 대부분의 시간을 혼자 보낸다.　*cf₄* 가장 많은 표를 얻은 후보자가 승리한다.　o 그 책들 중 하나도 흥미롭지 않았다.　p 완벽한 사람은 아무도 없다.　q 우리는 헛되이 보낼 시간이 조금도 없다.

EXERCISE

정답 및 해설 p.26

A 괄호 안에서 알맞은 것을 고르시오.

1 I don't have (any, some) complaints about your service.

2 (No, None) of the doctors were sure of the cause of the disease.

3 This game is very simple. (Any, Some) child can play it.

4 (Each, Every) of the samples should be tested three times.

5 There must be (any, some) reason for her bad behavior.

6 (All, Every) the students like their history teacher.

B 빈칸에 every, each, all, no 중에서 알맞은 것을 골라 쓰시오.

1 Yesterday, he listened to the radio _____ day.

2 You'd better get a medical checkup _____ other year.

3 _____ of the members has a personal access code.

4 We all got soaked by the rain because _____ one had an umbrella.

5 _____ I needed was a few words of encouragement.

6 The boss gave us $1,000 _____ as a bonus.

C 밑줄 친 부분이 어법상 옳으면 ○표 하고, 틀린 부분은 바르게 고치시오.

1 He asked the waiter for any water.

2 Every student have his or her own locker.

3 The lecture was boring. Most of the audience fell asleep.

D 우리말과 일치하도록 괄호 안의 말을 활용하여 문장을 완성하시오.

1 그녀는 더 이상 공포영화를 무서워하지 않는다. (no / afraid / horror movies)

→ She is _____.

2 나는 주말마다 수영하러 간다. (swimming)

→ I _____.

3 그의 그림 중 대부분은 1880년대에 그려졌다. (most of / painting)

→ _____ made during the 1880s.

4 이 셔츠들 중 내 재킷과 어울리는 것이 하나도 없다. (none / shirt / go well)

→ _____ with my jacket.

E 대화의 내용과 일치하도록 부정대명사를 활용하여 문장을 완성하시오.

> A : Can I buy tickets for the 7 o'clock flight to New York?
> B : I'm sorry, sir, but there aren't any tickets left because it's Thanksgiving today.

→ _____ _____ to New York are available because it's Thanksgiving today.

GRAMMAR IN READING

A ⓐ, ⓑ의 괄호 안에서 알맞은 것을 고르시오.

> As many allergy sufferers know, allergies can occur in ⓐ (any, some) season. Different people will be affected by different kinds of dust and pollen in the spring, summer, or fall. And ⓑ (any, some) allergy-sufferers have symptoms all year round.

B 다음 글을 읽고, 물음에 답하시오.

> We all love stories told by our friends or family members. But what about stories written by a computer? Artificial intelligence experts have created algorithms that allow computers to write both factual reports and fictional stories.  ____ⓐ____ of these algorithms produce articles or reports you'd think only a human could write. **All of them** use raw data to produce their stories. The Associated Press (AP) uses one of the algorithms to generate financial reports. It can also write sports reports based on data from ____ⓑ____ player's team and league. The main strength of the process is that the algorithms take lots of raw data, which humans find difficult to understand, and transform it all into a clear and simple story.

1 빈칸 ⓐ, ⓑ에 들어갈 말이 바르게 짝지어진 것을 고르시오.
  ① Each - all   ② Some - all   ③ All - most
  ④ Every - any   ⑤ Some - each

2 밑줄 친 문장을 굵게 쓰인 말에 유의하여 해석하시오.

Q 위 글의 주제로 가장 알맞은 것은?
  ① how to write articles
  ② stories written by computers
  ③ why computers can't replace humans

A allergy 알레르기 dust 먼지 pollen 꽃가루 symptom 증상 all year round 일 년 내내
B artificial intelligence 인공 지능 algorithm (컴퓨터) 알고리즘 (문제 해결을 위해 정의된 일련의 규칙) factual 사실에 기반을 둔 fictional 허구적인 article 기사 raw 날것의; *가공되지 않은 generate 생성하다 financial 금융의 transform 변형시키다

55 부정대명사 II
(one, other, another, both, either, neither, -thing)

A one, other, another

1 one[ones]

a I like this *job* more than my old **one**.

cf. I like *this job* because **it** is challenging.

b I like green *apples* more than red **ones**.

c **One** must obey the traffic regulations.
= People must obey the traffic regulations.

2 other (다른 것)

d **Some** people agreed with me while **others** didn't.

e You shouldn't ignore what **others** think.

f Move **one** foot backward and then **the other**.

g Only a few students in my class have breakfast. **The others** usually skip it.

h They hugged **each other**.
= They hugged **one another**.

3 another (또 다른 것)

i I think he has **another** reason for being there.

j He sent three cards. **One** was to Tom, **another** was to Jane, and **the other** was to me.

---

1 one은 「a[an] + 단수 보통명사」를 대신한다.

a 앞에서 언급된 명사와 같은 종류임을 나타낸다.
(one = a job ≠ this job)

cf. it은 앞서 언급된 동일한 사람·사물을 대신한다.
(it = this job)

b 복수명사는 ones로 대신한다. (ones = apples)

c one은 일반인을 나타내기도 한다. (보통 격식체)

2 other는 대명사로 쓰이고, 명사 앞에서 형용사 역할을 하기도 한다.

d some ~, others ...: 어떤 사람[것]은 ~, 다른 사람[것]은 …

e others: 다른 사람들(= other people)

f 둘 중 처음 하나는 one, 나머지는 the other

g 나머지가 복수인 경우 the others (나머지 전체)

h each other: 서로(를)(= one another)
each other는 둘, one another는 셋 이상일 때 쓴다고도 하지만 실제 의미 차이는 없다.

3 another는 대명사 및 형용사 역할을 할 수 있다.

i '또 다른 하나'라는 의미로 an과 other가 결합된 말

j 셋 중 처음 하나는 one, 또 다른 하나는 another, 나머지는 the other 참조 Chapter 11 Beyond Grammar

B both, either, neither

1 both

a **Both (of) their sons** are musicians.

cf₁ **Both of them** came to the party.

b **Both windows** are closed.

2 either

c **Either of the two boys** can lead the parade.

---

1 both는 복수 취급한다.

a both (of) + 한정사 + 복수명사: 둘 다

cf₁ 「both of + 인칭대명사」의 경우 of를 생략할 수 없음

b both + 복수명사: 둘 다

2 either는 보통 단수 취급한다.

c either of + 한정사 + 복수명사: 둘 중 하나

d	Monday or Tuesday. **Either day** is okay.	d	either + 단수명사: 둘 중 어느 것이든
cf₂	A: I don't like him. B: I don't like him **either**.	*cf₂*	either는 '역시 (~도 아닌)'이라는 뜻의 부사로도 쓰임

3	**neither**	**3**	neither는 보통 단수 취급한다.
e	I liked **neither** of the dishes. = I did**n't** like **either** of the dishes.	e	neither = not ~ either
f	**Neither candidate** appeals to voters.	f	neither + 단수명사: (둘 중) 어느 ~도 아닌
g	**Neither of my sisters** likes[like] math.	g	neither of + 한정사 + 복수명사: (둘 중) 어느 쪽도 아닌 (이 경우 동사는 단수형과 복수형이 모두 가능함)
cf₃	A: I'm not cold. B: **Neither** am I.	*cf₃*	neither가 부사로 쓰여 '~도 또한 아니다'라는 뜻으로 쓰이기도 한다. 참조 UNIT 69 A 3

C -thing, -body, -one

-thing, -body, -one의 용법은 각각 앞에 붙는 some, any, every, no의 용법과 같으며, 보통 단수 취급한다. 수식하는 형용사(구)가 뒤에 온다.

1	**-thing**	**1**	
a	I'm tired of it. I want **something** new.	a	something: 어떤 것 (긍정문)
b	Is there **anything** else I can help you with?	b	anything: 어느 것이라도 (의문문)
c	I love Mike. He is **everything** to me.	c	everything: 모든 것, 가장 소중한 것[사람]
d	**Nothing** seems to be working.	d	nothing: 아무것도 ~ 아닌

2	**-body/-one**	**2**	-body나 -one은 원칙적으로 단수 취급하지만 복수대명사(they, them, their)로 받기도 한다.
e	If **somebody** calls me, tell *them* I'm busy.	e	somebody(= someone): 누군가 (긍정문)
f	He never trusts **anybody**.	f	anybody(= anyone): 아무도 (부정문)
g	**Everybody** admires her intelligence.	g	everybody(= everyone): 모든 사람, 모두
h	**Nobody** knows who spread the rumor.	h	nobody(= no one): 아무도 ~ 않는
i	The singer was **nobody** only a few years ago.	i	nobody는 명사로 쓰여 '하찮은 사람'을 뜻한다.

A a 나는 예전의 일보다 이 일이 더 좋다. *cf.* 나는 이 일이 도전적이어서 좋다. b 나는 빨간 사과보다 초록색 사과가 더 좋다. c 사람은 교통법규를 지켜야 한다. d 어떤 사람들은 내 말에 동의한 반면 다른 사람들은 반대했다. e 너는 다른 사람들의 생각을 무시해서는 안 된다. f 한쪽 발을 뒤로 옮긴 뒤 다른 쪽 발을 옮겨라. g 우리반에서 몇 명의 학생만이 아침을 먹는다. 나머지 학생들은 대개 아침을 거른다. h 그들은 서로 껴안았다. i 나는 그가 거기에 있는 또 다른 이유가 있다고 생각한다. j 그는 카드 세 장을 보냈다. 하나는 Tom에게, 다른 하나는 Jane에게, 그리고 나머지는 내게 보냈다.

B a 그들의 두 아들 모두 음악가이다. *cf₁* 그들 둘 다 파티에 왔다. b 두 창문 다 닫혀있다. c 두 소년 중 하나가 퍼레이드를 지휘할 수 있다. d 월요일이나 화요일. 둘 중 어느 날이든 괜찮아. *cf₂* A: 나는 그가 싫어. B: 나도 그가 싫어. e 난 그 요리 둘 다 마음에 들지 않았다. f 두 후보 모두 유권자들의 마음에 와닿지 못한다. g 우리 언니들은 둘 다 수학을 좋아하지 않는다. *cf₃* A: 난 안 추워. B: 나도 안 추워.

C a 나는 그것이 지겨워. 난 뭔가 새로운 것을 원해. b 제가 도와드릴 수 있는 일이 있나요? c 나는 Mike를 사랑해. 그는 내게 가장 소중한 사람이야. d 제대로 되는 게 아무것도 없는 것 같다. e 누가 전화하면 내가 바쁘다고 해. f 그는 아무도 믿지 않는다. g 모든 사람들이 그녀의 총명함에 감탄한다. h 누가 그 소문을 퍼뜨렸는지는 아무도 모른다. i 저 가수는 불과 몇 년 전만 해도 무명이었다.

EXERCISE

정답 및 해설 p.27

A   괄호 안에서 가장 알맞은 것을 고르시오.

1 I don't normally wear a suit, but I wore (another, other, one) to the party.

2 I haven't seen the movie, and my brother hasn't (either, neither, nor).

3 My wife and kids are (anything, everything, something) to me.

4 (Nobody, Everybody, Somebody) trusts him because he always tells lies.

5 We haven't decided (something, anything, nothing). We need more time.

6 He opened the door for me because I had bags in (both, either, neither) hands.

B   빈칸에 들어갈 알맞은 말을 보기에서 골라 쓰시오.

[보기]   one   another   other   the other   others

1 This towel is dirty. Can I have a clean _____?

2 Some like to play soccer, and _____ like to play basketball.

3 Don't pay any attention to what _____ people say about you.

4 There were three phone calls while you were out. One was from your sister,

_____ was from your boss, and _____ was from your friend Mark.

C   밑줄 친 부분이 어법상 옳으면 ○표 하고, 틀린 부분은 바르게 고치시오.

1 Where did you buy this racket? I'd like to get <u>it</u> too.

2 The problem was very difficult. <u>Anybody could solve it.</u>

3 This cookie is really delicious. <u>Can I have another one?</u>

4 <u>Have you planned special anything</u> for Valentine's Day?

5 <u>Either of the two passwords works.</u> Please tell me the correct one.

D   우리말과 일치하도록 괄호 안의 말을 활용하여 문장을 완성하시오.

1 우리는 생산 비용을 줄일 또 다른 방법을 찾을 것이다. (look for / way)

→ We'll _____ to reduce production costs.

2 너와 여동생은 서로 사이좋게 지내니? (get along with)

→ Do you and your sister _____?

3 누가 그 가게에서 보석을 훔쳤는지 아무도 모른다. (know)

→ _____ who stole the jewelry from the store.

E 다음 뮤지컬 review를 읽고, 알맞은 부정대명사를 활용하여 문장을 완성하시오.

> *The Phantom of the Opera* ★★★★★ – The music and the story were amazing.
> *Beauty and the Beast* ★★★☆☆ – I loved every number and all of the lyrics.

→ Chris watched two musicals. One was *The Phantom of the Opera* and _____
_____. He thought _____ musicals had great songs.

GRAMMAR IN READING ....

A 빈칸 ⓐ, ⓑ에 공통으로 들어갈 말을 고르시오.

> Some people insist that children who are forced to learn two languages won't feel at
> home in ___ⓐ___ of them. They will always feel caught between two cultures, without
> strongly identifying with ___ⓑ___.

① each   ② either   ③ neither   ④ one   ⑤ another

B 다음 글을 읽고, 물음에 답하시오.

> ◀ ▶   🏠 C 🌐   ＋ http://   🔍
>
> ⓠ This is my first year of university, and I'm living in a dormitory. I miss my
> family so much that I always feel ill. Is this normal?
>
> ⓐ In a new place, everything is unfamiliar to you. _____, it's difficult to live
> away from your loved ⓐ (them, other, ones) and the comforts of home. So
> you're bound to miss them. These feelings are completely normal. However,
> while ⓑ (one, some, another) people simply experience some loneliness,
> sadness, or anxiety, ⓒ (both, others, the other) feel actual physical symptoms.
> Feelings of homesickness generally go away once you get used to your new
> environment.

1 밑줄 친 문장과 같은 의미가 되도록 빈칸을 한 단어로 채우시오.
→ In a new place, _____ is familiar to you.

Q 위 글의 빈칸에 들어갈 말로
가장 알맞은 것은?
① However
② Moreover
③ Otherwise

2 ⓐ~ⓒ의 괄호 안에서 알맞은 것을 고르시오.

A   insist 주장하다 feel at home 마음이 편안하다 identify with ~ ~와 동일시하다, 동질감을 갖다
B   dormitory 기숙사 bound to-v 꼭 ~하게 되어 있는 symptom 증상 homesickness 향수병 get used to ~에 익숙해지다

REVIEW TEST

A   괄호 안에서 알맞은 것을 고르시오.

1 A: I'm thinking about wearing this dress to the party.
     B: You should. (It, One) looks good on you.

2 A: Can I try on those boots?
     B: Which (it, one, ones)?

3 A: I hear (someone, anyone) knocking on the door.
     B: Really? I didn't hear (something, anything).

4 (No one, Anyone) likes Jim. He's very greedy.

5 Mike and I hardly see (the other, each other).

6 There are 15 students in my class. One is from Canada, (another, other, the other) is from Mexico, and all (others, the other, the others) are from the United States.

B   밑줄 친 말의 쓰임이 같은 것끼리 연결하시오.

1 It is good to see you again.   •   • a. It's spring already.
2 It is getting dark outside.   •   • b. It is said that he was an actor.
3 We found it hard to name the baby.   •   • c. The question wasn't that easy.
4 I can't afford that much money.   •   • d. I thought it impossible to finish the job.
5 The language of North Korea is much   •   • e. Generally, women's life expectancy is
     different from that of South Korea.   longer than that of men.

C   우리말과 일치하도록 괄호 안의 말을 활용하여 문장을 완성하시오.

1 이 책은 세 파트로 나누어져 있고, 이것들 각각에는 다섯 개의 장이 있다. (have)
    → This book is divided into three parts and _____ of these _____ five chapters.

2 어떤 채식주의자들은 채소만 먹지만 다른 채식주의자들은 달걀도 먹는다. (vegetarian / eat)
    → _____ _____ _____ only vegetables, but _____ _____ eggs as well.

3 그는 모든 사람들이 편하게 느끼게 하려고 자신에 대한 농담을 했다. (make jokes)
    → He _____ _____ _____ _____ to make everyone feel comfortable.

4 Maria가 대학에서 공부하고 싶어 하는 것은 바로 물리학이다. (physics / want)
    → It _____ _____ that _____ _____ to study in university.

5 나는 그들 중 대부분이 내가 말한 것을 이해했다고 생각한다. (understand)
    → I think _____ _____ _____ _____ what I said.

D   다음 중 밑줄 친 부분이 어법상 맞는 것을 고르시오.

① He said all my luggage <u>were lost</u> in transit.
② <u>This was</u> impossible to discuss the matter with him.
③ Most students in this school <u>have</u> worked part-time.
④ We didn't expect <u>neither of them</u> to be valedictorian.
⑤ There's <u>important something</u> we should deal with in the article.

E   문장에서 어법상 틀린 부분을 찾아 바르게 고치시오. 틀린 부분이 없으면 ○표 하시오.

1 I want you to meet a my friend.
2 Can you repair this, or must we do it ourselves?
3 I've been looking for a flower-print T-shirt, and I've finally found it I like.
4 He has to get his teeth cleaned every six months.
5 This doesn't fit me well. Can you show me other?
6 The teeth of a shark are sharper than that of a tiger.

F   (A), (B), (C)의 각 네모 안에서 문맥과 어법에 알맞은 것을 고르시오.

I ordered a shirt and a tie from your website two weeks ago. I heard (A) | it / that | would take about two or three days for them to be delivered, but (B) | either / neither | of the two items have arrived yet. I would be grateful if you could send (C) | both / none | of them to me before this weekend. Please let me know as soon as possible.

G   다음 글을 읽고, 물음에 답하시오.

The play started well. ⓐ <u>Nobody</u> forgot their lines. Every ⓑ <u>performers were</u> immersed in their roles. ⓒ <u>Everything was</u> perfect. However, I slipped and fell during the second scene. <u>This</u> embarrassed me, but not wanting to give up, I carried on with the play. When I was about to start my lines, I noticed that ⓓ <u>all the people</u> in the audience were pointing at me. Suddenly, an actress whispered in my ear, "Pull up your trousers!"

1 밑줄 친 ⓐ~ⓓ 중 어법상 틀린 것을 고르시오.

2 밑줄 친 This가 가리키는 것을 찾아 영어로 쓰시오.
     → The fact that _____ .

A 지시대명사 that과 those

앞에 나온 단수형 명사는 that이, 복수형 명사는 those가 대신한다.

> **a** The percentage of fossil fuels consumed was about four times as high as [**that** / **those**] of renewables. 교육청 기출
>
> **b** The people who deal with tough situations easily are [**that** / **those**] who have learned the art of managing their emotions. 교육청 기출 응용
>
> **a** 소비된 화석연료의 비율은 대체에너지 비율의 4배가량 높았다. **b** 힘든 상황에 쉽게 대처하는 사람들은 감정을 다루는 기술을 터득한 사람들이다.

B 재귀대명사 vs. 인칭대명사

주어와 목적어가 같은 대상을 가리키거나, 주어·목적어를 강조할 때 재귀대명사를 쓴다.

> **c** After walking aimlessly for an hour or so, I found [**me** / **myself**] in front of the bus terminal. 교육청 기출
>
> **d** He felt some pain [**him** / **himself**] when he saw the man's misery.
>
> **c** 한 시간가량 목적지 없이 걷고 나니 나는 어느새 버스 터미널 앞에 와 있었다. **d** 그 남자의 비참함을 보았을 때, 그는 자신이 아픔을 느꼈다.

TIP
재귀대명사가 포함된 자주 쓰는 표현
by oneself
혼자
for oneself
스스로, 자신을 위하여
of itself
저절로
in itself
본래, 그 자체로

PRACTICE

A 밑줄 친 부분이 어법상 옳으면 ○표 하고, 틀린 부분은 바르게 고치시오.

1 Her speech pushed the voters from the position of uncertainty to <u>those</u> of dislike.

2 Although the therapists help their patients improve, only <u>the patients can truly change them</u>.

3 Women who believed they would succeed easily lost 24 pounds less than <u>those</u> who thought their weight-loss journeys would be hard. 교육청 기출

B 다음 글의 밑줄 친 부분 중, 어법상 틀린 것은?

Young people are more vulnerable to advertisements than grown-ups are. We need a campaign that ① <u>warns</u> them of the dangers of junk food. Teenagers ② <u>themselves</u> are exposed to around 13 food commercials a day. Researchers discovered that food commercials have more impact on overweight teens. For them, the brain regions that control pleasure, taste, and the mouth are all more stimulated than ③ <u>those</u> of teens with less body fat. While teenagers often blame ④ <u>them</u> for weight gain, food advertising should take some of ⑤ <u>that</u> responsibility.

one, another, the other(s), some, others

1 개체가 **2개일 경우**

 a I have two computers. **One** is a desk top, and **the other** is a laptop.

   내게는 컴퓨터가 두 대 있다. 하나는 데스크톱이고 나머지 하나는 노트북이다.

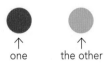

2 구별 요소가 **3가지이면서 개체가 3개일 경우**

 b Korea has won three gold medals. **One** was in wrestling, **another** in fencing, and **the other** in boxing.

   대한민국은 세 개의 금메달을 획득했다. 하나는 레슬링에서, 또 하나는 펜싱에서, 그리고 다른 하나는 복싱에서였다.

3 구별 요소가 **3가지이면서 개체가 4개 이상일 경우**

 c I have five shirts. **One** is red, **another** is yellow, and **the others** are blue.

   나는 다섯 벌의 셔츠를 가지고 있다. 하나는 빨간색이고 다른 하나는 노란색이며 나머지 것들은 모두 파란색이다.

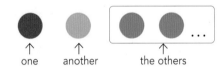

4 구별 요소가 **2가지이면서 개체가 3개 이상일 경우**

 d Four teams have gone into the second round. **One** is from Asia, and **the others** are all from Europe.

   네 팀이 2회전에 진출했다. 한 팀은 아시아 팀이고, 나머지는 모두 유럽 팀이다.

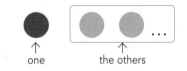

5 구별 요소가 **2가지이면서 개체가 여럿일 경우**

 e Generally, teenage boys like sports. **Some** like soccer, and **others** like basketball.

   일반적으로 십 대 남자아이들은 스포츠를 좋아한다. 일부는 축구를 좋아하고 또 다른 일부는 농구를 좋아한다.

 f Twenty people went missing due to the heavy rain. **Some** of them were rescued, but **the others** couldn't be found.

   20명의 사람들이 폭우로 인해 실종되었다. 실종자 중 일부는 구조되었지만, 나머지는 찾을 수가 없었다.

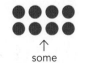

CHAPTER 12

**ADJECTIVES &
ADVERBS, COMPARISON**

형용사와 부사, 비교

형용사와 부사는 주어, 동사, 목적어 같은 문장의 핵심 성분을 수식하는 어구이다. 형용사는 명사의 성질이나 상태를 설명해 주는 말로, 문장에서 명사를 수식하거나 명사의 구체적 내용을 서술하는 역할을 한다. 부사는 형용사, 동사, 부사 혹은 문장 전체를 수식하는 말로 때, 장소, 방법, 빈도, 즉 어떤 행동을 언제, 어디서, 어떻게, 얼마나 자주 하는지 등을 나타낸다.

형용사나 부사가 나타내는 대상의 성질, 상태, 수량의 정도(degree) 차이를 형태 변화로 보여주는 것을 비교라 한다. 여기에는 **원급**, **비교급**, **최상급**의 세 가지 등급이 있다.

■ 형용사의 역할

명사 수식

There is a **red** box.   빨간 상자가 있다.

주어(her shoes) 서술

Her shoes are **red**.   그녀의 구두는 빨간색이다.

■ 부사의 역할

동사 수식

They sang **loudly**.   그들은 크게 노래를 불렀다.

■ 비교

원급

Ted is **fast**.   Ted는 빠르다.

비교급

Ted is **faster than** Jason.   Ted는 Jason보다 빠르다.

최상급

Ted is **the fastest** boy in the class.   Ted는 반에서 가장 빠른 소년이다.

56 형용사의 기본 개념 및 역할

⚠ **Examine & Think**

굵게 쓰인 각 형용사의 의미를 생각해 보시오.

The **late** Professor Brown used to say that students shouldn't be **late** for class.

Ⓐ 형용사의 역할

형용사란 명사의 성질과 상태 등을 나타내는 말로, 명사를 수식하거나 명사의 구체적인 내용을 서술해준다.

1 수식 용법	**1** 형용사는 명사를 앞이나 뒤에서 수식한다.
a Betty is my **close** friend.	a 형용사 단독으로 명사 앞에서 수식
b I'd like to eat something **different** today.	b -thing이나 -body[one]로 끝나는 부정대명사는 형용사가 뒤에서 수식
c We are looking for people **interested** in design.	c 형용사에 수식어구가 붙어 길어지면 형용사가 뒤에서 수식
2 서술 용법	**2** 형용사는 주어나 목적어를 서술하는 보어로도 쓰인다.
d The department store was **crowded**.	d 주어를 서술 (the department store = crowded)
e His smile makes me **happy**. ~~His smile makes me happily.~~	e 목적어를 서술 (me = happy)
	주의 형용사가 보어 역할을 할 때 '~하게'라고 해석된다 하더라도 보어 자리에 부사가 올 수 없다.

Ⓑ 용법에 주의해야 할 형용사

1 수식 용법으로만 사용되는 형용사	**1** main(주요한), live(살아 있는, 생방송의), mere(단순한), elder(연장자인), next(다음의) 등과 같은 형용사는 수식 용법으로만 쓴다.
a Please go to the **main** page. ~~The page is main.~~	
2 서술 용법으로만 사용되는 형용사	**2** afraid(두려운), alive(살아 있는), alike(같은), aware(알고 있는), ashamed(부끄러운), asleep(잠든), alone(혼자인) 등과 같은 형용사는 서술적 용법으로만 쓴다.
b The child was **alone** in the house, and he fell **asleep**.	
c Don't wake up the **sleeping**[asleep] child.	c '잠자는'이라는 의미의 수식 용법으로는 sleeping을 쓴다.

d   Some people **are afraid of** flying in airplanes.

e   He **is** well **aware of** the point of the lecture.

3 용법에 따라 의미가 달라지는 형용사

f   The **present** CEO grew up on a farm.

g   All the representatives were **present**.

d	be afraid of ~: ~을 두려워하다
e	be aware of ~: ~을 인식하고 있다
3	수식/서술 용법 둘 다로 사용할 수 있지만 용법에 따라 그 의미가 달라지는 형용사들이 있다.
f	present: 현재의 (수식 용법)
g	present: 참석한 (서술 용법)

lecture 강의 representative 대표

LEARN MORE EXPRESSIONS

수식 용법과 서술 용법으로 사용될 때 의미가 달라지는 형용사

a   Some fruits are only available at **certain** times of the year. 어떤, 특정한   [수식 용법]

b   He is **certain** of what he is doing. ~을 확신하는   [서술 용법]

c   Her **late** husband was such a nice person. 작고한(= dead)   [수식 용법]

d   After the contest ended, the **late** rivals soon became friends. 이전의(= former)   [수식 용법]

e   He was **late** for school this morning. 늦은   [서술 용법]

---

 the + 형용사[분사]

a   **The young** are quick to respond to changes.

b   We should protect the rights of **the disabled**.

c   Children's love for **the ridiculous**, **the repetitious**, and **the surprising** is well known.

a-b	'~한 사람들'이라는 의미로 복수 보통명사를 나타낸다.
a	the young = young people (젊은이들)
b	the disabled = disabled people (장애인들) **e.g.** the unemployed(실업자들), the injured (부상자들)
c	'~한 것'이라는 의미로 추상적인 개념을 나타낸다. the ridiculous(우스꽝스러운 것), the repetitious (반복적인 것), the surprising(놀라운 것) **e.g.** the beautiful(아름다운 것), the good(선한 것)

Examine & Think 첫 번째 late-작고한, 죽은 / 두 번째 late-늦은 / 고(故) Brown 교수님은 학생이 수업에 지각해선 안 된다고 말씀하곤 하셨다.

A a Betty는 내 친한 친구이다. b 오늘은 좀 다른 것을 먹고 싶다. c 우리는 디자인에 관심 있는 사람을 찾습니다. d 그 백화점은 붐볐다. e 그의 미소는 나를 행복하게 만든다.

B a 메인 페이지로 가 주세요. b 그 아이는 집에 혼자 있다가 잠이 들었다. c 잠자는 아이를 깨우지 마라. d 어떤 사람들은 비행기 타는 것을 두려워한다. e 그는 그 강의의 요점을 잘 이해하고 있다. f 현재의 CEO는 농촌에서 자랐다. g 모든 대표가 참석했다.

C a 젊은 사람들은 변화에 빨리 반응한다. b 우리는 장애인의 권리를 보호해야 한다. c 아이들이 우스꽝스러운 것, 반복되는 것과 놀라운 것을 좋아한다는 사실은 잘 알려져 있다.

LEARN MORE EXPRESSIONS a 어떤 과일은 일년 중 특정한 시기에만 구할 수 있다. b 그는 자신이 하는 일에 확신을 가지고 있다. c 작고한 그녀의 남편은 참 좋은 사람이었다. d 대회가 끝난 후 이전의 경쟁자들은 친구가 되었다. e 그는 오늘 아침 학교에 늦었다.

EXERCISE

정답 및 해설 p.30

A   괄호 안에서 알맞은 것을 고르시오.

1 No two men are (alike, like).

2 Taylor Swift was a guest on a(n) (live, alive) TV show.

3 When she was (live, alive), she was respected for her novels and plays.

4 He remained (calm, calmly) even in urgent situations.

5 She is a(n) (shy, ashamed) person.

6 The police directed the (afraid, frightened) crowd to a safe place.

B   밑줄 친 단어와 같은 뜻으로 쓰인 것을 고르시오.

1 I'm certain that he will be back soon.

   a. He looked certain of what he was going to do.

   b. If you feel anxious in certain situations, take a few deep breaths.

2 A feeling of happiness was present in the room.

   a. I'm worried about the present condition of our economy.

   b. Free tickets were given to all the members present at the meeting.

3 Don't be afraid to call something right or wrong.

   a. What seems to be right today could be found wrong in the future.

   b. She has a scar on the right side of her face.

C   문장에서 어법상 틀린 부분을 찾아 바르게 고치시오.

1 Despite having nothing but water, he stayed live for a month.

2 Did exciting anything happen at school today?

3 Blankets keep people warmly.

D   우리말과 일치하도록 괄호 안의 말을 바르게 배열하시오.

1 부상자들은 부근의 병원으로 옮겨졌다.

   → (were / the / taken / wounded) to a nearby hospital.

2 그 문제를 풀 수 있는 사람을 아직 만나지 못했다.

   → I have not yet met (of / anyone / answering / capable) the question.

3 대왕고래가 멸종되고 있다는 것은 슬프다.

   → That the blue whale (sad / extinct / is becoming / is).

104 G-ZONE CHAPTER 12

E 다음 대화를 읽고, 주어진 질문에 답하시오. (대화에 쓰인 단어를 활용할 것)

> Tom : Hey, Ann. I heard you are in charge of holding the fundraiser for people who are blind. I'd love to be involved.
> Ann : That would be great! I was actually looking for some help.

Q What does Tom want to do?

→ He wants to participate in the _____ for the _____.

GRAMMAR IN READING ....

A 다음 글을 읽고, 밑줄 친 부분을 응용하여 우리말과 일치하도록 문장을 완성하시오. (괄호 안의 말을 활용할 것)

> Endings are difficult, but you learn from them. However sad you may feel because <u>something important</u> to you has ended, there is always <u>something new</u> just around the corner.

대학에 들어가면 나는 뭔가 의미 있는 일을 할 것이다. (do / meaningful)

→ After entering college, I will _____ _____ _____.

B 다음 글을 읽고, 물음에 답하시오.

> **Why Does My Foot Fall ⓐ (Sleepy, Asleep)?**
> It has nothing to do with your foot wanting to rest. It's your nerves that are to blame! Nerves are like tiny threads that run through your whole body. Sitting on your foot squashes the nerves, ① (the foot / makes / which / numb).  The brain isn't able to communicate with nerves that are squashed, so the connection is temporarily cut off and you don't feel anything. If you want to keep your feet ⓑ (awake, waking), don't sit on them or put them in positions that squash the nerves.

1 ⓐ, ⓑ의 괄호 안에서 알맞은 말을 고르시오.

Q 위 글의 내용과 일치하면 T, 일치하지 않으면 F를 쓰시오.
Tiredness is the main cause of foot numbness. ( )

2 괄호 ① 안의 말을 문맥에 맞도록 배열하시오.

....

A around the corner 다가오는, 임박한
B have nothing to do with ~와 관련이 없다 nerve 신경 thread 실, 가닥 squash 짓누르다 numb 저린, 감각이 무뎌진 (형 numbness 저림, 무감각) temporarily 일시적으로

57 부사의 기본 개념 및 역할

A 부사의 역할과 종류

부사는 동사, 형용사, 부사 등을 수식하는 밀로 때, 장소, 방법, 빈도 등을 나타낸다.

1 부사의 역할	**1** 부사는 주로 동사나 형용사를 수식하며, 다른 부사나 문장 전체를 수식하기도 한다.
a *Read* the return policy **carefully**.	a carefully가 동사 read를 수식
b I'm **really** *happy* to be here with you today.	b really가 형용사 happy를 수식
c Thank you **very** *much*, Mr. Park.	c very가 부사 much를 수식
d **Strangely**, *they met at the same place twice*.	d strangely가 문장 전체를 수식
cf. **Even** *a child* can follow this recipe.	*cf.* 부사 even, only 등은 명사를 강조할 때도 있다.
2 부사의 종류	**2** 부사의 의미에 따라 다음과 같이 분류된다.
e soon, yet, then, now, ...	e 때를 나타내는 부사
f here, there, near, up, down, ...	f 장소를 나타내는 부사
g carefully, quickly, bravely, honestly, ...	g 방법을 나타내는 부사
h always, usually, often, frequently, never, ...	h 빈도를 나타내는 부사
i hardly, quite, too(너무), very, completely, ...	i 정도를 나타내는 부사

B 부사의 위치

1 빈도부사: 일반동사의 앞, be동사나 조동사의 뒤	**1** always, usually, often, sometimes, never 등과 같은 빈도부사는 a처럼 일반동사 앞에, b, c처럼 be동사나 조동사의 뒤에 위치한다.
a He **usually** *goes* to work by bus.	
b She *is* **often** busy at the end of the month.	
c I *will* **always** stay with you.	
2 「타동사 + 부사」로 이루어진 동사구	**2**
d I **turned on** *the air conditioner*. = I **turned** *the air conditioner* **on**.	d 목적어가 명사: 부사는 목적어의 앞, 뒤 모두에 올 수 있음
e I **turned** *it* **off**. ~~I turned off it.~~	e 목적어가 대명사: 부사는 반드시 목적어 뒤에 와야 함

3 형용사[부사] + enough

f   This shirt is **big enough** to fit me.
~~This shirt is enough big to fit me.~~

cf.   He has **enough money** to buy a personal plane.

3 보통 부사가 형용사나 부사를 수식할 때는 바로 앞에서 수식하지만 enough는 뒤에서 수식한다.
참조 UNIT 23 B 2

cf.   enough가 형용사로 쓰일 때는 명사의 앞에서 수식한다.

ⓒ 주의해야 할 부사

다음 단어들은 형용사와 부사의 형태가 같으므로 문맥을 통해 의미를 잘 파악해야 한다.

---

1 hard, late, high

a   John is a **hard** worker.

b   He works **hard** to get promoted.

cf₁   We **hardly** see each other these days.

c   I was **late** for school.

d   He came **late** because he missed the bus.

cf₂   **Lately**, I've been eating a lot.

e   **High** cholesterol is a cause of heart attacks.

f   The birds flew **high** up into the sky.

cf₃   He is **highly** respected in his field.

1

a   hard: 휑 열심인, 어려운, 딱딱한

b   hard: 튀 열심히

cf₁   hardly: 튀 거의 ~ 않다

c   late: 휑 늦은

d   late: 튀 늦게

cf₂   lately: 튀 최근에(= recently)

e   high: 휑 높은

f   high: 튀 높이

cf₃   highly: 튀 대단히, 매우
e.g. early(휑 이른, 튀 일찍), pretty(휑 귀여운, 튀 꽤), long(휑 오랜, 튀 오래), slow(휑 느린, 튀 느리게 = slowly), quick(휑 빠른, 튀 빨리 = quickly)

2 명사 + ly

g   Mandy and Sam were such **lovely** and **friendly** people.

h   It's a **monthly** magazine about the economy.

i   The journal is published **monthly**.

2 「명사 + ly」는 두 가지로 구분된다.

g   형용사로만 쓰이는 경우: lovely, friendly(다정한), costly(값비싼) 등

h-i   형용사와 부사로 쓰이는 경우: daily(휑 매일의, 튀 매일), weekly(휑 매주의, 튀 매주), monthly(휑 매달의, 튀 매달) 등

---

get promoted 승진하다 journal 잡지, 정기 간행물

A a 환불 규정을 주의 깊게 읽으시오. b 오늘 여러분과 함께해서 정말 행복합니다. c 박 선생님, 대단히 감사합니다. d 이상하게도 그들은 같은 장소에서 두 번 만났다. *cf.* 어린아이라도 이 요리법을 따라할 수 있다.

B a 그는 대개 버스를 타고 직장에 간다. b 그녀는 월말에 자주 바쁘다. c 난 항상 너와 함께 있을 거야. d 나는 에어컨을 켰다. e 나는 그것을 껐다. f 이 셔츠는 내게 맞을 정도로 크다. *cf.* 그는 개인용 비행기를 살 정도로 충분한 돈이 있다.

C a John은 열심히 일하는 직원이다. b 그는 승진하기 위해서 열심히 일한다. *cf₁* 우리는 요즘 서로를 거의 보지 않는다. c 나는 학교에 지각했다. d 그는 버스를 놓쳤기 때문에 늦게 왔다. *cf₂* 최근에 나는 많이 먹는다. e 높은 콜레스테롤 수치는 심장마비의 원인이다. f 새들은 하늘 높이 날았다. *cf₃* 그는 자신의 분야에서 대단히 존경받는다. g Mandy와 Sam은 매우 사랑스럽고 다정한 사람들이었다. h 이것은 경제에 관한 월간지이다. i 그 정기간행물은 매달 출간된다.

EXERCISE

정답 및 해설 p.31

A   빈칸에 들어갈 알맞은 말을 보기에서 골라 쓰시오.

> [보기]   late - lately   rude - rudely   happy - happily   hard - hardly

1 You look _____ today. Did something good happen?

2 Long time no see. What have you been doing _____?

3 Becky is too stubborn. She is very _____ to work with.

4 He apologized for behaving _____, and I told him it was all right.

5 Craig and Ann have been _____ married for 33 years.

6 The mountain is very high. You can _____ see the top.

7 Our plane arrived very _____, and we got to the hotel at about one in the morning.

8 The woman was _____ to the waiter when he spilled coffee on her table.

B   문장에서 어법상 틀린 부분을 찾아 바르게 고치시오. 틀린 부분이 없으면 ○표 하시오.

1 Out of a hundred people, only five are enough generous to donate blood.

2 Sir, you are not supposed to wear a hat here. Could you please take off it?

3 The applicant should be high experienced in dealing with customers.

4 Professional garden design and construction can be costly.

5 James promised that he never would make the same mistake again.

C   우리말과 일치하도록 괄호 안의 말을 바르게 배열하시오.

1 Steve는 팔씨름에서 누구든 이길 만큼 강하다.

  → Steve is (strong / beat / to / enough) anybody at arm wrestling.

2 내 머리카락에 불이 붙었을 때, 여동생이 즉시 껐다.

  → When my hair caught on fire, (put / my sister / out / it) immediately.

3 나는 항상 제시간에 역에 도착하지만, 열차는 항상 늦는다.

  → I (the station / always / get to) on time, but the train (always / is / late).

D Ted의 일과를 읽고, 문맥상 알맞은 말을 보기에서 골라 쓰시오.

[보기]	early	late	fast	daily	hard

Normally, I get up _____, so I don't have to get ready very _____.
On the metro, I read the _____ paper to get the day's news. My work is
_____, so I sometimes have to stay _____ to finish everything.

GRAMMAR IN READING ....

A 다음 글을 읽고, 어법상 <u>틀린</u> 부분 두 개를 찾아 바르게 고치시오.

It's never too lately to save a neglected house plant. Even if the plant hard looks alive, there are ways to revive it. First, place the pot in a bowl filled with a few centimeters of water for half an hour. Next, cut off any dead leaves and stems and put the plant in a place without strong sunlight to help it grow again.

B 다음 글을 읽고, 물음에 답하시오.

Here's Why We Must Not Smoke

Some people smoke one cigarette after another because they don't want to lose that pleasurable feeling. By doing so, however, they're not taking their health ⓐ (seriously, serious) enough. Tobacco is _____. It contains nicotine, a drug that affects the brain. At first, nicotine makes you feel good, but

you soon start to feel nervous or moody. To get the good feeling back, you reach for another cigarette. Just like you crave certain foods, your brain begins to crave nicotine. Even though ① (you / able / usually / are / to) resist your cravings for your favorite foods, it is much harder to stay away from another cigarette. ⓑ (Eventually, Strangely), you become hooked.

1 ⓐ, ⓑ의 괄호 안에서 알맞은 것을 고르시오.

2 괄호 ① 안의 말을 문맥에 맞도록 배열하시오.

Q 위 글의 빈칸에 들어갈 말로 가장 알맞은 것은?
① addictive
② influential
③ unpleasant

A neglect 무시하다, 등한시하다 revive 회복[소생]시키다 stem (식물의) 줄기
B pleasurable 즐겁게 하는 moody 침울한, 성미가 까다로운 crave 간청하다, 열망하다 (명 craving 갈망, 열망) resist (유혹에) 대항하다, 물리치다
hooked (악습, 마약 등에) 빠진, 중독된

비교급·최상급의 형태, 비교 구문

A 비교급·최상급의 형태

형용사/부사의 비교급과 최상급은 보통 어미에 -er이나 -est를 붙이거나 앞에 more나 most를 넣어 나타내치만 불규칙하게 변하는 것도 있다.

1 -er, -est를 붙이는 경우

a short – shorter – shortest

b early – earlier – earliest

cf₁ tired – more tired – most tired

2 more, most를 붙이는 경우

c famous – more famous – most famous

d careful – more careful – most careful

e quickly – more quickly – most quickly

f interesting – more interesting – most interesting

g expensive – more expensive – most expensive

3 -er, -est / more ~, most ~ 둘 다 가능한 경우

h Sarah is a **more common** name than Cleo.
= Sarah is a **commoner** name than Cleo.

cf₂ Monica is **kinder** than Kate.
= Monica is **more kind** than Kate.

---

1 1음절어나, y로 끝나는 2음절어의 경우, 보통 단어 끝에 -er, -est를 붙여 비교급, 최상급을 만든다.

cf₁ 단음절 단어 중 more, most를 붙여 비교급, 최상급을 만드는 것도 있다. (right, wrong, real, like(비슷한) 등)

2 2음절어의 대부분, 특히 -ous, -ful, -ing, -ive, -ed 등으로 끝나는 단어와 「형용사 + -ly」 형태의 부사, 3음절 이상의 단어는 more나 most를 붙여 비교급, 최상급을 만든다.

3 2음절어 중에서 common, quiet, handsome, polite 등은 -er, -est와 more, most 중 어느 것을 붙여도 괜찮다. 판단하기 어려울 때는 more, most를 붙이는 것이 무난하다.
참조 Appendix 15

cf₂ -er, -est를 붙이는 단어들도 실제 회화에서는 종종 more, most를 붙여서 나타내기도 한다.
e.g. more happy, more safe, more smart

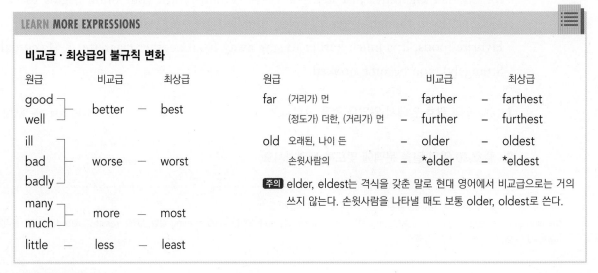

LEARN MORE EXPRESSIONS

비교급 · 최상급의 불규칙 변화

원급	비교급	최상급	원급		비교급		최상급
good			far	(거리가) 먼	– farther	–	farthest
well	better – best			(정도가) 더한, (거리가) 먼	– further	–	furthest
ill			old	오래된, 나이 든	– older	–	oldest
bad	worse – worst			손윗사람의	– *elder	–	*eldest
badly							
many							
much	more – most						
little	– less – least						

주의 elder, eldest는 격식을 갖춘 말로 현대 영어에서 비교급으로는 거의 쓰지 않는다. 손윗사람을 나타낼 때도 보통 older, oldest로 쓴다.

B 비교급을 이용한 비교 구문

비교급의 기본 형태는 「형용사/부사의 비교급 + than ~」이며, '~보다 더 …한[하게]'이라고 해석한다.

<table>
<tr><td>

1 일반적인 비교 구문

a My computer is **faster than** yours.

b Jack is **more energetic than me**.

cf. Jack is more energetic than I (am).

c Janet sings **more softly than** Helen.

d The film was **better than I expected**.

e E-books are **less expensive than** paperbacks.
= E-books are **not as expensive as** paperbacks.

f Baking cookies is **much easier than** you think.

g It was cold yesterday, but it's **even colder** today.
~~It was cold yesterday, but it's very colder ~.~~

2 than이 없는 비교 구문

h Generally speaking, a **higher** price guarantees **higher** quality.

i As my final exams get **closer**, I become **more nervous**.

j The new version of this game is **superior to** the old one.

</td><td>

1

a 비교급으로 두 가지 대상을 비교한다.

b than 뒤의 대명사는 일상체에서 흔히 목적격으로 쓴다. 격식체에서는 *cf.*처럼 주격으로 쓰며 주로 동사와 함께 쓴다.

c 동작을 비교할 때는 부사의 비교급을 쓴다.

d than 뒤에는 절(I expected)이 올 수도 있다.

e less + 원급 + than ~: ~보다 덜 …한(= not as + 원급 + as ~)

f-g 비교급의 강조: much, still, even, far, a lot 등이 비교급 앞에 오면 '훨씬 더 ~한'이라는 뜻으로 쓰인다.
주의 very는 비교급을 수식할 수 없다.

2

h 비교 대상 없이 막연히 '더 ~한 것'을 말할 때 than 없이 비교급을 쓸 수 있다.

i 비교 대상이 명확할 때 than 없이 비교급만 쓸 수 있다.

j -or로 끝나는 형용사인 superior(우수한), inferior(열등한), prior(이전의) 뒤에는 than이 아닌 to를 쓴다.

</td></tr>
</table>

e-book(= electronic book) 전자책 paperback 페이퍼백, 종이책 guarantee ~을 보장하다

A h Sarah는 Cleo보다 더 흔한 이름이다. *cf.*₂ Monica는 Kate보다 더 친절하다.
B a 내 컴퓨터는 네 컴퓨터보다 빠르다. b=*cf.* Jack은 나보다 활기차다. c Janet은 Helen보다 더 부드럽게 노래한다. d 그 영화는 내가 기대했던 것보다 좋았다. e 전자책은 종이책보다 덜 비싸다.(= 전자책은 종이책만큼 비싸지 않다.) f 쿠키를 굽는 것은 네가 생각하는 것보다 훨씬 더 쉽다. g 어제는 추웠는데, 오늘은 훨씬 더 춥다. h 일반적으로 말해서 가격이 더 비싼 것이 고품질을 보장한다. i 기말고사가 점점 가까이 다가옴에 따라 나는 더 초조해진다. j 이 게임의 새 버전은 이전 것보다 더 우수하다.

EXERCISE

정답 및 해설 p.32

A 빈칸에 들어갈 말을 보기에서 골라 알맞은 형태로 쓰시오.

[보기] fast good bad economical early confident safe quickly

0 Traffic is backed up. Let's take the express train. It's much <u>faster</u>.

1 Fortunately, her condition is _____ than we expected.

2 This car is too expensive. Is there anything _____?

3 Plants grow _____ in summer than in winter.

4 The situation was bad, but it could've been even _____.

5 Seattle is _____ to live in than New York. Seattle has a low crime rate.

6 My sister was exhausted from the long flight, so she went to bed _____ than usual.

7 He has studied math a lot, so he is _____ this year than he was last year.

B 괄호 안에서 알맞은 것을 고르시오.

1 For (farther, further) information, please visit our website.

2 She repaid her debt (latest, later) than she had promised.

3 The conditions they're living in are (less, worse) than I thought.

4 His health got worse as he got (elder, older).

5 He knew (less, worse) about his country's history than his foreign friend did.

C 우리말과 일치하도록 괄호 안의 말을 활용하여 문장을 완성하시오.

1 그녀가 내 집에서 점점 편안해 할수록 그녀는 더욱 말이 많아졌다. (comfortable, talkative)

→ As she became _____ in my house, she became _____.

2 고속버스를 타는 것이 기차를 타는 것보다 비싸다. (expensive)

→ It is _____ to take an express bus _____ to take the train.

3 그들은 우리가 예상했던 것보다 2시간 늦게 도착했다. (late / expect)

→ They have arrived two hours _____ than _____.

4 사고한다는 것이 인간을 동물보다 우월하게 만드는 것이다. (superior)

→ Thinking is what makes humans _____ animals.

5 그는 TV에서보다 실물이 훨씬 더 멋있었다. (much / handsome)

→ He looks _____ in real life than on TV.

D 대화의 내용과 일치하도록 비교급과 괄호 안의 말을 이용하여 다음 문장을 완성하시오.

A : How long does it take to get to Jeonju?
B : The journey takes two and a half hours by bus and less than two hours by train.

→ It takes _____ _____ _____

_____ by train to get to Jeonju. (long)

GRAMMAR IN READING

A 다음 글을 읽고, 밑줄 친 ⓐ~ⓒ 중 어법상 틀린 것을 고르시오.

There are several reasons why wigs made of synthetic hair are popular. For one thing, they are ⓐ <u>cheap</u> than wigs made of human hair. And these days, improved materials make synthetic hair look and ⓑ <u>feel more like natural hair.</u> Synthetic wigs also weigh ⓒ <u>less</u> than those made of human hair.

B 다음 글을 읽고, 물음에 답하시오.

Maintaining an attractive appearance requires more than just a pretty face. Your body posture is just as important. To make yourself look ⓐ (more, better), pull your shoulders back and keep your spine straight. Keep your eyes looking straight ahead, with your chin at a right angle to your neck. ⓑ (Even, Very) more importantly, make sure you keep your chest pushed out and your stomach pulled in. At first this might seem awkward or uncomfortable, but later on it will seem natural. In the end, <u>더 나은 자세는 당신이 몸 상태가 더 좋아진 기분이 들도록 만들 것이다</u> as well.

1 ⓐ, ⓑ의 괄호 안에서 알맞은 것을 고르시오.

2 밑줄 친 우리말과 일치하도록 다음 괄호 안의 말을 바르게 배열하시오.
(필요한 단어를 비교급으로 변형할 것)
(will / a good posture / you / make / feel fit)

Q 위 글에서 좋은 자세로 언급되지 <u>않은</u> 것은?
① 어깨를 앞으로 당긴다.
② 눈은 정면을 응시한다.
③ 배를 안쪽으로 넣는다.

A wig 가발 synthetic 합성의
B maintain 유지하다 posture 자세 spine 척추 at a right angle 직각으로 awkward 어색한 feel fit (몸 컨디션이) 좋다

59 여러 가지 비교 구문

A 원급을 이용한 비교 구문

정도가 동등한 둘을 비교할 때는 「as + 형용사/부사의 원급 + as ~」 형태를 쓰며, '~만큼 …한[하게]'라고 해석한다.

a	Time is **as valuable as** money.	a	as + 원급 + as ~: ~만큼 …한
b	We must do the job **as secretly as possible**. = We must do the job **as secretly as we can**.	b	as + 원급 + as possible: 가능한 한 ~한[하게] (= as + 원급 + as one can)
c	Winter in Moscow is **not as cold as** you think. = Winter in Moscow is **less cold than** you think.	c	not + as[so] + 원급 + as ~: ~만큼 …하지 않은 (= less + 원급 + than ~)
d	This bag is **three times as expensive as** mine. = This bag is **three times more expensive than** mine.	d	배수사 + as + 원급 + as ~: ~보다 몇 배 …한 (= 배수사 + 비교급 + than ~)
e	She's **not so much** a singer **as** a dancer.	e	not so much A as B: A라기보다는 (차라리) B

B 비교급을 이용한 주요 표현

a	**The more popular** the restaurant became, **the more crowded** it got.	a-b	the + 비교급 ~, the + 비교급 …: ~하면 할수록 더 …하다 (이 구문에서는 동사부분이 자주 생략된다.)
b	**The warmer** the weather (is), **the better** I feel.		
c	It was getting **harder and harder** to breathe.	c-d	비교급 + and + 비교급: 점점 더 ~한 (more를 붙여 비교급을 만드는 형용사나 부사의 경우 「more and more + 형용사[부사]」)
d	The pain was getting **more and more severe**.		
e	She looks **more** confused **than** happy.	e	more + 원급(A) + than + 원급(B): B라기보다는 A 동일한 대상의 두 가지 특징을 비교하는 구문으로 음절 수에 상관없이 원급을 쓴다.
f	I have **no more than** two dollars.	f	no more than ~: 겨우 ~ 밖에(= only)
g	The homeless man has **no less than** 50 dollars. = The homeless man has **as much as** 50 dollars.	g	no less than ~: ~만큼이나, ~씩이나 많이 (수나 양이 많다고 생각될 때 씀)
h	The cinema has **not more than** 100 seats. = The cinema has 100 seats **at most**.	h	not more than: 기껏해야, ~밖에(= at most)
i	The multiplex has **not less than** 10 screens.	i	not less than: 최소한(= at least)
j	He **no longer** lives here. = He does **not** live here **any longer**.	j	no longer: 더 이상 ~ 않는다 (= not ~ any longer[more])

C 최상급을 이용한 비교 구문

최상급은 보통 앞에 the가 오고, 뒤에는 비교 대상을 한정해 주는 말이 오는 경우가 많다.

1 일반적인 최상급 구문

a She is **the most popular** singer *in* Korea.

b This is **the fastest** *of* the cars in the race.

c He is **the most talented** actor *I've ever met*.

d She is **one of the best** players on the team.

e I'm **most comfortable** when I'm alone.

f Ann always runs (the) **fastest** of all.

g All the goods in our shop are **by far the best** you can find.

2 원급·비교급을 이용한 최상급의 의미

h₁ He is **the funniest** comedian in Korea.

h₂ **No** comedian in Korea is **as[so] funny as** him.

h₃ **No** comedian in Korea is **funnier than** him.

h₄ He is **funnier than any other** comedian in Korea.

h₅ He is **funnier than all the other** comedians in Korea.

1

a the + 최상급 + in + 단수명사: ~ 안에서 가장 …한

b the + 최상급 + of + 복수명사: ~ 중에서 가장 …한

c the + 최상급 + (that) + 주어 + have ever v-ed: (주어)가 지금까지 ~한 것들 중에 가장 …한

d one of the + 최상급 + 복수명사: 가장 ~한 … 중 하나

e 다른 대상과 비교하지 않고 같은 사람이나 사물의 성질·상태를 서술할 때에는 보통 the를 쓰지 않는다.

f 부사의 최상급인 경우 일상체에서 the를 종종 생략한다.

g 최상급을 강조(단연 최상의 것)할 때는 much, by far, the very 등을 쓴다.

2 다음 문장들은 최상급의 의미로 모두 같은 뜻이다.

h₁ the + 최상급: 가장 ~한

h₂ No + 명사 + as[so] + 원급 + as ~: 누구도 ~만큼 …하지 않은

h₃ No + 명사 + 비교급 + than ~: 누구도 ~보다 …하지 않은

h₄ 비교급 + than any other + 단수명사: 다른 어떤 ~보다도 더 …한

h₅ 비교급 + than all the other + 복수명사: 다른 모든 ~보다도 더 …한

talented 재능[재주]이 있는

A a 시간은 돈만큼 가치가 있다. b 우리는 가능한 한 비밀리에 그 일을 해야 한다. c 모스크바의 겨울은 당신이 생각하는 것만큼 춥지는 않다. d 이 가방은 내 가방보다 세 배나 비싸다. e 그녀는 가수라기보다는 댄서이다.

B a 그 식당은 유명하면 유명해질수록 더 붐볐다. b 날씨가 따뜻해질수록 나는 기분이 더 좋아진다. c 숨쉬기가 점점 더 힘들어지고 있었다. d 고통이 점점 더 심해지고 있었다. e 그녀는 행복하다기보다는 혼란스러워 보인다. f 나는 2달러밖에 없어. g 그 노숙자는 50달러나 있었다. h 그 영화관에는 기껏해야 100개의 좌석밖에 없다. i 그 복합상영관에는 적어도 10개의 스크린이 있다. j 그는 더 이상 여기에 살지 않는다.

C a 그녀는 한국에서 가장 인기 있는 가수이다. b 이것은 경주에서 가장 빠른 차이다. c 그는 내가 이제껏 만난 배우 가운데 가장 재능이 있다. d 그녀는 팀에서 가장 훌륭한 선수 중 하나다. e 나는 혼자 있을 때 가장 편하다. f Ann은 모두 중에서 늘 최고로 빨리 달린다. g 저희 상점에 있는 모든 물건이 여러분이 찾을 수 있는 것들 중 단연 최고입니다. h₁ 그는 한국에서 가장 재미있는 코미디언이다. h₂ 한국의 어떤 코미디언도 그만큼 재미있지 않다. h₃ 한국의 어떤 코미디언도 그보다 더 재미있지 않다. h₄ 그는 한국의 다른 어떤 코미디언보다 더 재미있다. h₅ 그는 한국의 다른 모든 코미디언들보다 더 재미있다.

EXERCISE

정답 및 해설 p.33

A 다음 두 문장이 같은 뜻이 되도록 빈칸을 채우시오.

1 As computers become smaller, their prices get higher.

= The smaller computers become, _____ their prices get.

2 The girl looks only six or seven years old.

= The girl looks no _____ six or seven years old.

3 You'd better book your flights as early as possible.

= You'd better book your flights as early as _____.

4 I have never seen such a bad movie.

= That's the _____ movie that I _____.

5 Cheetahs run the fastest of all big cats.

= Cheetahs run _____ than _____ big cat.

6 He knows the most about computers in the office.

= _____ one in the office knows more about computers _____.

B 문장에서 어법상 틀린 부분을 찾아 바르게 고치시오. 틀린 부분이 없으면 ○표 하시오.

1 *Avatar* is one of the interesting movie I've ever seen.

2 Air travel is not as safer as you think.

3 Alaska is bigger than all the other state in the US.

4 He is not so much a genius as a hard worker.

5 Betty is more sneaky than smarter.

C 우리말과 일치하도록 괄호 안의 말을 바르게 배열하시오.

1 이 자동차는 내 것보다 2배 더 비싸다.

→ This car is (mine / as / twice / as / expensive).

2 이것은 우리가 겪었던 가장 어려운 상황이다.

→ This is the hardest (we've / faced / ever / situation).

3 그가 돈을 더 많이 벌수록 그의 집은 더 커졌다.

→ The more money (got / he made / the bigger / his houses).

4 흡연자는 비흡연자에 비해 폐암으로 죽을 가능성이 5배 높다.

→ Smokers are five times (to die of / more likely / than / lung cancer) non-smokers.

D David와 Karen의 드론을 비교한 표를 읽고, 괄호 안의 말을 이용하여 문장을 완성하시오.

	Price	Flight time	Weight
David's drone	$70	about 6 mins	0.5 kg
Karen's drone	$420	about 20 mins	1.28 kg

1 **Price**: Karen's drone is six times ＿＿＿＿＿＿ ＿＿＿＿＿＿ ＿＿＿＿＿＿
David's. (expensive)

2 **Flight time**: Karen's drone can fly for a ＿＿＿＿＿＿ period of time
＿＿＿＿＿＿ David's. (long)

3 **Weight**: David's drone is ＿＿＿＿＿＿ ＿＿＿＿＿＿ than Karen's. (heavy)

GRAMMAR IN READING ....

A 밑줄 친 문장의 굵게 쓰인 말을 어법에 맞게 고치고, 해당 문장을 해석하시오.

Children who take music lessons have strong verbal memories. The **long** the training is, the **good** their verbal memory. These findings suggest that experiences that change a certain region of the brain may improve performance in other tasks supported by the same region.

B 다음 글을 읽고, 물음에 답하시오.

There is usually a reason given for ＿＿＿＿＿＿. Employers who discriminate against older people say they do so because 나이 든 사람들은 젊은 사람들만큼 재빠르지 못 하다. People who discriminate against black people might say they are ⓐ (more, less) likely to commit crimes than white people. Women are sometimes denied the same chances as men simply because they are female. Today, no ⓑ (more, less) than 5% of Fortune 500 CEOs are women. Even though there are laws against discrimination, many people still feel they are justified to think as they do.

1 밑줄 친 우리말과 일치하도록 괄호 안의 말을 활용하여 영작하시오.
→ old people ＿＿＿＿＿＿＿＿＿＿＿＿ as younger
people (quick)

2 문맥을 고려하여 ⓐ, ⓑ 괄호 안에서 알맞은 말을 고르시오.

Q 위 글의 빈칸에 들어갈 말로 알맞은 것은?
① tolerance
② violation
③ prejudice

....

A   verbal 말의, 언어의 region (인체의) 부위, 부분
B   discriminate 차별하다 (몡 discrimination 차별) commit a crime 죄를 짓다 deny 거부하다 justified 정당한 이유가 있는

REVIEW TEST

A 괄호 안에서 알맞은 것을 고르시오.

1 The teacher is a really (friend, friendly) person.

2 He stood up (slow, slowly) when we walked in.

3 It's (high, highly) unlikely that she'll arrive on time.

4 I found the bicycle (comfortable, comfortably) to ride.

5 It's raining (hard, hardly) outside. Why don't you stay longer?

6 There is curiosity about whether there are (living, alive) creatures on Mars.

7 I stayed (silent, silently) even though Eugene disagreed with my opinion.

8 He is a walking dictionary because he reads as (much, many) as 20 books a month.

B 보기의 단어를 활용하여 빈칸에 알맞은 말을 쓰시오.

[보기]	~~quiet~~	little	smart	good	much	fast

0 You're singing very loudly. Can you sing <u>more quietly</u>?

1 I like to travel light. The _____ baggage, the _____.

2 No employee in this department is _____ than George. He's a genius.

3 I ran as _____ as possible to get to school on time.

4 The government campaign against smoking is getting _____ and more intense.

C 우리말과 일치하도록 괄호 안의 말을 활용하여 문장을 완성하시오.

1 우리 반의 그 누구도 미나만큼 한문에 밝지 않다. (as / proficient)

→ No one in my class is _____ in Chinese writing _____ Mina.

2 이것은 내가 맡았던 것 중 가장 도전적인 프로젝트 중 하나이다. (challenging / work on)

→ This is one of _____ projects _____.

3 당신은 모든 준비를 하는 데 충분한 시간이 있었습니다. (have / enough)

→ _____ to make all the preparations.

4 사회학자들은 결혼한 사람들이 독신인 사람들보다 덜 우울하다는 것을 밝혀냈다. (the / married / depressed / less)

→ Sociologists have found that _____ single people.

D   다음 중 어법상 맞는 것을 <u>모두</u> 고르시오.

① We train dogs to assist deaf.
② My brother and I don't look like.
③ It hardly ever snows in Busan.
④ They are usually in bed until noon on Sundays.
⑤ Let's make completely different something for dinner tonight.

E   밑줄 친 부분이 어법상 옳으면 ○표 하고, 틀린 부분은 바르게 고치시오.

1 Patrick looked <u>angrily</u> in the photograph.
2 Books and papers <u>were piled highly</u> on the teacher's desk.
3 He is a man who loves his family <u>more than anything else</u>.
4 Are you <u>enough warm</u>, or do you want me to switch on the heat?
5 I didn't study <u>as much as I should have</u> when I was in middle school.

F   (A), (B), (C)의 각 네모 안에서 어법상 알맞은 것을 고르시오.

Interviews can be difficult. To make a good impression, you need to prepare carefully. Before an interview, research the company (A) thorough / thoroughly and learn about its products and core values. In an interview, talk about your achievements and make sure to mention the things you can do (B) good / well . Always try to sound (C) confident / confidently .

G   다음 글을 읽고, 물음에 답하시오.

A spider's thread is only about one tenth the diameter of a human hair, but it is ⓐ (very, much) stronger than a thread made of steel. The movie *Spider-Man* greatly underestimates the strength of this thread. Real spider's thread would not need to be nearly ⓑ (by our web-swinging hero / used / as thick as / that).

1 ⓐ의 괄호 안에서 알맞은 것을 고르시오.

2 다음의 우리말과 일치하도록 괄호 ⓑ 안의 말을 바르게 배열하시오.
거미줄에 매달리는 주인공에 의해 사용되는 것만큼 두꺼울 필요가 없을 것이다.

A 보어로 쓰이는 형용사

형용사가 주어나 목적어를 설명하는 보어 역할을 할 때 우리말로 '~하게'라고 해석되지만, 보어 자리에 부사를 쓰지 않도록 주의한다.

> **a** She looked [**sad** / **sadly**] when she heard the news.
>
> **b** Some people reject the chance to study abroad because they don't consider themselves [**adventurous** / **adventurously**]. 교육청 기출
>
> **a** 그녀는 그 소식을 들었을 때 슬퍼 보였다. **b** 어떤 사람들은 자신을 도전적인 타입이 아니라고 생각하여 유학의 기회를 거절한다.

TIP
보어를 필요로 하는 동사

- 형용사를 주격 보어로 취하는 동사: become, get, look, seem, sound, remain, stay 등

- 형용사를 목적격 보어로 취하는 동사: keep, make, consider, find 등

B 비교 구문 속 형용사 · 부사 자리

형용사와 부사의 성질, 상태, 수량을 비교하는 구문에서 원급, 비교급 등의 형태에 유의한다.

> **c** The market share of imported fresh fruit was twice as [**much** / **more**] as that of imported dried fruit. 교육청 기출
>
> **d** The more money she makes, [**more** / **the more**] she spends.
>
> **c** 수입 생과의 시장 점유율은 수입 건과보다 두 배 더 많았다. **d** 돈을 많이 벌수록 그녀는 더 많이 소비한다.

TIP
주요 비교 구문

「as + 원급 + as ~」
~만큼 …한[하게]

「배수사 + as + 원급 + as ~」
~보다 몇 배 …한[하게]

「the + 비교급 ~, the + 비교급 …」
~하면 할수록 더 …하다

PRACTICE

A 밑줄 친 부분이 어법상 옳으면 ○표 하고, 틀린 부분은 바르게 고치시오.

1 In 2000, the rate of boys' obesity was nearly three times as highly as that of girls' obesity. 교육청 기출

2 Hippocrates lived 2,500 years ago, but his ideas sound familiarly today. 교육청 기출

3 These days, many smartphone owners check Twitter during a conversation and do not consider it impolite. 교육청 기출

B 다음 글의 밑줄 친 부분 중, 어법상 틀린 것은?

Mexico City is sinking. This city of approximately 20 million people ① has been pumping water from wells below it for over 150 years, and now it is facing the consequences. For one thing, some places are ② as much as 30 feet lower than they were 100 years ago. This is happening because the underground wells are being emptied ③ faster than the surrounding environment can fill them back up. ④ More this happens, the more problems Mexico City's residents will have. Two particular concerns are flooding from nearby Lake Texcoco and crooked sewage lines ⑤ that can no longer take waste water out of the city.

사람을 주어로 쓰지 않는 형용사

흔히 easy나 hard, difficult 등은 사람을 주어로 쓰지 않는 형용사라고 한다.

a I am difficult to learn English. (×)
　　 나는 영어를 배우는 게 어렵다.

위와 같은 문장은 성립되지 않는다는 것이다. 그렇다면 이런 의미를 영어로 어떻게 표현해야 할까?

b It is difficult for me to learn English. (O)
　　 영어를 배우는 것은 내게 어렵다.

a처럼 직접 사람을 문장의 주어로 쓸 수는 없지만, **b**와 같이 가주어 it을 문장 맨 앞에 쓰고 진주어인 to부정사 앞에 「for + 의미상 주어」를 넣어서 '누가 ~하는 것이 어렵다'라는 말을 표현할 수 있다. 이것은 hard의 경우도 마찬가지다.

c People are hard to break bad habits. (×)
　　 사람들은 나쁜 버릇을 없애기가 어렵다.

d It is hard for people to break bad habits. (O)
　　 나쁜 버릇을 없애는 것은 사람들에게 있어 어렵다.

그러면 아래 문장들을 살펴보자.

e It is easy for them to please their customers. (O)
　　 그들이 그들의 고객을 만족시키는 건 쉽다.

f Their customers are easy for them to please. (O)
　　 그들의 고객은 그들이 만족시키기 쉽다.

e는 **b**, **d**와 같은 가주어-진주어 구문이다. 그렇다면 사람인 Their customers가 주어인 **f**는 왜 맞는 것일까? 의미상 주어 다음에 이어지는 to부정사나 전치사의 목적어는 사람이라도 문장의 주어로 올 수 있기 때문이다. 이와 같은 형용사에는 easy, hard, difficult 외에도 convenient, dangerous, possible, useless, usual 등이 있다.

CHAPTER

13

PREPOSITIONS
전치사

전치사란, 명사, 대명사, 동명사 등의 명사 상당어구 앞에 붙어서 **시간, 장소, 방법** 등의 여러 가지 의미를 나타내는 말이다. 전치사는 문장에서 명사(구)와 결합해 **전치사구**를 이루는데, 이러한 전치사구는 명사를 수식하는 형용사 역할을 하거나 동사, 형용사 등을 수식하는 부사 역할을 한다.

▥ 전치사의 의미

시간

I was born **in November**.

나는 11월에 태어났다.

장소

Hollywood is **in LA**.

할리우드는 LA에 있다.

방법

He proposed to her **in a very romantic way**.

그는 아주 낭만적으로 그녀에게 청혼했다.

▥ 전치사구(전치사 + 명사)의 역할

명사 수식

I want a skirt **with lace on it**.

나는 레이스가 달린 스커트를 원한다.

동사 수식

He treated me **in a very friendly way**.

그는 나를 아주 친절하게 대했다.

60 전치사의 역할 및 위치

A 전치사의 역할

전치사는 명사 · 대명사와 함께 구를 이루어 문장에서 형용사나 부사의 역할을 한다.

1 형용사 역할	**1** 전치사구는 형용사처럼 명사를 수식하거나 보어로 쓰인다.
a These are books **from ancient times**.	a from ancient times가 명사 books를 수식
b The patient is **in critical condition**.	b in critical condition이 The patient의 상태를 서술
2 부사 역할	**2** 전치사구는 부사처럼 동사, 형용사, 부사, 또는 문장 전체를 수식한다.
c I bought this computer **at a shopping mall**.	c at a shopping mall이 동사 bought를 수식
d I'm very poor **at math**.	d at math가 형용사 poor를 수식
e **From my point of view**, he is a great person.	e From my point of view가 문장 전체를 수식

B 전치사의 목적어

전치사의 목적어로는 명사 상당어구(명사(구), 대명사, 동명사, 명사절 등)가 쓰인다.

a UNICEF raises money **for children**.	a 명사(children)가 전치사의 목적어
b He played the saxophone **for her**.	b 대명사(her)가 전치사의 목적어. 반드시 목적격을 씀
c He's looking forward **to seeing** his fiancée.	c 동명사(seeing)가 전치사의 목적어
d I'd like to learn **about how computers work**.	d 명사절(how computers work)이 전치사의 목적어
cf. Where should I go **from here**?	*cf.* 관용적으로 전치사의 목적어로 시간부사나 장소부사가 오는 경우도 있다. *e.g.* since then, from abroad 등

C 전치사의 후치

전치사는 목적어 앞에 오는 것이 일반적이나 다음의 경우에는 전치사가 목적어와 분리되어 문장 뒤에 올 수 있다.

a **Who(m)** did you go to the movies **with**? = **With whom** did you go to the movies?	a 의문사가 전치사의 목적어인 경우 전치사가 의문사 앞에 오는 것은 매우 격식 있는 표현이다.
b This is the only solution **that** I can think **of**.	b 관계대명사가 전치사의 목적어인 경우 참조 UNIT 47 A 2

c　I need a **chair** to sit **on**.

d　Children should **be** well **taken care of**.

c　형용사적 용법의 부정사구에 전치사가 포함된 경우
참조 UNIT 21 B 2

d　전치사를 포함하는 동사구가 수동태로 쓰인 경우
참조 UNIT 17 C

D 전치사의 생략

다음과 같이 시간이나 날짜 등을 나타내는 말 앞에서는 전치사가 생략되기도 한다.

1　전치사를 쓰지 않는 경우

a　Billy was busy (**on**) *last Friday*.

b　I will be in Prague (**on**) *tomorrow morning*.

c　Ian went (**to**) *home* already.

d　She has gone (**to**) *downtown* for shopping.

1

a　시간을 나타내는 명사, 요일 앞에 every, all, last, next, this, before, after 등이 있는 경우

b　yesterday, tomorrow, today, tonight 등이 포함된 시간 표현 앞에서

c-d　go/come home, go downtown 등은 관용적으로 전치사를 쓰지 않음

2　전치사를 생략해도 되는 경우

e　She often stays up late (**on**) *Saturday nights*.

f　(**For**) *How long* are you staying?

g　The lecture lasted (**for**) *one hour*.

2　다음과 같은 경우 일상체에서 전치사를 생략할 수 있다.

e　요일이나 「요일 + 하루의 때를 나타내는 말」 앞의 on은 생략 가능

f-g　「for + 기간」의 표현에서 전치사 for는 생략 가능

UPGRADE YOUR GRAMMAR

since의 여러 가지 역할

since는 전치사뿐 아니라 접속사, 부사의 역할도 할 수 있다. 전치사일 때는 뒤에 명사 상당어구가 오고, 접속사일 때는 뒤에 절이 오며, 부사일 때는 문장 끝에 단독으로 쓰이거나 have와 과거분사 사이에 쓰인다. since 외에 before, after 등도 전치사, 부사, 접속사의 역할을 할 수 있다.

a　Amy has been ill **since** October.　[전치사]
　Amy는 10월 이후로 병을 앓아왔다.

b　**Since** she was young, she has always wanted to be a teacher.　[접속사]
　그녀는 어렸을 적부터 항상 선생님이 되고 싶어했다.

c　Jake and I broke up, and I haven't heard from him **since**.　[부사]
　Jake와 나는 헤어졌고 그 후로 그에 대한 소식을 들은 적이 없다.

A　a 이것들은 고대부터 내려온 책들이다.　b 그 환자는 위독한 상태이다.　c 나는 이 컴퓨터를 쇼핑몰에서 샀다.　d 나는 수학에 아주 약하다.　e 내가 보기에 그는 대단한 사람이다.

B　a 유니세프는 아동들을 위해 기부금을 모은다.　b 그는 그녀를 위해 색소폰을 연주했다.　c 그는 약혼녀를 만나기를 고대하고 있다.　d 저는 컴퓨터가 어떻게 작동하는지에 대해 배우고 싶어요.　*cf.* 제가 여기서 어디로 가야 합니까?

C　a 넌 누구와 함께 영화를 보러 갔니?　b 이것이 내가 생각해 낼 수 있는 유일한 해결책이다.　c 나는 앉을 의자가 필요해.　d 아이들은 잘 돌봐져야 한다.

D　a Billy는 지난 금요일에 바빴다.　b 나는 내일 오전에 프라하에 있을 것이다.　c Ian은 이미 집에 갔다.　d 그녀는 쇼핑하러 시내에 갔다.　e 그녀는 토요일 밤에 보통 늦게까지 자지 않는다.　f 얼마나 오래 머무르실 건가요?　g 그 강의는 한 시간 동안 계속됐다.

EXERCISE

정답 및 해설 p.36

A 밑줄 친 전치사의 목적어를 찾아 쓰시오.

1 The boy was looked <u>after</u> by his aunt.   [   ]

2 What did he talk <u>about</u> during the lecture?   [   ]

3 Kate has some psychological problems to deal <u>with</u>.   [   ]

4 It snowed heavily <u>on</u> Sunday evening, so I couldn't go out.   [   ]

B 밑줄 친 **since**와 **before**의 쓰임이 같은 것끼리 연결하시오.

1 I've been working here <u>since</u> 2015.   •   • a. It has been raining <u>since</u> you left here.

2 She went to China a month ago, and   •   • b. I haven't been able to eat anything
I haven't seen her <u>since</u>.   <u>since</u> yesterday.

3 It has been years <u>since</u> they broke up. •   • c. Her license has long <u>since</u> expired.

4 We'd better leave now, or it will be   •   • d. She had been in London the week
dark <u>before</u> we arrive.   <u>before</u>.

5 I think you are <u>before</u> me on the list. •   • e. He passed away <u>before</u> I was born.

6 I'm sure I told you this <u>before</u>.   •   • f. I put my family <u>before</u> anyone else.

C 문장에서 어법상 틀린 부분을 찾아 바르게 고치시오.

1 Andy is really looking forward to see her again.

2 I don't think the guy she met is right for she.

3 The board meeting is on this Friday.

D 우리말과 일치하도록 괄호 안의 말을 활용하여 문장을 완성하시오.

1 나는 TV 퀴즈 쇼를 보는 것을 매우 좋아한다. (fond of / watch)
→ I'm very _____ TV quiz shows.

2 나는 내가 그에 대해 아무것도 모른다는 것을 깨달았다. (anything / about)
→ I realized I didn't _____.

3 내가 경험한 바로는 피어싱은 아프지 않다. (from / what / experienced)
→ _____, piercing is not painful.

4 너 누구와 함께 콘서트에 갔니? (go to the concert)
→ _____ did you _____?

E 괄호 안에 주어진 전치사를 알맞은 위치에 넣으시오.

> A : Which author will you write your research report? (on)
> B : Amelia Earhart. She was an American pilot and author.
> A : I've never heard her before. (of) What is she known? (for)
> B : She flew solo across the Atlantic Ocean and wrote best-selling books about her flying experiences.

GRAMMAR IN READING ....

A 밑줄 친 ⓐ~ⓓ 중 어법상 틀린 부분을 찾아 바르게 고치시오.

> Picasso was ⓐ like a man who had not yet found his own particular style ⓑ of painting. He was still struggling to find the perfect expression for his uneasy spirit. In other words, he painted his pictures ⓒ in whatever manner seemed best to him, ⓓ without consider other people's opinions.

B 다음 글을 읽고, 물음에 답하시오.

> Lake Titicaca is a large, deep lake on the border of Peru and Bolivia. It is famous because of the Uros, a pre-Incan people who live on it. They use *totora*, a tall grass-like plant native to the lake, to make artificial land to live on. Initially, the  purpose of the islands was defensive, as they could be moved easily if there was an attack. The islands must be strengthened regularly by ___ⓐ___ (put) more grass on top because the totora rots underneath. The size of the islands can be changed, and more are created as needed. The surface is uneven and thin, so walking on it feels like ___ⓑ___ (walk) on a waterbed.

1 ⓐ, ⓑ의 빈칸에 괄호 안의 말을 알맞은 형태로 쓰시오.

Q 밑줄 친 on의 목적어는?

2 위 글의 내용과 일치하면 T, 일치하지 않으면 F를 쓰시오.

  a. The Uros live on floating islands made from plants. (   )

  b. Once the islands are made, more grass must be added under them regularly. (   )

A   particular 특별한, 고유한 struggle 분투(하다) uneasy 불안한 spirit 정신, 마음
B   native 원주민의; *토종의 artificial 인공의 initially 처음에 defensive 방어의 regularly 정기적으로 underneath 아래에서 uneven 평평하지 않은

61 시간을 나타내는 전치사

굵게 쓰인 각 말의 의도를 찾아 a, b의 빈칸에 쓰시오.

Nancy went to France **for** a week.
She met many interesting people **during** her trip.

　a. _____ tells you 'when'.
　b. _____ tells you 'how long'.

A 시간을 나타내는 전치사들

시간을 나타내는 전치사들은 비슷한 의미를 가진 것끼리 함께 학습하면 각각의 의미를 더 정확하게 이해할 수 있다.

1 at, in, on

a **at** 9 o'clock, **at** night, **at** the moment

b **in** 2002, **in** May, **in** winter, **in** the morning

c **on** Friday, **on** Christmas Day, **on** Monday morning

cf. **At** *Christmas* they decorate Christmas trees.

1

a at: 시각 및 특정 시점(point of time)을 나타냄

b in: 연도, 월, 계절, 오전, 오후 등 at보다 다소 긴 기간을 나타냄

c on: 요일, 날짜, 특정한 날의 오전[오후] 등에 씀

cf. 특정한 날을 나타내는 on과 달리, at은 연휴 기간 전체를 나타낸다.
　　e.g. at Christmas (크리스마스 기간에),
　　　　 at Easter (부활절 기간에)

2 in, after, before, within, past, to

d Wait! I'll be there **in** five minutes.

e I completed the puzzle **in** two minutes.

f Don't forget to email me **within** two hours.

g He often took a short nap **after** lunch.

h I usually take a shower **before** having breakfast.

i I was supposed to meet him at half **past** 7, but he showed up at 10 **to** 8.

2

d-e in: (말하는 시점을 기준으로) ~ 후에
　　　(기간) 안에(≒ within)

f within: (일정한 기간) ~ 이내에

g after: ~ 후에

h before: ~ 전에

i past와 to는 시각을 나타낼 때 자주 쓰이는 전치사로 past는 '~시 지나서', to는 '~시 전'이라는 뜻이다.

3 until[till], by

j Tim will stay here **until[till]** tomorrow.

k I have to finish this work **by** tomorrow.
~~I have to finish this work until tomorrow.~~

3

j until: ~까지 계속 (동작·상태가 지속되는 시점)

k by: ~까지 (동작이 완료되는 기한)

주의 finish처럼 완료의 의미가 있는 동사는 계속의 의미를 가진 until과 함께 쓸 수 없다.

4 since, from

l　We *have changed* a lot **since** graduation.

m　She will study Spanish **from** May to July.

5 for, during, through

n　Jerry was in a coma **for** two days.

o　We were all very excited **during** the World Cup.

p　I tossed and turned all **through** the night.

4

l　since: (주로 완료형과 함께 써서) ~ 이래 줄곧

m　from: ~로부터 (때·순서 등의 시작 시점을 나타냄)

5

n　for: ~ 동안 (일의 지속 기간을 나타내어 뒤에 기간의 길이를 표시하는 말이 옴)

o　during: ~ 동안 (일의 발생 시점·시기를 나타내어 뒤에 행사나 사건 등 특정 기간을 나타내는 말이 옴)

p　through: ~ 동안 내내, ~ 동안 줄곧

---

show up 나타나다　be in a coma 혼수상태에 빠지다　toss and turn 뒤척이면서 잠을 잘 자지 못하다

UPGRADE YOUR GRAMMAR

for와 during의 구분

for와 during의 쓰임을 쉽게 구분하기 위해서는 How long 또는 When으로 시작하는 질문에 답할 수 있는지 여부를 따져보면 된다. 기간을 묻는 「How long ~?」에는 for를 써서, 특정 시기를 묻는 「When ~?」에는 during을 써서 대답할 수 있다.

a　A: How long have they been married? 그분들은 결혼하신 지 얼마나 오래 됐죠?
　　B: They've been married **for**[during] 50 years. 50년이요.

b　A: When did they get married? 그분들은 언제 결혼하셨죠?
　　B: They got married **during**[for] the war. 전쟁 중에 하셨어요

Examine & Think a–during, b–for / Nancy는 일주일 동안 프랑스에 갔다. 그녀는 여행하는 동안 많은 흥미로운 사람들을 만났다.

A *cf.* 그들은 성탄절 연휴에 크리스마스트리를 장식한다. d 기다려! 내가 5분 후에 거기 도착할 거야. e 나는 2분 안에 그 퍼즐을 풀었다. f 두 시간내로 나한테 이메일 보내는 거 잊지 마. g 그는 점심 후에 짧은 낮잠을 자주 잤다. h 나는 보통 아침 식사를 하기 전에 샤워를 한다. i 나는 그와 7시 30분에 만나기로 되어 있었는데 그는 8시 되기 10분 전에 나타났다. j Tim은 내일까지 여기 머무를 것이다. k 나는 이 일을 내일까지 마쳐야 한다. l 우리는 졸업 이후로 많이 변했다. m 그녀는 5월부터 7월까지 스페인어를 공부할 것이다. n Jerry는 이틀 동안 혼수상태에 빠져 있었다. o 우리는 모두 월드컵 기간 동안 매우 흥분해 있었다. p 나는 밤새 잠을 잘 못 자고 뒤척였다.

EXERCISE

정답 및 해설 p.37

A   괄호 안에서 알맞은 것을 고르시오.

1   A: How was Betty's wedding?

    B: It was too long. I fell asleep (for, during) the ceremony.

2   A: How long have you owned this dog?

    B: (For, During) five years. He's my best friend.

3   A: What are you doing up there? We should leave now.

    B: Oh, I'm ready. I'll be downstairs (in, past) two minutes.

4   A: Let's hurry. We're supposed to meet Julie at 5.

    B: Don't worry. It's a quarter (to, for) 5. We won't be late.

5   A: How long will you stay at this hotel?

    B: I plan to stay here (by, until) this weekend.

6   A: What did you do last year?

    B: I worked on my new novel all (in, through) the year.

7   A: How long have you known David?

    B: We've been best friends (from, since) high school.

B   빈칸에 들어갈 알맞은 말을 보기에서 골라 쓰시오.

[보기]	on	within	for	during	to

1 I went out with Mary _____ Friday night.

2 The store is open from Monday _____ Saturday.

3 I discussed the matter with him _____ a few hours.

4 Your package will arrive _____ the next three days.

5 I worked out at the gym in my neighborhood _____ summer vacation.

C   문장에서 어법상 틀린 부분을 찾아 바르게 고치시오. 틀린 부분이 없으면 ○표 하시오.

1 To lose weight, I try not to eat late in night.

2 I'm going to visit my uncle at Christmas Eve.

3 A number of people died during the two world wars.

4 Do you think you can repair my car until tomorrow?

5 He worked to help underprivileged people during 20 years.

D 다음 메모의 내용을 바탕으로 문장을 완성하시오.

✓ **Discovery of America**	✓ **Invention of the airplane**
Who - Christopher Columbus	Who - Wright brothers
When - 1492	When - 1903

1 Christopher Columbus discovered _____ _____ _____.
2 The Wright brothers _____ _____ _____ _____ _____.

GRAMMAR IN READING ....

A 다음 글의 내용과 일치하도록 빈칸에 알맞은 말을 쓰시오.

On January 31, 1958, the United States launched its first satellite, *Explorer 1*. Since that time, thousands of satellites have orbited the Earth and other planets in the solar system, collecting valuable information.

→ Thousands of satellites have been launched from the Earth _____ 1958.

B 다음 글을 읽고, 물음에 답하시오.

Keep an Eye Out for Hearts Appearing all over the City on June 10th!
It's all part of Hearts in San Francisco, a charity that raises funds for the San Francisco General Hospital Foundation. One hundred thirty heart sculptures created by various artists will be in place ⓐ (until, by, within) the end of June.  Hearts in San Francisco debuted ___①___ the spring of 2004. ⓑ (At, In, On) February 14th the first two hearts were unveiled in a kick-off event in Union Square. ___②___ early November a select number of hearts will be offered for sale at an auction event benefiting the San Francisco General Hospital Medical Center.

1 ⓐ, ⓑ의 괄호 안에서 알맞은 것을 고르시오.

2 빈칸 ①, ②에 공통으로 들어갈 전치사를 쓰시오.

Q 'Hearts in San Francisco'의 목적으로 알맞은 것은?
① 연례 축제 홍보
② 신인 예술가들의 등단
③ 병원 재단의 기금 마련

....

A launch 쏘아 올리다 satellite 인공위성 orbit 궤도를 돌다 solar system 태양계
B charity 자선 기금[단체] sculpture 조각 debut 처음 등장하다 unveil ~의 베일을 벗기다, 나타내 보이다 kick-off 개시 auction 경매 benefit ~에게 이롭다

62 장소를 나타내는 전치사 I

장소를 나타내는 대부분의 전치사는 위치(position)와 운동방향(direction)을 모두 나타낼 수 있다.

in[inside] ~의 안에

a Bill is **in[inside]** the car.

in[into] ~의 안으로
(in은 방향도 나타낼 수 있다.)

b Bill is getting **into[in]** the car.

out of ~의 밖으로

c Bill is getting **out of** the car.

at ~에 (지점)

d Bill is standing **at** the crosswalk.

on ~의 위에[~에 접하여]

e There are speakers not only **on** the floor but also **on** the wall.

on[onto] ~의 위로
(on은 방향도 나타낼 수 있다.)

f Bill is putting his bag **on[onto]** the desk.

off ~에서 떨어져서

g Please keep **off** the grass.

beside[next to/by] ~의 옆에

h Bill is standing **beside[next to]** the horse.

between ~의 사이에(서)
(보통 두 개의 개체 사이)

i Bill is standing **between** his mom and dad.

among ~의 사이에(서)
(보통 셋 이상의 개체 사이)

j Ms. Mason is standing **among** her students.

up ~의 위로

k Bill is going **up** the mountain.

down ~의 아래로

l Bill is going **down** the mountain.

over ~ 바로 위에 걸쳐서

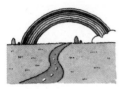

m There's a rainbow **over** the road.

above ~의 위에[~보다 높이]
(떨어져서 위에 있을 때)

n A balloon is floating **above** the mountain.

under ~의 바로 아래

o There is a coin **under** the table.

below ~의 아래[~보다 낮은]

p The sun is sinking **below** the horizon.

to ~로 (목적지)

q Bill is going **to** school.

from ~로부터 (출발점)

r Bill moved to New York **from** Seattle.

for ~방향으로[~행인]

s This train is bound **for** City Hall.

toward(s) ~을 향해서[~쪽으로]

t The comet is moving **toward(s)** the Sun.

through ~을 통해서[뚫고]

u Bill is walking **through** the crowd.

along ~을 따라서

v We drove **along** the coast.

across ~을 가로질러

w Bill is running **across** the road.

around[round] ~ 주위에

x Satellites move **around** the Earth.

a Bill은 차 안에 있다. b Bill은 차에 타고 있다. c Bill은 차에서 내리고 있다. d Bill은 횡단보도에 서 있다. e 스피커가 바닥뿐만 아니라 벽에도 붙어 있다.
f Bill은 그의 가방을 책상 위에 놓고 있다. g 잔디에 들어가지 마시오. h Bill은 말 옆에 서 있다. i Bill은 엄마와 아빠 사이에 서 있다. j Mason 선생님은 학생들
사이에 서 있다. k Bill은 산을 오르고 있다. l Bill은 산에서 내려가고 있다. m 길 위로 무지개가 걸쳐 있다. n 기구 하나가 산 위에 떠 있다. o 탁자 밑에
동전 하나가 있다. p 태양이 수평선 아래로 가라앉고 있다. q Bill은 학교에 가고 있다. r Bill은 시애틀에서 뉴욕으로 이사했다. s 이 열차는 시청행이다. t 그
혜성은 태양을 향해 움직이고 있다. u Bill은 군중 사이를 뚫고 걸어오고 있다. v 우리는 해안을 따라서 차를 몰고 갔다. w Bill은 도로를 가로질러 달리고 있다.
x 인공위성은 지구 주위를 돈다.

UNIT 62 **133**

EXERCISE

정답 및 해설 p.38

A 그림을 설명하는 문장을 읽고, 빈칸에 in, on, at, under 중 알맞은 전치사를 쓰시오.

1 Judy is _____ the bathtub.

2 The soap is _____ the sink.

3 The toothbrushes are _____ the cup.

4 The cat is _____ the sink.

5 The sponge is floating _____ the water.

6 Tom is _____ the door.

B 빈칸에 들어갈 알맞은 말을 보기에서 골라 쓰시오.

[보기]	on	for	up	among

1 He lives alone in a cabin _____ the trees.

2 My mom wiped up the spilled water _____ the table.

3 My friend and I are leaving _____ Rome tomorrow.

4 The man climbed _____ a tree to escape from a bear.

C 우리말과 일치하도록 괄호 안의 말을 활용하여 문장을 완성하시오.

1 그의 집과 내 집 사이에는 높은 벽돌 벽이 있다. (his house / mine)

→ There is a high brick wall _____.

2 그 은행 강도는 길을 가로질러 뛰더니 어떤 차에 올라탔다. (run / jump)

→ The bank robber _____ the street and _____ a car.

3 학생들은 학교 건물 옆에 있는 강당 밖으로 나왔다. (come / the school building)

→ The students _____ the auditorium _____.

4 도시를 잘 보려면, 금문교를 따라 걸어보아라. (the Golden Gate Bridge)

→ For a great view of the city, take a walk _____.

134 G-ZONE CHAPTER 13

D 다음 사진을 보고, 질문에 대한 답을 조건에 맞게 완성하시오.

조건 **1** the shelf를 포함할 것

조건 **2** 6단어로 쓸 것

Q Where are the books?

→ _____

GRAMMAR IN READING ....

A 빈칸 ⓐ, ⓑ에 들어갈 전치사로 알맞게 짝지어진 것을 고르시오.

> Doorbells for pets? The Pet-2-Ring Doorbell is a new device you can mount ___ⓐ___ an outside wall. Use food to train your cat or dog to press a lever when it wants to come inside. A bell then rings, signaling that "someone" is ___ⓑ___ the door.

① on – at   ② on – along   ③ at – on   ④ in – to   ⑤ over – around

B 다음 글을 읽고, 물음에 답하시오.

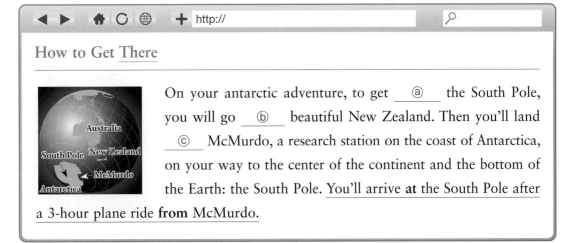

On your antarctic adventure, to get ___ⓐ___ the South Pole, you will go ___ⓑ___ beautiful New Zealand. Then you'll land ___ⓒ___ McMurdo, a research station on the coast of Antarctica, on your way to the center of the continent and the bottom of the Earth: the South Pole. You'll arrive **at** the South Pole after a 3-hour plane ride **from** McMurdo.

1 ⓐ~ⓒ의 빈칸에 알맞은 말을 보기에서 골라 쓰시오. (한 번만 쓸 것)

> [보기] to   through   up   for   at

Q 밑줄 친 There가 가리키는 것을 우리말로 쓰시오.

2 밑줄 친 문장을 굵게 쓰인 말에 유의하여 우리말로 옮기시오.

....

A device 장치, 기구 mount 부착하다 lever 지레, 지렛대

B Antarctica 남극 대륙 continent 대륙

UNIT **63** 장소를 나타내는 전치사 II (in, at, on의 구별)

A in, at, on의 구별

일반적으로 in은 보통 무엇의 내부에 있거나 테두리 안에 있을 때, at은 어떤 지점에 있을 때, on은 어떤 것의 표면에 접촉해 있을 때 쓴다. 하지만 상황에 따라 이들이 좀 더 구별되어 쓰일 수 있다.

a Sumi lives **in** Daejeon.

b Does the KTX stop **at** Daejeon?

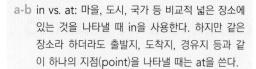

a-b in vs. at: 마을, 도시, 국가 등 비교적 넓은 장소에 있는 것을 나타낼 때 in을 사용한다. 하지만 같은 장소라 하더라도 출발지, 도착지, 경유지 등과 같이 하나의 지점(point)을 나타낼 때는 at을 쓴다.

c The diver is standing **on** the board.

d The diver is standing **at** the end of the board.

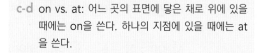

c-d on vs. at: 어느 곳의 표면에 닿은 채로 위에 있을 때에는 on을 쓴다. 하나의 지점에 있을 때에는 at을 쓴다.

e Many people are getting **on** the bus.

f Ted is getting **in** the taxi.

e-f on vs. in: 보통 bus, train, plane, ship 등과 같이 큰 교통수단에는 on을 쓰고, car, taxi 등과 같이 작은 교통수단에는 in을 쓴다.

get on[in] ~에 타다

B 건물 앞에 쓰이는 at과 in의 구별

건물 앞에는 보통 at을 쓰는데, '~안에 있다'는 것을 강조할 때는 in을 쓴다.

a The musical is showing **at** the community center.

b Turn left **at** the grocery store.

a 공연 등의 행사 장소를 말할 때 주로 at을 쓴다.

b 건물이 어떤 지점의 역할을 할 때. 보통 길을 알려주면서 '~에서 …하라'고 할 때 at을 쓴다.

cf₁ It was raining, so I waited **in** the grocery store.

c Ann was **at** the cinema last night.
(Ann was watching a movie.)

cf₂ There are 300 seats **in** the cinema.

d Meet me **at** the station tomorrow.

cf₃ There is a small bakery **in** the station.

e I'll be **at** Jenny's (house) tonight.

cf₁ 식료품점 건물 안에서

c 건물의 용도에 맞는 일을 하고 있을 때 at을 쓴다. (c의 at은 영화를 보고 있다는 뜻)

cf₂ 영화관 건물 안에는

d station, airport 등이 단순히 건물로서가 아닌 어떤 목적을 위한 장소의 의미로 쓰일 때도 at을 쓴다.

cf₃ 역 건물 안에

e '~의 집에 있다'의 의미로 at을 쓴다. (house는 주로 생략)

---

show 상연[상영]하다, 전시하다 community center 구민 회관, 지역 문화 회관

C in, at, on과 함께 쓰이는 표현들

다음과 같이 특정 전치사와 결합해 자주 쓰이는 표현을 알아두면 유용하다.

in	at	on
*in (the) hospital / in prison 입원 중인 / 수감 중인	at school / at work / at home 학교에서 공부 중인 / 근무 중인 / 집에(서)	on the platform 플랫폼에(서)
in a newspaper 신문에	at the station / at the airport 역에(서) / 공항에(서)	on campus 캠퍼스에서
in the country 시골에	at the traffic light 신호등에서	on a map / on a page 지도에 / (몇) 페이지에
in the middle of ~의 가운데	at the top of / at the bottom of ~의 꼭대기에 / ~의 바닥[아래]에	on the farm 농장[농원]에서
		on one's left / on one's right ~의 왼쪽에 / ~의 오른쪽에

* 미국 영어에서는 in hospital 대신 정관사를 쓴 in the hospital을 주로 씀

A a 수미는 대전에 산다. b KTX가 대전에 서나요? c 다이빙 선수가 보드 위에 서 있다. d 다이빙 선수가 보드 끝에 서 있다. e 많은 사람이 버스에 타고 있다.
f Ted가 택시에 타고 있다.
B a 그 뮤지컬은 구민 회관에서 공연 중이다. b 그 식료품점에서 왼쪽으로 도시오. *cf₁* 비가 와서 나는 식료품점 안에서 기다렸다. c Ann은 어젯밤에 영화관에
있었다. *cf₂* 그 영화관 안에는 300개의 좌석이 있다. d 내일 역에서 만나자. *cf₃* 그 역 안에는 작은 빵집이 있다. e 나는 오늘 밤 Jenny 집에 있을 거야.

EXERCISE

정답 및 해설 p.39

A   다음 그림의 상황을 보고, 괄호 안에서 알맞은 전치사를 고르시오.

1   The article about the Academy Awards is (on, at) page 70. There's a picture of the winner of the Best Director Award (on, at) the top of the page.

2   There's someone (at, on) the door. He is knocking (in, on) the door.

3   He doesn't like reading (on, in) the car. But he enjoys reading (on, from) the train.

B   다음 문장을 읽고, 빈칸에 in, at, on 중 알맞은 것을 쓰시오.

1   Jessica is _____ the hospital with the flu.

2   The rain was pouring down, so I waited _____ my office.

3   Could you show me where the hotel is _____ this map?

4   I'm not a city person. Actually, I was raised _____ the country.

5   My son is _____ school, and my husband is _____ work.

6   _____ the intersection, you'll see the theater _____ your left.

7   Tess doesn't seem to be _____ home. I wonder where she went.

8   Is there a post office _____ the university campus?

C   우리말과 일치하도록 괄호 안의 말을 활용하여 문장을 완성하시오.

1   그는 광장 중앙에서 '프리 허그'라고 쓰인 팻말을 들고 있었다. (middle / the square)

    → He was holding a sign saying "Free Hugs" _____.

2   그는 파티에서 싸움에 휘말렸다. 그는 결국 감옥에 갔다. (a party / prison)

    → He got into a fight _____. He ended up _____.

3   나는 신문에서 세금 인상에 관한 기사를 읽었다. (the newspaper)

    → I read an article about tax increases _____.

4   그 차는 신호등에 멈춰 섰다. (the traffic light)

    → The car stopped _____.

D 빈칸에 in 또는 at을 써서 다음 대화를 완성하시오.

> (*Over the phone*)
> A : Hello, Henry. It's me. I'll get off _____ the next station. I'll meet you
> _____ the entrance of the theater.
> B : I'm _____ the lobby already. It's too cold outside!
> A : Okay. I'll be there in five minutes.

GRAMMAR IN READING ···

A ⓐ, ⓑ의 괄호 안에서 알맞은 것을 고르시오.

> Holland is famous for wooden shoes. They are sometimes worn by workers ⓐ (on, in) farms and in tulip fields. Nowadays, most wooden shoes are made by machine. But there are still some places ⓑ (at, in) Holland where artisans carve them by hand, just as they did in the past.

B 다음 대화를 읽고, 물음에 답하시오.

> (*Over the phone*)
> Jake : Hi, where are you? I'm right outside the pizza place.
> Mina : I'm near you. I'm sitting ___ⓐ___ a bench. Can you see me?
> Jake : No, I can't. Could you stand up? (are / the street / too many people / on / there)!
> Mina : Okay. I'm standing up. Can you see me now?
> Jake : No. Do you mean the bench by the bus stop?
> Mina : No, the bench by the phone booth.
> Jake : Hmm. Are you sure you're ___ⓑ___ the right pizza restaurant?
> Mina : Yes! It says "Mario's Home-Baked Pizza" ___ⓒ___ the sign!
> Jake : Oh! I said, "Let's meet at Maria's Stone-Baked Pizza."
> Mina : Oh dear! Can you wait ___ⓓ___ line for a table while I come and find you?

1 빈칸 ⓐ~ⓓ에 in, at, on 중 알맞은 것을 쓰시오.

2 문맥에 맞게 괄호 안의 말을 바르게 배열하시오.

Q 대화의 내용과 일치하면 T, 일치하지 않으면 F를 쓰시오.
Mina was waiting for Jake inside the pizza place. ( )

A artisan 장인, 숙련공 carve 조각하다

UNIT 64 기타 주요 전치사

A 원인 · 이유 · 목적의 전치사

1 원인 · 이유의 전치사 at, for, with, from, of, due to

a I was surprised **at** the results of the election.

b I'm very sorry **for** not calling you back.

c I've been in bed **with** the flu all day.

d I got sick **from** undercooked meat.

e Smokers are more likely to *die* **of** cancer.

f The roads were closed **due to** heavy snowfall.

2 목적의 전치사 for, on

g He bought a ring **for** his girlfriend.

h I've visited Tokyo **on** business.

1

a at: ~을 보고[듣고/알고] (감정의 원인)

b for: ~한 이유로, ~ 때문에

c with: ~으로, ~ 때문에 (뒤에는 보통 병과 같은 외부요인이나 감정이 나온다.)

d from: ~에서, ~로 (주로 질병 · 사고가 원인)

e of: ~로 인해, ~로
die of: (주로 병명과 함께) ~로 죽다

f due to: ~때문에(= because of, owing to)

2

g for: ~을 위해서

h on: ~의 용건으로, ~차
on business: 업무차, 출장차

B 재료 · 수단 · 매개의 전치사

1 재료의 전치사 of, from

a Everything in this house **is made of** wood.

b Pancakes **are made from** flour and eggs.

2 수단[매개]의 전치사 with, by, in, through

c He broke the window **with** a hammer.

d He succeeded **by** *thinking* outside the box.

e Traveling **by** *train* is comfortable and interesting.

f It's not that easy to keep a diary **in** *English*.

g Distance learning **through** the Internet is becoming more popular.

1

a 제품을 만든 재료의 원형이 남아 있다면 of를 쓴다.

b 재료가 원형을 잃어 식별이 어렵다면 from을 쓴다.

2

c with: (직접적인 도구를) 가지고, ~로

d by + 동명사[명사]: ~함으로써, ~로

e by + 운송 · 통신 수단: ~을 타고, ~로
e.g. by plane[bus/subway], on foot(걸어서)

f in + 언어: ~로

g through: ~을 통하여, ~에 의하여

think outside the box 고정관념을 깨다 distance learning 원격 교육

C 관련 · 언급 · 주제의 전치사

1 about, on, over

a This is a movie **about** dinosaurs.

b The professor gave a lecture **on** cosmology.

c The settlers quarreled **over** the land.

2 of와 about의 의미

d Tom Bradley? I've never **heard of** him.

e Did you **hear about** the earthquake in Japan?

f I'm **thinking of** studying economics.

g I've also **thought about** studying law.

h I wouldn't **dream of** telling her a lie.

i I **dreamed about** you last night.

1

a about: ~에 관하여 (일반적인 내용에 대해 말할 때)

b on: ~에 관하여 (전문적인 내용에 대해 말할 때)

c over: ~과 관련하여, ~때문에 (문제나 논쟁을 위주로)

2 of와 about은 보통 의미 차이 없이 쓰이지만, of는 단순히 '(대상)에 대해 ~하다'라는 의미로, about은 '~에 대해 자세히 …하다'라는 의미를 나타내는 경향이 있다.

d-e hear of: ~에 대해 (들은 적이 있어) 알다
hear about: ~에 대해 (자세히) 전해 듣다

f-g think of: ~에 대한 의견이 …하다, ~이 (갑자기) 생각나다
think about: ~에 대해 (깊게) 생각하다[고려하다]

h-i dream of: ~을 상상하다[꿈꾸다](= imagine, think of)
dream about: ~가 꿈에 나오다

D 기타 용법

특정 동사와 결합해 쓰이는 전치사는 함께 공부해 두는 것이 좋다.

a Did you **pay for** the meal?

b I **apologized for** calling him late at night.

c All sorts of people **rely on** weather forecasts.

d The committee **consists of** a dozen members.

e Cameras **prevent** drivers **from** speeding.

f They **deprived** the slaves **of** their freedom.

a pay for: (돈 · 대가 등을) 내다, 지불하다

b apologize for: ~에 대해 사과하다

c rely on: ~에 의지[의존]하다, ~을 필요로 하다

d consist of: ~으로 이루어지다[구성되다]

e prevent[stop/keep/prohibit] A from B: A가 B하는 것을 막다

f deprive[rob] A of B: A에게서 B를 빼앗다[제거하다]

A a 나는 그 선거 결과에 놀랐다. b 너한테 다시 전화를 걸지 못해 정말 미안해. c 나는 온종일 독감으로 누워있다. d 나는 설익은 고기로 인해 아팠다. e 흡연자들은 암으로 사망할 확률이 더 높다. f 폭설로 도로가 통제되었다. g 그는 여자친구를 위해 반지를 하나 샀다. h 나는 업무차 도쿄를 방문한 적이 있다.

B a 이 집에 있는 모든 것은 나무로 만들어졌다. b 팬케이크는 밀가루와 달걀로 만들어진다. c 그는 망치로 유리창을 깼다. d 그는 고정관념을 깸으로써 성공했다. e 기차 여행은 편안하고 재미있다. f 영어로 일기 쓰기는 그렇게 쉽지가 않다. g 인터넷을 통한 원거리 학습은 점점 더 대중화되고 있다.

C a 이것은 공룡에 관한 영화이다. b 그 교수는 우주론에 대해 강의했다. c 이주민들은 토지 문제로 싸웠다. d Tom Bradley라고? 난 그에 대해 들어본 적이 없어. e 일본에서 일어난 지진에 대해 들었어요? f 나는 경제학을 공부해 볼 생각이야. g 나는 법을 공부해 보는 것도 고려했어. h 난 그녀에게 거짓말하는 건 꿈도 꾸지 않아. i 난 어젯밤에 네 꿈을 꾸었다.

D a 네가 식사비를 냈어? b 나는 늦은 밤에 그에게 전화 건 것을 사과했다. c 모든 부류의 사람들이 날씨 예보에 의존한다. d 그 위원회는 12명 가량의 위원으로 구성되어 있다. e 카메라는 운전자가 과속하는 것을 막는다. f 그들은 노예들에게서 자유를 빼앗았다.

EXERCISE

정답 및 해설 p.40

A   괄호 안에서 알맞은 것을 고르시오.

1 Since they can't read English, they need a brochure (by, in) Korean.

2 In the near future, people may not die (by, of) AIDS anymore.

3 They thought it wasn't worth fighting (over, in) a girl.

4 This city is famous (of, for) making cars.

5 Traveling (by, on) foot was a tiring but interesting experience for me.

6 The girl lost her key, so she tried to open the lock (through, with) her hairpin.

7 Mead is an alcoholic drink made (from, of) honey, spices, and water.

8 The travel agent sent my itineraries (by, from) email.

9 I was at home all day, so I cleaned the house (for, to) my mom.

10 There will be an international conference (on, for) global warming.

B   빈칸에 들어갈 알맞은 말을 보기에서 골라 쓰시오.

[보기]	from	with	for	about	through	on	at

1 Write your answer _____ a black pen, not _____ a red one.

2 The country has suffered _____ a drought this summer.

3 He stood me up yesterday, but he apologized _____ what he did.

4 Would you go _____ an errand for me?

5 You came home late last night. I was angry _____ that.

6 It's very time-consuming to communicate _____ an interpreter.

7 I was amazed _____ the quality of the discussion going on in class.

C   다음 해석을 참고하여, 어법상 틀린 부분을 찾아 고치시오.

1 Her diet consisted largely with chicken breast and vegetables.
(그녀의 식단은 대부분 닭 가슴살과 채소로 이루어져 있었다.)

2 He and I attended the same elementary school, but I can't think about his name.
(그와 나는 같은 초등학교에 다녔는데 그의 이름이 생각나지 않는다.)

3 We can protect trees with recycling paper.
(우리는 종이를 재활용함으로써 나무를 보호할 수 있다.)

4 After graduation, she no longer relied at her parents for money.
(졸업 이후에, 그녀는 더는 용돈을 부모님에게 의존하지 않았다.)

142   G-ZONE CHAPTER 13

D 제시된 정보를 활용하여 인과관계를 보여주는 문장을 완성하시오.

cause		effect
• poor nutrition	⟶	health problems
• bad weather	⟶	flight canceled

1 Rose had health problems caused _____ _____ _____.

2 She tried to see a doctor in another city, but _____ _____ the bad weather, the flight _____ _____.

GRAMMAR IN READING

A 빈칸 ⓐ~ⓒ에 on, about, through 중 알맞은 것을 골라 쓰시오.

Over the last few hundred years, humans have been exploring the planet Mars—first ____ⓐ____ telescopes on the ground and then telescopes in orbit. Now William Hartmann, an expert ____ⓑ____ Mars exploration, has written a fascinating book that covers everything we know ____ⓒ____ the Red Planet.

B 다음 글을 읽고, 물음에 답하시오.

Hello! I'm Vanessa, and I'll guide you through the museum today. Before I tell you ⓐ about the artwork, let me explain something first. You can take pictures of the artwork in the museum. _____, flash photography is not permitted ⓑ by two reasons. The first is that repeated flashes of light can distract and annoy your fellow visitors trying to appreciate the art. Secondly, over time, these flashes can damage valuable artwork made ⓒ of certain materials. If you ① (a flash / take a picture / try / with / to), you may be helping to destroy some of the greatest art ever produced.

1 밑줄 친 ⓐ~ⓒ 중 쓰임이 바르지 <u>않은</u> 것을 고르시오.

2 괄호 ① 안의 말을 문맥에 맞도록 배열하시오.

Q 빈칸에 들어갈 말로 가장 알맞은 것은?
① However
② Therefore
③ In other words

A telescope 망원경 exploration 탐사 fascinating 매력적인, 대단히 흥미로운

B permit 허락하다 distract 신경을 흩뜨리다 annoy 성가시게 하다 appreciate 진가를 알아보다; 감상하다

65 전치사별 의미 정리

at	a	Your key is **at** the reception desk.	~에서 (장소, 지점)
	b	I'll meet you here **at** seven.	~한 시각에, 시점에
	c	The country is **at** war now.	~한 상태에 있는
	d	We were disappointed **at** the failure to reach an agreement.	~으로 인하여 (원인)
by	a	A woman came over and sat **by** me.	~의 옆에
	b	Hangeul was invented **by** King Sejong.	~에 의해 (행위자)
	c	Many people celebrate Valentine's Day **by** giving chocolates.	~함으로써, ~로 (방법)
	d	I go to school **by** bus.	~을 타고 (교통수단)
	e	I'll be back **by** six o'clock.	~까지 (완료)
for	a	I did it just **for** you.	~을 위해 (목적)
	b	It has been raining **for** three days.	~ 동안 (기간)
	c	She left Seoul **for** Japan.	~을 향하여 (방향)
	d	Bob gets paid $20 a day **for** working part-time.	~의 대가로
	e	Don't blame others **for** your mistakes.	~을 이유로
	f	It's very cold **for** this time of year.	~치고는, ~에 비해서는
	g	Are you **for** this government or against it?	~에 지지[찬성]하여
from	a	He flew **from** Seoul to New York.	~에서, ~로부터 (출발점)
	b	Her hair started to get wet **from** the rain.	~로 인해 (원인)
	c	Soda cans are made **from** aluminum.	~로 (성분 · 재료)
	d	Nothing could stop him **from** leaving his family.	~을 못하도록 (금지)
in	a	I have some coins **in** my pocket.	~ 안에
	b	I'll come down **in** ten minutes.	~후에, 지나서
	c	The woman **in** red is my wife.	~을 입고 (착용)
	d	I have a digital camera that is **in** good condition.	~한 상태에 있는

of	a	She is the daughter **of** my best friend.	~의 (소유)
	b	My father died **of** lung cancer.	~로 인해 (원인)
	c	The house is built **of** bricks.	~으로 만든 (재료)
	d	The stories **of** his travels were exciting.	~에 대한
	e	The child was deprived **of** a good education.	분리, 박탈, 제거
on	a	Don't scribble **on** the wall.	~의 표면에, 위에
	b	We go fishing **on** Sundays.	(특정한) ~때에
	c	This is a report **on** weapons of mass destruction.	~에 관한, ~에 대한
	d	**On**[Upon] seeing the policeman, he panicked and ran away.	~하자마자
	e	Let's talk about it **on** the phone or computer.	~으로 (수단)
	f	The movie is based **on** a true story.	~을 근거로, 이유로
	g	All the employees are **on** strike.	~ 중에 있는
to	a	Walk straight **to** the building.	~에, ~으로 (목적지)
	b	It's five minutes **to** ten.	~전 (시각)
	c	**To** my surprise, Scott started crying.	~하게도 (감정)
	d	Gina danced **to** the music.	~에 맞춰
with	a	I went to the movies **with** Alice.	~와 함께
	b	Hit the nail **with** a hammer.	~을 가지고 (도구)
	c	She is in bed **with** a cold.	~ 때문에, ~ 탓에 (원인)
	d	She stood **with** her arms folded.	~한 채로

reach an agreement 협상에 이르다 celebrate 기념하다 scribble 갈겨쓰다, 낙서하다 weapons of mass destruction 대량파괴무기 panic 공포에 떨다(panicked-panicked) be based on ~에 근거를 두다

EXERCISE

정답 및 해설 p.42

A

다음 보기와 같이 밑줄 친 전치사들이 어떤 의미로 쓰였는지 바르게 연결하시오.

[보기] The sky is very bright <u>at</u> the South Pole. •   • ① ~한 상태에 있는
They will be surprised <u>at</u> the product's quality. •   • ② ~에서 (장소)
She was <u>at</u> ease, knowing that she was safe. •   • ③ ~로 인하여 (원인)

1 She looks young <u>for</u> her age.   •   • ① ~을 향하여 (방향)
2 The train leaves <u>for</u> Moscow at seven o'clock.   •   • ② ~의 이유로
3 Susan got a ticket <u>for</u> running a red light.   •   • ③ ~에 비해 (대비)

4 Your driver's license will be issued <u>in</u> a week.   •   • ① ~ 후에, 지나서 (시간)
5 His company was <u>in</u> danger of going bankrupt.   •   • ② ~ 안에 (장소)
6 You need to organize the clothes <u>in</u> the closet.   •   • ③ ~한 상태에 있는

7 It turned out the man died <u>from</u> a bullet wound.   •   • ① ~로 (성분·재료)
8 Is it cost-effective to use biofuel made <u>from</u> corn?   •   • ② ~로 인해 (원인)
9 Please be on time <u>from</u> now on.   •   • ③ ~로부터 (출발점)

10 You can write your answers <u>with</u> a pen or pencil.   •   • ① ~한 채로
11 He shouted <u>with</u> joy when she accepted his proposal. •   • ② ~으로 인해 (원인)
12 <u>With</u> her voice trembling, she testified about the theft. •   • ③ ~을 가지고 (도구)

B

우리말과 일치하도록 빈칸에 알맞은 전치사를 쓰시오.

1 나는 주로 음악을 들음으로써 스트레스를 푼다.

→ I usually relieve stress _____ listening to music.

2 국가 기밀을 훔친 간첩이 10년 동안 감옥에 있었다.

→ The spy who stole state secrets was in prison _____ ten years.

3 검은 정장을 입은 남자가 내게 수상한 사람을 봤는지 물어보았다.

→ A man _____ a black suit asked me if I had seen anyone suspicious.

4 다친 운전자는 가장 가까운 병원으로 실려 갔다.

→ The wounded driver was taken _____ the nearest hospital.

5 공항에 도착하자마자 나는 부모님께 전화했다.

→ _____ arriving at the airport, I called my parents.

6 마술사는 그 소년이 붉은 상자를 열지 못하게 했다.

→ The magician prevented the boy _____ opening the red box.

G-ZONE CHAPTER 13

C

괄호 안에 주어진 의미를 참고하여 빈칸에 알맞은 전치사를 쓰시오.

A : How about going _____ an art exhibit this weekend? (목적지)
B : Is there anything good to see?
A : There's the Klimt exhibit. You know I've always wanted to see artwork made _____ him. (행위자)
B : Cool! I'll meet you _____ Union Station. (장소·지점)
Let's go _____ train. (교통 수단)

GRAMMAR IN READING

A

다음 글을 읽고, 전치사가 <u>잘못</u> 쓰인 것 하나를 찾아 바르게 고치시오.

Research has shown that being deprived with sleep can actually cause people to become depressed. So when you're having problems, it's important to sleep well. Talking about how you feel with people you trust is also important during difficult times.

B

다음 글을 읽고, 물음에 답하시오.

In the battle to make the perfect computer monitor, some companies pride themselves ⓐ (on, about) creating screens that can be viewed clearly from any angle. However, we are taking a different route. The primary advantage of our new screen is that data cannot be seen ___①___ the side. The idea is to protect confidential information ___②___ being read secretly. Up until now, we have provided large shields that must be installed over the displays. However, the need for such awkward equipment has ended ⓑ (to, with) the creation of our new screen.

1 ⓐ, ⓑ의 괄호 안에서 알맞은 것을 고르시오.

2 빈칸 ①, ②에 공통으로 알맞은 전치사를 고르시오.

① to   ② by   ③ for   ④ with   ⑤ from

Q 위 글의 목적으로 알맞은 것은?
① to criticize
② to advertise
③ to complain

A depressed 우울한
B confidential 기밀의 shield 방패막 install 설치하다 awkward 곤란한; *불편한 equipment 장비, 용품

REVIEW TEST

A   괄호 안에서 알맞은 것을 고르시오.

1 Do you like swimming (in, at) the sea?

2 I waited (at, for) the bus stop for 20 minutes.

3 He came (out of, at) the room and locked the door.

4 Try to see things (with, from) others' points of view.

5 He didn't seem to feel sorry (of, for) interrupting me.

6 The CEO will announce his successor (by, within) a week.

7 Do you think it's possible to make true friends (by, through) the Internet?

B   빈칸에 들어갈 알맞은 말을 보기에서 골라 쓰시오.

[보기]	at	with	by	in	to	from

1 I heard Cindy broke her leg. How long has she been _____ the hospital?

2 How do your children get _____ school in the morning?

3 She said that the robber threatened her _____ a knife.

4 The woman is wearing a ring designed _____ her husband.

5 He is busy now. He is having a meeting _____ the moment.

6 Rub some oil on your hands to keep the dough _____ sticking to them.

C   빈칸에 들어갈 전치사가 같은 것끼리 연결하고, 알맞은 전치사를 쓰시오.

1 I am looking forward _____ seeing you.   •

2 She paid $200 _____ the ring.   •

3 The desk is made _____ wood.   •

4 I was surprised _____ his success.   •

• a. He's _____ the airport to catch his flight.

• b. He died _____ a heart attack.

• c. _____ my surprise, she was very calm.

• d. It's been raining _____ a week.

D   우리말과 일치하도록 괄호 안의 말을 활용하여 문장을 완성하시오.

1 그는 벽에 포스터를 붙이고 있었다. (posters / the wall)

→ He was putting _____.

2 당신은 단순히 계단을 올라가는 것으로 쉽게 운동을 시작할 수 있습니다. (walk / the stairs)

→ You can start exercising easily by just _____.

3 이번 주말에는 기온이 영하로 떨어질 것이다. (drop / freezing)

→ The temperature will _____ this weekend.

[E~F] 다음 중 밑줄 친 부분이 어법상 틀린 것을 고르시오.

E

① She traveled <u>across the country by car</u>.
② Chris will travel with his father <u>by next week</u>.
③ The actor saw his mother <u>in the audience</u>.
④ Many families are relaxing <u>beside the river</u>.
⑤ When I opened the door, my dog <u>ran toward me</u>.

F

① The children are learning a song <u>with English</u>.
② Her new movie will be released <u>on April 20th</u>.
③ This plane is currently flying <u>above the clouds</u>.
④ <u>Through the summer</u>, he stayed at his cousin's.
⑤ People who stand for most of the day often <u>suffer from backaches</u>.

G **(A), (B), (C)의 각 네모 안에서 어법상 알맞은 것을 고르시오.**

Sending emails is not much different from (A) write / writing letters, except that emails can be sent on to many other people and can be accessed (B) by / with hackers. Be careful not to write anything private (C) in / at an email message. You wouldn't want the world to read your private information.

H **다음 글을 읽고, 물음에 답하시오.**

The Cy Young Award was made ⓐ in 1956 in honor of the baseball player Cy Young. 그는 메이저리그에서 22년간의 선수생활 동안 다섯 개 팀에서 투수로 뛰었다. He had the most wins in Major League history, and he was elected to the Baseball Hall of Fame. A year ⓑ after his death, the award named after him was introduced. ⓒ Until then, the award has been given to honor the best pitcher each year.

1 위 글의 밑줄 친 ⓐ~ⓒ 중 어법상 틀린 것을 고르시오.

2 밑줄 친 우리말과 일치하도록 괄호 안의 말을 순서대로 활용하여 문장을 완성하시오.

(pitch for / five teams / the 22 years of his career)

→ _____ in the major league.

수능 Special 13

정답 및 해설 p.61

A 전치사 vs. 접속사

전치사 뒤에는 명사(구)가, 접속사 뒤에는 주어와 동사를 갖춘 절이 와야 한다.

> **a** Napoleon is known to have lost the battle of Waterloo [**because** / **because of**] a painful disease. 교육청 기출
>
> **b** [**Although** / ~~Despite~~] it was raining, many people were waiting for her. 교육청 기출
>
> **a** 나폴레옹은 그의 고통스러운 병 때문에 워털루 전투에서 졌다고 알려졌다. **b** 비록 비가 내리는 중이었지만 많은 사람이 그녀를 기다리고 있었다.

TIP

유의해야 할 전치사 vs. 접속사

during vs. while
~ 동안

despite[in spite of] vs. (al)though
~에도 불구하고

because of[due to] vs. because[since/as]
~때문에

B 형태나 의미가 비슷한 전치사

during vs. for / by vs. until / beside vs. besides와 같은 전치사들은 형태나 의미가 비슷하여 혼동하기 쉬우므로 유의한다.

> **c** Dodo birds became extinct [**for** / **during**] the late 19th century.
>
> **d** You can have the meeting room [**by** / **until**] tomorrow.
>
> **c** 도도새들은 19세기 후반 동안 멸종되었다. **d** 당신은 내일까지 회의실을 사용할 수 있어요.

TIP

during + 특정 시점·사건
for + 기간

until: 동작·상태가 지속 되는 시점

by: 동작·상태의 완료 기한

beside: ~의 곁에서

besides: ~ 외에

PRACTICE

A 밑줄 친 부분이 어법상 옳으면 ○표 하고, 틀린 부분은 바르게 고치시오.

1 People have been selling cars online <u>during a long time</u> now.

2 <u>Although music is sometimes used without permission</u>, the original artist can still get paid. 교육청 기출 응용

3 The government is pushing software companies to delay upgrades <u>by next year</u>.

4 Pigs were traditionally associated with dirtiness <u>because their habit of rolling around in mud</u>. 교육청 기출

B (A), (B), (C)의 각 네모 안에서 어법상 알맞은 것은?

I left him that evening and began the long journey home. I felt happy (A) | due to / because | the way he had talked to me. For the first time since we met he had called me Jane, not Miss Eyre. I began to hope that one day he would love me, (B) | as / so that | I already loved him. It was only a faint hope (C) | because / because of | I knew I was small and not at all beautiful.

틀리기 쉬운 전치사

전치사의 쓰임은 매우 다양해서 일일이 기억하기가 어렵다. 따라서 to는 '~에게, ~로', for는 '~을 위해', in은 '~안에서' 등 한두 단어의 우리말 대응어를 기억해두면 해석에 도움이 되는 경우가 많다. 그러나 우리말 뜻을 기준으로 생각하면 틀리기 쉬운 전치사 표현들이 있으니 주의하자.

a   School starts **at**[~~from~~] eight in the morning.
    학교는 아침 8시부터 시작합니다.

b   Let's meet **in**[~~after~~] an hour.
    한 시간 후에 만나자.

c   Be careful **with** your glasses.
    안경(을) 조심해요.

d   I lost the key **to**[~~of~~] my desk.
    책상(의) 열쇠를 잃어버렸어.

e   Let's go for a walk **in**[~~to~~] the park.
    공원으로 산책하러 가자.

f   research **into**[~~about~~] the causes of cancer
    암의 원인에 관한 연구

g   secret **to**[~~about~~] making money
    돈 버는 (것에 관한) 비결

h   She's been **with** the company for 15 years.
    그녀는 15년째 그 회사에 근무 중이다.

i   She sold her company to Gilette Corporation **for** 47 million dollars.
    그녀는 자신의 회사를 질레트에게 4천7백만 달러에 팔았다.

CHAPTER

**AGREEMENT,
REPORTED SPEECH, ETC.**

일치 및 화법, 특수구문

일치: **수 일치**란 동사의 형태를 주어의 수에 맞추는 것을 말하며, **시제 일치**란 주절과 종속절의 시제를 같게 하는 것을 말한다.

화법: 화법은 말이나 생각을 전달하는 방법으로, 다른 사람이 한 말을 그대로 전하는 직접화법과 다른 사람이 한 말을 전달자의 입장에서 바꿔 전하는 간접화법이 있다.

특수구문: 특정 부분에 대한 강조, 경제적 언어 사용, 명료한 정보 전달 등을 목적으로 사용하는 **도치**, **강조**, **생략**, **삽입** 구문 등이 있다. 실제 독해 시 복잡한 문장 구조로 인해 파악이 쉽지 않은 것들 위주로 수록하였다.

■ 수 일치와 시제 일치

주어의 수에 일치

The music that I listened to yesterday **was** great. 내가 어제 들었던 음악은 정말 좋았다.

주절과 종속절의 시제 일치

I **heard** that he **attended** Harvard. 나는 그가 하버드대에 다닌다고 들었다.
(내가 들은 시점 = 그가 하버드대에 다니던 시점)

■ 특수구문

도치

Never have I felt love so strongly. 내가 그렇게 강하게 사랑을 느껴본 적은 결코 없다.

강조

It was *Tony* **that** she met yesterday. 그녀가 어제 만난 사람은 바로 Tony였다.

삽입

Which of the ideas, **if any**, do you disagree with? 혹시 있다면 어떤 생각에 동의하지 않으십니까?

A 수의 일치

본동사는 원칙적으로 주어의 수에 일치해야 하는데, 이는 동사가 주어의 수에 따라 일정한 형태를 취하는 것을 가리킨다.

1 수의 일치에 유의해야 할 명사[대명사]

a **Each** of the workers **has** been busy all day.

b There **is something** I don't fully understand.

c **Economics is** a broad subject.

d **The Philippines consists** of thousands of islands.

e **The unemployed are** blaming the government.

2 상관접속사로 연결된 주어의 수 일치

f **Both my girlfriend and I love** movies.

g I suspected **either you or he was** lying.

h **Not only I but also Jack likes** playing golf.

i **The driver, as well as the passengers, has** refused to testify in court.

3 시간·거리·금액 등을 나타내는 복수명사

j **Three miles is** a long way to walk.

k **Ten dollars is** a lot of money for kids.

4 a number of / all[most, half, some, part, ...] of

l **A number of projects are** being considered.

cf. **The number of foreign visitors is** increasing.

m **All of the butter was** used to make the pie.

n About **two-thirds of the residents are** Asians.

5 긴 주어의 수 일치

o **Raising a child is** not an easy job.

p **The cars** *on the road* **are** moving slowly.

q **The accident** *that took five people's lives* **was** caused by drunk driving.

1

a-b 일반적으로 each, every, -thing, -one, -body 등은 단수 취급한다.

c 학문·학과·병 등의 명칭은 단수 취급한다.
 e.g. physics(물리학), politics(정치학), diabetes(당뇨병) 등

d 복수형이지만 하나의 단체를 나타내는 국가명은 단수 취급한다.
 e.g. the United States of America, the Netherlands 등

e 「the + 형용사」는 복수명사(~한 사람들)로 취급한다.

2

f both A and B: 복수형 동사를 취한다.

g-h either A or B, neither A nor B, not only A but (also) B: 동사의 형태는 B의 수에 일치시킨다.

i A as well as B: 동사의 형태는 A의 수에 일치시킨다.

3 시간·거리·금액 등을 나타내는 명사는 복수형이라도 보통 하나의 단위로 간주하여 단수 취급한다.

j 3마일이라는 거리

k 10달러만큼의 금액

4

l a number of + 복수명사: 많은 ~ (복수 취급)

cf. the number of + 복수명사: ~의 수 (단수 취급)

m-n all[most, half, some, part, the rest, 분수] of + 명사: of 뒤에 오는 명사의 수에 동사의 형태를 일치시킨다.
 참조 UNIT 54 B

5

o 단일의 동명사구 주어는 단수 취급한다.

p-q 형용사구나 형용사절이 주어를 수식할 때는 수식을 받는 주어의 수에 동사의 형태를 일치시킨다.

B 시제의 일치

시제의 일치란 종속절의 시제를 주절의 시제에 일치시키는 것을 말한다.

1 시제 일치의 기본 원칙

(1) 주절의 시제가 현재일 때

a I **know** that you **are doing**[**did**, **will do**, **have done**] your best.

(2) 주절의 시제가 과거일 때

b I **thought** it **would** snow.
← I **think** it **will** snow.

c I **worked** so hard that I **was** always exhausted.
← I **work** so hard that I'**m** always exhausted.

d I **knew** Mary **had met**[**met**] him in Paris.
← I **know** Mary **met** him in Paris.

e I **thought** she **had done** the right thing.
← I **think** she **has done** the right thing.

2 시제 일치의 예외

f He **discovered** that DNA **is** genetic material.

g I **asked** you how old you **are**[**were**].

h The book **said** that the Korean War **ended**[**had ended**] in 1953.
← The book says, "The Korean War ended in 1953."

i Larry **said** that he **might** stay home that day.
← Larry said, "I **might** stay home today."

j He **told me** his father **owns**[**owned**] a ranch.

1

(1) 주절의 시제가 현재일 때 종속절의 동사는 현재, 과거, 미래의 모든 시제를 쓸 수 있다.

(2) 주절의 시제가 과거일 때 종속절의 동사는 다음과 같이 바뀐다.

b will → would

c 현재 → 과거

d 과거 → 과거완료

참고 주절의 시제보다 앞서 일어난 일임이 명백할 경우 단순 과거시제로 쓸 수 있다.

e 현재완료 → 과거완료

2

f 종속절이 불변의 진리나 현재에도 유효한 과학 이론, 일반적 사실을 나타낼 때는 현재시제를 쓴다.

g 현재의 관습, 특성, 직업, 나이, 사회 통념과 같이 현재에도 사실인 내용을 나타낼 때는 현재시제도 쓸 수 있다.

h 역사적인 사실은 주절의 시제와 상관없이 항상 과거시제로 나타낸다.

i 조동사의 과거형(should, could, might)과 must는 주절의 시제와 관계없이 그대로 쓴다.

j 과거의 상황이 말을 하는 현 시점에서도 사실이면 종속절의 시제로 현재시제와 과거시제가 모두 가능하다. (즉, 현재도 목장을 소유함)

---

genetic 유전의 ranch (대규모) 목장

A a 각 근로자가 종일 바빴다. b 제가 완전히 이해 못 하는 부분이 있어요. c 경제학은 광범위한 과목이다. d 필리핀은 수천 개의 섬으로 이루어져 있다. e 실업자들은 정부를 비난하고 있다. f 내 여자친구와 나는 둘 다 영화를 좋아한다. g 나는 너나 그 둘 중 하나가 거짓말을 하고 있다고 의심했어. h 나뿐만 아니라 Jack도 골프 치는 것을 좋아한다. i 승객들뿐만 아니라 그 운전사도 법정에서 증언하기를 거부했다. j 3마일은 걷기에는 먼 거리이다. k 10달러는 아이들에게는 큰 돈이다. l 많은 프로젝트가 고려되고 있다. cf. 외국인 방문객 수가 증가하고 있다. m 모든 버터를 파이를 만들기 위해 써 버렸다. n 주민들의 약 3분의 2가 아시아인이다. o 아이를 기르는 것은 쉬운 일이 아니다. p 도로 위의 차들이 서행하고 있다. q 다섯 명의 생명을 앗아간 그 사고는 음주운전에 의해 야기되었다.

B a 나는 네가 최선을 다하고 있다는 걸[다했다는 걸/다할 것이라는 걸/다해왔다는 걸] 알고 있어. b 눈이 내릴 것으로 생각했어. c 나는 일을 너무 열심히 해서 늘 지쳐 있었다. d 나는 Mary가 그를 파리에서 만났다는 걸 알았다. e 나는 그녀가 옳은 일을 했다고 생각했다. f 그는 DNA가 유전자 물질이란 것을 발견했다. g 난 네가 몇 살이냐고 물었어. h 그 책에는 한국 전쟁이 1953년에 끝났다고 되어 있다. i Larry는 자기가 그날 집에 있을지도 모른다고 말했다. j 그는 자기 아버지가 목장을 소유하고 있다고 내게 말했다.

EXERCISE

정답 및 해설 p.44

A 괄호 안에서 알맞은 것을 고르시오.

1 Physics (was, were) the most difficult subject I'd ever taken.

2 Thirty kilometers (is, are) quite a long way.

3 It is said that watching too much TV (ruins, ruin) your eyesight.

4 A number of students (was, were) absent today because of the flu.

5 Not only I but also my sister (has heard, have heard) the rumor.

6 Two-thirds of the apple (is, are) rotten.

7 (Is, Are) there anyone who (has, have) an allergy to aspirin?

8 The rooms in this hotel (is, are) well designed and organized.

9 Neither she nor I (am, is) old enough to drink alcohol.

10 Two weeks (was, were) not enough time to visit all the interesting places.

11 Either he or I (has, have) to pay for the damage.

12 Both Mom and Dad (wear, wears) jeans sometimes.

13 One apple is enough for me. The rest of them (is, are) yours.

14 The owner of the company, who has three cars, (love, loves) car racing.

15 Diabetes (is, are) caused by having too much sugar in the blood.

B 문장에서 어법상 <u>틀린</u> 부분을 찾아 바르게 고치시오. 틀린 부분이 없으면 ○표 하시오.

1 Jim mentioned he would go on a blind date.

2 Twenty dollars are not a lot to pay for a book like this.

3 The United States of America consist of fifty states.

4 When I spoke to them two years ago, they said they have lived there for two years.

C 우리말과 일치하도록 괄호 안의 말을 활용하여 문장을 완성하시오.

1 그는 어제 자신은 매일 아침 6시에 일어난다고 말했다. (get up / every morning)

→ He said yesterday that he _____.

2 그는 달이 지구 주변을 돈다는 것을 증명했다. (go / around)

→ He proved that the Moon _____.

3 나는 걸프전이 1991년에 일어났다는 것을 몰랐다. (the Gulf War / break out)

→ I didn't know that _____.

D 다음은 한 기업의 영국 Rotherham 지사 건립 발표문의 일부이다. be동사가 **틀린** 부분을 바르게 고치시오.

Our new Rotherham office, which will be our first international branch, are now being built. About 30 percent of our annual budget are to be dedicated to the construction. At first, some of our employees in the US is going to relocate, but, later, staff members will be recruited from around Rotherham.

GRAMMAR IN READING ....

A 다음 글을 읽고, ⓐ, ⓑ의 괄호 안에서 알맞은 것을 고르시오.

Shares of a company's stock ⓐ (represent, represents) partial ownership. The number of shares that you hold with respect to the total number issued by the company ⓑ (determine, determines) the percentage that you own. For example, if a company issues 200,000 shares and you hold 100 shares, then you own 1/2,000 of the company.

B 다음 글을 읽고, 물음에 답하시오.

Every kind of flower ⓐ <u>have</u> its own meaning, but the color of a flower also ⓑ <u>contains</u> a special message. For instance, the meanings of carnations in general ⓒ <u>includes</u> fascination, distinction, and love. But sending someone bright red carnations
ⓓ <u>indicates</u> your admiration for them, whereas sending dark red ones ⓔ <u>is</u> an expression of your strong love and affection. White carnations are often associated with things such as purity and luck, and <u>분홍색 카네이션을 주는 것은 당신의 고마움을 표현한다</u>.

1 밑줄 친 ⓐ~ⓔ 중 어법상 **틀린** 것을 모두 고르시오.

2 밑줄 친 우리말과 일치하도록 괄호 안의 말을 활용하여 빈칸을 채우시오.

→ _____ pink carnations _____ your gratitude (give / show)

Q 위 글의 내용과 일치하도록 빈칸에 알맞은 말을 쓰시오.
Flowers can carry different meanings depending on their _____.

A share 주식 지분 stock 주식 ownership 소유권 with respect to ~에 대하여 issue 발행하다
B fascination 매혹 distinction 구별, 고귀함 indicate 나타내다 admiration 감탄, 존경 affection 애정 gratitude 감사

67 화법

Ⓐ 평서문의 화법 전환

화법에는 직접화법과 간접화법이 있다. 직접화법은 다른 사람이 한 말을 그대로 전달하는 것이며, 간접화법은 그 말을 전달자의 입장에서 바꿔서 전달하는 것이다.

---

1 직접화법과 간접화법의 비교

a   Alex said, "I have a headache."

b   Alex said (**that**) **he had a headache**.

2 직접화법을 간접화법으로 전환하는 방법

c   Susan said, "I have to go now."
→ Susan said (that) **she had to** go (**at that moment**).

cf. Susan **told me** (that) she had to go.

d   He said, "It will rain tomorrow."
→ He said (that) it **would** rain **the next day**.

e   She said, "Scott didn't come here."
→ She **said** (that) Scott **hadn't gone there**.
= She **said** (that) Scott **didn't go there**.

3 화법을 전환할 때 주의할 점

f   He told me, "I don't smoke."
→ He told me (that) he **doesn't[didn't]** smoke.

g   Ann announced, "I might marry Jim."
→ Ann announced (that) she **might** marry Jim.

1 직접화법은 다른 사람의 말을 그대로 인용부호(" ")로 묶어서 전달하지만, 간접화법은 그 말을 인용부호 없이 전달자 입장에서 바꿔 전달한다.

2

① 전달동사 said를 그대로 쓰고 뒤에 that을 붙인다. (이때 that은 생략 가능) 단, 말을 듣는 사람을 밝힐 때는 *cf.*처럼 「told + 사람」을 쓴다. (「said to + 사람」도 가능)

② that절의 인칭대명사를 알맞게 바꾼다. (c I → she)

③ that절의 시제를 전달동사의 시제에 맞게 일치시킨다. (c have to → had to / d will → would)
전달동사가 과거이고 인용문의 시제가 과거이면 전달문의 시제는 과거와 과거완료 모두 가능하다.

④ that절의 동사 및 부사를 전달자 입장으로 바꾼다. (c now → at that moment / d tomorrow → the next day / e come → go, here → there)

3

f   말하던 때의 상황이 현재에도 사실일 때는 that절에 현재, 과거시제 둘 다 가능하다. (현재도 담배를 피우지 않음)

g   인용문의 would, could, might, should는 전달동사의 시제와 관계없이 형태가 같다.

LEARN MORE EXPRESSIONS

화법 전환 시 시간·장소를 나타내는 부사의 변화

직접화법	→	간접화법
now	→	then, at the time, at that moment
today	→	that day, on Saturday 등
yesterday	→	the day before, the previous day
tomorrow	→	the next[following] day, on Saturday 등

this week	→	that week
next week	→	the following week
last week	→	the week before, the previous week
(a year) ago	→	(a year) before
here	→	there

B 의문문·명령문의 화법 전환

의문문과 명령문의 간접화법에서 인칭, 시제, 시간·장소의 부사 등은 평서문의 화법 전환에서와 같이 바꿔주면 된다. 하지만 전달동사, 접속사, 어순 등은 달라지므로 주의해야 한다.

1 의문문의 화법

a He asked me, "Where **did you** buy your car?"
→ He **asked** me where **I bought** my car.

b He asked, "**Have you worked** before?"
→ He **asked** (me) if **I had worked** before.

cf. He **wanted to know** if **I had worked** before.

2 명령문의 화법

c They told him, "Get down on the ground!"
→ They **told** him **to get** down on the ground.

d The doctor said, "Don't eat too much sugar."
→ The doctor **advised** me **not to eat** too much sugar.

e Erika said to me, "Please help me."
→ Erika **asked** me **to help** her.

f I said to them, "Let's take a break."
→ I **suggested taking** a break.
→ I **suggested that** we (should) **take** a break.

1 전달동사를 ask 등으로 쓰고, 인용문을 「주어 + 동사」 순서로 바꾼다.

a 의문사가 있는 의문문: ask + 사람 + 의문사 + S + V

b 의문사가 없는 의문문: ask + 사람 + if[whether] + S + V (or not)

cf. 전달동사를 ask 대신 want to know, wonder 등으로 쓸 수 있다.

2 명령문을 간접화법으로 바꿀 때는 문맥에 따라 다양한 전달동사를 쓸 수 있으며, 인용문의 동사는 to-v로 바꾼다. (부정 명령문은 to-v 앞에 not을 씀)

c 명령을 나타낼 때: tell[order] + 사람 + to-v

d 충고를 나타낼 때: advise + 사람 + to-v

e 요청을 나타낼 때: ask + 사람 + to-v

f 제안을 나타낼 때: suggest[propose] v-ing / suggest[propose] that + S + (should) + V

A a "나 두통 있어."라고 Alex는 말했다. b Alex는 자기가 두통이 있다고 말했다. c Susan은 "나 지금 가야 돼."라고 말했다.(→ Susan은 그때에 가야 된다고 말했다.) *cf.* Susan은 나에게 가야 된다고 말했다. d 그는 "내일 비가 올 거야."라고 말했다.(→ 그는 그 다음 날 비가 올 것이라고 말했다.) e 그녀는 "Scott은 여기에 오지 않았어."라고 말했다.(→ 그녀는 Scott이 거기 오지 않았다고 말했다.) f 그는 내게 "난 담배를 피우지 않아요."라고 말했다.(→ 그는 나에게 자기는 담배를 안 피운다고 말했다.) g Ann은 "나는 Jim과 결혼할지도 몰라."라고 발표했다.(→ Ann은 자기가 Jim과 결혼할지도 모른다고 발표했다.)
B a 그는 내게 "당신의 차를 어디서 샀나요?"라고 물었다.(→ 그는 내게 내 차를 어디에서 샀는지 물었다.) b 그는 "전에 일해 본 적 있습니까?"라고 물었다.(→ 그는 내가 전에 일해 본 적 있느냐고 물었다.) *cf.* 그는 내가 전에 일해 본 적이 있는지를 알고 싶어했다. c 그들은 그에게 "바닥에 엎드려!"라고 말했다.(→ 그들은 그에게 바닥에 엎드리라고 했다.) d 의사 선생님은 "설탕을 너무 많이 섭취하지 마세요."라고 하셨다.(→ 의사 선생님은 나한테 설탕을 너무 많이 섭취하지 말라고 충고하셨다.) e Erika는 나한테 "날 좀 도와줘."라고 말했다.(→ Erika는 나에게 자기를 도와달라고 부탁했다.) f 나는 그들에게 "쉬자."라고 말했다.(→ 나는 그들에게 쉴 것을 제안했다.)

EXERCISE

정답 및 해설 p.45

A   다음 문장을 간접화법으로 바꿔 쓰시오.

1 She said, "You can sit here."

→ She told me _____.

2 She told me, "I would marry you if you were a millionaire."

→ She told me _____.

3 My boss told me, "Don't be late."

→ My boss told me _____.

4 My sister asked me, "Where are the keys?"

→ My sister asked me _____.

5 The teacher asked us, "Have you read Shakespeare's plays before?"

→ The teacher asked us _____.

B   밑줄 친 부분이 어법상 옳으면 ○표 하고, 틀린 부분은 바르게 고치시오.

1 They advised me not divorce him.

2 Lisa asked me how should she pronounce that Latin word.

3 They wondered whether I had passed the test or not.

4 At breakfast this morning, Alex told her that he would be late today.

5 Ms. Lee suggested to negotiate the date of delivery with them again.

C   보기의 말들과 괄호 안의 전달동사를 활용하여 간접화법 문장을 완성하시오.

[보기]	~~"Hurry up!"~~	"Let's go to the theater!"	"Be quiet!"
	"Please come back soon."	"Please wait for me."	"How did you do it?"
	"Did you call the police?"		

0 Sue was packing very slowly, so I told her to hurry up. (tell)

1 They were talking loudly while my baby was sleeping, so I _____. (tell)

2 Mike was ready to leave, but I wasn't. So I _____. (ask)

3 Somebody broke into Judy's house yesterday, so I _____. (ask)

4 I felt I would miss Jim very much, so I _____. (ask)

5 Mary saved a lot of money this year, so I _____. (ask)

6 I wanted to watch a movie, so I _____. (suggest)

D 다음 상황을 보고, Sara가 Joe에게 조언한 내용을 완성하시오.

> I'm thinking of finding a new career.
> Joe
>
> Don't quit your job until you know what to do.
> Sara

→ Sara advised him _____ _____ _____ his job until _____ _____ what to do.

GRAMMAR IN READING

A 다음 글을 읽고, 밑줄 친 ⓐ를 간접화법으로 고치시오.

A Minnesota teenager has been arrested for sending a computer virus over the Internet. When the officer asked him whether he knew what he was doing, he said, "I don't fully understand the charges against me." Then ⓐ he said, "I never meant to harm anybody." His parents believed their son was just an ordinary teen.

→ _____

B 다음 글을 읽고, 물음에 답하시오.

> *** Email ***
>
> Last month, I ordered a digital camera from your website for $649. Shortly after I placed my order, the price went up to $799. Several weeks passed, and I did not receive my camera. I called your company and talked to a representative. She told me my camera ⓐ (is, was) on back order and ⓑ (can, could) take several weeks to arrive. Suspicious, I called back the next day and pretended to be a customer interested in purchasing the same camera. Much to my shock, I was told that there were several in stock. I asked to speak to a manager, and he told me, "If you want one of the cameras in stock, you will have to pay $799." I am outraged at your company's unacceptable behavior.

1 ⓐ, ⓑ의 괄호 안에서 알맞은 것을 고르시오.

2 밑줄 친 문장을 간접화법으로 고치시오.

Q 위 글의 목적으로 적절한 것은?
① to advise
② to complain
③ to apologize

A   charge 고소   ordinary 평범한

B   representative 담당자   back order 이월 주문, 처리 못한 주문   suspicious 의심스러운, 수상쩍은   in stock 재고로   outrage 격분하게 만들다

68 부정 표현, 부가의문문

부정(否定)의 의미를 나타내는 말들을 찾아 밑줄을 그으시오.

I could hardly understand him.
There were few words that I knew.

A 부정의 뜻을 나타내는 표현들

not, never, no 등의 부정어 없이도 '~이 아니다', '~이 없다' 등 부정(否定)의 의미를 나타내는 여러 가지 방법이 있다.

1 부정의 의미를 가지는 형용사 및 부사

a **Few** people believe in ghosts these days.
~~Few people don't believe in ghosts these days.~~

b There is **little** doubt about his innocence.

c Alice **hardly** ever calls me.

d My dad **rarely** comes home before midnight.

1 형용사 few, little과 부사 hardly, scarcely, barely, rarely, seldom은 부정의 의미를 포함하고 있으므로 not 등의 부정어와 함께 쓰이지 않는다.

a few + 셀 수 있는 명사: (수가) 거의 없는

b little + 셀 수 없는 명사: (양이) 거의 없는

c hardly(= scarcely, barely): 거의 ~가 아닌

d rarely(= seldom): ~하는 적이 거의 없는

2 전체부정과 부분부정

e **Not all** my cousins came to the wedding.

f **None** of my cousins came to the wedding.

g I could**n't** solve **both** questions. One of them was too difficult.

cf₁ I couldn't solve **one of** the questions.

h I could solve **neither of** the questions.

i Mr. Ford is **not always** kind to us.

j Mr. Ford is **never** kind to us.

k Money **doesn't necessarily** equal happiness.

2 all, every, both, whole, always, quite, necessarily 등이 not과 같이 쓰여 부분부정을 나타낸다.

e not all ~: 모두가 ~인 것은 아니다 (부분부정)

f none ~: 아무도 ~ 아니다 (전체부정)

g not ~ both: 둘 다 ~인 것은 아니다 (부분부정)

cf₁ 부분부정의 의미를 명확히 하기 위해 주로 「one of ~」를 쓴다.

h neither of ~: 둘 다 ~ 아니다 (전체부정)

i not always ~: 언제나 ~인 것은 아니다 (부분부정)

j never: 결코 ~ 않다 (전체부정)

k not necessarily ~: 반드시 ~인 것은 아니다 (부분부정)

3 부정어를 쓰지 않는 부정 표현

l Bill is **the last** man who would break the law.

m That rumor is **far from** true.

n His theories are **anything but** new.

3

l the last + 명사 + 관계대명사절[to부정사]: 가장 ~일 것 같지 않은 …

m far from ~: ~와는 거리가 먼, 전혀 ~ 아닌

n anything but ~: 결코 ~이 아닌(= not ~ at all)

4 자주 쓰이는 부정 구문

o   Sophie drinks **nothing but** milk.

p   You **cannot** be **too** careful while driving.

q   I **no longer** object to your proposal.
    = I **don't** object to your proposal **anymore**.

r   He **didn't** stop smoking **until** he got cancer.
    = **Not until** he got cancer did he stop ~.

cf₂   *It was* **not until he got cancer** *that* he
    stopped smoking.

s   **Never** cross a street **without looking** both
    ways.

4

o   nothing but: 단지 ~만, ~에 지나지 않은(= only)

p   cannot ~ too ...: 아무리 …하게 ~해도 지나치지 않다

q   no longer ~: 더 이상 ~ 아니다
    (= not ~ any longer, not ~ anymore[any more])

r   not A until B: B할 때까지 A하지 않다
    (= Not until B, A: B하고 나서야 A하다)

cf₂   r은 「It is[was] ~ that」 강조구문으로 바꿔 쓸 수 있다.

s   not[never] ~ without v-ing: …하지 않고는 ~하지 않
    다, ~하면 반드시 …한다

B **부가의문문**

부가의문문이란 문장의 끝에 붙어서 상대방에게 말한 내용을 확인하거나 동의를 구할 때 쓰는 의문문이다. 앞 문장이 긍정
문이면 부정문으로, 앞 문장이 부정문이면 긍정문으로 쓴다. 「동사 + 주어」의 어순이며, 부가의문문의 동사는 앞 문장에 어
떤 동사가 오느냐에 따라 달라진다.

a   Max isn't such a bad guy, **is he**?

b   You borrowed 5 dollars from me, **didn't you**?

c   She can in-line skate, **can't she**?

d   You've never been there before, **have you**?

e   There is a meeting today, **isn't there**?

f   Let's forget it, **shall we**?

g   Tell Sam to come downstairs, **will you**?

a   앞이 be동사 → 부가의문문 동사도 같은 be동사

b   앞이 일반동사 → 부가의문문 동사는 do[does/did]

c   앞이 조동사 → 부가의문문 동사도 같은 조동사

d   앞이 완료형 → 부가의문문 동사는 have[has/had]

e   There is[isn't] ~ → 부가의문문은 isn't[is] there?

f   Let's로 시작하는 문장 → 부가의문문은 shall we?

g   명령문 → 부가의문문은 will[won't] you?

Examine & Think hardly, few / 나는 그의 말을 거의 이해할 수 없었다. 내가 아는 단어가 거의 없었다.

A   a 요즘에는 유령을 믿는 사람들이 거의 없다.   b 그의 결백함에 대해서는 의심의 여지가 거의 없다.   c Alice는 좀처럼 내게 전화하지 않는다.   d 아빠는 자정
전에 집에 들어오는 적이 거의 없다.   e 내 사촌 모두가 결혼식에 온 것은 아니었다.   f 내 사촌 중 누구도 결혼식에 오지 않았다.   g 나는 두 문제를 다 풀지는
못했다. 한 문제가 너무 어려웠다.   *cf₁* 나는 한 문제를 풀지 못했다.   h 나는 두 문제를 다 풀지 못했다.   i Ford 씨가 우리에게 항상 자상한 것은 아니다.
j Ford 씨는 우리에게 전혀 자상하지 않다.   k 돈이 반드시 행복과 동일한 것은 아니다.   l Bill은 법을 어길 사람이 아니다.   m 그 소문은 사실과는 거리가 멀다.
n 그의 이론들은 결코 새로운 것이 아니다.   o Sophie는 오직 우유만 마신다.   p 운전 중에는 아무리 조심해도 지나치지 않다.   q 나는 너의 제안에 더는 반대
하지 않아.   r=*cf₂* 그는 암에 걸리고 나서야 담배를 끊었다.   s 반드시 양쪽을 살피고 길을 건너세요.

B   a Max는 그렇게 나쁜 녀석은 아니잖아, 그렇지?   b 너 나한테 5달러 빌려갔지, 안 그래?   c 그녀는 인라인스케이트를 탈 수 있지, 그렇지?   d 당신은 그곳에
가 본 적이 없죠, 그렇죠?   e 오늘 회의가 있죠, 안 그런가요?   f 우리 그거 잊어버리자, 그럴 거지?   g Sam한테 아래층으로 내려오라고 말해줘, 그럴 거지?

EXERCISE

정답 및 해설 p.47

A   두 문장이 가장 비슷한 뜻이 되도록 빈칸에 알맞은 말을 보기에서 골라 쓰시오.

> [보기]   no longer   nothing but   can't ~ without   not all   can't ~ too   the last ~

1 The owner of the firm is only interested in money.
→ The owner of the firm is interested in _____ money.

2 Every time she listens to that song, she cries.
→ She _____ listen to that song _____ crying.

3 He doesn't use that cell phone anymore.
→ He _____ uses that cell phone.

4 Some people like jazz, and others don't.
→ _____ people like jazz.

5 You should take care to avoid any danger when handling chemicals.
→ You _____ be _____ careful when handling chemicals.

6 I won't go shopping at the ABC shopping center. Everything is expensive there.
→ ABC is _____ shopping center I would go to. Everything is expensive there.

B   앞 문장을 잘 읽고, 적절한 부가의문문을 쓰시오.

1 You haven't read this book, _____?
2 Jane got an A in history, _____?
3 Let's take a coffee break, _____?
4 They will do their best to make a deal, _____?
5 There's something strange here, _____?
6 Open the door, _____?

C   밑줄 친 부분에서 어법상 틀린 것을 바르게 고치시오.

1 There isn't any risk in this deal, <u>is it</u>?
2 There <u>wasn't</u> little food left on the plate.
3 We <u>couldn't</u> barely breathe when we saw the superstar.

164   G-ZONE CHAPTER 14

D 다음 사진을 참고하여 대화를 완성하시오. (괄호 안의 말을 순서대로 활용할 것)

A : When are you moving into your new house?
B : Next Monday. There are only a few days left!
A : Oh, that's why _____ !
(there / hardly / anything / your closet)

GRAMMAR **IN READING** ....

A 다음 글을 읽고, 부분부정의 표현을 써서 글의 주제문을 완성하시오.

_____ _____ cholesterol is bad. In fact, the body needs a certain amount of cholesterol to function properly. Cholesterol is needed for the functioning of cells and for the production of hormones, such as estrogen and testosterone. However, the body naturally makes cholesterol in every cell, so there is no absolute dietary need for it.

B 다음 글을 읽고, 물음에 답하시오.

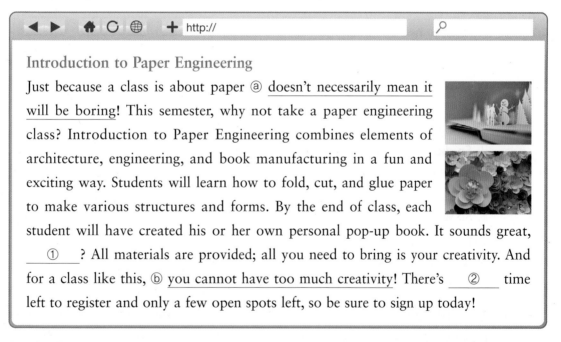

Introduction to Paper Engineering

Just because a class is about paper ⓐ doesn't necessarily mean it will be boring! This semester, why not take a paper engineering class? Introduction to Paper Engineering combines elements of architecture, engineering, and book manufacturing in a fun and exciting way. Students will learn how to fold, cut, and glue paper to make various structures and forms. By the end of class, each student will have created his or her own personal pop-up book. It sounds great, ___①___ ? All materials are provided; all you need to bring is your creativity. And for a class like this, ⓑ you cannot have too much creativity! There's ___②___ time left to register and only a few open spots left, so be sure to sign up today!

1 밑줄 친 ⓐ, ⓑ를 각각 해석하시오.

2 빈칸 ①에 들어갈 알맞은 부가의문문을 쓰시오.

Q 위 글의 빈칸 ②에 들어갈 말로 문맥상 알맞은 것은?
① little
② much
③ few

A cholesterol 콜레스테롤 function 기능하다 estrogen (생물) 에스트로젠 testosterone (생물) 테스토스테론 dietary 음식(섭취)의
B engineering 공학 manufacture 제조[생산]하다 glue 접착제로 붙이다 pop-up book 펼치면 그림이 튀어나오는 책 creativity 창의력
register 등록하다 be sure to-v 반드시[꼭] ~하다 sign up 등록하다

69 도치, 강조

A 도치

도치 구문은 평서문에서 동사가 주어 앞에 위치하는 구문을 말한다. 보통 부사가 강조되어 앞에 나올 때 도치가 일어난다.

1 방향 · 장소의 부사(구)를 강조하기 위한 도치	**1** 보통 문어체에서만 이런 강조 용법을 쓴다.
a *Behind the chair* **stood an old man**.	a-b 부사구를 강조한 도치
b *Right over our heads* **passed a helicopter**.	c here나 장소를 나타내는 there가 문장 맨 앞에 오면 주어와 동사가 도치된다.
c *Here* **comes the taxi**.	
cf. There **he goes**.	*cf.* 주어가 대명사인 경우 부사가 문두에 와도 도치가 일어나지 않는다.

2 부정어(구)를 강조하기 위한 도치

d *Never* **have I seen** such a good midfielder.

e *Not until later* **did I learn** the truth.

f *Only in France* **can we find** this special kind of perfume.

g *No sooner* **had she seen** me *than* she began crying.
= *Hardly* **had she seen** me *when* she ~.

2 never, not, little 등의 부정어와 부정에 가까운 의미를 갖는 only가 문장 앞에 오면 주어와 동사가 도치된다. 일반동사의 경우 do[does/did]가 대신 앞으로 나간다.

d ← I have never seen such a good midfielder.

g No sooner A than B: A하자마자 B하다
(= Hardly[Scarcely] A when[before] B)

3 so, neither[nor] 다음의 도치

h A: I found this story quite convincing.
B: **So did I**. (= I found this story quite convincing too.)

i A: I was really scared.
B: **So was I**. (= I was really scared too.)

j A: I can't stay longer.
B: *Neither*[*Nor*] **can I**. (= I can't stay longer either.)

3 앞에서 한 말에 대해 '~도 또한 그렇다[아니다]'라는 의미로 「So + V + S」(긍정문 뒤)와 「Neither[Nor] + V + S」(부정문 뒤)가 쓰인다.

h 앞이 일반동사 → So[Neither] + do[does/did] + S

i 앞이 be동사 → So[Neither] + be동사 + S

j 앞이 조동사 → So[Neither] + 조동사 + S

4 조건절에서의 도치

k **Had I known** you, I wouldn't have chosen him.

l **Should any of this cost** you, send me the bills.

4 가정법 문장에서 조건절의 if가 생략되어 주어와 동사가 도치되기도 한다. 참조 UNIT 42 B

5 기타 도치 구문

m Men tend to eat more *than* **do women**.

n Kathy was very beautiful, *as* **was her mother**.

5

m-n 접속사 than(~보다), as(~인 것처럼, ~하듯이) 뒤에서 주어와 동사가 도치되는 경우가 종종 있다.

B 강조

자신의 말 중에서 어느 부분을 특히 강조해서 말하고 싶을 때, 다음과 같은 표현들을 쓸 수 있다.

1 부정문 · 의문문 강조

a We had **no** choice **at all**.

b Is anything left **at all**?

c How **on earth** did you solve this problem?

d Where **in the world** did you find the key?

e Who could **ever** beat him?

2 do에 의한 동사 강조 (정말 ~하다)

f A: Why didn't you call me?
　　B: I **did** *call* you.

g **Do** *be* careful. The roads are quite icy.

3 It is[was] ~ that 강조구문

h₁ **It** was *Ann* **that[who]** set me up with Jim in May.

h₂ **It** was *me* **that** Ann set up with Jim in May.

h₃ **It** was *Jim* **that** Ann set me up with in May.

h₄ **It** was *in May* **that** Ann set me up with Jim.

i *Who* **was it that** damaged my car?

4 기타 강조 표현

j They did their best until **the very** *end*.

k Mike is **much** *taller* than you.

l He is **by far** *the best* player on the team.

1

a 부정문을 강조하기 위해 not[no] ~ at all(조금도 ~ 아니다[없다])를 쓸 수 있다.

b at all(조금이라도)은 의문문도 강조할 수 있다.

c-e on earth, in the world, ever는 의문사로 시작하는 의문문을 강조하며, '도대체'라는 의미이다.

2 문장의 내용이 사실이라는 것을 강조할 때 동사 do[does/did]를 쓰며 '정말 ~하다, ~하긴 하다'라고 해석한다. do가 조동사이므로 뒤에는 동사원형이 온다. be동사로 시작하는 명령문을 강조할 때는 be 앞에 do 를 쓴다.

3 '…한 것은 바로 ~이다'라는 의미로 강조하고 싶은 말을 It is[was]와 that 사이에 둔다. 강조되는 말이 사람이면 that 대신 who를 쓸 수 있다.

h₁-h₄ ← Ann set me up with Jim in May.
　　　　h₁는 주어, h₂는 목적어, h₃는 전치사의 목적어, h₄는 부사구를 각각 강조하고 있다.

i ← Who damaged my car?
　　의문사는 「의문사 + is[was] it that ~」 형태로 강조한다.

4

j the very + 명사: 바로 그 ~

k 비교급의 강조 **참조** UNIT 58 B 1

l 최상급의 강조 **참조** UNIT 59 C 1

---

set someone up with ~ 누구를 ~에게 소개시켜주다 damage 손해를 입히다

A a 한 노인이 의자 뒤에 서 있었다. b 바로 우리 머리 위로 헬리콥터가 지나갔다. c 택시가 온다. *cf.* 저기 그가 간다. d 나는 지금까지 그렇게 훌륭한 미드필더는 본 적이 없다. e 나는 나중까지 진실을 알지 못했다. (나중에야 비로소 진실을 알게 되었다.) f 오직 프랑스에서만 우리는 이러한 특별한 종류의 향수를 찾을 수 있다. g 나를 보자마자 그녀는 울기 시작했다. h A: 이 이야기는 꽤 설득력이 있는 것 같아. B: 나도 그렇게 생각해. i A: 난 정말 무서웠어. B: 나도야. j A: 난 더 있을 수가 없어. B: 나도 그래. k 내가 당신을 알았더라면, 그를 선택하지 않았을 텐데. l 이 중 어느 것이라도 당신이 지불하게 되면, 영수증을 내게 청구하세요. m 남자들은 여자들보다 많이 먹는 경향이 있다. n Kathy는 그녀의 엄마가 그랬던 것처럼 매우 아름다웠다.

B a 우리는 선택의 여지가 전혀 없었다. b 남은 게 조금이라도 있니? c 이 문제를 도대체 어떻게 풀었니? d 도대체 어디서 열쇠를 찾았니? e 도대체 누가 그를 이길 수 있을까? f A: 왜 전화를 안 했어? B: 전화하긴 했어. g 제발 조심하렴. 도로가 꽤 빙판이야. h₁ 5월에 나를 Jim에게 소개시켜준 사람은 Ann이었다. h₂ Ann이 5월에 Jim에게 소개시킨 사람은 나였다. h₃ Ann이 5월에 나한테 소개시켜준 사람은 Jim이었다. h₄ Ann이 나에게 Jim을 소개시켜준 것은 5월이었다. i 내 차를 망가뜨린 게 대체 누구지? j 그들은 마지막 그 순간까지 최선을 다했다. k Mike는 너보다 키가 훨씬 크다. l 그는 현재 팀에서 단연코 가장 뛰어난 선수이다.

EXERCISE

정답 및 해설 p.48

A   두 문장이 같은 뜻이 되도록 빈칸을 채우시오.

1 I never dreamed that this moment would come so soon.

= Never _____ that this moment would come so soon.

2 I had no sooner gone to bed than I received a phone call.

= No sooner _____ to bed than I received a phone call.

3 If you had taken the bus, you wouldn't have been late.

= Had _____ , you wouldn't have been late.

B   밑줄 친 부분을 강조하는 문장으로 고치시오.

1 I haven't seen anyone. → I haven't seen anyone _____ .

2 He proposed to her on Valentine's Day. → It was _____ .

3 We watched an action movie last night. → It was _____ .

4 Now I know that I got the job. → Now I know that I _____ .

5 You are the man I want to speak to. → You are _____ man I want to speak to.

6 We do not realize how important water is until we need it.

→ It is _____ that we realize how important water is.

C   우리말과 일치하도록 괄호 안의 말을 활용하여 문장을 완성하시오.

1 도대체 이 세상이 어떻게 되어가고 있는 거야? (on earth / come to)

→ What _____ is this world _____ ?

2 애초에 나를 정말로 매료시킨 것은 그의 자신감이었다. (his confidence / attract)

→ It _____ that really _____ in the first place.

3 네가 원하는 것이 뭐야? (it / you)

→ What _____ that _____ ?

D   문장에서 어법상 틀린 부분을 찾아 바르게 고치시오.

1 There the book is I wanted to read.

2 My brother ate some of the chocolate, and so I did.

3 Little did I realized that I was getting fat.

4 No sooner had the game started when we scored a goal.

E 다음 대화를 읽고, 괄호 안의 말을 활용하여 적절한 대답을 완성하시오.

> A : I haven't been to a party for ages.
> B : _____. (neither) I really hate crowded places.
> A : Yes, _____. (so) I don't think I'm a party-goer. You know, I'm a quiet
> sort of person.

GRAMMAR IN READING ....

A 다음 글을 읽고, 어법상 <u>어색한</u> 부분을 하나 찾아 바르게 고치시오.

> What shall I wear? Weddings are so full of tradition and formality that even the
> most confident dressers experience waves of self-doubt. Brides can't wear black, nor
> they can wear trousers—with all these rules, it's no wonder we're overcautious.

B 다음 글을 읽고, 물음에 답하시오.

> ### Business Inside
>
> Ferrari, Italy's maker of sports and racing cars, is
> among the three most recognizable brands in the world.
> The company got its high profile among the world's
> corporate giants without the help of an advertising
> department. ⓐ <u>Ferrari created a marketing department **only as recently as 1993**.</u>
> Ferrari's success proves that the quality of a product alone is enough to drive sales.
> Therefore, <u>회사가 완벽하게 만들려고 노력해야 하는 것은 상품의 품질이다</u>. Like Ferrari, all
> companies must create and sell "dreams."

1 밑줄 친 ⓐ의 굵게 쓰인 부분을 다음과 같이 강조해서 쓰시오.

→ Only as recently as 1993 _____

_____.

Q 빈칸에 알맞은 단어를 써서 위 기사의 제목을
완성하시오.
Key to Corporate Success: Sell _____

2 밑줄 친 우리말과 일치하도록 괄호 안의 말을 바르게 배열하시오.

(it / should try / is / that / companies / the quality of the product / to perfect)

....

A   formality 격식 self-doubt 자기 회의[의심] trousers 바지 overcautious 지나치게 신중한
B   recognizable brand 유명 상표 get high profile 주목을 받다 corporate giant 거대 법인(기업) drive 추진시키다 perfect 완벽하게 하다

UNIT 70 생략, 병렬관계, 삽입 및 동격, 무생물 주어 구문

A 생략

보다 짧고 명료하게 정보를 전달하기 위해 의미 파악에 꼭 필요하지 않은 부분이나 반복되는 부분은 생략하는 경우가 많다. 생략은 특히 구어체에서 많이 이뤄진다.

1	**반복을 피하기 위한 생략**	**1**	
a	A: Was she happy? B: I think she **was** (happy).	a	보어의 생략
b	Send me a text when you **can** (send me a text).	b	동사(구)의 생략
c	Sorry I came late. I didn't mean **to** (come late).	c	대(代)부정사: 같은 동사의 반복을 피하기 위해 to부정사 (구)에서 to만 씀. to가 앞의 동사를 대신함
d	A: Is she Chinese? B: I think **so**.	d	think, believe, hope, be afraid 등 다음의 that절을 so가 대신함 (= I think that she is Chinese.)
cf₁	A: Are you free tonight? B: I'm afraid **not**.	*cf₁*	not이 부정의 that절을 대신함 (= I'm afraid that I'm not free tonight.)
e	Joe told me to open the window, and I **did** (**so**).	e	반복되는 동사구를 do[did] (so)가 대신함 (= opened the window)
2	**부사절에서 「주어 + be동사」의 생략**	**2**	부사절의 주어와 주절의 주어가 같고 동사가 be동사일 때 「주어 + be동사」는 종종 생략된다.
f	These flowers are bright yellow **when open**.	f	← ~ when (they are) open. 〈때〉
g	**Though sick**, he went to school as usual.	g	← Though (he was) sick, ~. 〈양보〉

B 병렬관계

반복되는 말이 생략될 때 연결되는 어구들은 같은 문법적 형태와 구조를 가지는데, 이를 병렬관계 또는 공통관계라고 한다.

a	She is **smart**, **pretty**, and very **fashionable**.	a	be동사에 공통으로 연결된 말이 형용사이므로 and 뒤 에도 형용사가 와야 한다. *cf₁*은 어색한 문장
cf₁	~~She is pretty, smart, and has a sense of fashion.~~		
b	He likes *not only* **to discuss** things with me *but also* **to ask** for my advice.	b	not only A but also B 구문에서 A, B의 문법적 형태 가 같아야 한다. like는 to부정사나 동명사 모두 목적어 로 취할 수 있지만 A에 to discuss가 왔으므로 B에도 to ask가 와야 한다. 이때 *cf₂*처럼 asking이라고 하면 어색한 문장이 된다.
cf₂	~~He likes not only to discuss things with me but~~ ~~also asking for my advice.~~		
c	She got married to him *not* **because of** **money**, *but* **because of love**.	c	not A, but B 구문에서 A, B가 공통으로 걸리는 병 렬관계이므로 둘의 문법적 형태가 같아야 한다. 하나 는 전치사구(because of)가 오고, 다른 하나는 접속사 (because)가 오면 어색한 문장이 된다.

C 삽입 및 동격

삽입은 주로 완곡하게 표현할 때나 강조해서 말할 때 쓴다. 명사나 대명사의 의미를 부연 설명하거나 바꿔 말하기 위해 다른 명사 상당어구나 절을 뒤에 둘 때, 그 둘의 관계를 동격이라고 한다.

1 삽입

a That's what **I think** we need to do.

b The company, **as[so] far as I know**, can't afford big TV advertising campaigns.

c The clouds, **hanging above**, looked far away.
  = The clouds, **which were hanging above**, ~

d There's little chance to win, **if any**.

e He rarely, **if ever**, makes a mistake.

2 동격

f *Mr. Davis*, **our former principal**, died at sixty.

g *The news* **that he got injured** upset me.

cf. *The news* **of his injury** upset me.

1

a I think[believe, guess, suggest], it seems 등은 문장 중간에 자주 삽입되는 절이다.

b 부사절의 삽입

c 분사구문, 관계사절의 삽입

d-e 관용적으로 쓰이는 삽입절

d if any: 조금이라도 있다면, 설사 있다고 하더라도

e if ever: 설사 한다고 하더라도, 만약 한다면

2

f 명사와 명사가 동격

g 명사와 that이 이끄는 명사절이 동격

※ 동격절을 이끄는 주요 명사: fact, news, opinion, idea, thought, question 등

cf. 「A of B」 형태의 동격 (of 앞뒤의 명사(구)가 동격)

D 무생물 주어 구문

사람이 아닌 무생물이 주어로 나오는 구문을 무생물 주어 구문이라고 한다. 이러한 구문은 무생물을 주어로 해석해도 문장의 의미를 파악하는 데는 무리가 없다. 하지만 주어를 원인, 이유, 수단 등의 부사절로 해석하면 더 자연스러운 해석이 된다.

a A toothache **prevented** me from sleeping.

b A knee injury **forced** him to give up basketball.

c Biotechnology will **enable** us to live longer.

d What **brings** you here?

a prevent[keep, stop]: ~ 때문에 … 못하게 되다

b force: ~ 때문에 어쩔 수 없이 …하게 되다

c enable: ~ 덕택에 …할 수 있게 되다

d bring: ~ 때문에 …에 오게 되다; 초래하다, 야기하다

A a A: 그녀는 행복했나요? B: 나는 그랬다고 생각해요. b 네가 가능할 때 나한테 문자를 보내줘. c 늦게 와서 미안해. 고의가 아니었어. d A: 그녀는 중국인이니? B: 난 그렇게 생각해. *cf.* A: 오늘밤 시간 있어? B: 미안하지만 없어. e Joe는 나에게 창문을 열어달라고 했고, 나는 그렇게 했다. f 이 꽃들은 피었을 때 밝은 노란색을 띤다. g 아팠지만 그는 평상시처럼 학교에 갔다.

B a 그녀는 똑똑하고, 예쁘고, 그리고 패션감각이 있다. b 그는 나와 의논하는 것뿐만 아니라 나에게 조언을 구하는 것도 좋아한다. c 그녀는 돈 때문이 아니라 사랑 때문에 그와 결혼했다.

C a 내 생각에 그것이 우리가 해야 하는 일이다. b 내가 아는 바로는 그 회사는 대형 TV 광고를 할 만한 형편이 안된다. c 위에 떠 있는 구름이 멀리 있는 것처럼 보였다. d 있다 하더라도 이길 가능성이 거의 없다. e 그는 설령 실수를 한다고 해도 아주 드물게 한다. f 우리 전 교장 선생님이신 Davis 선생님은 60세로 돌아가셨다. g 그가 부상당했다는 소식은 나를 속상하게 했다. *cf.* 그의 부상 소식은 나를 속상하게 했다.

D a 치통 때문에 나는 잠을 못 잤다. b 무릎 부상 때문에 그는 어쩔 수 없이 농구를 그만두게 되었다. c 생명공학의 덕택으로 우리는 더 오래 살 수 있게 될 것이다. d 여기에는 무슨 일로 오셨죠? (← 무엇이 당신을 여기로 데려왔나요?)

EXERCISE

정답 및 해설 p.49

A 문장을 읽고 생략할 수 있는 부분을 괄호로 묶으시오.

1 You can leave now if you have to leave.

2 I'll ask Emma about the pens and whether she has any pens.

3 This dog might be as big as a cow when it is fully grown.

4 John ate an apple, Diana ate two oranges, and Jerry ate three bananas.

B 밑줄 친 부분에서 어법상 틀린 것을 바르게 고치시오.

1 Mary likes to read, jog, and listening to music.

2 He has improved his English by reading a lot and watch CNN every day.

3 My hobbies are going to the movies, working on my website, and play tennis.

4 The thought what he might be keeping secrets troubled me a lot.

C 괄호 안의 말을 활용하여 다음 대화를 완성하시오.

1 A : Are you coming to the soccer game?
  B : No, I don't _____ _____. (want)

2 A : Does Tess have the flu?
  B : I'm _____ _____. (afraid) She looks terrible.

3 A : Tommy, did you get the milk?
  B : Sorry, I _____ _____. (forget)

4 A : Will it rain tomorrow?
  B : I _____ _____. (hope) We're supposed to go on a picnic.

D 우리말과 일치하도록 괄호 안의 말을 순서대로 활용하여 문장을 완성하시오.

1 우리는 폭우 때문에 축구를 하지 못했다. (the heavy rain / prevent)
  → _____ from playing soccer.

2 그 새로운 법은 이민자들에게 설사 된다 하더라도 거의 도움이 되지 않았다. (little / help / if any)
  → The new laws were _____ to immigrants, _____.

3 Jenny는 당뇨병 때문에 어쩔 수 없이 직장을 그만두어야 했다. (force / quit her job)
  → Jenny's diabetes _____.

4 그녀의 어머니는 요양원에서 산다는 생각을 거절했다. (reject / the idea / of / live)
  → _____ in a nursing home.

E 'I'가 쓴 글을 읽고 so를 이용하여 빈칸을 채운 뒤, 주어진 질문에 답하시오.

> I always eat pancakes with honey and butter for breakfast.
> I've _____ _____ all my life.
> They taste like a sweet, delicious cake.

Q Which phrase does the expression in the blank refer to in the passage?

→ _____

GRAMMAR IN READING

A 다음 글을 읽고, 밑줄 친 ⓐ, ⓑ를 어법에 맞게 고치시오.

> Today's teens aren't interested in just making money; they want to be happy while
> ⓐ <u>do</u> it. Having everything means holding down a great job, raising a family, and
> ⓑ <u>has</u> the money to do what you enjoy. Teenagers don't want to be slaves to their
> jobs. They want to have fun too.

B 다음 글을 읽고, 물음에 답하시오.

Author Profiles

Mary Shelley was born in 1797 and died in 1851. She was married to
the eminent poet Percy Bysshe Shelley. ⓐ **Her marriage to him brought**
her into contact with some of the most illustrious writers of the age.
In 1816, the couple spent a summer with Lord Byron, John William
Polidori, and Claire Clairmont near Geneva, Switzerland. One evening,
the group members, ⓑ (read / German ghost stories / around the
fire), were challenged by Byron to write their own ghostly tales. This prompted Mary
to conceive of the idea for *Frankenstein*.

1 문장 ⓐ를 굵게 쓰인 말에 유의하여 해석하시오.

2 ⓑ 안의 말을 순서대로 활용하여 문맥에 맞는 삽입구절을 쓰시오.

Q Mary Shelley에 관한 설명으로 틀린 것은?
① 주로 19세기에 활동했다.
② 결혼 후 문학가들과 본격적으로 교류했다.
③ 남편과의 내기에서 소설의 영감을 얻었다.

A hold down (직업 등을) 유지하다 slave 노예
B eminent 저명한, 훌륭한 bring A into contact with B A를 B와 접촉시키다, 교류하다 illustrious 걸출한 conceive of 생각을 품다, ~을 상상하다

REVIEW TEST

A   괄호 안에서 알맞은 것을 고르시오.

1 Each of the offices (has, have) its own toilet.
2 No one in the orchestra (live, lives) downtown.
3 A number of applicants (has, have) come to our center.
4 Either John or the children (has, have) to take responsibility for the mess.
5 Collecting antique watches (is, are) an expensive hobby.
6 I learned in history class that World War II (broke out, had broken out) in 1939.

B   두 사람의 대화를 서술한 아래 글을 읽고, 빈칸에 알맞은 말을 쓰시오.

> Tom: Can I help you with your homework?
> Kate: Yes, I could use some help.
> Tom: I can see you have a lot to do. I finished mine some time ago.
> Kate: How were you able to do it so quickly?
> Tom: I found a key to the exercises, so I simply copied all the answers.

→ Tom wanted to know _____ _____ could help Kate with her
homework. She replied _____ _____ could use some help. Tom could
see that she had a lot to do. He then told her that he _____ _____ his
own work some time _____. She asked him _____ _____ had
been able to do it so quickly. He replied that he had found a key to the exercises, so he
had simply copied all the answers.

C   빈칸에 들어갈 알맞은 말을 보기에서 골라 쓰시오.

[보기]   doesn't it   on earth   until   will it   not   if ever   that   anymore

1 Our train leaves from platform 3, _____?
2 Being married won't make any difference, _____?
3 Is Mrs. Jones still your secretary? — No, she doesn't work here _____.
4 They won't go back to work _____ they are given a 12 percent raise.
5 It is the peaceful surroundings of the villages _____ still cause many people to prefer living in the country.
6 Is she coming? — I'm afraid _____. She has an appointment with her professor.
7 How _____ did you find out his secret?
8 Brian is a night owl. He rarely, _____, goes to bed before 3 a.m.

D 밑줄 친 부분으로 시작하는 문장으로 고쳐 쓰시오.

1 She had <u>barely</u> entered the restaurant when she saw him.

→ _____

2 It was <u>not until the war ended</u> that she saw her children again.

→ _____

3 Two women walked <u>out of the room</u> wearing sunglasses.

→ _____

E 다음 중 어법상 <u>틀린</u> 것을 고르시오.

① No sooner had all the participants sat down than the ceremony began.
② The fact that he speaks four languages has helped him find work abroad.
③ The number of students addicted to online games are growing.
④ Ms. Green wanted to know whether I had finished the draft.
⑤ He suggested that I start eating well, exercising, and getting enough sleep.

F 밑줄 친 ⓐ~ⓓ 중 어법상 <u>틀린</u> 것을 찾아 바르게 고치시오.

ⓐ <u>It is change</u>—continuing change, inevitable change—<u>what is the dominant factor in society today.</u> ⓑ <u>No sensible decision can be made at all</u> without taking into account not only the world as it is, but also the world as it will be. ⓒ <u>Isaac Asimov, an American author,</u> once said that everyone ⓓ <u>must take on a science fictional way of thinking.</u>

G 다음 글을 읽고, 물음에 답하시오.

Seldom did Tom find himself reading someone else's magazine on the bus. But today, something caught his attention. One of people's greatest fears, the headline said, (A) is / are public speaking. Only occasionally (B) Tom gave / did Tom give presentations, so he was nervous about giving one the following day. ① While reading, he glanced out the window. "Oh! There (C) my stop goes / goes my stop !" he said. "Maybe I shouldn't be concerned about public speaking," he thought to himself. "What really causes me problems is public reading!"

1 (A), (B), (C)의 각 네모 안에서 어법상 알맞은 것을 고르시오.

2 의미상 생략된 어구를 보충하여 밑줄 친 ①을 다시 쓰시오.

A 병렬 구조

등위접속사, 상관접속사 또는 비교 · 대조 구문 등으로 연결되는 어구들은 문법적인 형태가 대등해야 한다.

a People often don't consider purchasing boats or [**rent** / **renting**] a beach house during the winter. 교육청 기출 응용

b Brisk walking burns more calories than [**jogging** / ~~to jog~~] at the same pace.

a 사람들은 겨울 동안 보트를 사거나 바닷가 별장을 빌리는 것을 자주 고려하진 않는다. b 같은 속도라면 힘차게 걷기가 조깅보다 칼로리를 더 소모한다.

B 수 일치

주어 다음에 형용사구, 형용사절 등의 수식어구가 이어지거나 「부분 표현(all, half 등) + of + 명사」가 주어일 때, 주어와 동사를 정확하게 수 일치해야 한다.

c The bicycles used for track racing [**is** / **are**] built without brakes.

d In Africa, the number of lions speared, shot, and poisoned [**has** / **have**] soared. 교육청 기출 응용

c 트랙 경주용 자전거들은 브레이크 없이 만들어진다. d 아프리카에서는 창에 찔리고 총에 맞거나 독에 중독되는 사자들의 숫자가 급증했다.

TIP
도치된 주어와 동사의 수 일치

Next to him [were / was] several small bottles of red wine.

PRACTICE ....

A 괄호 안에서 어법상 알맞은 것을 고르시오.

1 The difference in distance between the two routes [are / is] due to the Earth's curved surface. 교육청 기출

2 The tools of the digital age allow us to easily get, share, and [acting / act] on information.

3 I was so delighted to receive your letter and [learn / learning] that you have been accepted to Royal Holloway. 교육청 기출

B (A), (B), (C)의 각 네모 안에서 어법상 알맞은 것은?

How many calories does a person need each day? There is no one answer that is right for everyone. (A) | A number of / The number of | calories a person needs depends upon age, body structure, and the kind of work that one (B) | do / does |. Also, a person who exercises or has an active lifestyle will burn more calories. The food a person eats in three well-balanced meals each day usually (C) | provide / provides | all the calories that are needed.

실제로 수의 일치 규칙이 적용되지 않는 경우

우리는 지금까지 주어와 동사의 수는 반드시 일치해야 한다고 배워왔다. 하지만 원어민들이 실제로 말하는 것을 보면 이 규칙이 엄격하게 지켜지지 않는 경우를 종종 보게 된다. 이러한 규칙 위반 현상 중에는 무시해도 좋을 정도로 드물게 일어나는 것들이 있는 반면, 또 어떤 것들은 원어민들 사이에서 이미 언어 습관으로 자리 잡은 것들도 있다.

원어민들이 실제로 사용하고 있는 다양한 언어들(신문, 잡지, 소설책, 학술 서적 등의 글뿐만 아니라 일상 대화까지)을 수집한 광대한 언어 데이터인 corpus(코퍼스)를 분석해 보면, 수의 일치에 대한 우리의 상식을 깨는 예를 종종 볼 수 있는데, 이 중 가장 대표적인 것이 There's, Here's, Where's, How's 등이다.

a There's houses all the way up the street. ▶ There's **(단수형)** ↔ houses **(복수형)**
길을 따라 집들이 쭉 늘어서 있다.

b How's your parents? ▶ How's **(단수형)** ↔ parents **(복수형)**
네 부모님은 어떠시니?

위의 문장 **a**에서는 주어가 houses(복수)이므로 원칙적으로 There are가 나와야 하지만 일상 회화에서는 복수형 명사 앞에 There's를 쓰는 경우가 자주 있다. 문장 **b**에서도 주어가 parents(복수)이므로 원칙적으로 How are가 나오는 것이 옳지만 일상 회화에서는 주어가 단수냐 복수냐에 상관없이 How's를 쓰는 경우를 드물지 않게 볼 수 있다.

문제는 이러한 현상을 어떻게 볼 것인가에 있는데, 지금까지의 우리의 문법 교육은 위의 예와 같이 수의 일치 규칙에 어긋나게 사용하는 것을 무조건 잘못되었다고 가르친 것이 사실이다. 하지만 언어는 고정 불변하는 것이 아니라 그 언어를 쓰는 사람들에 의해 변한다는 점을 고려한다면 지금까지 절대시해 온 수의 일치에 대해 좀 더 유연하게 생각할 필요가 있을 것이다. 문법이란 것은 의사 전달을 효과적으로 하기 위해 배우는 유용한 틀, 즉 하나의 수단이 되어야지, 자유롭고 다양한 의사소통을 옭아매는 사슬이 되어서는 안 되기 때문이다.

CHAPTER 15

SENTENCE READING STRATEGY

독해력 향상을 위한
문장구조 이해하기

영어 문장을 정확하고 빠르게 이해하기 위해서는 첫째, 문장의 구조를 파악할 수 있어야 하고 둘째, 동사의 의미를 정확히 알고 있어야 한다.

문장의 구조를 파악하기 위해서는 문장성분 단위, 즉 어디까지가 주어, 동사인지 파악하고 이를 수식하는 수식어구를 파악할 수 있어야 한다.

이 장에서는 각 문장성분이 구나 절의 형태를 취하거나 수식어와 함께 쓰이는 경우 등의 다양한 형태를 제시하여 문장을 구조적으로 파악하는 능력을 키울 수 있도록 하였다. 또한, 문장의 구조를 파악해도 정작 동사의 의미를 잘 몰라 잘못 해석하는 실수를 막기 위해 해석에 유의해야 할 동사들도 다루었다.

■ 다양한 형태의 문장성분

I admit **it**. 그것을	단어가 목적어 역할	굵은 글씨 부분은 길이 및 형태와 상관없이 '~을[를]'로 해석되며 모두 목적어
I admit **cheating on the exam**. 시험에서 부정행위 한 것을	구가 목적어 역할	
I admit **that I cheated on the exam**. 내가 시험에서 부정행위 한 것을	절이 목적어 역할	
I got a **great** job. 훌륭한 일자리를	단어가 수식어 역할	굵은 글씨 부분은 길이 및 형태와 상관없이 모두 명사를 수식하는 형용사적 수식어
I got a job **perfect for me**. 나한테 딱 맞는 일자리를	구가 수식어 역할	
I got a job **everyone wants to have**. 모두가 갖고 싶어하는 일자리를	절이 수식어 역할	

A 주어의 여러 형태

문장 독해의 기본은 '~은/는/이/가'로 해석되는 주어를 찾는 것이다. 주어는 명사나 대명사처럼 한 단어인 경우도 있지만, 구나 절로 이루어져 길어지는 경우도 있다. 주어가 길 때는 어디까지가 주어인지를 파악하는 것이 매우 중요하다.

1 단어가 주어로 쓰일 때	**1**
a **Coffee** can keep you awake.	a 명사가 주어
b Where did **you** first meet Sandra?	b 대명사가 주어
2 구가 주어로 쓰일 때	**2**
c **It** is dangerous **to swim in this river**. ← **To swim in this river** is dangerous. 　　(어색한 표현)	c to부정사구가 주어 to부정사구가 주어인 형태는 일상체에서는 자주 쓰이지 않고, 대부분 「It ~ to-v」의 구문으로 바꿔 쓴다. **참조** UNIT 19 B 1
d **Losing a loved one** is a painful experience.	d 동명사구가 주어
3 절이 주어로 쓰일 때	**3**
e **It** is important **that you work out regularly**. ← **That you work out regularly** is important. 　　(어색한 표현)	e that절이 주어 that절이 주어인 경우는 가주어 it을 사용한 「It ~ that ...」 구문으로 쓴다. 이는 길이가 길고 정보가 많은 구절은 문장 뒤에 두는 경향 때문이다.
f **Who did that** is not certain. = It is not certain **who did that**.	f 의문사절이 주어
g **What you saw in the room** must have been a ghost.	g 관계대명사 what이 이끄는 절이 주어

awake 깨어 있는, 잠들지 않은 loved one 사랑하는 사람 work out 운동하다

B 주격 보어의 여러 형태

주격 보어는 주어의 신분, 직업, 상태, 성질 등을 보충 설명하는 말이다. 명사나 형용사처럼 한 단어로 된 것도 있지만 구나 절로 이루어져 길어지는 경우도 있다.

1 단어가 주격 보어로 쓰일 때	**1**
a Harry and Alex have become **friends**.	a 명사가 주격 보어
b It's **me**, Mom!	b 대명사가 주격 보어 (보통 목적격의 형태를 취함)
c Andrew looked **cheerful**. ~~Andrew looked cheerfully.~~	c 형용사가 주격 보어 **주의** look, feel, sound 등이 '~하게 보이다[느껴지다/들리다]'라는 뜻으로 쓰일 때 부사가 아닌 형용사가 뒤에 와야 한다.

2 구가 주격 보어로 쓰일 때

d His goal is **to establish a foundation for children**.

e The first priority is **increasing exports**.

3 절이 주격 보어로 쓰일 때

f The fact is **that stress can cause depression**.

g The question is **who will be the next president**.

2

d to부정사구가 주격 보어

e 동명사구가 주격 보어

3

f that절이 주격 보어

g 의문사절이 주격 보어

---

establish 설립하다 foundation 재단 priority 우선해야 할 일 depression 우울증

ⓒ 목적어의 여러 형태

목적어는 명사나 대명사처럼 한 단어인 경우도 있지만 구나 절로 이루어져 길어지는 경우도 있으며, 대개 '~을[를]'로 해석된다.

---

1 단어가 목적어로 쓰일 때

a I left **Venice** last year. Now I miss **it** a lot.

2 구가 목적어로 쓰일 때

b Nancy doesn't want **to see you** anymore.

c I admit **feeling jealous of his success**.

3 절이 목적어로 쓰일 때

d I believe **(that) your dream will come true**.

e I don't know **where he comes from**.

f I was wondering **if[whether] you could help me**.

g He never pays attention to **what others say about him**.

1

a 명사, 대명사가 목적어

2

b to부정사구가 목적어

c 동명사구가 목적어

3

d that절이 목적어 (이 경우 접속사 that은 생략 가능)
  참조 UNIT 36 B 1

e 의문사절이 목적어 참조 UNIT 36 C 1

f if[whether]가 이끄는 절이 목적어

g 관계대명사 what이 이끄는 절이 목적어

A a 커피는 네가 깨어 있게 할 수 있다. b 너는 Sandra를 어디서 처음 만났니? c 이 강에서 수영하는 것은 위험하다. d 사랑하는 사람을 잃는 것은 고통스러운 경험이다. e 규칙적으로 운동하는 것이 중요하다. f 그걸 누가 했는지는 확실하지 않다. g 그 방에서 네가 본 것은 유령이었음이 틀림없다.

B a Harry와 Alex는 친구가 되었다. b 저예요, 엄마! c Andrew는 쾌활해 보였다. d 그의 목표는 아동을 위한 재단을 설립하는 것이다. e 최우선으로 해야 할 일은 수출을 늘리는 것이다. f 사실은 스트레스가 우울증을 일으킬 수 있다는 것이다. g 문제는 누가 차기 대통령이 될 것이냐다.

C a 나는 작년에 베니스를 떠났다. 지금 나는 그곳이 굉장히 그립다. b Nancy는 더는 너를 보고 싶어 하지 않는다. c 나는 그의 성공을 시기한 것을 인정한다. d 난 너의 꿈이 이뤄질 거라고 믿어. e 난 그가 어디 출신인지를 모르겠어. f 전 당신이 절 도와주실 수 있는지 알고 싶었어요. g 그는 다른 사람이 자신에 관해 말하는 것을 신경 쓰지 않는다.

EXERCISE

정답 및 해설 p.52

A 밑줄 친 부분의 문장 내 역할이 주어, 목적어, 보어 중 어느 것인지 밝히시오.

1 Do you know <u>what to do next</u>? [   ]

2 I hope <u>to meet the director</u> face to face. [   ]

3 It is impossible <u>to change our habits in a day</u>. [   ]

4 I wonder <u>if you have time tomorrow morning</u>. [   ]

5 <u>Building good relationships with people</u> isn't easy. [   ]

6 My question is <u>when we should release this product</u>. [   ]

7 ⓐ <u>What bothers me most</u> is ⓑ <u>his bad table manners</u>. ⓐ [   ] ⓑ [   ]

B 주어에 해당되는 부분에 밑줄을 그으시오.

1 Taking a warm bath can relieve the stress of the day.

2 It is obvious that Jack and Jenny will get married soon.

3 Where the king's grave is located remains a mystery.

4 What you throw away now may be needed in the future.

5 Due to the number of visitors, it is difficult to keep the park clean.

C 보어 또는 목적어에 밑줄을 긋고 보어는 C, 목적어는 O로 표시하시오.

1 My dream is to be a world-famous actress.

2 He asked whether his answer was correct or not.

3 Parents should know what their children are good at.

4 We should learn how to treat each other with respect.

5 The problem is that artificial sweeteners are as bad for your body as sugar.

D 우리말과 일치하도록 괄호 안의 말을 바르게 배열하시오.

1 우리가 우려하는 것은 대중들이 이 사건에 어떻게 반응하는가이다.

→ Our concern is (the public / how / react to / this case / will).

2 당신이 우리의 결정에 동의하는지 말씀해 주세요.

→ Please tell us (agree with / our decision / whether / you).

3 내가 장차 하고 싶은 것은 건물을 설계하는 것이다.

→ (I / want / in the future / to do / what) is design buildings.

182 G-ZONE CHAPTER 15

E   다음 대화에서 밑줄 친 부분을 바르게 고치시오.

A : What is your biggest goal for this year?
B : My plan is ⓐ go backpacking around Europe. As you know, it's ⓑ importantly to experience as much of the world as you can.
A : So you want ⓒ gain new experiences and broaden your horizons.
B : Yeah, but the question is ⓓ how can I get the money for the trip.

GRAMMAR IN READING ....

A   ⓐ, ⓑ 두 문장에서 각각의 주어를 찾아 밑줄을 그으시오.

ⓐ Building good relationships with others gives us a feeling of belonging. ⓑ How successful we are at forming good relationships and how we act towards other people make a big difference in how good we feel about ourselves.

B   다음 글을 읽고, 물음에 답하시오.

Possessing a sense of style means that when it comes to fashion, you understand ⓐ what works for you and your personality. All of us have our own unique style that matches our personality. Because of this, ⓑ what magazines, fashion experts, or even your friends highly recommend is not necessarily ⓒ what is best for you. ① Wear designer clothes that have no connection to your personality not only means that you're not expressing yourself; it may also be an expensive fashion mistake!

1 밑줄 친 ⓐ~ⓒ의 문장 내 역할을 각각 밝히시오.

2 밑줄 친 ①을 어법상 가장 알맞게 고치시오.

Q 위 글의 제목으로 가장 알맞은 것은?
① Find Your Own Style
② Changing Fashion Trends
③ How to Become a Fashion Expert

A   belonging 소속 make a difference 차이를 낳다, 중요하다, 효과가 있다
B   possess 소유하다, 갖다 when it comes to ~에 관해서라면 have no connection to ~와 관계[관련]이 없는

72 목적격 보어의 이해

A 목적격 보어의 여러 형태

목적격 보어는 목적어의 상태나 행위, 신분, 직업 등을 보충 설명하는 말로서 명사, 형용사, to부정사, 분사 등 여러 가지 형태가 올 수 있다. 목적어와 목적격 보어는 의미상 주어-서술어 관계에 있으며 '(목적어)가 (목적격 보어)하다[이다]'라고 해석한다.

a He named *his daughter* **Daisy**.	a 명사가 목적격 보어 (his daughter가 Daisy이다)
b This sweater will keep *you* **warm**.	b 형용사가 목적격 보어 (you가 warm하다)
c The flight attendant told *us* **to remain** seated.	c to부정사가 목적격 보어 (us가 remain하다)
d That experience made *me* **think** about life.	d 원형부정사가 목적격 보어 (me가 think하다)
e We saw *the train* **disappearing** into the fog.	e 현재분사가 목적격 보어 (train이 disappear하다)
f Over a million people had *their identity* **stolen** last year.	f 과거분사가 목적격 보어 (their identity가 steal되다)

B 동사에 따른 목적격 보어의 형태 변화

동사에 따라 목적격 보어의 형태가 정해진다. 그런데 하나의 동사라도 쓰임에 따라 다른 형태의 목적격 보어를 취하기도 하므로, 특정 동사가 한 형태의 목적격 보어하고만 쓰인다고 생각하면 안 된다. 또한 지각동사나 사역동사의 목적격 보어로 원형부정사가 아닌 현재분사나 과거분사를 쓰는 경우가 있으므로 이에 주의한다.

1 명사나 형용사를 목적격 보어로 취할 수 있는 동사	**1**
a That movie **made** her **a star**.	a make + 목적어 + 명사: (목적어)를 ~로 만들다
b Too many business trips **made** him **tired**.	b make + 목적어 + 형용사: (목적어)를 ~하게 만들다
c I **found** the movie **disappointing**.	c find + 목적어 + 형용사: (목적어)가 ~한 상태임을 알다
d I need to **get** my car **ready** for winter driving.	d get + 목적어 + 형용사: (목적어)를 ~한 상태가 되게 하다
e Try to **keep** your house **free of** dirt.	e keep + 목적어 + 형용사: (목적어)를 ~한 상태로 유지하다
2 to부정사를 목적격 보어로 취할 수 있는 동사	**2** to부정사를 목적격 보어로 취하는 동사로는 want, get, cause, allow, expect, ask, encourage, advise, order 등이 있다. **참조** UNIT 20 B
f I don't **want** you **to call** me again.	f want + 목적어 + to-v: (목적어)가 ~하기를 원하다
g I tried to **get** her **to accept** my apology.	g get + 목적어 + to-v: (목적어)로 하여금 (설득하여) ~하게 하다

3 원형부정사를 목적격 보어로 취할 수 있는 동사

h I **saw** her eyes **twinkle** with delight.

i I couldn't **make** him **change** his mind.

j This music will **help** you (**to**) **sleep** well.

4 현재분사를 목적격 보어로 취할 수 있는 동사

k Aerobic exercise **gets** your heart **beating** faster.

l You've **kept** me **waiting** for two hours.

m I **saw** her eyes **twinkling** with delight.

n I found we **had** water **dripping** through the ceiling last night.

5 과거분사를 목적격 보어로 취할 수 있는 동사

o We **want** the living room **painted** again.

p Please **keep** me **posted**.

q He **made** himself **known** to the public.

r I **had** my computer **fixed** yesterday.
   = I **got** my computer **fixed** yesterday.

s I **saw** the politician **interviewed** on TV the other day.

3 지각동사와 사역동사는 목적격 보어로 원형부정사를 취한다. 단, help의 경우 원형부정사와 to부정사 둘 다를 목적격 보어로 취한다.

4 get, keep, find 등의 동사는 목적격 보어로 현재분사를 쓸 수 있다. 또한 지각동사와 사역동사 have는 동작의 주체인 목적어가 진행 중인 동작·상태를 강조할 경우 목적격 보어로 현재분사도 취할 수 있다.

k get + 목적어 + v-ing: (목적어)를 ~하게 하다

l keep + 목적어 + v-ing: (목적어)로 하여금 계속 ~하게 하다

m 빛나고 있다는 진행의 의미를 강조

n 상황이 일정 기간 지속됨을 강조

5 다음 동사들의 목적어와 목적격 보어가 수동 관계일 때 목적격 보어로 과거분사를 쓴다.

o want, like, need 등 선호나 필요를 나타내는 동사 (거실이 페인트칠 되는 것)

p keep, leave, find 등의 동사 (내가 소식을 받는 것)

q-r make, have 등의 사역동사 (그가 알려지는 것 / 컴퓨터가 고쳐지는 것)

s hear, watch, see 등의 지각동사 (정치인이 인터뷰하는 것이 아니라 받는 것)

---

free of ~이 없는 twinkle 반짝이다 aerobic exercise 유산소 운동 drip (물이) 뚝뚝 떨어지다

A a 그는 자기 딸을 Daisy라고 이름 지었다. b 이 스웨터는 당신을 따뜻하게 해줄 것입니다. c 승무원은 우리에게 앉아 있으라고 말했다. d 그 경험이 나로 하여금 인생에 대해 생각해보도록 했다. e 우리는 기차가 안갯속으로 사라지고 있는 것을 보았다. f 지난해 백만 명 이상의 사람들이 자기 명의를 도용당했다.
B a 그 영화가 그녀를 스타로 만들었다. b 너무 잦은 출장이 그를 피곤하게 했다. c 나는 그 영화가 실망스럽다고 느꼈다. d 나는 내 차를 겨울 주행에 대비시킬 필요가 있다. e 네 집을 먼지가 없는 상태로 유지하도록 노력해라. f 난 당신이 다시는 내게 전화를 하지 않았으면 좋겠어요. g 나는 그녀가 내 사과를 받아들이게 하려고 애썼다. h 나는 그녀의 눈이 기쁨으로 반짝이는 것을 보았다. i 나는 그가 생각을 바꾸게 할 수 없었다. j 이 음악은 네가 잘 자도록 도와줄 것이다. k 유산소 운동은 여러분의 심장을 더 빨리 뛰도록 만든다. l 너는 나를 두 시간 동안 기다리게 하고 있어. m 나는 그녀의 눈이 기쁨으로 반짝이고 있는 것을 보았다. n 지난밤 나는 우리 천장에서 물이 떨어지는 것을 발견했다. o 우리는 거실이 다시 페인트칠 되기를 원한다. p (상황을) 저한테 계속 알려 주세요. q 그는 자신을 대중에게 알려지게 했다. r 나는 어제 컴퓨터를 고쳤다. (직접 고친 것이 아니라 남을 시켜서 고친 것) s 나는 며칠 전 그 정치인이 TV에서 인터뷰 받는 것을 보았다.

EXERCISE

정답 및 해설 p.53

A   괄호 안에서 알맞은 것을 고르시오.

1 Bacteria causes milk (turn, to turn) sour.

2 Did you find his speech (encouraged, encouraging)?

3 I noticed someone (walking, walked) toward this room.

4 I want my shirt (to clean, cleaned) by next Thursday.

5 I will let you (know, to know) the truth after the case is solved.

6 Mandy was moved when she saw her son (to act, acting) on the stage.

7 The wonderful weather allowed me (enjoy, to enjoy) my vacation.

8 I have been trying to get them (reconsider, to reconsider) our offer.

9 You'd better keep the windows (shut, shutting) during pollen season.

B   목적격 보어에 해당되는 부분 전체에 밑줄을 그으시오.

1 Everyone calls him a walking dictionary.

2 This pill will keep you awake for 12 hours.

3 She felt herself blushing with embarrassment.

4 Why don't you have your computer upgraded?

5 The police ordered the man to get out of his car.

6 I found it really hard to find a good business partner.

7 My homeroom teacher made all the students keep diaries.

8 Last night, Kate heard me crying and came over to my room.

C   다음 문장을 목적격 보어를 이용하여 고치시오.

0 She is beautiful.
    → John found her beautiful.

1 I feel good.
    → This music makes _____.

2 Steve is playing the guitar.
    → I heard _____.

3 A woman fell down the stone steps.
    → I saw _____ the stone steps.

4 I will go to medical school.
    → My mother expects _____.

D 다음 대화를 읽고, 괄호 안에 주어진 말을 알맞은 형태로 쓰시오.

> A : What made you _____ (come) to work late this morning?
> B : I was up all night last night. I have cockroaches in my apartment! Every night I see them _____ (run) all over my kitchen counters. It's really terrible.
> A : Oh, no! You should have the whole apartment _____ (spray) by a pest control expert.

GRAMMAR IN READING ....

A 밑줄 친 부분과 같은 뜻이 되도록 빈칸에 알맞은 말을 쓰시오.

> To become an excellent communicator, it is important to avoid certain phrases. One of them is "To be honest with you." <u>This seemingly harmless comment leads people to think that</u> maybe you have not been honest with them in the past!

→ This seemingly harmless comment could m_____ people _____ that

B 다음 글을 읽고, 물음에 답하시오.

Like a soothing massage, the right music can help you ⓐ (relax, relaxing) and put you at ease. If you're stressed, you should listen to these CDs.

STEVIE WONDER, *Songs in the Key of Life*

No one fills music with important messages about life like Stevie Wonder. His music will get you ⓑ (motivating, motivated) to make changes in your own life.

SARAH MCLACHLAN, *Surfacing*

When the going gets tough, take a bath, and listen to this Sarah McLachlan CD. Her music will ① (encourage / brighten / you / your perspective) on life.

1 ⓐ, ⓑ의 괄호 안에서 알맞은 것을 고르시오.

2 ① 안의 말을 문맥에 맞도록 배열하시오. (필요한 경우 형태를 바꿀 것)

Q 위 글의 목적으로 알맞은 것은?
① to criticize songs
② to recruit musicians
③ to recommend music

A   communicator 의사전달자 phrase 어구
B   soothing 진정시키는 the going gets tough 사는 것이 힘들어지다 perspective 관점, 견해

73 수식어의 이해

A 형용사 역할을 하는 수식어

형용사는 한 단어일 때는 대개 앞에서 명사를 수식하지만, 구나 절이 되어 길어지면 뒤에서 명사를 수식한다. 이때, 어디까지가 명사를 수식하는 수식어구인지를 파악하는 것이 문장을 해석할 때 중요하므로 여러 수식어의 형태에 익숙해지도록 한다.

1 형용사

a That was an **exciting** *game*.

b *Something* **strange** is happening now.

1

a 형용사는 보통 명사를 앞에서 수식한다.

b -thing, -body 등으로 끝나는 명사는 형용사가 뒤에서 수식한다.

2 구가 형용사 역할을 하는 경우

c Let me get you *something* **to drink**.

d Do you see *the guy* **wearing the yellow cap**?

e She took care of *the soldiers* **wounded in battle**.

f *Two men* **in black** secretly followed her.

2 명사를 수식하는 형용사구는 다음과 같은 것들이 있다.

c to부정사구

d 현재분사구

e 과거분사구

f 전치사구

3 절이 형용사 역할을 하는 경우

g I've seen *all the movies* **that she starred in**.

h *The man* **who stole my bicycle** has been caught.

i I've never been to *the restaurant* **where Sam works**.

j I remember *the weekend* **when I went camping in the woods**.

3 관계사절은 바로 앞의 명사구(선행사)를 수식하는 형용사절이다.

g-h 관계대명사절

i-j 관계부사절

---

wounded 부상을 입은 star in (영화 등에서) 주연하다

B 부사 역할을 하는 수식어

부사는 문장 속에서 때, 장소, 방법, 정도 등을 나타내며, 단어뿐만 아니라 구나 절도 부사의 역할을 할 수 있다. 부사적 수식어는 형용사, 동사, 부사 또는 절을 수식한다.

1	**부사**	**1**	
a	I'm **terribly** sorry.	a-b	부사가 형용사나 다른 부사를 수식할 때 보통 수식하는 말 앞에 온다.
b	The rumor spread **really** fast.		
c	Linda waited **patiently** for Martin.	c	부사가 동사를 수식하는 경우 보통 동사 뒤에 오지만 동사 앞이나 문장 끝에 쓰기도 한다.
	= Linda **patiently** waited for Martin.		
	= Linda waited for Martin **patiently**.		
d	**Fortunately**, I arrived at the airport on time.	d	부사는 문장 전체를 수식하기도 한다.
e	His argument was not clear **enough**.	e	부사로 쓰이는 enough는 수식하는 말 뒤에 온다.
2	**구가 부사 역할을 하는 경우**	**2**	부사 역할을 하는 구들은 다음과 같은 것들이 있다.
f	Are you ready **to order**?	f	형용사를 수식하는 to부정사구
g	She always wears high heels **to look taller**.	g	동사를 수식하는 to부정사구
h	I love you **from the bottom of my heart**.	h	동사를 수식하는 전치사구
i	She walked along, **talking on her cell phone**.	i	동시상황, 때, 이유 등을 나타내는 분사구문
3	**절이 부사 역할을 하는 경우**	**3**	접속사 when, because, if, though 등이 이끄는 절은 문장 속에서 때 · 이유 · 조건 · 양보 등을 나타내는 부사절로, 주절을 수식한다.
j	I almost fainted **when he kissed me**.		
k	She sat down **because she felt dizzy**.	j	때를 나타내는 부사절
l	**If you believe in yourself**, you can succeed.	k	이유를 나타내는 부사절
m	**Though she was hungry**, she could barely eat the soup.	l	조건을 나타내는 부사절
		m	양보를 나타내는 부사절

terribly 굉장히 patiently 참을성 있게 faint 기절하다 dizzy 현기증 나는

A a 그건 흥미진진한 경기였다. b 무언가 이상한 일이 지금 일어나고 있다. c 마실 것을 좀 가져다 드릴게요. d 노란 모자를 쓴 저 남자가 보이니? e 그녀는 전투에서 부상한 군인들을 돌보았다. f 검은 옷을 입은 두 남자가 그녀를 몰래 미행했다. g 나는 그녀가 출연한 영화는 모두 봤다. h 내 자전거를 훔친 남자가 잡혔다. i 나는 Sam이 일하는 식당에 가 본 적이 없다. j 나는 숲 속에서 캠핑했던 주말을 기억한다.
B a 대단히 죄송합니다. b 그 소문은 정말 빠르게 퍼졌다. c Linda는 Martin을 참을성 있게 기다렸다. d 다행히도 나는 공항에 제시간에 도착했다. e 그의 주장은 그다지 분명하지가 않았다. f 주문하실 준비가 되셨습니까? g 그녀는 키가 더 커 보이려고 늘 하이힐을 신는다. h 나는 내 마음속 깊이 너를 사랑해. i 그녀는 휴대전화로 통화하면서 걸어갔다. j 그가 내게 키스했을 때 난 거의 기절할 뻔했다. k 그녀는 현기증을 느껴 자리에 앉았다. l 네가 자신을 믿는다면 성공할 수 있다. m 그녀는 배가 고팠지만, 수프를 거의 먹지 못했다.

EXERCISE

정답 및 해설 p.55

A   밑줄 친 부분을 수식하는 구절이 무엇인지 쓰시오.

1 She smiled at her baby, rocking the cradle.

2 You must choose foods rich in vitamin C to avoid colds.

3 The problems related to film piracy cannot be avoided.

4 He looked more handsome after he changed his hair style.

5 All of us were looking forward to the rafting trip down the river.

6 We have developed this system to speed up our work processes.

7 Every decision we make will have an effect on the next generation.

B   밑줄 친 부분이 문장에서 형용사, 부사 중 어떤 역할을 하는지 쓰시오.

1 Please give me some time to think it over.   [   ]

2 They got married and lived happily ever after.   [   ]

3 Tom was annoyed by the woman living next door.   [   ]

4 David went to bed early because he was feeling tired.   [   ]

5 Traveling in Europe, I visited as many places as I could. [   ]

6 I tried everything I could, but nothing seemed to work. [   ]

C   다음 두 문장을 괄호 안의 지시대로 한 문장으로 바꿔 쓰시오.

0 Peter ran away from the dog. It was barking at him.

→ Peter ran away from the dog barking at him. (현재분사 활용)

1 The athlete couldn't play in the game. He was in the hospital with a leg injury.

→ _____ couldn't play in the game. (관계대명사 활용)

2 The customers were given a full refund. The company's products were defective.

→ _____

a full refund. (접속사 because 활용)

3 I knew little about the movie. I researched it on the Internet.

→ _____, I researched it on the Internet. (분사구문 활용)

4 People are reconstructing the building. It was destroyed by the earthquake.

→ People are reconstructing _____. (과거분사 활용)

190   G-ZONE CHAPTER 15

D 괄호 안에 주어진 말을 분사(구)를 활용하여 알맞은 형태로 쓰시오.

> A woman _____ (go) to work was robbed. The _____ (terrify)
> woman cried for help, and a man _____ (pass by) called the police to help
> her.

GRAMMAR IN READING ....

A 다음 글을 읽고, 내용과 일치하면 T, 일치하지 않으면 F를 쓰시오.

> The other day my dog chewed on one of my new running shoes. Hoping to save
> my investment, I took it to a shoe-repair shop. "My dog got hold of this," I told the
> repairman. "What do you recommend?" Immediately he replied, "Give your dog the
> other shoe."

1 My dog damaged one of my newly purchased shoes. ( )

2 I took my shoe to a repair shop and had it repaired. ( )

B 다음 글을 읽고, 물음에 답하시오.

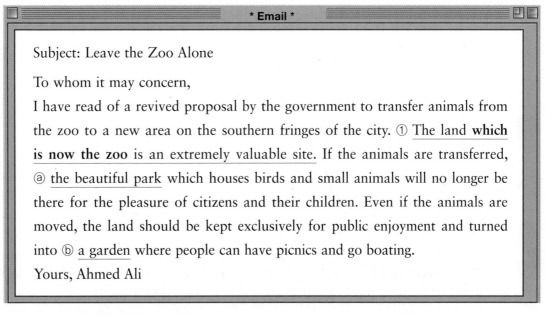

> *** Email ***
>
> Subject: Leave the Zoo Alone
>
> To whom it may concern,
>
> I have read of a revived proposal by the government to transfer animals from
> the zoo to a new area on the southern fringes of the city. ① The land **which
> is now the zoo** is an extremely valuable site. If the animals are transferred,
> ⓐ the beautiful park which houses birds and small animals will no longer be
> there for the pleasure of citizens and their children. Even if the animals are
> moved, the land should be kept exclusively for public enjoyment and turned
> into ⓑ a garden where people can have picnics and go boating.
>
> Yours, Ahmed Ali

1 굵게 쓰인 말에 유의하여 밑줄 친 문장 ①을 우리말로 해석하시오.

2 밑줄 친 ⓐ, ⓑ를 수식하는 말을 찾아 밑줄을 그으시오.

Q 위 글의 내용과 일치하면 T, 일치하지
않으면 F를 쓰시오.
The government plans to change
the zoo into a public park. ( )

....

A investment 투자금

B revive 재개하다, 부활시키다 proposal 제안; *계획 transfer 옮기다 fringe 주변, 언저리 house 주거를 제공하다 exclusively 오로지

74 해석에 주의해야 할 동사

주어, 목적어, 보어 등의 문장성분을 파악했다 하더라도 동사의 의미를 정확히 알지 못하면 해석에 어려움을 겪을 수 있다. 해석하기가 까다로운 동사로는 여러 가지 유형의 동사구, 특정 전치사를 동반하는 동사, 두 개 이상의 뜻을 가지고 있는 동사 등이 있다.

A 동사구 (phrasal verbs)

동사구는 「동사 + 부사」, 「동사 + 부사 + 전치사」 등의 형태로 하나의 동사 역할을 한다. 부사나 전치사가 결합하면서 동사의 본래 의미가 달라지는 동사구의 경우 해석에 어려움을 줄 수 있으므로 의미 파악에 유의한다.

a	The plane failed to **take off** on time.	a	take off: (항공기 등)이 이륙하다(= depart)
b	Why did he **turn down** such an offer?	b	turn down: ~을 거절하다(= refuse, reject)
c	The game was **called off** because of rain.	c	call off: ~을 취소하다(= cancel)
d	I hope things **work out** well for her.	d-e	work out: (일)이 진행되다(= develop)
e	I've been **working out** at the gym for a year.		work out: 운동하다(= exercise)
f	I had to **put up with** a lot of noise from upstairs.	f	put up with: ~을 견디다, 인내하다(= tolerate)
g	We've **run out of** gasoline, I'm afraid.	g	run out of: ~을 다 써버리다, ~이 바닥나다
h	Nothing can **make up for** the loss of a child.	h	make up for: ~을 벌충[만회]하다(= compensate for)
i	I didn't **come up with** this idea by myself.	i	come up with: ~을 생각해내다(= think of)

B 특정 전치사와 결합해 쓰이는 동사

동사 중에는 목적어 뒤에 특정 전치사가 이어지는 것들이 있으므로 해석과 전치사의 쓰임에 유의한다.

a	This picture **reminds** me **of** my childhood.	a	remind A of B: A에게 B를 생각나게 하다
b	Somebody **informed** the police **of** the robbery.	b	inform A of B: A에게 B를 알리다
c	He **accused** me **of** cheating on the test.	c	accuse A of B: A를 B로 비난하다, A를 B의 죄목으로 고소하다
d	Poverty can **rob** children **of** the chance to explore their dreams.	d	rob A of B: A에게서 B를 빼앗다
e	We **provide** our customers **with** excellent service. = We **provide** excellent service **for** our customers.	e	provide[supply] A with B: A에게 B를 제공하다 (= provide B for[to] A)

f	You can **replace** sugar **with** honey. = You can **substitute** honey **for** sugar.
g	The woman **mistook** me **for** a salesclerk.
h	They **blamed** the restaurant **for** their food poisoning.
i	I couldn't **tell** her voice **from** her twin sister's.
j	The doctors tried to **keep** the disease **from** spreading.

f	replace A with B: A를 B로 대체[교체]하다 (= substitute B for A)
g	mistake A for B: A를 B로 잘못 알다
h	blame A for B: A를 B의 이유로 비난하다
i	tell[distinguish] A from B: A를 B와 구별하다
j	keep A from B: A가 B하는 것을 막다 (= prevent[stop] A from B)

C 다의어 동사

두 개 이상의 뜻을 가진 동사들은 엉뚱하게 해석하기 쉬우므로 문맥을 통해 의미를 정확히 파악할 수 있어야 한다.

a	They **charged** me $10 *for* a $5 meal.
b	She was **charged** *with* robbery.
c	I'm planning to **move** to an apartment.
d	Her story **moved** me to tears.
e	We should cooperate to **save** the economy.
f	This system will **save** you a lot of effort.
g	What time should we **meet**?
h	This policy cannot **meet** everyone's needs.
i	I **appreciate** your kind help.
j	I don't think you **appreciate** the danger.
k	His poetry wasn't fully **appreciated** by critics.

a	charge A B for ~: ~의 대가로 A에게 B를 청구하다
b	charge A with B: A를 B의 죄목으로 고발하다
c-d	move: 이사하다 move: 감동시키다(= touch)
e-f	save: 구하다 save: (경비·시간·노력 등을) 덜어주다
g-h	meet: 만나다 meet: (요구·조건 등을) 충족시키다
i-k	appreciate: (~에 대해) 감사하다 appreciate: (중요성·위험 등을) 충분히 인식하다 appreciate: 감상하다, 진가를 알고 즐기다

cooperate 협조하다, 협동하다 critic 비평가

A a 그 비행기는 제시간에 이륙하지 못했다. b 그는 왜 그런 제의를 거절한 거야? c 그 게임은 비로 취소되었다. d 나는 그녀의 일이 잘 풀리기를 바란다. e 나는 일 년 동안 체육관에서 운동해왔다. f 나는 위층에서 들리는 큰 소음을 견뎌야 했다. g 우리가 기름이 떨어진 것 같아 불안해. h 그 무엇도 자식을 잃은 것을 보상할 수 없을 것이다. i 나는 이 아이디어를 혼자 생각해 낸 것이 아니다.

B a 이 그림은 나로 하여금 내 어린 시절을 생각하게 한다. b 누군가가 경찰에 강도 사건을 알렸다. c 그는 시험에서 부정행위를 했다고 나를 비난했다. d 가난은 아이들이 자신의 꿈을 개척할 기회를 앗아갈 수 있다. e 우리는 고객들에게 최상의 서비스를 제공합니다. f 설탕을 꿀로 대체할 수 있습니다. g 그 여성은 나를 점원으로 착각했다. h 그들은 식중독의 원인으로 그 식당을 탓했다. i 나는 그녀의 목소리를 그녀의 언니의 목소리와 구별하지 못했다. j 의사들은 그 질병이 퍼지는 것을 막기 위해 노력했다.

C a 그들은 5달러짜리 식사에 대해 나에게 10달러를 청구했다. b 그녀는 강도 혐의로 고발당했다. c 나는 아파트로 이사 갈 계획이다. d 그녀의 이야기는 나를 감동시켜서 눈물짓게 했다. e 우리는 경제를 살리기 위해서 협력해야 한다. f 이 시스템은 여러분의 수고를 크게 덜어줄 것입니다. g 우리 몇 시에 만날까? h 이 정책이 모든 이의 요구를 충족시킬 수는 없다. i 당신의 친절한 도움에 감사를 드립니다. j 제 생각에 당신은 그 위험에 대해 잘 모르시는 것 같습니다. k 그의 시는 비평가들에게 충분히 인정받지 못했다.

EXERCISE

정답 및 해설 p.56

A   빈칸에 알맞은 전치사를 쓰시오.

1 That smell reminds me _____ Christmas.

2 Many people mistake me _____ a Japanese person.

3 I was going to take a shower, but we'd run out _____ shampoo.

4 You will be informed _____ our decision within sixty days.

5 Rose blamed her husband _____ their money troubles.

6 We are going to provide beverages _____ all the passengers.

7 We are going to supply all the passengers _____ beverages.

B   다음 문장을 읽고, 밑줄 친 동사의 의미를 쓰시오.

1 a. The song <u>moved</u> her deeply and made her cry.   [   ]

   b. My family will <u>move</u> to Boston because of my father's job.   [   ]

2 a. The audio guide will help you <u>appreciate</u> the paintings better.   [   ]

   b. I really <u>appreciate</u> your warm hospitality.   [   ]

3 a. This machine can <u>save</u> you a lot of time.   [   ]

   b. Something should be done to <u>save</u> those starving children.   [   ]

4 a. We canceled his contract because he didn't <u>meet</u> our requirements.   [   ]

   b. I'm supposed to <u>meet</u> my client in half an hour.   [   ]

C   괄호 안의 말과 같은 뜻이 되도록 보기의 동사를 활용하여 빈칸에 알맞은 동사구를 쓰시오.

[보기] work	put	turn	take	come

1 This noise is terrible. I'm not going to _____ (tolerate) it anymore.

2 I've gained 3 kg this month. I need to _____ (exercise).

3 We discussed it for a few hours, and we _____ (think of) a new brand name.

4 Kelly applied for several positions, but she was _____ (reject) for all of them.

5 It's a busy airport. Planes are _____ (depart) and landing every few minutes.

D 다음 주어진 내용과 같은 의미가 되도록 괄호 안의 말을 활용하여 문장을 완성하시오.

> The weather forecast says it will snow often this winter. So I decided to take off my car's tires and put on snow tires.

→ I decided to _____ in case it
snows often this winter. (replace)

GRAMMAR IN READING ....

A 다음 글을 읽고, 어법상 **틀린** 부분 한 개를 찾아 바르게 고치시오.

> Plankton grows in both freshwater and marine ecosystems, providing food with all kinds of fish and other sea creatures. As a human resource, it has just begun to be exploited. However, some experts predict that in time, it may become the chief food supply of the world.

B 다음 글을 읽고, 물음에 답하시오.

> **A Lawsuit over Privacy**
> — A California woman filed a suit yesterday against DoubleClick, accusing the Web advertising firm _____  unlawfully obtaining and selling consumers' private information, attorneys for the woman said. New York-based DoubleClick declined to comment: "Typically we do not comment on any lawsuits going on at DoubleClick," a company spokeswoman said. According to the lawsuit, DoubleClick was ⓐ <u>charged</u> with employing computer-tracking technology, known as cookies, to identify Internet users and collect personal information without their consent as ⓑ <u>they</u> travel around the web.

1 빈칸에 알맞은 전치사를 쓰시오.

2 밑줄 친 <u>charge</u>의 의미로 알맞은 것을 고르시오.
   a. to require someone to pay money
   b. to say officially that someone committed a crime

Q 위 글의 밑줄 친 ⓑ <u>they</u>가 가리키는 것을 찾아 영어로 쓰시오.

A marine 바다의 ecosystem 생태계 exploit 개발하다 in time 결국엔
B lawsuit 소송, 고소 file a suit 소송을 제기하다 unlawfully 불법적으로 attorney 대리인, 변호사 spokeswoman 여성대변인 consent 동의

REVIEW TEST

A   괄호 안에서 알맞은 것을 고르시오.

1 (That, What) he did was morally wrong.
2 The medicine made me very (sleepy, sleepily).
3 The doctor advised her (rest, to rest) for a week.
4 (Go, Going) to the dentist is always scary for me.
5 Traveling alone in the desert sounds (dangerous, dangerously).
6 How did you manage to get your car (to repair, repaired) so cheaply?
7 He (works out, works on) regularly to keep fit.

B   밑줄 친 부분이 무엇을 수식하는지 쓰시오.

1 She was famous for her peculiar voice and appearance.
2 The rooms with an ocean view have been fully booked.
3 We hope to finish the construction by the end of this year.
4 After the couple exchanged rings, the groom kissed the bride.
5 This movie is about a woman who is falsely accused of a crime.
6 The archaeologist found hunting tools made in the Bronze Age.
7 This restaurant has enough room to accommodate up to 100 people.
8 Apparently, they are going to build a new bypass around the city.

C   다음 빈칸에 공통으로 들어갈 알맞은 동사 또는 전치사를 쓰시오.

1 a. The restaurant _____ us $40 for the wine.
   b. Gibson has been _____ with fraud.

2 a. By donating blood, you can _____ someone's life.
   b. Adopting this new technology will _____ us lots of time.

3 a. Everyone blamed the taxi driver _____ the accident.
   b. A woman mistook him _____ an actor and asked for his autograph.

4 a. Her illness has robbed her _____ a normal life.
   b. The professor has been accused _____ stealing his student's ideas.

5 a. You cannot replace a healthy diet _____ vitamin pills.
   b. I don't think I can put up _____ her rude behavior anymore.

[D~E] 다음 중 어법상 <u>틀린</u> 것을 고르시오.

D

① I find it embarrassing to talk in front of people.
② He left a note attaching on the refrigerator door.
③ The two brothers quit fighting over their father's fortune.
④ A bus carrying many passengers crashed into a streetlight.
⑤ After all the delays, they were anxious to make up for the lost time.

E

① Who took the newspaper on the table?
② This painting is what she bought at the auction.
③ You can hear the wind blowing in the trees.
④ The researcher asked the students fill out a questionnaire.
⑤ The man had to pay a fine because he parked in a no-parking zone.

F

(A), (B), (C)의 각 네모 안에서 어법상 알맞은 것을 고르시오.

When we meet people, (A) make / making up our minds whether we are attracted to them takes only a few seconds. Appearance and body language are (B) what / that we look at first. In addition to these, their voice and the way they speak can provide us (C) for / with clues as to their background and personality.

G

다음 글을 읽고, 물음에 답하시오.

Privacy experts are worried that new forms of wireless technology could be a major threat to personal privacy. Take smartphones, for example. It is easy for hackers ⓐ track our location and personal information through smartphone apps. This basically allows them ⓑ violate our privacy. Moreover, the camera lens on the phone is so small that <u>그 것은 사람들이 사진이 찍히고 있다는 것을 깨닫지 못하게 한다</u>. This could create all kinds of potential problems.

1 밑줄 친 ⓐ, ⓑ를 알맞은 형태로 쓰시오.

2 밑줄 친 우리말과 일치하도록 괄호 안의 말을 활용하여 문장을 완성하시오.

→ _____ a picture is being taken (keep / from / realize)

APPENDIX

1   불규칙 변화 동사표

현재	과거	과거분사
arise (일어나다)	arose	arisen
awake (깨우다)	awoke	awoken
be (~이다, 있다)	was / were	been
beat (치다)	beat	beaten
become (되다)	became	become
begin (시작하다)	began	begun
bend (구부리다)	bent	bent
bet (내기하다)	bet	bet
bite (물다)	bit	bitten
bleed (피 흘리다)	bled	bled
blow (불다)	blew	blown
break (깨다)	broke	broken
bring (가져오다)	brought	brought
build (세우다)	built	built
burn (타다)	burned / burnt	burned / burnt
burst (터지다)	burst	burst
buy (사다)	bought	bought
cast (던지다)	cast	cast
catch (잡다)	caught	caught
choose (선택하다)	chose	chosen
cling (달라붙다)	clung	clung
come (오다)	came	come
cost (비용이 들다)	cost	cost
creep (기다)	crept	crept
cut (자르다)	cut	cut
deal (다루다)	dealt	dealt
dig (파다)	dug	dug
dive (뛰어들다)	dived / dove	dived
do (하다)	did	done
draw (그리다)	drew	drawn
dream (꿈꾸다)	dreamed / dreamt	dreamed / dreamt
drink (마시다)	drank	drunk
drive (운전하다)	drove	driven
eat (먹다)	ate	eaten

현재	과거	과거분사
fall (떨어지다)	fell	fallen
feed (먹이다)	fed	fed
feel (느끼다)	felt	felt
fight (싸우다)	fought	fought
find (발견하다)	found	found
fit (꼭 맞다)	fit	fit
flee (도망가다)	fled	fled
fling (휙 던지다)	flung	flung
fly (날다)	flew	flown
forbid (금하다)	forbade / forbad	forbidden
forget (잊다)	forgot	forgotten
forgive (용서하다)	forgave	forgiven
freeze (얼다)	froze	frozen
get (얻다)	got	got / gotten
give (주다)	gave	given
go (가다)	went	gone
grind (갈다)	ground	ground
grow (자라다)	grew	grown
hang (걸다)	hung	hung
have (가지다)	had	had
hear (듣다)	heard	heard
hide (숨기다)	hid	hidden
hit (치다)	hit	hit
hold (쥐다)	held	held
hurt (다치게 하다)	hurt	hurt
keep (유지하다)	kept	kept
kneel (무릎 꿇다)	knelt / kneeled	knelt / kneeled
knit (뜨다)	knit / knitted	knit / knitted
know (알다)	knew	known
lay (놓다)	laid	laid
lead (이끌다)	led	led
leap (도약하다)	leapt / leaped	leapt / leaped
leave (떠나다)	left	left
lend (빌려주다)	lent	lent

현재	과거	과거분사
let (시키다)	let	let
lie (눕다)	lay	lain
light (비추다)	lit / lighted	lit / lighted
lose (지다)	lost	lost
make (만들다)	made	made
mean (뜻하다)	meant	meant
meet (만나다)	met	met
pay (지불하다)	paid	paid
prove (증명하다)	proved	proved / proven
put (놓다, 두다)	put	put
quit (그만두다)	quit / quitted	quit / quitted
read[riːd] (읽다)	read[red]	read[red]
ride (타다)	rode	ridden
ring (울리다)	rang	rung
rise (일어나다)	rose	risen
run (달리다)	ran	run
say (말하다)	said	said
see (보다)	saw	seen
seek (찾다)	sought	sought
sell (팔다)	sold	sold
send (보내다)	sent	sent
set (배치하다)	set	set
sew (꿰매다)	sewed	sewn / sewed
shake (흔들다)	shook	shaken
shave (면도하다)	shaved	shaved / shaven
shine (빛나다)	shone	shone
shoot (쏘다)	shot	shot
show (보여주다)	showed	shown
shrink (움츠러들다)	shrank / shrunk	shrunk
shut (닫다)	shut	shut
sing (노래하다)	sang	sung
sink (가라앉다)	sank	sunk
sit (앉다)	sat	sat
sleep (자다)	slept	slept

현재	과거	과거분사
slide (미끄러지다)	slid	slid
speak (말하다)	spoke	spoken
speed (속력을 내다)	sped / speeded	sped / speeded
spell (철자를 쓰다)	spelt / spelled	spelt / spelled
spend (소비하다)	spent	spent
spill (엎지르다)	spilled / spilt	spilled / spilt
spin (실을 잣다)	spun	spun
spit (침을 뱉다)	spit / spat	spit / spat
split (쪼개다)	split	split
spread (펴다)	spread	spread
spring (튀어오르다)	sprang / sprung	sprung
stand (서 있다)	stood	stood
steal (훔치다)	stole	stolen
stick (고수하다)	stuck	stuck
sting (찌르다)	stung	stung
strike (치다)	struck	struck
swear (맹세하다)	swore	sworn
sweep (청소하다)	swept	swept
swim (수영하다)	swam	swum
swing (그네타다)	swung	swung
take (취하다)	took	taken
teach (가르치다)	taught	taught
tear (찢다)	tore	torn
tell (말하다)	told	told
think (생각하다)	thought	thought
throw (던지다)	threw	thrown
upset (뒤엎다)	upset	upset
wake (잠에서 깨다)	woke / waked	woken / waked
wear (입다)	wore	worn
weave (엮다)	wove	woven
weep (울다)	wept	wept
win (이기다)	won	won
wind (감다)	wound	wound
write (쓰다)	wrote	written

2 다음의 동사들은 두 개의 부분으로 이루어져 있는데, 뒷부분이 해당 불규칙 변화 동사표와 같이 변화한다.

broad**cast** (방송하다)	up**hold** (지지하다)	over**see** (감독하다)	mis**take** (실수하다)
fore**cast** (예보하다)	with**hold** (보류하다)	out**sell** (~보다 많이 팔리다)	over**take** (추월하다)
mis**cast** (배역을 잘못 정하다)	mis**lead** (오도하다)	be**set** (에워싸다)	under**take** (떠맡다)
over**come** (극복하다)	re**make** (다시 만들다)	re**set** (고쳐 놓다)	fore**tell** (예고하다)
un**do** (본래대로 하다)	re**pay** (갚다, 보답하다)	over**sleep** (늦잠자다)	re**think** (다시 생각하다)
with**draw** (물러나다)	mis**read** (잘못 읽다)	mis**spell** (철자를 틀리다)	re**wind** (다시 감다)
over**eat** (과식하다)	over**ride** (~보다 우위에 서다)	under**stand** (이해하다)	re**write** (다시 쓰다)
under**go** (겪다)	out**run** (~보다 빨리 달리다)	misunder**stand** (잘못 이해하다, 오해하다)	under**write** (지급을 승낙하다)
out**grow** (확 자라다)	over**run** (초과하다)	with**stand** (저항하다)	
be**hold** (보다)	fore**see** (예견하다)		

3 진행형으로 쓸 수 없는 동사들 (상태 동사)

감정, 정신적 상태, 소망, 감각, 지각, 가치나 소유를 나타내는 동사들은 진행형으로 쓰지 않는다.

adore (숭배하다)	find (찾다)	recognize (인식하다)
agree (동의하다)	have (가지다)	regret (후회하다)
appear (~인 것 같다)	hate (싫어하다)	remember (기억하다)
appreciate (감사하다)	hear (들리다)	resemble (닮다)
assume (가정하다)	know (알다)	respect (존경하다)
be (~이다, 있다)	like (좋아하다)	see (보다)
believe (믿다)	look (~하게 보이다)	seem (~처럼 보이다)
belong (~의 소유이다)	love (사랑하다)	signify (의미하다)
care (관심을 갖다)	matter (중요하다)	smell (~한 냄새가 나다)
contain (포함하다)	mean (뜻하다)	sound (~처럼 들리다)
cost (비용이 들다)	mind (꺼리다)	suppose (가정하다)
detest (혐오하다)	need (필요하다)	suspect (의심하다)
disagree (의견을 달리하다)	notice (주목하다)	taste (~한 맛이 나다)
disbelieve (믿지 않다)	observe (관찰하다)	think (~라고 믿고 있다)
dislike (싫어하다)	own (소유하다)	trust (신용하다)
doubt (의심하다)	perceive (감지하다)	understand (이해하다)
envy (질투하다)	possess (소유하다)	want (원하다)
equal (같다)	prefer (~을 더 좋아하다)	weigh (무게가 ~ 나가다)
estimate (견적내다)	presume (가정하다)	wish (바라다)
fear (두려워하다)	realize (깨닫다)	

4 동명사를 목적어로 취하는 동사

admit (인정하다)	deny (부인하다)	mention (언급하다)
avoid (피하다)	enjoy (즐기다)	mind (꺼리다)
can't help (~하지 않을 수 없다)	escape (피하다)	postpone (연기하다)
consider (고려하다)	feel like (~하고 싶다)	quit (그만두다)
delay (미루다, 연기하다)	finish (끝내다)	suggest (제안하다)

5 to부정사를 목적어로 취하는 동사

afford (~할 여유가 있다)	hesitate (주저하다)	promise (약속하다)
agree (동의하다)	hope (희망하다)	refuse (거절하다)
ask (부탁하다)	learn (배우다)	seem (~처럼 보이다)
attempt (시도하다)	manage (가까스로 해내다)	struggle (투쟁하다)
can't wait (~를 못 기다리다)	mean (의도하다)	swear (맹세하다)
choose (선택하다)	need (필요가 있다)	want (원하다)
decide (결정하다)	neglect (태만히 하다)	wish (바라다)
deserve (~할 자격이 있다)	offer (제안하다)	would like (~하고 싶다)
expect (기대하다)	plan (계획하다)	yearn (열망하다)
fail (실패하다)	prepare (준비하다)	
help (돕다)	pretend (~인 체하다)	

6   「동사 + 목적어 + to부정사」 형태를 취하는 동사

* 표시되어 있는 동사들은 「동사 + to부정사」 형태로도 쓸 수 있는 동사들이다.

advise (충고하다)	get (~하게 하다)	require (요구하다)
allow (허락하다)	*help (돕다)	teach (가르치다)
*ask (요청하다)	invite (초대하다)	tell (말하다)
cause (일으키다, 야기하다)	*need (필요하다)	urge (재촉하다, 촉구하다)
*choose (선택하다)	order (명령하다)	*want (원하다)
enable (~할 수 있게 하다)	permit (허락하다)	warn (경고하다)
*expect (기대하다)	persuade (설득하다)	*wish (바라다)
forbid (금지하다)	remind (상기시키다)	*would like (~하고 싶다)
force (강요하다)	request (요청하다)	

7   to부정사를 취하는 형용사

anxious (열망하는)	encouraged (고무된, 용기가 난)	lucky (행운인)
delighted (기쁜)	fortunate (운이 좋은)	ready (준비가 된)
determined (굳게 결심한)	glad (기쁜)	reluctant (마음 내키지 않는)
eager (열망하는)	happy (행복한)	willing (기꺼이 ~하는)
easy (쉬운)	likely (~일 것 같은)	

8   동명사, to부정사를 모두 목적어로 취하는 동사

* remember, forget, try 등은 동명사나 to부정사 모두를 목적어로 취할 수 있지만, 의미가 달라지므로 주의한다.
참조 UNIT 29 C

begin (시작하다)	hate (싫어하다)	*regret (후회하다, 유감이다)
can't stand (~을 견딜 수 없다)	like (좋아하다)	*remember (기억하다)
continue (계속하다)	love (사랑하다)	start (시작하다)
*forget (잊다)	prefer (~을 더 좋아하다)	*try (노력하다, 시도하다)

9 분사형 형용사

현재분사	과거분사
alarming (놀라게 하는)	alarmed (깜짝 놀란)
amazing (놀랄 만한)	amazed (놀란)
amusing (즐겁게 해주는)	amused (즐거운)
annoying (성가시게 하는)	annoyed (성가신)
astonishing (놀라운)	astonished (놀란)
boring (지루하게 하는)	bored (지루한)
confusing (혼란시키는)	confused (혼란스러운)
depressing (우울하게 하는)	depressed (우울한)
disappointing (실망스러운)	disappointed (실망한)
distressing (괴로움을 주는)	distressed (괴로운)
disturbing (귀찮게 하는)	disturbed (귀찮은)
embarrassing (당황하게 하는)	embarrassed (당황한)
entertaining (즐겁게 하는)	entertained (즐거운)
encouraging (고무시키는)	encouraged (고무된)
exciting (흥분시키는)	excited (흥분된)
exhausting (지치게 하는)	exhausted (지친)
fascinating (매혹시키는)	fascinated (매혹된)
frightening (겁먹게 하는)	frightened (겁에 질린)
frustrating (좌절시키는)	frustrated (좌절한)
horrifying (무섭게 하는)	horrified (겁에 질린)
inspiring (영감을 주는)	inspired (영감을 받은)
interesting (흥미가 느껴지는)	interested (흥미로운)
irritating (짜증나게 하는)	irritated (짜증난)
moving (감동적인)	moved (감동 받은)
paralyzing (마비시키는)	paralyzed (마비된)
pleasing (기쁘게 하는)	pleased (기쁜)
relaxing (긴장을 풀어주는)	relaxed (긴장이 풀린)
relieving (안심하게 하는)	relieved (안심한)
satisfying (만족스러운)	satisfied (만족하는)
scaring (겁먹게 하는)	scared (겁먹은)
shocking (충격을 주는)	shocked (충격 받은)
surprising (놀라운)	surprised (놀란)
terrifying (두렵게 하는)	terrified (두려운)
tiring (피곤하게 하는)	tired (피곤한)
touching (감동을 주는)	touched (감동 받은)
worrying (걱정하게 하는)	worried (걱정스러운)

10 동일 어원이면서 의미가 다른 형용사

① comparable (비교될 만한)
　comparative (비교적, 비교의)
② considerable (상당한, 중요한)
　considerate (생각이 깊은)
③ continual (빈번한)
　continuous (끊임없이 이어지는)
④ economic (경제의)
　economical (절약하는)
⑤ historic (역사적으로 중요한)
　historical (역사상의)
⑥ imaginary (상상의)
　imaginative (상상력이 풍부한)
　imaginable (상상할 수 있는)

⑦ industrial (산업의)
　industrious (근면한)
⑧ intellectual (지적인)
　intelligent (총명한)
⑨ literal (문자 그대로의)
　literary (문학의)
　literate (읽고 쓸 줄 아는)
⑩ respectable (존경할 만한)
　respectful (경의를 표하는)
　respective (각각의)
⑪ sensible (분별있는)
　sensitive (민감한)
⑫ successful (성공한)
　successive (연속적인)

11 수사

(1) 기수 (일, 이, 삼, 사…)

0 zero, nothing, naught, oh	**17** seventeen
1 one	**18** eighteen
2 two	**19** nineteen
3 three	**20** twenty
4 four	**21** twenty-one
5 five	**22** twenty-two
6 six	**23** twenty-three
7 seven	**24** twenty-four
8 eight	**25** twenty-five
9 nine	**26** twenty-six
10 ten	**27** twenty-seven
11 eleven	**28** twenty-eight
12 twelve	**29** twenty-nine
13 thirteen	**30** thirty
14 fourteen	**40** forty
15 fifteen	**50** fifty
16 sixteen	**60** sixty

70 seventy	**1001** a thousand and one
80 eighty	**1010** a thousand and ten
90 ninety	**2000** two thousand
100 a hundred, one hundred, hundred	**10,000** ten thousand
101 a hundred and one	**100,000** a hundred thousand
110 a hundred and ten	**1,000,000** a million
120 a hundred and twenty	**2,000,000** two million
200 two hundred	**1,000,000,000** a billion
1000 a thousand	

(2) 서수 (첫째, 둘째, 셋째, 넷째…)

1st first	**22nd** twenty-second
2nd second	**23rd** twenty-third
3rd third	**24th** twenty-fourth
4th fourth	**25th** twenty-fifth
5th fifth	**26th** twenty-sixth
6th sixth	**27th** twenty-seventh
7th seventh	**28th** twenty-eighth
8th eighth	**29th** twenty-ninth
9th ninth	**30th** thirtieth
10th tenth	**40th** fortieth
11th eleventh	**50th** fiftieth
12th twelfth	**60th** sixtieth
13th thirteenth	**70th** seventieth
14th fourteenth	**80th** eightieth
15th fifteenth	**90th** ninetieth
16th sixteenth	**100th** hundredth
17th seventeenth	**101st** hundred and first
18th eighteenth	**200th** two hundredth
19th nineteenth	**1000th** thousandth
20th twentieth	**1,000,000th** millionth
21st twenty-first	**1,000,000,000th** billionth

12 기수를 이용한 숫자 읽기

- 일반 숫자: 원칙적으로 세 자리씩 끊어 읽는다.

  a 356 = three hundred and fifty-six

  b 12,876 = twelve thousand eight hundred (and) seventy-six

  c 34,567,348 = thirty-four million, five hundred and sixty-seven thousand, three hundred and forty-eight

- 연도: 연도를 읽을 때는 보통 두 자리씩 끊어 읽는다.

  a 1865년 = eighteen sixty-five

  b 2004년 = two thousand four

  c 1500년 = fifteen hundred

  d in the 1920's = in the nineteen twenties (1920년대)

- 전화번호: 원칙적으로 한 자리씩 끊어가며 읽는다. 0은 [zíːrou] 또는 [ou]로 읽으며, 숫자가 겹치는 경우는 'double'을 이용한다.

  a 245-3760 = two four five, three seven six zero

  b 2011-3450 = two [**ou**] one one, three four five zero

  c 782-3552 = seven eight two, three **double** five two

- 시각: 「~전」은 to, before, of 등을, 「~후」는 past, after 등을 사용하여 나타낸다. 15분 전이나 후는 a quarter를 이용하여 나타낸다.

  a 5:40 a.m. = five forty a.m. (오전 5시 40분)

  b 2:45 = two forty-five, a **quarter to** three (2시 45분, 3시 15분 전)

  c 5:30 = five thirty, half **past** five (5시 30분)

- 금액

  a $20.30 = twenty dollars (and) thirty (cents)

     cf. 1 cent = a penny, 5 cents = a nickel, 10 cents = a dime, 25 cents = a quarter

- 온도

  a -15℃ = fifteen degrees **below zero Celsius**, **minus** fifteen degrees **Celsius** (섭씨 영하 15도)

  b 87℉ = eighty seven degrees **Fahrenheit** (화씨 87도)

- 소수: 영어에서 소수점은 point로 읽으며, 소수점 이하는 자릿수대로 읽지 않고 하나씩 하나씩 읽는다.

  a 3.27 = three **point** two seven

- 덧셈 · 뺄셈 · 곱셈 · 나눗셈: 덧셈 · 곱셈에서는 단수 · 복수 동사가 쓰이지만, 뺄셈 · 나눗셈은 단수 동사만 쓰인다.
  a 1 + 1 = 2 one **plus** one **equals** two, one and one **are**[**is, makes**] two
  b 6 – 3 = 3 six **minus** three **equals**[**is**] three, three **from** six **leaves** three
  c 5 × 4 = 20 five **multiplied by** four **equals**[**is**] twenty, five **times** four **is** twenty, five fours **are** twenty
  d 10 ÷ 2 = 5 ten **divided** by two **equals** five
  e 6 : 12 = 2 : 4 Six **to** twelve **equals** two **to** four, Six **is to** twelve **as**[**what**] two **is to** four

13 서수를 이용한 숫자 읽기

- 분수
  a 분수를 읽을 때에는 분자는 기수(one, two, three...)로, 분모는 서수(first, second, third...)로 읽으며, 분자를 먼저 읽고 분모를 나중에 읽는다. 또한, 분자가 2 이상일 경우 분모에 복수형을 만드는 '-s'를 붙인다.
      e.g. 3/5 = three-fifths
            2 2/3 = two and two-thirds
            1/2 = a half, one half
            1/4 = one-fourth, a quarter
  b 숫자가 두 자리 이상일 경우에는 분자를 기수로 읽은 다음 전치사 over를 넣어 분모를 기수로 읽는다.
      e.g. 23/61 = twenty-three **over** sixty-one

- 날짜: 월, 일을 먼저 읽고 연도를 나중에 읽는다.
  a June 5, 1993 = June (the) fifth, nineteen ninety-three (1993년 6월 5일)

- 기타
  a World War II = the Second World War, World War Two (2차 세계대전)
  b Elizabeth II = Elizabeth the Second (엘리자베스 2세)

14 명사의 수

(1) 규칙 복수형

원급	복수형	예시	예외
일반적인 경우	-s	cars, dogs, eggs	
어미가 s, x ch[ʧ] sh[ʃ]	-es	buses, classes, boxes, foxes benches, watches bushes, dishes	-ch가 [k]로 발음되는 단어는 -s를 붙임 epochs(시대), stomachs(위장)
어미가 〈자음 + o〉	-es	echoes, heroes, potatoes	외래어와 단축어는 -s를 붙임 solos, pianos, photos
어미가 〈자음 + y〉	y를 i로 바꾸고 -es	centuries, cities, ladies	
어미가 f, fe	f를 v로 바꾸고 -es[-s]	halves, leaves, loaves, knives, lives	roofs(지붕), chiefs(장(長)), cliffs(절벽), safes(금고)

(2) 불규칙 복수형

단수	복수	단수	복수	단수	복수
man	men	tooth	teeth	deer	deer
woman	women	analysis	analyses	fish	fish
child	children	crisis	crises	sheep	sheep
foot	feet	oasis	oases	salmon	salmon

15 비교급과 최상급의 형태가 2가지인 형용사

원급	비교급	최상급
common (공통의, 공공의)	commoner / more common	commonest / most common
cruel (잔인한)	crueler / more cruel	cruelest / most cruel
friendly (다정다감한)	friendlier / more friendly	friendliest / most friendly
handsome (잘생긴)	handsomer / more handsome	handsomest / most handsome
happy (행복한)	happier / more happy	happiest / most happy
likely (~일 것 같은)	likelier / more likely	likeliest / most likely
lonely (외로운)	lonelier / more lonely	loneliest / most lonely
lovely (사랑스러운)	lovelier / more lovely	loveliest / most lovely
narrow (좁은)	narrower / more narrow	narrowest / most narrow
pleasant (즐거운)	pleasanter / more pleasant	pleasantest / most pleasant
polite (예의바른)	politer / more polite	politest / most polite
quiet (조용한)	quieter / more quiet	quietest / most quiet
sincere (성실한)	sincerer / more sincere	sincerest / most sincere
stupid (어리석은)	stupider / more stupid	stupidest / most stupid
true (진실인)	truer / more true	truest / most true

16 형용사 + 전치사

afraid of (~을 두려워하는)

amazed at/by (~에 놀란)

angry at (~에 화난)

ashamed of (~을 부끄럽게 여기는)

aware of (~을 의식하고 있는)

bored with (~에 지루한)

capable of (~할 능력이 되는)

careful of (~에 조심하는)

concerned about (~에 대해 걱정하는)

content with (~에 만족하는)

curious about (~에 대해 궁금해 하는)

different from (~와 다른)

excited about (~에 대해 흥분한)

famous for (~로 유명한)

fed up with (~에 지겨워 하는)

fond of (~을 좋아하는)

good at (~에 능숙한)

interested in (~에 흥미가 있는)

nervous about (~에 대해 걱정하는)

opposed to (~에 반대하는)

responsible for (~에 책임이 있는)

safe from (~로부터 안전한)

satisfied with (~에 만족한)

shocked at/by (~에 놀란)

sick of (~에 질린, 싫증난)

sorry for/about (~에 미안한, 유감인)

surprised at/by (~때문에 놀란)

tired of (~에 싫증난)

worried about (~에 대해 걱정하는)

17 동사 + 전치사 / 부사

(1) 「동사 + 목적어(누구/무엇) + 부사」의 형태로 표시된 것은 「동사 + 부사 + 목적어」의 형태로도 쓸 수 있다. 다만, 목적어가 대명사인 경우 반드시 동사와 부사 사이에 위치해야 한다.

e.g. turn the radio off, turn off the radio

e.g. turn it off, ~~turn off it~~

(2) 「동사 + 전치사」의 경우에는 동사와 전치사 사이에 목적어가 올 수 없다.

e.g. look for the lost child, ~~look the lost child for~~

※ sth(something): 무엇 / sb(somebody): 누구

ask after : ~의 안부를 묻다	drop by/in : (약속을 정하지 않고) 들르다
ask sb over : 초대하다	drop sb/sth off : 내려 주다
block sth out : 막다	empty sth out : 완전히 비워버리다
blow sth out : 불어서 끄다	fall off : 떨어지다
blow sth up : 폭발시키다, 공기를 불어넣다	figure sb/sth out : 이해하다
break into : 침입하다	fill sth in : 채우다, 써넣다
bring sth about : 야기하다	fill sth out : (양식 등에) 기입하다
bring sb/sth back : 도로 가져다 놓다	fill sth up : 가득 채우다
care for : ~을 좋아하다	find sth out : 발견하다, 알아내다
call sb back : (나중에) 다시 전화하다	get sth back : 돌려받다
call sth off : 취소하다(= cancel)	get in : 들어가다
call sb up : 전화하다	get on : (탈 것에) 타다, 승차하다
calm sb down : 진정시키다	get sb/sth out of : ~로부터 (이익 등을) 얻어내다
carry on : 계속하다	get over : 극복하다
carry sth out : 수행하다	give sth away : 거저 주다
cheer sb up : 격려하다	give sth back : 반환하다, 되돌려주다
clear sth up : 말끔히 청소하다	give sth out : (냄새, 소리 등을) 내다, 발하다
come across : 우연히 만나다	give sth up : 그만두다, 포기하다
come by : 획득하다	go after sb/sth : 뒤를 쫓다, 구하다
cover sth up : 완전히 덮다	go on : 계속하다
cut sth down : 베어 넘어뜨리다, 삭감하다	go over : 초과하다, 검토하다
cut sth off : 베어내다, 삭제하다	hand sth down : (유산으로) 물려주다
deal with : ~을 다루다	hand sth in : 제출하다
dream of : ~에 대해 꿈꾸다	hand sth out : 나누어 주다
dress sb up : 차려입히다	hang sth up : 걸다
keep sb/sth away : 떨어져 있게 하다	see sb off : 배웅하다
keep on : 계속하다	set sth off : 작동시키다

keep sth up: 계속하다

lay sb off : 해고하다

leave sth out : 생략하다

let sb down : 실망시키다

let on : 비밀을 누설하다

let sb/sth out : (비밀, 정보 등을) 흘러나오게 하다

light sb/sth up : 비추다

look for sb/sth : ~을 찾다

look sb/sth over : 조사하다

look sth up: (사전에서) ~을 찾아보다

make for : ~을 향해 가다(= go toward)

make sb/sth out : 이해하다

make sb/sth up : 허위로 지어내다

pay sb/sth back : 갚다, 상환하다

pay sb off : ~에게 뇌물을 주다

pick sb/sth out : 고르다, 뽑다

pick sb/sth up : 들어올리다, (생각 등을) 끄집어내다

point sb/sth out : 지적하다, 가리키다

put sth away : 따로 두다, 저축하다

put sth off : 연기하다, 미루다

put sth on : (옷 등을) 입다

rip sth off : 벗겨내다, 찢어내다

run into sb : 우연히 만나다, 마주치다

run out of : ~을 다 써버리다

save up : 저축하다

set sth up : 착수하다

show sth off : 자랑하다, 뽐내다

sign up (for) : 서명하다

slow down : 속력/속도를 늦추다

speed sth up : 속력/속도를 내다(= go faster)

stand up for : 지지하다

stick to sth/sb : ~에 달라붙다, 고수하다

switch sth on : (전원을) 켜다

take sth away : 치우다, 없애다(= remove)

take sth back : 도로 가져가다

take sth off : (옷을) 벗다, (비행기가) 이륙하다

take sb/sth out : 데리고 나가다

talk sth over : ~에 대해 논의하다

tear sth up : 찢다

think sth over : 곰곰히 생각하다

throw sth away : 던져 버리다

try sth on : (옷이 맞는지) 한번 입어보다

turn sb/sth down : 거절하다 (= reject)

turn sth in : 제출하다

turn into : ~로 변하다

turn sth off : (전원을) 끄다

use sth up : 다 써버리다

wake sb up : 깨우다

work sth out : 해결하다(= solve)

write sth down : 적다, 받아적다

MEMO

MEMO

MEMO

MEMO

지은이

NE능률 영어교육연구소

NE능률 영어교육연구소는 혁신적이며 효율적인 영어 교재를 개발하고
영어 학습의 질을 한 단계 높이고자 노력하는 NE능률의 연구조직입니다.

GRAMMAR ZONE 〈기본편 2〉

펴 낸 이	주민홍
펴 낸 곳	서울특별시 마포구 월드컵북로 396(상암동) 누리꿈스퀘어 비즈니스타워 10층
	(주)NE능률 (우편번호 03925)
펴 낸 날	2017년 1월 5일 개정판 제1쇄
	2024년 3월 15일 제21쇄
전　　화	02 2014 7114
팩　　스	02 3142 0356
홈페이지	www.neungyule.com
등록번호	제 1-68호
I S B N	979-11-253-1233-8 53740
정　　가	14,000원

NE 능률

고객센터

교재 내용 문의 : contact.nebooks.co.kr (별도의 가입 절차 없이 작성 가능)
제품 구매, 교환, 불량, 반품 문의 : 02-2014-7114
☎ 전화문의는 본사 업무시간 중에만 가능합니다.

NE능률 교재 MAP

아래 교재 MAP을 참고하여 본인의 현재 혹은 목표 수준에 따라 교재를 선택하세요.
NE능률 교재들과 함께 영어실력을 쑥쑥~ 올려보세요!
MP3 등 교재 부가 학습 서비스 및 자세한 교재 정보는 www.nebooks.co.kr 에서 확인하세요.

문법 구문

초1-2	초3	초3-4	초4-5	초5-6
	그래머버디 1	그래머버디 2	그래머버디 3	Grammar Bean 3
	초등영어 문법이 된다 Starter 1	초등영어 문법이 된다 Starter 2	Grammar Bean 1	Grammar Bean 4
		초등 Grammar Inside 1	Grammar Bean 2	초등영어 문법이 된다 2
		초등 Grammar Inside 2	초등영어 문법이 된다 1	초등 Grammar Inside 5
			초등 Grammar Inside 3	초등 Grammar Inside 6
			초등 Grammar Inside 4	

초6-예비중	중1	중1-2	중2-3	중3
능률중학영어 예비중	능률중학영어 중1	능률중학영어 중2	Grammar Zone 기초편	능률중학영어 중3
Grammar Inside Starter	Grammar Zone 입문편	1316 Grammar 2	Grammar Zone 워크북 기초편	문제로 마스터하는 중학영문법 3
원리를 더한 영문법 STARTER	Grammar Zone 워크북 입문편	문제로 마스터하는 중학영문법 2	1316 Grammar 3	Grammar Inside 3
	1316 Grammar 1	Grammar Inside 2	원리를 더한 영문법 2	열중 16강 문법 3
	문제로 마스터하는 중학영문법 1	열중 16강 문법 2	중학영문법 총정리 모의고사 2	중학영문법 총정리 모의고사 3
	Grammar Inside 1	원리를 더한 영문법 1	쓰기로 마스터하는 중학서술형 2학년	쓰기로 마스터하는 중학서술형 3학년
	열중 16강 문법 1	중학영문법 총정리 모의고사 1	중학 천문장 3	
	쓰기로 마스터하는 중학서술형 1학년	중학 천문장 2		
	중학 천문장 1			

예비고-고1	고1	고1-2	고2-3	고3
문제로 마스터하는 고등영문법	Grammar Zone 기본편 1	필히 통하는 고등 영문법 실력편	Grammar Zone 종합편	
올클 수능 어법 start	Grammar Zone 워크북 기본편 1	필히 통하는 고등 서술형 실전편	Grammar Zone 워크북 종합편	
천문장 입문	Grammar Zone 기본편 2	TEPS BY STEP G+R Basic	올클 수능 어법 완성	
	Grammar Zone 워크북 기본편 2		천문장 완성	
	필히 통하는 고등 영문법 기본편			
	필히 통하는 고등 서술형 기본편			
	천문장 기본			

수능 이상/ 토플 80-89 · 텝스 600-699점	수능 이상/ 토플 90-99 · 텝스 700-799점	수능 이상/ 토플 100 · 텝스 800점 이상		
TEPS BY STEP G+R 1	TEPS BY STEP G+R 2	TEPS BY STEP G+R 3		

GRAMMAR ZONE

The Standard for English Grammar Books

기본편 2

NE능률 영어교육연구소
김진홍 한정은 배연희
이하나 송민아

www.nebooks.co.kr

ZONE

| 정답 및 해설 |

NE 능률

ZONE

기본편 2 | 정답 및 해설

39 가정법 과거

EXERCISE

A

> 1 had 2 were, would 3 go 4 were to win 5 see
> 6 taught

1 내게 친구가 더 있다면 나는 매우 행복할 텐데.
  ▶ 현실과 반대되는 내용이므로 가정법 과거
2 내가 더 젊어진다면, 나는 영화배우가 되려 할 텐데.
  ▶ 실현 가능성이 없는 일을 가정하고 있으므로 가정법 과거
3 우리가 다음 주에 쇼핑을 간다면, 우리는 새 헤드폰을 살 것이다.
  ▶ 단순 조건문
4 저 팀이 이긴다면, 너한테 내 차를 줄게.
  ▶ 미래에 실현 가능성이 매우 희박한 일을 가정할 때 if절에 were to를 사용
5 Jones 씨를 보면 안부를 전해주세요.
  ▶ 단순 조건문
6 네가 과학을 가르친다면 훌륭한 선생님이 될 텐데.
  ▶ 주절에 과거형 조동사 would가 쓰였으므로 가정법 과거

B

> 1 had the time, I would[could] do some volunteer work
> 2 were good, we could[would] eat outside
> 3 didn't have a TV in my room, I would[could] read many books
> 4 were here, I could[would] get some advice on this matter
> 5 vegetables were fresh, I would buy them

0 나는 일을 해야 하기 때문에, 널 만날 수 없다.
  → 내가 일해야 할 필요가 없다면, 널 만날 수 있을 텐데.
1 나는 시간이 없기 때문에 자원봉사를 하지 않는다.
  → 내가 시간이 있다면, 자원봉사를 할 텐데.
2 날씨가 좋지 않아서 우리는 밖에서 먹지 못한다.
  → 날씨가 좋다면, 우리는 밖에서 먹을 수 있을 텐데.
3 내 방에 TV가 있어서, 나는 책을 많이 읽지 않는다.
  → 내 방에 TV가 없다면, 나는 책을 많이 읽을 텐데.
4 우리 아버지가 여기에 안 계셔서 나는 이 문제에 대해 어떤 조언도 얻을 수가 없다.

→ 우리 아버지가 여기 계신다면 이 문제에 대해 조언을 좀 얻을 수 있을 텐데.
5 이 채소는 신선하지 않아서 나는 그것을 사지 않을 것이다.
  → 이 채소가 신선하다면 나는 그것을 살 텐데.
1~5 ▶ 가정법 과거는 「If + S + 동사의 과거형 ~, S + would [could/might] + V」의 형태로 쓴다.

C

> 1 were, could find things easily 2 were, would be worth a lot 3 didn't like, wouldn't eat it

1~3 ▶ 가정법 과거의 문장이므로 「If + S + 동사의 과거형 ~, S + would[could/might] + V」 형태로 쓴다.

D

> 1 were, I would put things back 2 were, I would look for another job 3 were, I would turn it off immediately

· Jessy의 방은 엉망진창이다.
· Rick은 그의 새 상사와 잘 지내지 못한다.
· Ted는 방금 컴퓨터 위에 우유를 쏟고 나서 어떻게 해야 할지 모르고 있다.

1 Jessy에게: 내가 너라면 물건을 제자리에 정돈해 놓을 텐데.
2 Rick에게: 내가 너라면 다른 직장을 알아볼 텐데.
3 Ted에게: 내가 너라면 즉시 전원을 끌 텐데.
1~3 ▶ 현재의 사실과 다른 상황을 가정하여 '내가 너라면 ~할 것이다'라는 조언을 하므로 가정법 과거 (If + S + 동사의 과거형 ~, S + would[could/might] + V)를 씀
  [어휘] mess 엉망진창인 상태 / get along with ~와 잘 지내다

GRAMMAR IN READING

A ⓐ offered ⓑ said ⓒ would B ⓐ if you met your grandfather ⓑ how could you exist Q ①

A

만약 누군가가 당신에게 새로운 성격을 주겠다고 한다면 받아들이겠는가? 만약 누군가가 당신에게 "당신이 생각하고 행동하는 방식을 바꿔 줄 수 있다."라고 한다면, 그 사람이 그렇게 하는 데 돈을 지불하겠는가? 가능만 하다면, 자신에 대해 바꾸고 싶은 점들이 몇 가지 있을 수 있다. 하지만 분명히 당신은 너무 많이 바뀌는 것은 원하지 않을 것이다. 만약 그렇게 된다면, 더 이상 당신은 '당신'이 아닐 것이다!

▶ ⓐ~ⓒ는 모두 가정법 과거 문장

B

시간 속의 다른 지점으로 자유롭게 이동한다는 개념은 시간 여행이라고 알려져 있다. 시간 여행은 역설의 문제를 다루지 않고서는 생각할 수 없다. 그중 하나가 '할아버지 역설'로 알려진 것이다. 당신이 타임머신을 개발해서 과거로 여행할 수 있다고 상상해보라. 어린 시절의 당신의 할아버지를 만나고 잘못해서 그를 죽이게 된다면 어떻게 될까? 그것은 당신의 부모 중 한 명이 절대 태어날 수 없고, 따라서 당신도 태어날 수 없다는 의미가 된다. 하지만 당신이 태어나지 않는다면, 어떻게 당신이 존재해서 시간을 거슬러 여행을 하고 그를 죽일 수 있을까? 모든 역설들처럼, 이것도 논리적인 모순이다.

▶ ⓐ, ⓑ 모두 가정법 과거 문장

Q ① 그러므로
   ② 그러나
   ③ 그러지 않으면

UNIT
40 가정법 과거완료, 혼합 가정법

EXERCISE

A

> 1 had brought my wallet yesterday, I could[would] have lent him some money
> 2 hadn't worn his seat belt, he would have been injured in the car accident
> 3 had been careful, she wouldn't have fallen down the stairs
> 4 hadn't reminded me about Mom's birthday, I would have forgotten
> 5 had listened to his advice, we wouldn't have lost all our money

0 나는 버스를 놓쳐서 회의에 늦었다.
   → 내가 버스를 놓치지 않았다면 회의에 늦지 않았을 텐데.
1 내가 어제 지갑을 가져오지 않아서 그에게 돈을 빌려줄 수 없었다.
   → 내가 어제 지갑을 가져왔다면 그에게 돈을 빌려줄 수 있었을 텐데.

2 David는 안전띠를 매서 차 사고에서 부상을 입지 않았다.
   → David가 안전띠를 매지 않았더라면 차 사고에서 부상을 입었을 것이다.
3 Jenny는 조심스럽지 않았기 때문에, 계단에서 굴러떨어졌다.
   → Jenny가 조심스러웠다면 계단에서 굴러떨어지지 않았을 텐데.
4 그녀가 내게 엄마의 생일을 상기시켜줘서 나는 잊지 않았다.
   → 그녀가 내게 엄마의 생일을 상기시켜주지 않았다면 나는 잊어버렸을 것이다.
5 우리는 그의 조언을 듣지 않아서 돈을 모두 잃었다.
   → 우리가 그의 조언을 들었다면 돈을 모두 잃지 않았을 텐데.

1~5 ▶ 과거 사실의 반대를 가정하는 가정법 과거완료로, 형태는 「If + S + 동사의 과거완료형, S + would[could/might] + have v-ed」

B

> 1 I had eaten 2 I wouldn't be

1 A: 나는 배가 너무 고파. 내가 점심을 먹었더라면 지금 배가 고프지 않을 텐데.
   B: 나가서 뭐라도 좀 먹자.
   어휘 go out for a bite to eat (간단히) 먹으러 나가다
2 A: 너는 오늘 많이 피곤해 보여.
   B: 아, 만약 내 남편이 지난밤에 나를 깨우지 않았더라면 이렇게 피곤하지 않을 거야.
1~2 ▶ if절은 과거 사실의 반대, 주절은 현재 사실의 반대를 가정하는 혼합 가정법

C

> 1 you had gone, you would be making 2 Gina had been, I would have gone 3 I had missed, I would not have met

1 ▶ if절은 과거 사실의 반대, 주절은 현재 사실의 반대를 가정하는 혼합 가정법
2, 3 ▶ 과거 사실의 반대를 가정하는 가정법 과거완료

D

> 1 I had known, would have visited you

Martha는 매우 아파서 한 주 동안 병원에 입원해 있었다. Dan은 이에 대해 몰라서 그녀를 방문하지 않았다. 그리고 나서 그는 Martha가 퇴원한 후 그녀를 만났다.

Q 당신이 Dan이라면 뭐라고 말했겠는가?
→ 네가 아팠다는 것을 알았다면 병원에 너를 찾아갔을 거야.
▶ 병원에 찾아가지 않았던 과거 사실의 반대를 가정하므로 가정법 과거완료를 씀 (If + S + 동사의 과거완료형, S + would [could/might] + have v-ed)

GRAMMAR IN READING

A were assassinated → had been assassinated / might not go → might not have gone
B 1 ⓐ had occurred ⓑ would have caused **2** if it had collided with our planet **Q** ②

A

암살이 도덕적으로 정당화될 수 있는가? 일부 사람들은 그렇다고 생각한다. 그들은 만약 히틀러가 1936년에 암살되었더라면 유럽에서 많은 유대인들이 강제 수용소에서 죽임을 당하지 않았을 것이고, 1939년에 세계가 전쟁으로 치닫지 않았을지도 모른다고 말한다.
▶ 과거 사실의 반대를 가정하므로 가정법 과거완료를 써야 함

B

천문학자 질의응답
Q: 저는 최근에 소행성 하나가 지구에 거의 부딪힐 뻔했다고 읽었습니다. 그런 일이 일어났더라면 무슨 일이 발생했을까요? 소행성들은 지구 상의 생명에 큰 위협 요소가 아닌가요? (Jason Lee, 15세, 미국)
A: 우선, 문제의 그 소행성 2000 EM26은 우리 행성에 그렇게 가까웠던 적이 없습니다. 초기의 보도와는 달리, 우리는 전혀 위험에 처하지 않았습니다. 그러나 말씀하신 대로, 소행성들은 큰 위협이 될 수 있습니다. 2000 EM26이 지구에 부딪혔다면 그것은 광범위한 피해를 일으켰을 것입니다. 그 소행성은 지름이 약 270미터인 것으로 추정됩니다. 그것은 곧, 만약 그것이 우리 행성과 충돌했다면, 생태계가 완전히 파괴되었을 수도 있다는 뜻입니다.
1 ▶ ⓐ, ⓑ 모두 문맥상 과거 사실의 반대를 가정하므로 가정법 과거완료를 써야 한다.
2 ▶ 과거 사실의 반대를 가정하므로 가정법 과거완료를 써야 한다.
Q ① 실패
② 위협
③ 상실; 손실

EXERCISE

A

1 I could fix computers
2 I had learned to play an instrument
3 it weren't cold
4 I lived in a big city
5 I hadn't eaten a lot of dessert
6 I hadn't chosen to major in politics

0 당신은 지난밤 부모님께 무례했고 당신은 그걸 후회한다.
→ 내가 지난밤에 내 부모님께 무례하지 않았다면 좋으련만.
1 당신은 컴퓨터를 고칠 수 없는데 당신의 컴퓨터가 막 고장이 났다.
→ 내가 컴퓨터를 고칠 수 있으면 좋으련만.
2 당신은 악기 연주하는 것을 배우지 않았고 지금 당신은 그것을 후회한다.
→ 내가 악기 연주하는 것을 배웠다면 좋을 텐데.
3 날씨가 춥고, 당신은 추운 날씨를 싫어한다.
→ 날씨가 춥지 않으면 좋으련만.
4 당신은 대도시에서 살기를 원한다. 작은 마을에서 사는 것은 지루하다.
→ 내가 대도시에서 살면 좋으련만.
5 당신은 디저트를 많이 먹었고 속이 좋지 않다.
→ 내가 디저트를 많이 먹지 않았다면 좋을 텐데.
6 당신은 정치학을 전공하기로 선택했고 지금 당신은 그것을 후회한다.
→ 내가 정치학을 전공하기로 선택하지 않았다면 좋을 텐데.
1, 3, 4 ▶ 현재 사실에 대한 유감을 나타내므로 「I wish + 가정법 과거」
2, 5, 6 ▶ 과거 사실에 대한 유감을 나타내므로 「I wish + 가정법 과거완료」

B

1 she knew Jim **2** he had seen a ghost **3** they hadn't heard the news **4** he were Canadian **5** I were her younger brother **6** he had come up with the idea

0 그는 자기가 마치 부자인 것처럼 말한다.

(사실 그는 부자가 아니다.)
1 그녀는 마치 Jim을 아는 것처럼 말한다.
　 (사실 그녀는 Jim을 알지 못한다.)
2 David는 마치 유령을 봤던 것처럼 말했다.
　 (사실 그는 유령을 보지 못했다.)
3 그들은 마치 그 소식을 듣지 못했던 것처럼 행동한다.
　 (사실 그들은 그 소식을 들었다.)
4 그는 마치 자기가 캐나다 사람인 것처럼 말했다.
　 (사실 그는 캐나다 사람이 아니다.)
5 그녀는 마치 내가 자기 남동생인 것처럼 대한다.
　 (사실 나는 그녀의 남동생이 아니다.)
6 Peter는 마치 자기가 그 아이디어를 생각해 낸 것처럼 행동했다.
　 (사실 그는 그 아이디어를 생각해 내지 않았다.)
　 어휘 come up with 생각해 내다, 제시[제안]하다
1, 4, 5 ▸ 주절의 시제와 일치하는 시점의 일을 가정하고 있으므로
　　　　「as if + 가정법 과거」
2, 3, 6 ▸ 주절의 시제보다 이전의 일을 가정하고 있으므로 「as if +
　　　　가정법 과거완료」

C

> **1** studied **2** got promoted **3** cleaned **4** did

1 이제 그가 더 열심히 공부해야 할 때다. 그는 학교에서 그다지 잘
　 하지 못하고 있다.
2 Jenny가 승진을 해야 할 때다. 그녀는 매우 열심히 일해 왔다.
3 네가 네 방을 청소해야 할 때다. 방이 너무 지저분하다.
4 그녀가 운동을 해야 할 때다. 그녀는 살찌고 있다.
1~4 ▸ It's (high/about) time + 가정법 과거: 이제 (정말) ~해야
　　　할 때이다

D

> wish I were at the beach

내가 해변에 있다면 좋으련만.
▸ I wish + 가정법 과거: ~라면 좋으련만

GRAMMAR IN READING

> **A** ⓐ had known ⓑ became **B** 1 ⓐ were **2** as,
> if[though] **Q** ① the final exam ② caffeine

A

불행히도 우리는 최근에서야 대기오염이 어떻게 지구 온난화를 일으키는지 알아냈다. 우리가 그것을 더 일찍 알았다면 우리는 좀 더 엄격한 조치를 취했을지도 모른다. 우리 자신을 보호하기 위해서 지구 온난화의 가능한 원인에 대해 더 많이 알아야 할 때이다.
▸ ⓐ 과거에 실현하지 못한 일을 가정하므로 가정법 과거완료 문장이
　 되어야 함
　 ⓑ 「It's high time + 가정법 과거」 구문

B

A: 기말고사 보기 전에 하루만 더 있으면 좋을 텐데.
B: 나도 그래. 시험 보는 게 너무 긴장돼.
A: 난 복습해야 하는 내용의 반도 못 봤어.
B: 나도 마찬가지야.
A: 커피 한 잔 더 마셔야겠어.
B: 근데 너무 많은 카페인은 집중력을 감소시킬 수 있어.
A: 넌 마치 의사라도 되는 것처럼 말하는구나.
B: 음, 그건 네가 집중하는 걸 방해할 수도 있어.
A: 아마도, 하지만 난 내가 정신을 차리고 깨어 있을 수 있게 하는 건
　 무엇이든 하는 것뿐이야.
1 ▸ 현재의 실현될 수 없는 소망을 나타내므로 「I wish + 가정법 과
　　거」를 씀
2 ▸ as if[though] + 가정법 과거: 마치 ~인 것처럼

EXERCISE

A

> **1** it had not been for her advice
> **2** he had been left alone
> **3** it had not been for his support
> **4** he helped his friends

0 아버지의 도움이 없었다면 나는 대학을 졸업하지 못했을 것이다.
1 그녀의 조언이 없었다면 그는 시험에 떨어졌을지도 모른다.
　 ▸ '(과거에) ~이 없었더라면'이라고 가정하는 것이므로 「If it had
　　 not been for ~」를 쓴다.
2 혼자 남겨졌다면 그는 사고에서 살아남지 못했을 것이다.

▶ if절을 대신하는 분사구문

3 그의 지원이 없었다면 나는 취직하지 못했을 것이다.
  ▶ '(과거에) ~이 없었더라면'이라고 가정하는 것이므로 「If it had not been for ~」를 쓴다.

4 그가 친구들을 도우면 좋을 텐데, 그는 시간이 없다.
  ▶ if절을 대신하는 부정사구

B

1 Had you told me about it earlier 2 Were it not for[Without/But for] air 3 Had it not been for[Without/But for] his wife's advice

0 내가 건강하다면 이 문제로 너를 도와줄 수 있을 텐데.
1 그것에 대해 나에게 더 일찍 말해주었다면 우리는 실수를 하지 않았을 텐데.
  ▶ 접속사 if가 생략되면 주어와 동사가 도치된다.
2 공기가 없다면 어떤 생명체도 존재하지 못할 것이다.
3 그의 아내의 충고가 없었다면, 그는 도산했을 수 있다.
  어휘 go out of business 폐업하다, 도산하다
2~3 ▶ 「If it were not for ~」와 「If it had not been for ~」는 if가 생략되어 도치된 형태 외에도 Without이나 But for로 바꿔 쓸 수 있다.

C

1 couldn't have finished 2 could finish

1 나는 독감에 걸려서 학교에 결석했다. Jack이 나를 찾아와서 숙제를 끝내는 것을 도와주었다. 그의 도움이 없었다면, 나는 숙제를 끝내지 못했을 것이다.
  ▶ if절이 없는 가정법 과거완료로 Without his help가 if절을 대신함
  어휘 have the flu 독감에 걸리다
2 나는 해야 할 집안일이 많지만, 보고서를 쓰느라 매우 바빠. 네가 나를 도와줄 수 있으면 좋겠어. 네가 도와주면 집안일을 금방 끝낼 수 있을 텐데.
  ▶ if절이 없는 가정법 과거로 With your help가 if절을 대신함

D

1 would answer → would have answered 2 ○ 3 He had known → If he had known 또는 Had he known

1 Rose가 전화를 받았을 텐데 그녀는 전화기가 울리는 것을 못 들었다.

▶ if절이 없지만, 문맥상 과거 사실에 대한 가정이므로 가정법 과거완료의 주절을 써야 한다.

2 마음이 바뀐다면 저희에게 바로 알려주십시오.
  ▶ 접속사 if가 생략되면 주어와 동사가 도치된다.
3 그가 그 문제를 어떻게 해결하는지 알았다면, 나에게 말해 줬을 것이다.
  ▶ 가정법의 조건절이 되어야 하므로, if를 넣거나 if를 생략한 채로 주어, 동사를 도치시킨다.

E

Should, you, have

환불정책
· 상품에 관해 어떠한 불만이 생긴다면 상품을 상점에 30일 이내로 가져와 주십시오.
· 영수증이 없다면, 구입한 물건은 환불되지 않을 것입니다.
▶ if절의 동사가 should이므로 if가 생략되면 주어, 동사가 도치된다.
어휘 return policy 환불정책 / complaint 불만 / purchase 구입한 것 / refund 환불하다

GRAMMAR IN READING

A would, have, replied B 1 Without[But for] 2 The dark side would have been victorious
Q T

A

한 미국인 학생이 그가 외국에 머물고 있었을 때 자신이 어떤 일로 놀랐는지에 대해 이야기했다. 그가 그 나라 사람에게 "나는 당신의 언어를 썩 잘하지는 못합니다."라고 말했더니 그 원어민은 "그렇군요."라고 대답했다. 미국인이었다면 "글쎄요, 당신은 여기 온 지 겨우 두 달밖에 안되었잖아요."라든가 "하지만 나아지고 있어요."라고 대답했을 것이다.
▶ 주어가 조건절을 대신한 혼합 가정법 문장
  (= If he or she were an American, he or she would have replied ~.)

B

현재 입찰가: 500달러
당신의 최대 입찰가 입력
상품 설명
Hollywood 경매

'Star Wars'를 본 적 있습니까? 이 광선 검이 없었다면 Anakin Skywalker는 'Star Wars' 두 번째 에피소드에서 Dooku 백작을 패배시키지 못했을 것입니다. 그것은 은하계 내전 당시 Luke Skywalker에게 전해 내려왔으며 최근 영화에서는 Rey가 악의 세력과 싸워 물리치는 데 사용합니다. 어두운 면이 승리할 수도 있었지만 이 광선 검은 너무 강력했습니다! 지금 입찰하셔서 당신의 것을 소유하세요! Force가 당신과 함께하길!

1 ▶ 과거 사실의 반대를 가정하는 「If it had not been for ~」 (~이 없었더라면)는 Without 또는 But for로 대신할 수 있다.

2 ▶ if절이 없지만, 문맥상 '~했을 텐데'라는 과거 사실에 대한 가정이므로 가정법 과거완료의 주절이 되어야 한다.

Q 이 물건을 살 수 있는 최저 가격은 500달러이다.

REVIEW TEST 08

A 1 were 2 had seen 3 Had 4 had not been 5 hadn't left
B 1 If I had some fruit 2 I wouldn't have lost my job 3 If I had worn a coat 4 I would have received the message in time
C 1 I, could, speak 2 would, have, missed 3 Had, ended 4 With, would, not, make 5 Without, would, have, collapsed D ② E ⑤
F (A) would have (B) would become (C) got
G 1 ⓐ look → would look ⓒ His publisher had decided → If his publisher had decided 또는 Had his publisher decided 2 were, to

A

1 그 전동 스쿠터는 아이에게 안전하지 않아. 내가 너라면 그걸 사지 않을 거야.
▶ 현재 사실과 다르거나 실현 가능성이 희박한 일을 가정하는 가정법 과거

2 Jon은 무대에서 잘 했던 게 틀림없다. 내가 그 공연을 봤다면 좋을 텐데.
▶ I wish + 가정법 과거완료: (과거에) ~했더라면 좋을 텐데

3 아버지께서 그곳에 계셨더라면 자랑스러워하셨을 텐데.
▶ if가 생략될 경우 주어와 동사가 도치됨

4 너의 조언이 없었더라면 나는 시간을 많이 낭비했을 거야.
▶ '(과거에) ~이 없었더라면'이라고 가정하는 것이므로 「If it had not been for ~」

5 네가 창문을 열어 두지 않았더라면, 이 방이 지금 모기들로 가득하지 않을 거야.
▶ if절은 과거 사실의 반대, 주절은 현재 사실의 반대를 가정하는 혼합 가정법
어휘 mosquito 모기

B

0 내가 유적지를 좋아하지 않는다면, 나는 작년에 스톤헨지를 방문하지 않았을 것이다.
어휘 historic site 유적지

1 내게 과일이 좀 있다면, 파이를 구울 수 있을 텐데.
▶ 가정법 과거 문장

2 내가 직장에 지각하지 않았더라면 실직하지 않았을 텐데.

3 내가 코트를 입었더라면 나는 거리에서 그리 춥지 않았을 텐데.

4 내 컴퓨터가 망가지지 않았었다면, 나는 제때 그 메시지를 받았을 텐데.

2~4 ▶ 가정법 과거완료 문장

C

1 ▶ I wish + 가정법 과거: ~라면 좋을 텐데

2 ▶ if절이 없지만 부사구(without her)가 if절의 의미를 대신하고 있으므로, 과거 사실을 반대로 가정하는 가정법 과거완료

3 ▶ if가 생략되어 주어와 동사가 도치된 가정법 과거완료의 문장

4 ▶ with가 이끄는 부사구가 if절을 대신하는 경우로 가정법 과거 문장

5 ▶ without이 이끄는 부사구가 if절을 대신하는 경우로 가정법 과거완료 문장
어휘 extremist 극단주의자 / collapse 붕괴되다, 무너지다

D

① 내 남동생은 마치 자신이 인생을 전부 아는 것처럼 말했다.
② 내가 독일에 가기 전에 독일의 역사를 공부했다면 좋을 텐데.
③ 태양이 없다면 지구는 우주로 날아갈 것이다.
④ 내가 다시 어려진다면, 나는 팝스타가 되기 위해 노력할 텐데.
⑤ 진정한 친구라면 너 혼자 그런 힘든 시간을 보내도록 두지 않을 텐데.
▶ 과거에 하지 못한 일에 대한 아쉬움을 나타내는 문장이므로 「I wish + 가정법 과거완료」로 써야 한다.

E

① 내 남자친구가 나를 보러 와 주면 좋을 텐데.
② 만약 도움이 필요하시면, 언제든지 제게 전화를 주십시오.
③ 내가 전에 연구 조사를 했더라면 그 답들을 알 텐데.
④ 네가 여기 있다는 것을 알았더라면 우리는 만나 점심을 함께할 수 있었을 텐데.
⑤ Ted의 도움이 없었다면, 우리는 이것을 제때 마치지 못했을 것이다.
▶ if가 생략된 조건절로, if가 생략되면 주어와 동사가 도치되어야 한다.
(If it had not been for ~ → Had it not been for ~)

F

곤충은 우리 세상에 필수적이다. 그러나 이들의 작은 크기 때문에, 우리는 곤충들이 하는 일들의 진가를 알아보지 못한다. 곤충은 지구상 모든 종의 약 80퍼센트를 구성하므로, 이들을 없애버리는 것은 세계의 생태계에 막대한 영향을 미칠 것이다. 그들이 없다면 많은 종류의 동식물도 멸종되고 말 것이다. 곤충은 위대한 작은 생명체들이다. 이제는 받을 만한 존중을 그들이 받아야 할 때이다!

▶ (A) if절 대신 주어(wiping them out)가 현재 사실의 반대 상황을 가정하므로 가정법 과거를 씀

 (B) 「if it were not for ~」를 대신하여 Without이 쓰인 문장으로, 가정법 과거가 와야 함

 (C) It's about time + 가정법 과거: 이제는 정말 ~할 때이다

어휘 vital 필수적인 / ecosystem 생태계 / extinct 멸종된 / deserve ~를 받을 만하다

G

'반지의 제왕'의 저자 J.R.R. 톨킨보다 현대 판타지 소설에 커다란 영향을 끼친 사람은 없었다. 정말이지 톨킨이 그의 3부작 소설을 쓰지 않았다면, 오늘날 서점의 진열대는 상당히 다른 모습일 것이다. 그 책의 출판사가 그의 책을 출간하지 않기로 했다면 우리는 그것들을 영화로서 즐길 수도 없을 것이다. 그렇다면 Tolkien의 상황이 달랐다면 어땠을까? 예를 들어 만약 Tolkien이 오늘날 그의 책을 쓴다면 무엇이 달라질까? 아마도 많이 다르지 않을 것이다. 사람들은 여전히 선악 사이의 싸움 이야기를 좋아하고, JK Rowling과 같은 최근 작가들도 긴 판타지 시리즈로 성공을 거두었다.

1 ▶ ⓐ if절은 과거 사실의 반대, 주절은 현재 사실의 반대를 가정하는 혼합 가정법

 ⓒ if가 생략된 가정법 과거완료 문장으로 주어와 동사가 도치되어야 함 (If his publisher had decided ~ → Had his publisher decided ~)

2 ▶ 실현 가능성이 전혀 없는 일을 가정하므로 if절에 were to를 씀

어휘 trilogy 3부작 / publisher 출판업자 / struggle 투쟁, 분투

EXERCISE

A

1 She is a person whom[who] I've always looked up to.
2 Mr. Hart is an author whose books have won many awards.
3 The hotel which was recommended by Mr. Johnson was very nice.
4 David is a baseball player whose position is shortstop.
5 There is the professor whom[who] I spoke to yesterday.
6 We need a person who can speak both English and Korean fluently.

0 그 부부는 고양이를 기르고 있다. 그 고양이는 오드 아이를 지녔다.
 → 그 부부는 오드 아이를 지닌 고양이를 기르고 있다.
 ▶ 선행사 a cat이 동물이며 관계대명사절에서 주어 역할을 하므로 관계대명사 which를 사용

1 그녀는 사람이다. 나는 늘 그녀를 존경해 왔다.
 → 그녀는 내가 늘 존경해 왔던 사람이다.
 ▶ 선행사 a person이 사람이며 관계대명사절에서 전치사 to의 목적어 역할을 하므로 관계대명사 whom 또는 who를 사용

2 Hart 씨는 작가이다. 그의 책들은 많은 상을 받았다.
 → Hart 씨는 그의 책들이 많은 상을 받은 작가이다.
 ▶ 선행사 an author가 사람이며 관계대명사절에서 소유격으로 쓰였으므로 관계대명사 whose를 사용

3 그 호텔은 매우 좋았다. 그것은 Johnson 씨로부터 추천받았다.
 → Johnson 씨에게 추천받은 그 호텔은 매우 좋았다.
 ▶ 선행사 The hotel이 사물이며 관계대명사절에서 주어 역할을 하므로 관계대명사 which를 사용

4 David는 야구 선수이다. 그의 포지션은 유격수이다.
 → David는 포지션이 유격수인 야구선수이다.
 ▶ 선행사 a baseball player가 사람이며 관계대명사절에서 소유격으로 쓰였으므로 관계대명사 whose를 사용
 어휘 shortstop 유격수

5 그 교수님이 계신다. 나는 그와 어제 이야기했다.
 → 어제 내가 이야기했던 그 교수님이 계신다.
 ▶ 선행사 the professor가 관계대명사절에서 전치사 to의 목적어 역할을 하므로 목적격 관계대명사 whom 또는 who를 사용

6 우리는 사람이 필요하다. 그 사람은 영어와 한국어를 모두 유창하

게 말할 수 있다.
→ 우리는 영어와 한국어를 모두 유창하게 말할 수 있는 사람이
  필요하다.
▶ 선행사 a person이 사람이며 관계대명사절에서 주어 역할을
  하므로 관계대명사 who를 사용

B

1 I was waiting 2 who 3 of which 4 who 5 ✓

1 너는 내가 기다리고 있던 의사 선생님을 봤니?
  ▶ 선행사 the doctor가 전치사 for의 목적어 역할을 할 수 있도
    록 목적격 관계대명사 whom[who]을 사용한 관계대명사절이
    와야 함. 목적격 관계대명사 whom은 생략됨
2 그 상점에 침입했던 강도가 오늘 체포되었습니다.
  ▶ 선행사 The robber가 관계대명사절에서 주어 역할을 하므로
    주격 관계대명사 who를 사용
    어휘 break into 침입하다
3 그들은 내가 (그것의) 이름을 기억하지 못하는 작은 도시에 살았다.
  ▶ 선행사 a small town이 관계대명사절에서 소유격으로 쓰였으
    므로 관계대명사 of which를 사용
4 나는 내 딸을 돌봐 줄 의향이 있는 여성과 면담할 것이다.
  ▶ 선행사 a woman이 관계대명사절에서 주어 역할을 하므로 주
    격 관계대명사 who를 사용
5 읽을 때, 당신은 종종 모르는 단어를 보게 될 것이다.
  ▶ 목적격 관계대명사인 which가 관계대명사절의 목적어 them
    을 받고 생략된 형태의 문장이므로, know 뒤에는 목적어를 쓰
    지 않음

C

1 I'm listening to is 2 the man whom I met 3 which
you were looking for are 4 whose native language is
not Korean

1 내가 듣고 있는 그 음악은 아름답다.
  ▶ 전치사 to의 목적어를 대신하는 목적격 관계대명사(which)가
    생략됨
2 나는 어젯밤 파티에서 만났던 그 남자가 마음에 들었다.
  ▶ whom은 the man을 선행사로 하는 목적격 관계대명사
3 네가 찾고 있던 그 안경은 소파 밑에 있다.
  ▶ which는 The glasses를 선행사로 하는 목적격 관계대명사
4 그녀는 그들의 모국어가 한국어가 아닌 학생들을 위한 강의를 한
  다.
  ▶ 선행사 students가 관계대명사절에서 소유격으로 쓰였으므로
    소유격 관계대명사 whose를 써야 함

D

1 who likes to write fantasy stories 2 whose wife owns
a restaurant

1 나는 판타지 소설을 쓰길 좋아하는 소녀를 만났다.
  ▶ 선행사 a girl이 관계대명사절에서 주어 역할을 하므로 주격 관
    계대명사 who를 사용
2 나는 자신의 부인이 식당을 소유한 남자를 만났다.
  ▶ 선행사 a man이 관계대명사절에서 소유격으로 쓰였으므로 소
    유격 관계대명사 whose를 사용

GRAMMAR IN READING

A ⓐ whose ⓑ who B 1 ⓐ who ⓑ which ⓒ which 2 a
child whose interests included playing the violin Q ①

A

영화를 만들 때 감독은 그의 통찰력이 완성작의 모습을 결정짓는 중
요한 사람이다. 감독은 대본의 언어를 스크린의 영상으로 바꿔야 하는
사람이다. 영화배우와 촬영기사, 그리고 작가는 태양 주위를 도는 행
성들처럼 감독을 중심으로 돌아간다.
▶ 선행사가 관계대명사절에서 소유격으로 쓰이면 whose, 주어 역할
  을 하면 who를 쓴다.

B

우리 중 대부분은 과학 분야에의 아인슈타인의 중대한 공헌에 대해
알지만, 여느 중요한 역사적 인물과 마찬가지로, 겉으로는 단순해 보
이지만 복잡한 이 남자에게는 많은 이면이 있었다. 그에 대해 조금 더
알아보자. 세계에 상대성 이론을 가져다준 남자는 어릴 때 너무 느릿
느릿 말설이며 말해서 그의 부모는 그가 별로 똑똑하지 않다고 걱정했
다! 이것은 그의 말에 영향을 미친 학습 장애의 결과였던 것으로 여겨
진다. 그는 관심사가 바이올린 연주와 고전음악 감상을 포함하는 아이
로 기억되는데, 이것은 그의 성인 시절까지 이어진 취미이다.
1 ▶ ⓐ 선행사 The man이 관계대명사절에서 주어 역할을 하므로
      who
    ⓑ 선행사 a learning disability가 관계대명사절에서 주어 역
      할을 하므로 which
    ⓒ 선행사 a passion이 관계대명사절에서 주어 역할을 하므로
      which
2 ▶ 소유격 관계대명사 whose가 선행사(a child)를 수식하도록 배
    열한다.

44 관계대명사 that, what, 관계대명사의 생략

EXERCISE

A

1 which, that, ✓ 2 that 3 that, ✓ 4 whom, who, that, ✓ 5 which, that, ✓

0 나는 그들이 연주한 곡이 별로 마음에 들지 않았다.
  ▶ 사물을 선행사로 하는 목적격 관계대명사로는 which, that이 올 수 있으며 생략도 가능함
1 Donna가 입고 있는 그 치마는 비싸다.
  ▶ 사물을 선행사로 하는 목적격 관계대명사로는 which, that이 올 수 있으며, 생략도 가능함
2 저기서 놀고 있는 저 남자아이와 고양이를 봐.
  ▶ 선행사에 사람과 동물이 함께 쓰였고, 관계대명사절에서 주어 역할을 하므로 that을 씀
3 내가 했던 모든 게 잘못됐다. 그런 날들이 있다.
  ▶ -thing으로 끝나는 부정대명사가 선행사인 경우 주로 관계대명사 that을 사용하나 목적격 관계대명사이므로 생략도 가능함
4 내가 너한테 말했던 그 남자가 저기 앉아 있어.
  ▶ 사람을 선행사로 하는 목적격 관계대명사로는 whom, who, that이 올 수 있으며, 생략도 가능함
5 당신이 빌리고자 했던 그 아파트는 이미 나가버렸습니다.
  ▶ 사물을 선행사로 하는 목적격 관계대명사로는 which, that이 올 수 있으며 생략도 가능함
  어휘 rent (집세·사용료 등을 내고) 세내다[임차하다] / available 이용 가능한

B

1 doing it → doing 2 ○ 3 that → what
4 Anyone is interested → Anyone interested 또는 Anyone who[that] is interested
5 the one dropped → the one who[that] dropped

1 그들이 지금 하고 있는 것은 잘못된 것 같다.
  ▶ what은 선행사를 포함하는 관계대명사로, 관계사절에서 목적어로 쓰인 it을 삭제해야 함
2 Jason은 더는 10년 전의 그가 아니다.
  ▶ what he used to be: 예전의 그
3 우리는 돈이 바닥났고 더 나쁜 것은 연료까지 떨어지고 있다.

▶ what is worse: 더 나쁜 것은
어휘 run out of ~을 다 써버리다, ~이 없어지다
4 현대 미술에 관심이 있는 누구라도 그 전시회를 즐길 수 있을 것이다.
  ▶ 선행사인 Anyone을 수식하는 관계대명사 who 또는 that을 써서 Anyone who[that] is interested로 고치거나 「주격 관계대명사 + be동사」를 생략해 Anyone interested로 써야 함
5 Diana는 학교를 중퇴하고 공부를 전혀 하지 않은 사람이었다.
  ▶ 선행사인 the one을 수식하는 관계사절을 이끄는 주격 관계대명사 who 또는 that을 써야 함
  어휘 drop out of school 학교를 중퇴하다

C

1 (that) 2 (which is) 3 (that) 4 (that are) 5 (whom)

1 우리는 일주일 전에 빌린 책들을 반납해야 한다.
  어휘 check out 대출하다
2 우리 집 옆에 있는 낡은 집은 팔려고 내놓은 상태이다.
3 나는 명단에서 찾을 수 있는 모든 학생에게 전화를 걸었다.
4 서류함에 정리된 보고서들 좀 가져다주시겠어요?
5 우리가 의지했던 많은 병사들이 임무 중에 사망했다.
1, 3, 5 ▶ 목적격 관계대명사는 생략 가능
2, 4 ▶ 「주격 관계대명사 + be동사」는 생략 가능

D

1 that 2 that, that 3 that 4 What 5 what 6 that

1 나는 네가 Amy를 사랑하는 것을 깨닫지 못했다.
  ▶ realize의 목적어로 쓰인 명사절을 이끄는 접속사 that
2 어떤 이들은 그들이 학교에서 쓸모 있는 것을 전혀 배우지 않았다고 생각한다.
  ▶ 첫 번째 that절은 동사 think의 목적어로 쓰인 명사절, 두 번째 that절은 선행사인 nothing을 수식하는 관계대명사절
3 지역 농산물만이 당신 몸에 좋다는 생각은 비판을 받고 있다.
  ▶ The idea를 보충 설명하는 동격절을 이끄는 접속사 that
  어휘 be under attack 공격[비판]을 받고 있다
4 Susie가 찾고 있는 것은 방송 분야의 직업이다.
  ▶ 문장에서 주어 역할을 하는 절을 이끌며 the thing which의 의미를 나타내는 관계대명사 what이 필요
  어휘 broadcasting 방송업[계]
5 제가 알아야 할 것을 말씀해 주실래요?
  ▶ 문장에서 목적어 역할을 하는 절을 이끌며 선행사를 포함한 관계대명사 what이 필요
6 내가 지금 필요로 하는 유일한 것은 붓이다.

▸ The only thing을 수식하는 관계대명사절이 필요하므로 관계
대명사 that이 와야 함
어휘 paintbrush (그림 그리는) 붓

E

> that[which] has running shoes, that[which] has a water
> bottle in the side pocket

A: 내 배낭을 찾아야 해.
B: 아, 컨베이어 벨트 위에 배낭 세 개가 있다. 앞 주머니에 운동화가
   있는 것이 네 것이니?
A: 아니. 옆 주머니에 물병이 있는 것이 내 거야.
▸ 선행사 the one이 사물(the backpack)을 가리키며 관계사절에
  서 주어 역할을 하므로 that[which]을 씀
어휘 carousel (공항의) 수하물 컨베이어 벨트

GRAMMAR IN READING

A ①, ③　B 1 ⓓ 2 ① 주어 ② (동사의) 목적어　Q F

A

한 의사가 걱정과 두려움, 자기 회의로 괴로워하는 환자들에게 별난
처방을 해주었다. "6주 동안 누군가 당신에게 친절을 베풀 때마다 미
소 지으며 고맙다는 말을 하세요." 6주 이내에 그 의사의 환자들 대부
분은 실질적인 차도를 보였다.
▸ 선행사 patients(환자)가 사람이고 시제가 과거이므로, who[that]
  were afflicted로 쓰거나 「주격 관계대명사 + be동사」를 생략해
  afflicted로 쓸 수 있음

B

사람들은 흔히 돈을 낸 만큼 받는다고 말한다. 최근, 새로운 연구 결
과는 이것이 정말 사실일 수도 있음을 보여준다. 연구자들은 피실험
자들에게 두 잔의 와인을 주고 하나는 5달러짜리이지만, 다른 하나
는 45달러짜리라고 설명했다. 하지만 실제로 그 두 잔은 같은 것일 뿐
이었다. 그들은 피실험자들이 더 비싸다고 여기는 와인을 마실 때 쾌
락을 느끼는 두뇌의 영역이 더욱 활발해진다는 것을 발견했다. 이러한
결과가 의미하는 바는 상품의 가격이 질적 측면에서 소비자들이 경험
하는 것에 영향을 미칠 수 있다는 것이다.
1　▸ ⓓ는 관계대명사절을 이끄는 주격 관계대명사 that, 나머지는
    명사절을 이끄는 접속사 that
2　▸ 관계대명사 what은 '~하는 것'의 의미로 선행사와 관계대명사가
    결합된 형태이며, what이 이끄는 절이 각각 문장의 주어와 동
    사(can affect)의 목적어 역할을 한다.

Q 와인을 마시는 사람들이 느끼는 쾌락은 가격에 의해 영향받지 않
  는다.

EXERCISE

A

> 1 why　2 how　3 where　4 when

1　네가 방에서 울고 있었던 이유를 말해줘.
　▸ 선행사가 the reason이므로 관계부사 why를 쓴다.
2　Mark는 그가 크리스마스 푸딩을 만드는 방법을 내게 알려줬다.
　▸ 선행사가 없고 '~한 방법'이라는 뜻이므로 관계부사 how를 쓴
　　다. how 대신 the way를 쓸 수도 있다.
3　너는 Anna가 살고 있는 아파트를 아니?
　▸ 선행사 the apartment가 관계사절 안에서 장소를 나타내는
　　부사 역할을 하므로 관계부사 where
4　나는 네가 태어난 날을 기억해.
　▸ 선행사 the day가 관계사절 안에서 시간을 나타내는 부사 역
　　할을 하므로 관계부사 when

B

> 1 where　2 that　3 why　4 which　5 when　6 which
> 7 how　8 that

1　나는 전에 내 친구가 살았던 거리에 산다.
2　그녀는 작은 언덕 위에 있는 집을 샀다.
3　나는 오늘 왜 그렇게 많은 사람이 회사 밖에 나가 있는지 모르겠
　다.
4　네가 모르는 다른 이유가 있다.
5　그저께 나는 집에 있었는데 그때 나는 돈이 한 푼도 없었다.
6　수업 첫날인 3월 2일에 나는 내 평생 가장 예쁜 소녀를 보았다.
7　John Grisham은 유명한 작가이다. 나는 그가 이야기를 전개하
　는 방식을 좋아한다.
　어휘 develop a story 이야기를 발전시키다, 전개하다
8　Sidney는 내가 좋아하는 방식으로 책을 쓴다.
1~8　▸ 관계사절에 주어나 목적어가 없으면 관계대명사를 써야 하고,
　　　때·장소·이유 등의 부사어가 없으면 관계부사를 써야 한다.

C

1 나는 그 여름철이 그립다. 우리는 그때 유럽을 여행하곤 했다.
  → 나는 우리가 유럽을 여행하곤 했던 그 여름철이 그립다.
2 Sarah는 그녀의 예쁜 원피스를 그 가게에서 샀다. 그리고 나는
  그곳에 들르고 싶다.
  → 나는 Sarah가 그녀의 예쁜 원피스를 산 그 가게에 들르고 싶
    다.
3 John은 그 일자리 제의를 거절했다. 나는 그 이유를 알지 못한다.
  → 나는 John이 그 일자리 제의를 거절한 이유를 알지 못한다.
4 Pete는 특별한 방식으로 맛있는 스튜를 요리한다. 그는 나에게
  그것을 가르쳐 주었다.
  → Pete는 자신만의 맛있는 스튜를 요리하는 방법을 나에게 가
    르쳐 주었다.

D

1 이곳이 오늘 아침 뺑소니가 발생했던 장소이다.
  어휘 hit and run 뺑소니
2 내 상사는 Charles가 그에게 말하는 방식을 좋아하지 않았던 게
  분명하다.
  ▶ 관계부사 how와 the way는 같이 쓸 수 없고 반드시 둘 중 하
    나만 써야 함
3 Lisa는 그녀가 떠나야 하는 이유를 아무에게도 말하지 않았다.
4 나는 길이 한적하고 조용한 밤에 운전하는 것을 좋아한다.
1, 3, 4 ▶ 관계부사 where, why, when을 이용한 관계사절

E

A: 우리 에세이가 언제 마감인지 알아?
B: 아, 내가 기억하는 한 이틀 후야.
A: 뭐라고? 난 마감일이 그렇게 가까운 줄 몰랐어!
▶ 선행사 the day 뒤에 때를 나타내는 관계부사 when을 씀

GRAMMAR IN READING

A

이발소 기둥의 빨갛고 하얀 줄무늬는 유럽에서 이발사가 머리를 자를
뿐만 아니라 수술도 하던 시기로 거슬러 올라간다. 그들은 가게 앞에
있는 기둥에 붕대를 걸어둠으로써 광고를 했다. 피가 묻은 붕대는 빨
간 줄무늬가 된 한편 하얀 줄무늬는 깨끗한 붕대를 나타냈다.
→ 이발소는 수술이 이뤄지던 장소였다.
▶ 장소를 나타내는 관계부사는 where

B

다른 할리우드
'할리우드'라고 하면, 우리는 영화와 검은색 리무진과 Beverly Hills
에서 호화롭게 사는 유명인들을 생각한다. 하지만 우리가 잘 모르는
또 다른 할리우드가 있다. 바로 노숙자들이 살고 있는 할리우드 지역
이다. LA 전체적으로 주거지가 없이 사는 대략 82,000명의 사람들이
있다. 젊은 노숙자들은 할리우드에서 발견되는 경향이 있는데, 그곳에
서는 16세에서 25세 사이에 7,000명의 집 없는 사람들이 있다.
1 ▶ ⓐ 관계사절에서 전치사 about의 목적어를 대신하는 목적격
     관계대명사가 와야 하므로 that 또는 which가 올 수 있음
     ⓑ 선행사 Hollywood가 관계사절에서 부사 역할을 하므로 장
     소를 나타내는 관계부사 where를 씀
2 할리우드는 많은 집 없는 젊은이들이 살고 있는 LA의 한 지역이
  다.
  ▶ 선행사가 a part of LA이고 that은 주격 관계대명사이다.
Q ▶ 본문 중간의 the Hollywood that is home to the
    homeless에 'The Other Hollywood'의 의미가 나타나 있
    음

46 관계사의 계속적 용법

EXERCISE

A

1 a 2 b 3 a

1 Martha는 아들이 하나 있는데, 그는 러시아에 산다.
 a. Martha에게는 외아들이 있다.
 b. Martha는 아마도 아들이 둘 이상 있을 것이다.
 ▶ 계속적 용법의 관계대명사절은 추가 정보를 제공함

2 Kate는 회의에 오지 않았는데 그것은 사장을 매우 화나게 만들었다.
 a. 사장은 회의 때문에 매우 화가 났다.
 b. 사장은 Kate가 오지 않은 것 때문에 매우 화가 났다.
 ▶ 관계대명사 which가 앞의 절 전체를 대신함

3 학생들은 시험을 잘 봐서 공짜 콘서트 표를 받았다.
 a. 모든 학생이 공짜 표를 받았다.
 b. 일부 학생만이 공짜 표를 받았다.
 ▶ 계속적 용법의 관계대명사절은 추가 정보를 제공함

B

1 You left your wallet in the car, which was careless of you.
2 We bought a Lego set, whose main function was to keep the child quiet. 또는 We bought a Lego set, the main function of which was to keep the child quiet.
3 I read an article about Karl Marx, who was a famous German philosopher.
4 We went to Café Verona, where I once had coffee with Jerry.

0 내 친구들은 밀라노를 방문했는데, 그것은 북부 이탈리아에 있는 도시이다.
1 너는 차 안에 지갑을 두고 내렸는데, 그것은 부주의했다.
 ▶ 앞 절 전체를 선행사로 하는 계속적 용법의 관계대명사 which
2 우리는 레고 세트를 샀는데, 그것의 주된 기능은 아이를 얌전하게 있게 하는 것이었다.
 ▶ 선행사 a Lego set가 관계사절에서 소유격으로 쓰였으므로 계속적 용법의 관계대명사 whose 또는 of which
3 나는 Karl Marx에 관한 기사를 읽었는데, 그는 유명한 독일 철

학자였다.
4 우리는 Café Verona에 갔는데, 거기서 나는 한때 Jerry와 커피를 마신 적이 있었다.
 ▶ Café Verona를 선행사로 하는 계속적 용법의 관계부사 where 또는 「전치사 + 관계대명사」의 형태로도 쓸 수 있음(= in which)

C

1 which means he was very angry
2 where I saw the musical
3 which makes me sad

1 ▶ 앞 절 전체를 선행사로 하는 계속적 용법의 관계대명사절
 어휘 slam (문을) 쾅 닫다, 털썩 내려놓다
2 ▶ New York City를 선행사로 하는 계속적 용법의 관계부사절
3 ▶ 앞 절 전체를 선행사로 하는 계속적 용법의 관계대명사절

D

1 which was founded 2 who was the inventor

1900년에 창립된 노벨 재단은 사설 기관이며 그것은 노벨상의 재원을 관리한다. 다이너마이트의 발명가인 Alfred Nobel은 그의 유언장에 재단에 대한 생각의 개요를 작성해 놓았다.

1 이 글은 노벨 재단에 관한 것인데, 그것은 1900년에 설립되었다.
 ▶ the Nobel Foundation을 추가로 설명하는 계속적 용법의 관계대명사 which가 이끄는 절
2 설립에 관한 생각은 Alfred Nobel의 유언장에 있었는데, 그는 다이너마이트의 발명가였다.
 ▶ Alfred Nobel을 추가로 설명하는 계속적 용법의 관계대명사 who가 이끄는 절

GRAMMAR IN READING

A ⓐ who ⓑ which B 1 One possible solution is urban farming, which promises to make our food as local as possible. 2 ⓐ 도시 농장이 우리가 사는 곳에 매우 가까이 있는 것 ⓑ 도시 농장이 도시에 푸른 공간을 더해 주는 것 Q ③

A

2005년 이래로 코끼리 개체 수가 중앙아프리카에서 64퍼센트나 감소했다. 아프리카 코끼리에게 가장 큰 위협은 밀렵꾼에게서 비롯하는데, 그들은 코끼리의 상아를 얻기 위해 코끼리들을 죽인다. 밀렵꾼들

은 코끼리들을 죽이기 위해 독화살을 쓴다. 이러한 범죄 행위들은 오늘날에도 계속되고 있는데, 이는 미국으로 하여금 상아의 상업적인 거래를 금지하도록 이끌었다.

▸ ⓐ 선행사 poachers가 사람이므로 계속적 용법으로 쓰인 주격 관계대명사 who가 와야 함

ⓑ 선행사 These criminal acts가 사람이 아니므로 계속적 용법으로 쓰인 주격 관계대명사 which가 와야 함

B

70억 명의 사람들을 부양하는 것은 우리 행성에 큰 타격을 준다. 우리의 현 대단위 농법은 공해, 에너지 사용, 서식지 손실과 연관된 문제들을 일으킨다. 하지만 몇몇 창의적인 해결책이 있다! 한 가지 가능한 해결책은 도시 농업인데, 그것은 우리의 식량을 가급적 현지화해 주는 것이다. 도시 농장은 우리가 사는 곳에 매우 가까이 있어 그것은 식량이 이동해야 하는 거리를 줄여 준다. 이것은 우리가 가능한 한 신선한 농산물을 구할 수 있게 해 준다. 또 하나의 혜택은 도시에 푸른 공간을 추가한다는 점이며, 이것은 휴식과 명상을 위한 평화로운 공간을 조성한다.

1 ▸ 계속적 용법의 관계대명사는 「접속사 + 대명사」의 의미를 가지므로, and it을 주격 관계대명사 which로 바꾸어 쓸 수 있다.

2 ▸ ⓐ 앞의 절 전체를 선행사로 한다.
ⓑ 앞의 that절을 선행사로 한다.

UNIT

47 관계사와 전치사, 복합관계사

EXERCISE

A

1 Whoever 2 whomever 3 whom 4 whatever
5 when

1 오늘 밤 누가 전화를 하든지 내가 없다고 말해라.
▸ 선행사가 없으므로 Who는 올 수 없으며 '누가 ~하든'이라는 의미가 적절하므로 Whoever

2 네가 같이 시간을 보내고 싶은 사람이면 누구든지 데려와도 된다.
▸ 선행사가 없으므로 whom은 올 수 없으며 '~하는 사람은 누구든'이라는 의미가 적절하므로 whomever

3 그들이 비난하고 있는 그 소녀는 내 여동생이다.
▸ 선행사가 있으므로 관계대명사 whom이 적절

4 네가 말하려는 것은 무엇이든지 믿지 않을 거야. 너는 항상 내게 거짓말을 하잖아.
▸ 선행사가 없으므로 which는 올 수 없으며 '~하는 것은 무엇이든'이라는 의미가 적절하므로 whatever

5 그는 미소 지었고, 그때 나는 내가 그를 사랑한다는 걸 깨달았다.
▸ 선행사 the time이 생략된 문장으로 '~한 때'라는 뜻이 되어야 하므로 when이 적절

B

1 none of which 2 on which 3 some of whom
4 to which 5 after which

1 Susie는 샌들 다섯 켤레를 신어 보았지만 그중 어느 것도 마음에 들지 않았다.
어휘 try on (옷·신발을) 입어[신어] 보다

2 나는 그 거리를 자주 지나다니는데, 거기에서 Rose가 살았었다.

3 우리 회사는 새 직원들을 고용했는데, 그들 중 몇몇은 캐나다 출신이다.

4 토요일에 우리는 미술 전시관에 갔었는데, 우리는 전에 거기에 간 적이 없었다.

5 나는 어깨 수술을 받았는데, 그 뒤로 몇 달간 운동을 할 수 없었다.

1, 3 ▸ 어떤 전체의 부분을 나타내는 말이 올 경우 「전치사 + 관계대명사」의 어순이고, 선행사가 사람인지 사물인지에 따라 알맞은 관계사를 쓴다.

2, 4 ▸ 형용사절 안에서 부사 역할을 하는 「전치사 + 관계대명사」이며 선행사에 맞게 적절한 전치사를 쓴다.

5 ▸ 앞의 절 전체를 선행사로 하는 계속적 용법의 which

C

1 which → where[in which] 2 where → that[which]
3 with who → with whom 4 ○

1 이것은 우리 조부모님께서 사시는 집이다.
▸ 전치사 없이 부사 역할을 할 수 있는 관계부사 where를 쓰거나, 「전치사 + 관계대명사」인 in which로 바꿔야 한다.

2 토론토는 내가 가장 방문하고 싶은 도시이다.
▸ the city는 visit의 목적어이므로 목적격 관계대명사 which[that]가 와야 한다.

3 너는 Jim이 매일 아침 조깅을 같이 하는 남자를 아니?
▸ 전치사가 관계대명사 앞에 오는 경우 목적격 관계대명사 whom이 와야 한다.

4 너는 Monica가 매일 아침 조깅을 같이 하는 남자를 아니?
▸ 전치사가 관계사절의 동사 뒤에 오면 목적격 관계대명사는 생략할 수 있다.

D

1 Whatever you do **2** wherever you want
3 However expensive it may be **4** Whichever you buy

1 ▶ 복합관계대명사 whatever가 부사절을 이끈다.
2 ▶ 복합관계부사 wherever가 부사절을 이끈다.
3 ▶ 복합관계부사 however가 부사절을 이끈다.
4 ▶ 복합관계대명사 whichever가 부사절을 이끈다.

E

with, which, hit, nails

당신이 벽이나 나무에 못을 박아 넣는 데 쓰는 도구를 망치라고 부른다.
▶ 선행사 A tool이 사물이며, 문맥상 '~을 써서(도구)'를 의미하는 전치사 with가 적절하므로 with which가 빈칸에 온다.

GRAMMAR IN READING

A Whoever **B** **1** whom, who, that **2** in which military officers rated their soldiers **Q** ①

A

우리가 아무리 멋있게 옷을 입고, 아무리 아름답게 집을 꾸미고, 또 우리의 만찬 파티가 아무리 근사하더라도, 훌륭한 예절이 없다면 진정으로 멋있을 수 없다는 것이 사실이다. 그것은 불가능하다. 진정한 멋과 품위는 함께하는 것이다.
→ 진정으로 멋있는 사람은 누구든지 훌륭한 예절도 지녔을 것이다.
▶ whoever: ~하는 사람은 누구든지

B

인간은 후광 효과라 불리는 판단 편향을 보인다. 후광 효과란 우리가 긍정적인 인상을 지닌 사람들을 좋은 사람들로 판단한다는 것을 의미한다. 부정적인 인상을 남기는 사람들을 우리는 나쁘다고 판단한다. Edward Thorndike라는 한 심리학자가 1920년에 처음으로 후광 효과를 설명했다. 그는 군 장교들이 다양한 신체적, 정신적 자질에 대해 자신의 병사들을 평가하는 실험을 했다. 한 가지 영역에서 높은 평가를 받은 병사들은 보통 모든 영역에서 높은 평가를 받았고, 부정적인 평가의 경우도 마찬가지였다. Thorndike는 이것이 장교들이 병사들을 전적으로 좋거나 전적으로 나쁘다고 생각한다는 의미라고 결론을 내렸다. 우리는 재미를 추구하거나 매력적인 사람이 또한 똑똑하고 믿음직하기도 하다고 생각할 때 같은 효과를 경험한다.

1 ▶ 전치사(of)의 목적어로 쓰인 목적격 관계대명사 자리인데 전치사가 관계사절의 동사 뒤에 있으므로, 관계대명사는 whom이나 who, that을 쓸 수 있고 생략할 수도 있다.
2 ▶ 「전치사 + 관계대명사」로 시작하는 관계사절을 만들어야 하며, 글의 내용상 주어는 military officers, 목적어는 their soldiers가 되어야 한다.

REVIEW TEST 09

A 1 what **2** that, whom **3** that **4** whichever
5 that were dipped, dipped **6** why, that, ✓
7 to whom
B 1 I have two brothers, one of whom serves in the military.
2 I recently went back to the city where I was born.
3 This is the only song that I can play on the guitar.
4 I'll never forget the day when[that] she left me.
5 This course is for students whose first language is English.
6 Tony doesn't have a cell phone, which makes it hard to contact him.
C 1 (that) **2** (whom) **3** (that was) **4** (that) **5** 없음
6 없음 **D** ③ **E** ③, ⑤ **F** ⓐ that → which
G 1 (A) why (B) what (C) whatever **2** one reason that people get tattoos

A

1 오늘 할 수 있는 일을 내일로 미루지 말라.
▶ 선행사가 없을 경우에는 선행사를 포함하는 관계대명사 what 사용
어휘 put off 연기하다
2 수업에서 내가 옆에 앉는 그 소녀는 항상 공부를 열심히 한다.
▶ 전치사 to의 목적어 역할을 하는 목적격 관계대명사 that, whom
3 말다툼으로 이어질 수 있는 상황들을 피하려고 노력하라.
▶ 선행사인 situations가 관계사절에서 주어 역할을 하므로 주격 관계대명사 that 사용
4 어느 쪽이 좋든, 내게 메시지를 보내거나 이메일을 보내줘.
▶ 양보의 의미로 쓰인 복합관계대명사 whichever는 '어느 것을 ~ 하더라도'의 의미
5 초콜릿에 담근 그 자두는 맛있었다.
▶ 선행사인 The plums를 수식하는 주격 관계대명사절에서 「주격 관계대명사 + be동사」는 생략할 수 있음
어휘 dip (액체에) 살짝 담그다
6 부모들은 자기 아이들이 특정한 방식으로 행동하는 이유를 이해해야 한다.

▸ 선행사가 이유를 지칭하며, 관계사절에서 부사구(for that reason)의 역할을 담당하므로 관계부사 why나 that을 쓰거나 생략 가능

7 내가 회의에서 이야기한 Wilson 씨는 우리 계획에 관심이 있어 보였다.
▸ 선행사인 Mr. Wilson이 관계사절에서 계속적 용법으로 전치사 to와 함께 쓰여야 하므로 to whom

B

1 나는 남자 형제가 둘 있는데, 그중 한 명이 군대에서 복무 중이다.
▸ 어떤 전체의 부분을 나타내는 말이 올 경우 「전치사 + 관계대명사」의 형태로 쓰이므로 one of whom이 와야 하고, 두 명의 형제에 대한 추가 정보를 제공하는 것이므로 계속적 용법이 쓰임

2 나는 최근 내가 태어난 도시에 다시 가 보았다.
▸ 선행사가 장소를 지칭하며, 관계사절에서 부사구의 역할을 하므로 관계부사 where 또는 「전치사 + 관계대명사」인 in which로 바꿔 쓸 수 있음

3 이것이 내가 기타로 연주할 수 있는 유일한 노래이다.
▸ 선행사에 the only 등의 한정어가 포함되어 목적격 관계대명사로 that을 씀

4 나는 그녀가 나를 떠난 그 날을 결코 잊지 못할 것이다.
▸ 선행사가 시간을 지칭하며, 관계사절에서 부사구의 역할을 하므로 관계부사 when이나 that을 쓰거나 「전치사 + 관계대명사」인 on which로 바꿔 쓸 수 있음

5 이 과정은 모국어가 영어인 학생들을 위한 것이다.
▸ 선행사인 students가 관계사절에서 소유격의 의미(their)를 지니므로 소유격 관계대명사 whose 사용
어휘 first language 제 1언어, 모국어

6 Tony는 휴대폰이 없는데, 이는 그와 연락하기 힘들게 만든다.
▸ 앞 절 전체를 선행사로 하는 계속적 용법의 관계대명사 which

C

1 그녀가 이야기하고 있던 소설은 '오만과 편견'이다.
▸ 목적격 관계대명사가 전치사의 목적어일 때 전치사가 관계사절의 동사 뒤에 오면 목적격 관계대명사 that은 생략할 수 있음

2 그녀는 우리가 세미나에 초대하고 싶은 사람이다.
▸ 목적격 관계대명사 whom은 생략할 수 있음

3 나는 집 밖 벤치에 앉아 있던 강아지를 발견했다.
▸ 「주격 관계대명사 + be동사」는 생략할 수 있음

4 Jim이 공부하고 있는 대학은 전국적으로 매우 유명하다.
▸ 목적격 관계대명사가 전치사의 목적어일 때 전치사가 관계사절의 동사 뒤에 오면 관계대명사를 생략할 수 있음

5 나는 오랜 친구 한 명을 만났는데, 그는[그녀는] 나와 밴드에서 함께 연주했었다.

▸ 계속적 용법으로 쓰인 관계대명사는 생략 불가

6 나는 네가 방금 내게 말한 것을 받아 적고 싶다.
▸ 선행사를 포함하는 관계대명사 what은 생략 불가

D

① 옆집에 사는 여자가 복권에 당첨이 되었다.
▸ 선행사 The woman을 수식하는 주격 관계대명사 who가 있어야 함. 또는 who is living에서 「주격 관계대명사 + be동사」를 생략하여 The woman living ~으로도 쓸 수 있음
어휘 win the lottery 복권에 당첨되다

② 이것은 내가 본 영화 중 가장 웃긴 영화이다.
▸ what은 선행사를 포함하는 관계대명사이므로 선행사와 함께 쓸 수 없음. 최상급의 선행사 다음에는 주로 관계대명사 that을 씀

③ Ted는 나보다 더 똑똑하지만 나는 그것을 인정하고 싶지 않다.
▸ 선행사가 앞의 절 전체인 경우 관계대명사 which를 씀

④ 네가 그 시스템을 만든 방법을 다시 한 번 설명할 수 있겠니?
▸ 선행사 the way와 관계부사 how를 연달아 쓸 수 없으므로 둘 중에 하나만 써야 함. 또는 the way that[in which]의 형태로 쓸 수 있음.

⑤ 네가 신문에서 읽은 의사는 이 병원에서 근무한다.
▸ 전치사가 관계대명사 앞에 오므로 목적격 관계대명사 whom을 써야 함

E

① Johnson 씨는 그와 함께 일하는 사람들을 좋아한다.
▸ 전치사가 관계사절의 동사 뒤에 나오므로 관계대명사 생략 가능

② 내가 아무리 열심히 노력해도 잘 되는 것 같아 보이지 않았다.
▸ no matter how: 아무리 ~하더라도(= however)

③ 네가 생각해야 하는 것은 바로 고객의 요구이다.
▸ that 대신 선행사를 포함해 '~하는 것'이라는 의미를 나타내는 관계대명사 what이 와야 함

④ 작가가 되기를 원하는 사람들은 누구든지 책을 자주 읽어야 한다.
▸ whoever: ~하는 사람은 누구든지

⑤ 우리의 최고 선수가 경기 전에 부상을 당했다. 더욱 나쁜 것은 우리가 경기에서 졌다는 것이다.
▸ what's + 비교급: 더 ~한 것은

F

1927년 이후로 라이더컵 골프 대회는 친선 경기에서 시작해 세계 제일의 스포츠 행사 중 하나로 발전했다. 유럽과 미국이 2년에 한 번 열리는 이 행사를 번갈아 개최하는데, 미국은 4년에 한 번씩만 개최하게 되는 셈이다. 유럽이 라이더컵 역사상 가장 극적인 역전을 연출한 2010년 라이더컵은 많은 골프팬들이 가장 좋아하는 대회다. Martin Kaymer가 유럽의 우승을 확정하는 퍼트를 했다.

▶ ⓐ 앞의 절 전체를 선행사로 하는 계속적 용법의 관계대명사가 와야 하는데 that은 계속적 용법으로 쓸 수 없으므로 which가 와야 함

어휘 evolve (서서히) 발전하다, 진화하다 / premier 첫째의, 최고의 / take turns 번갈아 하다 / biennial 2년에 한 번의, 격년의 / putt (골프) 퍼트

G

어떤 사람들은 왜 다른 이들이 문신을 하는지 이해하지 못한다. 무언가를 영구적으로 당신의 피부에 남기는 것의 의미가 무엇일까? 일단, 사람들이 문신을 하는 한 가지 이유는 사회가 기대하는 것과는 다르게 보이기 위함이다. 또 다른 이유는 몇몇 문신에는 예컨대 이벤트나 기념일과 같은 특별한 의미가 있기 때문이다. 그리고 몇몇 사람들은 그저 자기 자신을 표현하기 위해 자신의 신체를 이용하기도 한다. 그들의 문신은 무엇이든지 그들이 관심을 가진 것을 표현하기도 한다.

1 ▶ (A) 선행사인 the reason이 생략된 관계부사절로 이유를 나타내는 관계부사 why가 필요함
    (B) 전치사 from의 목적어 역할을 하면서 관계대명사절을 이끌어야 하므로 선행사를 포함하는 관계대명사 what이 필요함
    (C) 복합관계대명사 whatever(~하는 것은 무엇이든지)가 이끄는 절이 문장 동사 represent의 목적어 역할을 함
2 ▶ 선행사인 one reason 뒤에 관계부사 why 대신 that이 올 수 있음

어휘 tattoo 문신 / permanently 영구히

---

48 셀 수 있는 명사 vs. 셀 수 없는 명사

EXERCISE

A

1 courage 2 is 3 much 4 pictures 5 are

1 스카이다이빙을 하는 데는 용기가 필요하다.
   ▶ courage는 셀 수 없는 명사
2 장마철이 시작되어서 공기 중에 습기가 많다.
   ▶ moisture는 셀 수 없는 명사이므로 단수 취급
3 우리는 그 주제에 대한 정보가 많이 없다.
   ▶ 셀 수 없는 명사(information)의 양을 나타내는 much
4 나는 카메라를 가져가긴 했지만, 사진을 많이 찍지는 않았다.

▶ 셀 수 있는 명사(picture)의 수를 나타내는 many
5 경찰은 강도 사건의 유력한 용의자의 범위를 좁히고 있다.
   ▶ police는 항상 복수 취급하는 집합명사

B

1 A Germany → Germany 2 an electricity → electricity
3 is → are 4 ○

1 독일과 브라질이 결승전에 진출했다.
   ▶ Germany는 셀 수 없는 고유명사
2 이 자동차는 휘발유 대신 전기로 달린다.
   ▶ electricity는 셀 수 없는 명사
3 사람들이 추수감사절 퍼레이드에서 행진하고 있다.
   ▶ people은 항상 복수 취급하는 집합명사
4 그 가구는 다기능적이도록 디자인되었다.
   ▶ furniture는 셀 수 없는 명사 취급하는 집합명사이므로 복수형이 없고 단수형 동사가 뒤따름

C

1 family is 2 are grazing 3 three cups of

1 ▶ 가족을 하나의 집합으로 본 것이므로 단수 취급
2 ▶ cattle은 항상 복수 취급하는 집합명사
3 ▶ 셀 수 없는 명사를 복수형으로 쓰고 싶을 때는 세는 단위를 복수형으로 만든다.

D

1 cans 2 bar 3 spoonfuls 4 glasses 5 loaf

1 냉장고에 있는 음료수 두 캔 중 하나는 네 거야.
2 나는 샤워하다가 비누를 밟고 미끄러졌다.
3 두 스푼의 꿀을 넣으면 이 요거트가 더 맛있어질 거야.
   어휘 spoonful 한 숟가락[스푼]
4 매일 두 잔의 우유를 마시는 것은 칼슘을 섭취하는 좋은 방법이다.
5 John은 단지 빵 한 덩어리를 훔쳤을 뿐인데 19년 동안 감옥에 갇혀 있었다.
   어휘 in jail 수감된

E

three bottles of, two bags of flour

나는 시장에서 우유 한 통, 물 세 병, 밀가루 두 포대를 샀다.

GRAMMAR IN READING

> A ⓑ   B 1 wools and meats → wool and meat
> 2 ⓐ families ⓑ an animal ⓒ clothing   Q ①

A

전문가들은 피로가 탈수의 초기 증상일 수 있다고 말한다. 당신의 액체 섭취량을 늘리는 것이 중요하다. 수분 필요량의 절반까지는 음식에서 섭취할 수 있지만, 그래도 하루에 최소한 250ml짜리 컵 8잔의 물을 마셔야 한다.
▶ fatigue는 셀 수 없는 명사이므로 부정관사를 붙이지 않음

B

세계에는 지역 주민 전체가 양에서 얻은 털과 고기에 의존하는 지역이 있습니다. 그래서 양을 선물하는 것은 도움이 필요한 가정에 기쁨이 될 수 있는 거죠! 당신은 동물을 선물함으로써 굶주린 많은 가족들을 도울 수 있습니다. 생활고에 허덕이는 가족들은 양털로 옷을 만들어 입거나 여분의 수입을 위해 팔기도 합니다. 게다가 양은 주로 쌍둥이나 세쌍둥이를 낳고, 다른 가축들에게는 부적당한 가장 험하고 바위가 많은 목초지에서도 풀을 뜯을 수 있습니다.
1 ▶ wool과 meat는 셀 수 없는 명사
2 ▶ ⓐ 여러 가정을 의미하므로 families
   ⓑ animal은 셀 수 있는 명사이므로 부정관사를 붙임
   ⓒ clothing은 셀 수 없는 명사 취급하는 집합명사로 부정관사와 함께 쓰지 않음
Q ① 양의 선물
   ② 양을 기르는 법
   ③ 양의 자연 서식지

EXERCISE

A

> 1 much 2 many 3 a few 4 A 5 little 6 many 7 few
> 8 little

1 시간이 많지 않으니 우리는 서두르는 편이 낫다.
   ▶ '시간'이라는 의미로 쓰인 time은 셀 수 없는 명사이므로 much로 수식
2 내가 이것을 너에게 몇 번이나 말했니?
   ▶ '횟수'라는 의미로 쓰인 time은 셀 수 있는 명사이므로 many로 수식
3 나에게 돈을 좀 빌려줄 수 있니?
   ▶ dollar는 셀 수 있는 명사이므로 a few로 수식
4 많은 학생이 Brown 선생님의 수업을 신청했다.
   ▶ a number of + 복수명사: 많은 수의 ~
5 여기까지 오는 데 20분밖에 안 걸렸어. 길이 별로 안 막혔어.
   ▶ traffic은 셀 수 없는 명사이므로 little로 수식
6 여기는 사람이 너무 많다. 우리 가자!
   ▶ people은 셀 수 있는 명사이므로 many로 수식
7 그것들은 매우 비슷하다. 차이가 거의 없다.
   ▶ 차이점이 '거의 없다'는 의미이므로 few로 수식
8 그가 시험에 통과할 가능성은 거의 없어. 그는 거의 공부를 하지 않아.
   ▶ 가능성이 '거의 없다'는 의미이므로 little로 수식

B

> 1 a room 2 room 3 a paper 4 paper 5 a hair 6 hair

1 그 건물에는 중역회의 때 사용하는 방이 있다.
   ▶ room이 '방'이라는 의미일 때는 셀 수 있는 명사
   어휘 board 위원회, 중역(회)
2 당신 보고서에는 아직 개선의 여지가 있어요.
   ▶ room이 '여지', '공간'의 의미일 때는 셀 수 없는 명사
3 Joshua는 멸종 위기종들에 관한 보고서를 쓰느라 바쁘다.
   ▶ paper가 '보고서'라는 의미이면 셀 수 있는 명사
4 나는 복사 용지 한 꾸러미를 샀다.
   ▶ paper가 '종이'라는 의미이면 셀 수 없는 명사
5 나는 내 셔츠에서 머리카락 한 올을 발견해 떼어냈다.
   ▶ hair가 '한 개의 머리카락'이라는 의미로 쓰이면 셀 수 있는 명사
6 그녀의 친구들은 그녀의 긴 머리가 예쁘다고 생각한다.
   ▶ hair가 '모발'을 집합적으로 나타낼 때는 셀 수 없는 명사

C

> 1 few → little 2 much → many[a lot of/lots of] 3 ○
> 4 A number of → The number of 5 informations →
> information 6 a few → a little 또는 some 7 were →
> was 8 ○ 9 ○

1 매우 건조하다. 비가 거의 내리지 않았다.
   ▶ rain은 셀 수 없는 명사이므로 little로 수식
2 이 경기장은 많은 스포츠 팬으로 가득 찼다.
   ▶ fan은 셀 수 있는 명사이므로 many로 수식

3 내 조부모님은 전시에 서로 만났다.
  ▸ 특정한 '때'를 의미하는 time은 셀 수 있는 명사

4 이 회사의 직원 수는 300명이다.
  ▸ 「the number of + 복수명사」는 '~의 수'의 의미로 단수 동사를 취함

5 나는 한국 역사에 관한 약간의 정보가 필요하다.
  ▸ information은 셀 수 없는 명사이므로 복수형으로 쓸 수 없음

6 지금 당장 우리에게 필요한 것은 작은 격려이다.
  ▸ encouragement는 셀 수 없는 명사이므로 a little 또는 some으로 수식

7 많은 양의 석유가 중동으로부터 수입되었다.
  ▸ 「a large amount of + 셀 수 없는 명사」는 '많은 양의 ~'의 의미로 단수 동사를 취함

8 이 지역은 세계적으로 팔리는 아주 우수한 와인을 생산한다.
  ▸ wine은 셀 수 없는 물질명사

9 엄마는 우유와 빵을 좀 사기 위해 식료품점에 가셨다.
  ▸ milk, bread는 셀 수 없는 물질명사이므로 a little 또는 some으로 수식

D

> few, people

뉴욕에서 온 뉴스 속보입니다. LaGuardia 공항 근처에서 비행기 추락 사고가 있었습니다. 현재 아주 적은 수의 사람들만이 사고에서 살아남은 것으로 보입니다.
→ 아주 적은 사람들이 비행기 사고에서 살아남았다고 보도된다.
▸ only a small number of people(아주 적은 사람들)이 살아남은 것이므로 '거의 없는'의 의미인 few로 나타낼 수 있다.
어휘 breaking news 뉴스 속보

GRAMMAR IN READING

A ⓐ The ⓑ a B 1 ⓐ many ⓑ little ⓒ plants 2 ③
Q ①

A

기온 상승이 북극의 빙하를 계속해서 녹게 하여, 이는 결국 북극곰의 겨울 바다표범 사냥철을 짧게 만든다. 빙하가 사라짐에 따라 곰의 숫자가 급격히 줄어들고 있다. 이제 많은 나라들이 북극곰을 보호할 방안을 찾기 위해 노력하고 있다.
▸ the number of + 복수명사: ~의 수 / a number of + 복수명사: 많은 ~

B

소는 지구 온난화의 주요 원인 중 하나인 메탄가스를 배출한다. 하지만 왜 소가 메탄을 배출하는 걸까? 1900년대에 농장들이 훨씬 커지면서, 넓은 면적 안에 수만 마리의 동물들을 키우게 되었다. 처음에는 방목 지역에 자연적으로 자라나는 여러 가지 풀이 있어서, 소들에게 다양한 식단을 제공했다. 그러나, 농부들이 더 많은 소를 먹이기 위해 독보리를 심었다. 독보리는 영양가가 거의 없고 더 영양소가 풍부한 식물이 자라는 것을 방해한다. 독보리는 또한 소가 소화하기가 힘들어서, 메탄 생산을 늘린다. 이것이 많은 연구원들이 빠르게 자라는 풀과 함께 영양가가 풍부한 식물을 재배하는 방법을 연구하고 있는 이유이다. 이는 온실가스를 줄이고 동물의 건강을 개선할 것이다.

1 ▸ ⓐ 수식을 받는 animals가 셀 수 있는 명사이므로 many가 알맞다.
  ⓑ 수식을 받는 content가 셀 수 없는 명사이므로 little이 알맞다.
  ⓒ 앞에 관사가 없고 plant는 셀 수 있는 명사이므로 복수형인 plants로 써야 한다.

2 ▸ researchers가 셀 수 있는 명사이므로 양을 나타내는 말인 a large amount of는 쓸 수 없다.

Q ① 하지만
  ② 따라서
  ③ 게다가

50 부정관사(a[an])와 정관사(the)

EXERCISE

A

1 the 2 a 3 a, The 4 the 5 the 6 the, the 7 an, a
8 the 9 the 10 the 11 a

1 엄마는 내 동생과 부엌에 계신다.
  ▸ 대개 부엌은 집에 하나밖에 없으므로 앞에 the를 쓴다.

2 시내의 좋은 식당을 추천해줄 수 있니?
  ▸ 불특정한 식당 중 하나를 가리키고 있으므로 a를 쓴다.

3 밖에 차가 한 대 주차되어 있다. 그 차의 라이트가 켜져 있다.
  ▸ 처음 언급할 땐 a, 다시 언급할 땐 the

4 이 끔찍한 싸움을 끝낼 수 있는 사람은 오직 너뿐이다.
  ▸ only 앞에는 the를 쓴다.

5 가장 가까운 우체국이 어디인지 알려주시겠어요?

▸ 최상급 앞에는 the를 쓴다.

6 벽에 걸려 있는 그림들을 봐. 저것들이 무엇을 의미하는 걸까?
  ▸ 말하면서 특정한 그림과 벽을 가리키므로 the를 쓴다.

7 그녀의 꿈은 비행기 승무원으로서 항공사에 고용되는 것이다.
  ▸ 직업으로서의 승무원과 불특정한 항공사를 가리키고 있으므로 a[an]를 쓴다.

8 Jack은 내가 이 수업에서 가장 먼저 말을 건넨 사람이다.
  ▸ 서수 앞에는 the를 쓴다.

9 달을 보러 밖에 나가자.
  ▸ 세상에서 유일한 것(달) 앞에는 the를 쓴다.

10 소금 좀 건네줄래요? — 여기 있습니다.
  ▸ 정황상 언급하는 대상을 화자와 청자 모두 알고 있으므로 the를 쓴다.

11 한 번에 한 발자국씩 간다면 결국에는 목표에 도달할 수 있을 것이다.
  ▸ at a time: 한 번에

B

1 a 2 c 3 b

1 그는 하루에 두 번 비타민C를 복용한다.
  a. 제한 속도는 시속(시간당) 65마일이다.
  ▸ '~당'이라는 의미

2 그들은 하루아침에 가진 모든 것을 잃었다.
  c. 그들은 일 년 동안 서로 만나지 못했다.
  ▸ '하나의'라는 의미

3 Taylor 씨라는 어떤 분이 당신을 기다리고 있어요.
  b. 어떤 의미에서는 네가 옳다.
  ▸ '어떤'이라는 의미

C

1 a → the 2 youngest → the youngest 3 ○
4 teller → a teller 5 the → a

1 이 도시의 수돗물은 마시기에 안전하다고들 한다.
  ▸ 물질명사라도 뒤에 한정하는 말이 있으면 the를 쓴다.
  [어휘] tap water 수돗물

2 가족들 중 네가 가장 어리니?
  ▸ 최상급 앞에는 the를 쓴다.

3 Tom은 세인트루이스 근처의 한 작은 마을 출신이다.
  ▸ 세인트루이스 근처에 있는 불특정 마을 하나를 언급하는 것이므로 a를 쓴다.

4 그녀는 금전 출납 계원으로 은행에서 일한다.
  ▸ 직업을 나타낼 때는 부정관사 a를 쓴다.
  [어휘] teller (은행의) 금전 출납 계원

5 그는 대개 하루에 우유를 석 잔씩 마신다.
  ▸ '~당'이라는 의미를 나타낼 때 a를 쓴다.

D

1 the third planet from the Sun 2 I used to go to the movies every week 3 is held once a year

1 ▸ 서수, 유일한 것 앞에는 the를 쓴다.
2 ▸ go to the movies: 영화를 보러 가다
3 ▸ '~마다, ~당'이라는 의미로 쓰인 부정관사 a

E

The, documentary, environmental, protection

A: 이 다큐멘터리를 봤니? 이것은 환경보호에 관한 거야.
B: 물론이지. 우리 오빠 Jim이 감독한 거야.
▸ 전치사구(about environmental protection)가 뒤에서 명사의 의미를 한정하므로 documentary 앞에 the를 쓴다.

GRAMMAR IN READING

A ⓓ the → an B 1 ⓐ the ⓑ the ⓒ a 2 ② Q ②

A

바다에서는 바닷속 깊은 곳을 포함하여 어느 방향에서건 위험이 출몰할 수 있다. 바다의 가장 위험한 생물체 중 하나는 상어이다. 상어는 상처 입은 동물의 피를 수 킬로미터 떨어진 곳에서 감지하고는 사냥을 하기 위해 재빨리 접근한다.
▸ ⓐ~ⓑ sea나 ocean 앞에는 관용적으로 the를 씀
  ⓒ 구나 절이 뒤에서 명사를 한정할 때 the를 씀
  ⓓ 불특정한 상처 입은 동물을 가리키는 것이므로 부정관사 an을 씀

B

킹 피트니스 클럽
유연함을 즐겨보세요!
Andrew Stewart 씨는 운동할 시간이 전혀 없는 바쁜 사람이었습니다. 하지만 2년 전, 그는 한 스트레칭 수업에 참여했죠. 그는 스트레칭의 느낌을 너무 즐거워해서 10주간의 수업이 끝난 후에도 계속해서 그 운동을 했죠. 지금 그는 일주일에 적어도 3일 정도 한 번에 40분씩 스트레칭을 합니다. "20대 때보다 더 유연해졌어요. 스트레칭을 하니까 움직임이 너무 편해졌어요. 몸이 유연해진 느낌이에요." 그가 말

했습니다. 게다가 Stewart 씨는 스트레칭 운동이 건강하게 잘 살고 있다는 느낌까지 들게 해주었음을 알게 되었죠.

1 ▶ ⓐ 전치사구(of stretching)가 뒤에서 명사를 한정하고 있으므로 the
　　ⓑ 앞에 이미 언급된 것이므로 the
　　ⓒ '~당, ~마다'를 의미하는 부정관사 a

2 한 시간 동안의 춤으로 열량을 얼마만큼 소모하나요?
　▶ 주어진 문장의 an은 '하나의'라는 의미
　① 여러 개 중 아무거나 하나를 언급할 때 쓰는 a
　② '하나의'라는 뜻으로 쓰인 a
　③~④ '어떤'이라는 뜻으로 쓰인 a

Q ① 짜증 난
　② 만족한
　③ 우울해 하는

UNIT 51 주의해야 할 관사의 쓰임

EXERCISE

A

> 1 × 2 Sugar 3 Officer 4 × 5 a 6 × 7 the 8 an
> 9 the 10 × 11 ×

1 사람은 물 없이 살 수 없다.
　▶ 셀 수 없는 물질명사이므로 무관사

2 설탕은 너의 건강에 좋지 않다. 너무 많이 먹지 마라.
　▶ 물질명사이므로 무관사

3 경관님, 가장 가까운 주유소가 어딘지 알려 주실 수 있으세요?
　▶ 사람을 부르는 호칭은 무관사
　【어휘】 gas station 주유소

4 Tom은 거미에 관해 많이 안다.
　▶ 일반적인 거미 전체를 가리키므로 무관사

5 그는 흰색 셔츠를 갖고 있지 않다. 그가 가진 모든 셔츠는 검은색이다.
　▶ 셀 수 있는 명사의 단수형이므로 관사가 필요하다.

6 그 배우는 영화제를 위해 전용기를 타고 프랑스에 갔다.
　▶ 교통수단을 나타내는 by 뒤에는 무관사

7 우리 학교에 계신 선생님의 절반이 40세가 넘었다.
　▶ half는 「half + the + 명사」의 어순으로 쓰인다.

8 우리는 기차를 타기 전에 이른 저녁을 먹었다.
　▶ 식사명 앞에 형용사가 있으면 관사를 쓴다.

9 소방관들은 불을 끄기 위해 교회로 달려갔다.
　▶ 교회의 본래 목적으로 쓰이지 않았으므로 the를 쓴다.

10 나는 자기 전에 책을 읽는 습관이 있다.
　▶ 침대의 본래 목적인 자는 것과 연관되어 쓰였으므로 무관사

11 그녀는 아주 어렸을 때부터 테니스를 배워오고 있다.
　▶ 운동경기 앞은 무관사

B

> 1 bed → the bed 2 baggages → baggage, trunk → the trunk 3 a such → such a 4 by a taxi → by taxi 5 the prison → prison 6 The both → Both (the)

1 John은 지갑을 침대에 놓고 왔다고 생각한다.
　▶ 침대의 본래 목적과 관련된 것이 아니므로 관사를 붙임

2 그는 자기 짐을 차의 트렁크에 넣었다.
　▶ baggage는 셀 수 없는 명사이므로 단수형,
　　뒤에 trunk를 한정해 주는 전치사구가 있으므로 the를 써야 함

3 너는 그녀에게 그렇게 심한 말을 하지 말았어야 했다.
　▶ 「such + a[an] + 형용사 + 명사」의 어순임

4 거기에 택시를 타고 가자. 걸어갈 만한 거리가 아니다.
　▶ 교통수단을 나타내는 by 뒤에는 무관사

5 지난 2년 동안 그 남자는 절도죄로 수감 중이다.
　▶ 감옥이 본래의 목적과 관련된 의미로 쓰였으므로 무관사

6 사무실에는 2명의 근무자가 있다. 두 사람 모두 일본인이다.
　▶ 「both + (the) + 명사」의 어순임

C

> 1 skip breakfast 2 go to school by bus 3 quite an interesting experience 4 I went to the college that my sister attends

1 ▶ 식사명 앞에는 무관사

2 ▶ 학교의 본래 목적으로 쓰였으므로 무관사, 교통수단을 나타내는 by 다음에는 무관사

3 ▶ 「quite + a[an] + 형용사 + 명사」의 어순

4 ▶ 대학교의 본래 목적과 관련된 것이 아니므로 college 앞에 관사를 붙여야 하는데, 관계대명사절이 뒤에서 명사를 한정하고 있으므로 정관사 the

D

> had[ate], lunch, played, basketball

Ted는 정오에 점심을 먹은 후, 친구들과 농구를 했다.

GRAMMAR IN READING

A by a train → by train, the all amazing → all the amazing B 1 I'm not half the man 2 such an easy game Q all my troubles

A

유럽에 가는 걸 계획하고 있다면 기차로 둘러보는 것을 고려해 보라. 기차로는 빠르게 이동할 수가 있고, 역 근처에 있는 호텔도 많다. 또한 택할 수 있는 경치 좋은 길이 많다. 모든 놀라운 풍경을 편안한 좌석에서 즐길 수 있다는 건 매우 기분 좋은 일이다.

▸ 교통수단을 나타내는 by 뒤에는 무관사, 「all + the + 형용사 + 명사」의 어순

B

Yesterday (비틀스)

지난 날, 내 모든 고통은 멀리 간 듯 보였지요.
하지만 지금 그 고통이 여기 머물러 있군요.
아, 지난 날을 믿었는데.
갑자기 내가 예전의 반도 못 되는 것처럼 보이네요.
그림자가 나에게 드리워져 있네요.
아, 지난 날이 문득 다가왔군요.
왜 그녀는 가야만 했는지 난 몰라요. 그녀는 말하지 않았어요.
내가 뭔가 잘못 말했나, 이제 난 지난 날을 갈망할 뿐입니다.
지난 날, 사랑은 그저 쉬운 게임 같은 것이었어요.
이제 난 어딘가 숨을 곳이 필요하군요.
오, 난 지난 날을 믿어요.

1 ▸ 「half + the + 명사」의 어순
2 ▸ 「such + a[an] + 형용사 + 명사」의 어순

REVIEW TEST 10

A 1 have 2 isn't 3 advice 4 is, traffic 5 job, work
B 1 languages 2 electricity 3 friends 4 pictures
5 information
C 1 a 2 the 3 the 4 × 5 ×
D 1 a few 2 little 3 A number of
E ② F 1 importance → the importance 2 a radio → the radio 3 ○ 4 a little → a few 5 the cup → a cup
G (A) The (B) an (C) a few

H 1 ⓓ 2 ① so that all the kernels are coated ② is add some salt

A

1 경찰이 한 남자를 체포했다.
 ▸ police는 형태는 단수형이나 복수 취급
 어휘 arrest 체포하다
2 돈이 인생에서 가장 중요한 것은 아니다.
 ▸ money는 셀 수 없는 명사로 단수 취급
3 제 문제에 대한 조언을 좀 줄 수 있나요?
 ▸ advice는 셀 수 없는 명사로 단수 취급
4 대개 하루 중 이 시간대에 시내 교통량이 많다.
 ▸ traffic은 셀 수 없는 명사로 단수 취급
5 그는 지금 일자리를 구하려고 애쓰고 있지만 할 수 있는 일거리가 많지 않다.
 ▸ job은 셀 수 있는 명사이나, work는 '일'이라는 뜻으로 쓰였을 경우에 셀 수 없는 명사로 단수 취급함 ('작품'이라는 뜻으로 쓰였을 경우에는 가산 명사)
 어휘 at the moment 바로 지금 / available 이용 가능한

B

1 몇 개의 외국어를 하니?
 ▸ language는 셀 수 있는 명사이므로 복수형
2 전기 없이 사는 것은 매우 불편할 것이다.
 ▸ electricity는 셀 수 없는 명사
 어휘 inconvenient 불편한
3 나는 내 친구들을 집들이 파티에 초대했다.
 ▸ friend는 셀 수 있는 명사이므로 복수형
4 우리 둘 다 카메라가 없어서 사진을 찍을 수 없었다.
 ▸ picture는 셀 수 있는 명사이므로 복수형
5 나는 도서관에 자주 가는데 그곳에서 유용한 정보를 많이 얻을 수 있다.
 ▸ information은 셀 수 없는 명사

C

1 어떤 의미에서는 그가 한 말이 맞다.
 ▸ in a sense: 어떤 의미에서
2 그 후보는 지난 선거에서 패배했다.
 ▸ last 앞에는 정관사 the를 씀
3 나는 이 노래를 인터넷에서 다운받았다.
 ▸ Internet 앞에는 관용적으로 the를 씀
4 대학을 졸업한 후, Kate는 일자리를 구했다.
 ▸ 학교가 본래 목적으로 쓰였으므로 무관사

5 그 식당은 TV에 나온 이후에 매우 붐볐다.

▶ appear on TV: TV에 출연하다

D

1 얘기를 나눠봐야 할 것들이 몇 가지 있습니다.

▶ a few는 셀 수 있는 명사를 수식하며, '어느 정도 있는'의 의미

2 우리는 돈이 충분히[거의] 없어서 이 소파를 살 수 없다.

▶ little은 셀 수 없는 명사를 수식하며, '거의 없는'의 의미

3 많은 사람이 교황을 환영하기 위해 모였다.

▶ many = a number of

어휘 pope (가톨릭 교의) 교황

E

① 그 여자아이는 야생화를 조금 꺾었다.

▶ flower는 셀 수 있는 명사이므로 복수형

② 이 집은 가구가 전혀 없어서 허전해 보인다.

▶ furniture는 셀 수 없는 명사

③ 쇼핑몰로 가는 버스는 교회를 지나갈 것이다.

▶ 교회 본래 목적으로가 아니라 건물을 의미하는 것이므로 a 또는 the를 쓴다.

④ 대학생 수가 줄어들었다.

▶ the number of + 복수명사: ~의 수 (단수 취급)

⑤ 그 영화를 봤니? 꽤 흥미로운 영화였어.

▶ 「quite + a[an] + 형용사 + 명사」의 어순

F

1 나는 교육의 중요성을 강조하고 싶다.

▶ 전치사구(of education)가 명사 importance를 한정하므로 정관사 the를 씀

어휘 emphasize 강조하다

2 라디오 좀 꺼줄래요? 아무도 안 듣고 있네요.

▶ radio 앞에는 관용적으로 the를 씀

3 개구리는 보통 파리나 귀뚜라미 같은 곤충을 먹이로 한다.

4 어떤 사람들은 그 법이 몇 년 안에 바뀔 것이라고 예상한다.

▶ 셀 수 있는 명사의 수를 나타내는 말은 a few

5 오늘 아침 식사로 커피 한 잔과 토스트를 먹었다.

▶ 물질명사(coffee)의 수량을 표시해 주기 위해 a cup of를 붙임

G

컴퓨터 과다 사용은 두통, 안구 건조, 목 통증을 가져올 수 있다. 이러한 '컴퓨터로 인한 피로'를 예방하는 가장 좋은 방법은 자주 휴식하는 것이다. 최소 한 시간에 한 번 컴퓨터 사용을 멈추고 휴식을 취하라.

몇 분 동안 걷거나 스트레칭을 하는 것이 피로감을 더는 데 도움이 될 것이다.

▶ (A) 형용사의 최상급 앞에는 the
  (B) '~당, ~마다'의 뜻을 나타내는 an
  (C) 셀 수 있는 명사의 수를 나타내는 a few

어휘 fatigue 피로 / ease 덜어 주다 / tiredness 피로

H

여기 완벽한 팝콘을 만드는 요리법이 있습니다. 세 스푼의 식물성 기름과 반 컵의 팝콘 낟알이 필요합니다. 먼저 냄비 바닥에 기름을 두르고 낟알을 넣으세요. 모든 낟알이 기름에 입혀지도록 휘젓는 것을 잊지 마세요. 그다음 냄비를 덮고 팝콘이 터지는 소리가 멈출 때까지 중강불 위에서 앞뒤로 흔들어 주세요. 이제 당신이 해야 할 일은 소금을 조금 뿌리고 맛있는 팝콘을 즐기는 것입니다.

1 ▶ 뒤에 한정해주는 전치사구(of a saucepan with oil)가 있으므로 the

2 ▶ ① 「all + the + 명사」의 어순, kernel은 셀 수 있는 명사이므로 복수형

② salt는 셀 수 없는 명사이므로 복수형을 쓰지 않음, add 앞에 to가 생략되어 있음

어휘 kernel (씨앗 따위의) 낟알 / saucepan 냄비 / stir 젓다 / back and forth 앞뒤로

UNIT

52 인칭대명사, 대명사 it

EXERCISE

A

1 c 2 d 3 a 4 b 5 e

1 10시 5분 전이다.

c. 장갑을 껴. 밖이 추워.

▶ 시간, 날씨 등을 나타내는 비인칭 주어

2 나는 케이크를 만드는 것이 쉽다고 생각했다.

d. 그는 그녀를 용서하는 것이 어렵다는 것을 알았다.

▶ to부정사를 대신하는 가목적어

3 내가 그를 사랑했다는 것이 웃기지 않니?

a. 그가 도둑이라는 것이 사실일 리 없다.

▶ that절을 대신하는 가주어

4 누구세요? Serena니?

b. Dave한테 전화 왔어.
　　▸ 사람을 가리킴
5　내가 그녀를 처음 만난 것은 크리스마스 때였다.
　　e. 너를 그렇게 화나게 만든 게 뭐니?
　　▸「It is[was] ~ that」강조구문

B

1 make easy → make it easy 2 some my friends →
some friends of mine[some of my friends] 3 take easy
→ take it easy

1　컴퓨터는 복잡한 공식을 푸는 것을 쉽게 한다.
　　▸ 진목적어(to부정사구)를 대신하는 가목적어 it이 필요함
　　어휘 formula (수학) 공식
2　나는 파티에 온 내 친구들 몇 명이 새벽 5시에 집에 갔다고 들었다.
　　▸ 한정어(some)가 명사 앞에 올 경우 소유격을 같이 쓸 수 없으므로 「한정어 + 명사 + of + 소유대명사」의 어순으로 쓴다.
3　너는 피곤해 보인다. 좀 편하게 쉬는 게 어때?
　　▸ take it easy는 '쉬엄쉬엄 하다'라는 의미로, 이때 it은 막연한 상황을 나타냄

C

1 give it a try 2 I couldn't help it
3 I can't make it on time 4 Let's call it a day

1　A: 우리가 이것을 제시간에 끝낼 수 있을까?
　　B: 모르겠어. 하지만 해 보자.
　　▸ Let's give it a try.: (시험 삼아) 한번 해 보자.
2　A: 무슨 일이죠? 또 지각했군요.
　　B: 죄송하지만, 어쩔 수 없었어요. 지하철이 연착했거든요.
　　▸ I couldn't help it.: 어쩔 수 없었어.
3　A: 우리는 8시에 영화를 볼 거야. 올 수 있어?
　　B: 응, 하지만 시간 맞춰서 가진 못할 것 같아.
　　▸ I can't make it on time.: 시간 맞춰 가지는 못할 것 같아.
4　A: 늦었고 모두 지쳐 보여요.
　　B: 알았어요. 이제 마칩시다.
　　▸ Let's call it a day.: (오늘은) 여기서 마치자.

D

1 It is very humid 2 It was last night that
3 got married to a friend of hers

1　▸ 날씨를 나타내는 비인칭 주어 it

2　▸「It is[was] ~ that」강조구문
3　▸ 한정어(a)와 소유격을 연이어 쓸 수 없으므로 이중소유격으로 나타냄

E

her mom that[who], to become a writer

Jane이 어렸을 때 그녀의 엄마는 그녀에게 많은 책을 읽어주고 그녀가 작가였다면 무엇을 썼을지 상상하도록 했다. 그때가 그녀가 작가가 되고 싶다고 꿈꾸기 시작한 때이다.
Q　누가 Jane이 작가가 되도록 영감을 주었는가?
　　→ 그녀가 작가가 되도록 영감을 준 것은 바로 그녀의 엄마였다.
　　▸ 강조하고자 하는 부분인 her mom을 It is[was]와 that 사이에 넣어 나타낸다. (강조하는 대상이 사람이므로 that 대신 who를 쓸 수 있음)

GRAMMAR IN READING

A ⓐ mine ⓑ my ⓒ her B 1 ⓑ 2 a photo (of a painting)
Q ①

A

어느 날 나는 옷장을 치우다가 날씬했던 시절에 내가 가장 좋아했던 옷을 한 벌 발견했다. 그 옷을 딸에게 주었더니 꼭 들어맞았다. "나는 잃고 너는 얻는구나."라고 했더니, 딸이 씩 웃으면서 "아니에요, 엄마. 엄마도 (몸무게를) 얻고, 저도 (옷을) 얻는 거죠."라고 말했다.
▸ ⓐ 이중소유격은「한정어 + 명사 + of + 소유대명사」의 형태
　ⓑ 소유격
　ⓒ 목적격

B

유럽에서 가장 유명한 미술관 중 하나는 마드리드에 있는 Prado 미술관이다. 그것은 시각 장애인이 서양 미술 최대의 걸작 일부를 즐길 수 있도록 해 주는 대단한 전시를 열었다. 그 전시는 미술 작품을 만질 수 있도록 질감을 살린 3차원으로 보여 준다. 도드라진 3차원 이미지가 시각 장애인들이 그림의 정신적 심상을 만드는 것을 더욱 쉽게 만들어 준다. 그림의 이 3차원 사본은 3차원 인쇄 기법을 사용해 만들어졌다. 그것은 그림의 사진을 물리적인 디테일을 표현하도록 조정하고, 그것을 특수 프린터로 인쇄하고, 그리고 나서 화학 물질로 처리하여 특정 부분이 도드라지게 하는 것을 포함한다. 기회가 있다면 마드리드를 방문해서 몇몇 유명한 작품을 만져 보는 게 어떨까?
1　▸ ⓑ는 진목적어인 to부정사구를 대신하는 가목적어이고 나머지

는 모두 앞의 명사를 대신하는 인칭대명사이다.
2 ▸ ①, ②는 둘 다 앞에 나온 목적어 a photo of a painting을 가리킨다.
Q ① 독특한 미술 전시
　　② 3D 프린트 작동법
　　③ 서양 미술의 역사

53 재귀대명사(-self), 지시대명사 (this, that, these, those)

EXERCISE

A

1 ourselves **2** yourself **3** myself **4** him, himself
5 themselves **6** you, yourself

1 우리는 우리 자신을 믿고 성공하기 위해 더 노력해야 한다.
　　▸ 주어와 목적어가 동일하므로 재귀대명사 ourselves
2 초조해하지 마세요. 부디 편하게 계세요.
　　▸ make oneself at home: (자기 집처럼) 편하게 있다
3 네가 그 사고에 대해 책임자에게 보고하지 못하겠다면 내가 직접 하겠다.
　　▸ '직접'이라는 뜻의 강조용법의 재귀대명사
4 그를 도와주지 마세요. 그는 혼자서 그것을 해야 합니다.
　　▸ 첫 번째 빈칸은 목적어 자리인데 주어와 목적어가 다르므로 him, 두 번째 빈칸은 '혼자서'라는 의미의 by oneself
5 부모님은 제주도로 여행을 가셨다. 그분들은 그곳에서 즐거운 시간을 보내셨다.
　　▸ enjoy oneself: 즐거운 시간을 보내다
6 난 너에게 그 프로그램을 사용하는 방법을 가르쳐줄 시간이 없을 것 같아. 네가 독학해야겠는걸.
　　▸ 첫 번째 빈칸은 목적어 자리인데 주어와 목적어가 다르므로 you, 두 번째 빈칸은 목적어 자리인데 주어와 목적어가 동일하므로 재귀대명사 yourself
　　어휘 teach oneself 독학[자습]하다

B

1 b **2** c **3** a

1 사실 음식의 질은 그다지 좋지 않았다.
　　b. 네 새로운 헤어 스타일은 이전의 것과 그다지 다르지 않다.

▸ '그만큼, 그렇게'를 뜻하는 부사로 쓰인 that
2 인간의 뇌는 침팬지의 뇌보다 약 4배 정도 더 크다.
　　c. 당신의 의견은 당국의 의견과 꽤 다르다.
　　▸ 각 문장에서 반복되는 명사(the brain, opinion)를 대신하는 that
　　어휘 authority (pl.) 당국
3 나는 쓰레기통을 비웠다. 아무도 해두지 않았기 때문에 내가 했다.
　　a. 그는 경찰에게 여러 차례 거짓말을 했다. 그 점이 경찰로 하여금 그를 의심하게 하였다.
　　▸ 앞 문장의 내용을 가리키는 that
　　어휘 suspect 의심하다

C

1 you → yourself **2** those → these **3** that → those
4 himself → him

1 스스로에게 너무 가혹하게 하지 마라. 네 실수가 아니다.
　　▸ 전치사의 목적어이며 명령문의 생략된 주어(you)와 동일하므로 재귀대명사 yourself
　　어휘 be hard on[upon] ~에게 모질게 굴다
2 요즘에 나는 자유 시간이 거의 없다.
　　▸ those days는 과거의 '그 당시'를 의미하며 과거시제와 함께 쓰이고, '요즘'이라는 의미의 these days는 현재시제나 현재완료와 함께 쓰인다.
3 독수리의 눈은 많은 점에서 인간의 눈과 유사하다.
　　▸ 복수형 명사(eyes)를 받는 것이므로 that의 복수형인 those
　　어휘 in many respects 많은 점에서
4 Dean은 건강검진을 하러 병원에 갔다. 그의 의사는 그에게 높은 혈압에 관해 경고했다.
　　▸ 목적어이며 문맥상 주어(His doctor)와 동일한 대상이 아니므로 him

D

1 Help yourself to the potato chips **2** Between you and me **3** from that of the defendant

1 ▸ help yourself to: ~을 마음대로 먹다
2 ▸ between you and me: 우리끼리 얘긴데
3 ▸ 반복되는 명사(testimony)를 that으로 받음
　　어휘 testimony 증언 / defendant 피고

E

the, bulb, by, herself

Jessica 집의 전구가 나가버렸지만, 그걸 가는 것을 도와줄 사람이 없었다. 그녀는 혼자서 했다.
→ Jessica는 전구를 혼자서 갈아야 했다.
▸ by oneself: 혼자서

GRAMMAR IN READING

| A a role   B 1 ⓒ   2 You will find yourself   Q T |

A

연구에 따르면 아버지는 자녀들의 발달과정에서 어머니의 역할과는 전혀 다른 역할을 한다고 한다. 아버지는 놀이를 더 즐기는 경향이 있어서, 아이들이 어머니의 전적인 보살핌만 받을 때와는 정서적으로나 신체적으로 다르게 발달하도록 이끈다고 한다.
▸ 앞에 언급된 명사(a role)를 대신하는 that

B

A: 나는 이번 학기에 Grace 선생님의 수업을 들을 생각이야. 그분의 수업 방식에 대해 말해 줄래?
B: 음. 내 생각에 다른 교수님들의 방식과 다른 것 같아.
A: 어떻게 다른데?
B: 음, 우리는 매주 소설 하나를 읽어야 해. 그리고 수업 시간에 우리 생각을 토론해. 그분은 수업에 활발하게 참여하는 것이 중요하다고 생각하셔.
A: 쉽지 않을 것 같아.
B: 사실 그렇게 어렵진 않아. 네가 책을 읽고 그 의미에 대해 깊이 생각하면 너는 너 자신이 수업을 즐기고 있는 것을 알게 될 거야.
1 그의 최근 공연은 그렇게 인상적이지 않았다.
   ▸ 주어진 문장과 ⓒ에서 that은 '그렇게'를 뜻하는 부사로 쓰였다. ⓐ는 반복되는 명사 the teaching style을 대신하는 that, ⓑ는 앞의 내용을 가리키는 that
2 ▸ 주어와 목적어가 동일하므로 재귀대명사 yourself
Q Grace 선생님은 학생들이 수업에 활발하게 참여하도록 격려한다.

EXERCISE

A

| 1 any   2 None   3 Any   4 Each   5 some   6 All |

1 저는 당신의 서비스에 어떤 불만도 없습니다.
   ▸ not ~ any ...: 조금의 …도 ~ 아닌
2 의사들 중 아무도 그 병의 원인을 몰랐다.
   ▸ 뒤에 「of + 명사」가 나오므로 부정대명사 none이 적절
3 이 게임은 매우 단순하다. 어떤 아이라도 할 수 있다.
   ▸ 긍정문에 쓰여 '어떠한 ~이라도'라는 의미를 나타내는 any가 적절
4 샘플들은 각각 세 차례 테스트를 거쳐야 한다.
   ▸ each of + 한정사 + 복수명사: ~ 중 각자
5 그녀의 나쁜 행동에는 분명히 어떤 이유가 있을 거야.
   ▸ 긍정문에서 정해지지 않은 불특정한 것을 가리킬 때는 some을 사용
6 모든 학생이 그들의 역사 선생님을 좋아한다.
   ▸ 뒤에 「(of) + 한정사 + 명사」가 나오므로 부정대명사 all이 적절

B

| 1 all   2 every   3 Each   4 no   5 All   6 each |

1 어제 그는 온종일 라디오를 들었다.
   → '온종일'은 all day
2 너는 2년마다 건강검진을 받는 것이 좋다.
   → every other year: 격년으로, 2년마다
3 회원들은 각자 자신의 접속 암호를 가지고 있다.
   ▸ 동사가 단수형이며 뒤에 「of + 명사」가 나오므로 each
   어휘 access code 접속 암호
4 아무도 우산을 가지고 있지 않아서 우리는 모두 비에 흠뻑 젖었다.
   ▸ 문맥상 '하나도 ~아닌'이라는 뜻의 no가 적절
   어휘 get soaked by ~로 흠뻑 젖다
5 내가 필요한 것은 단지 몇 마디의 격려였다.
   ▸ the only thing(s)의 의미를 나타내는 all
6 사장이 우리에게 보너스로 1인당 1,000달러를 주었다.
   ▸ 부사로 쓰여 '1인당'이라는 뜻을 나타내는 것은 each

C

1 any → some 2 have → has 3 ○

1 그는 웨이터에게 물을 좀 달라고 요청했다.
  ▸ 긍정문에서 '약간'을 의미하는 some
2 모든 학생들은 자기 사물함을 가지고 있다.
  ▸ 「every + 단수명사」 뒤에는 단수형 동사가 온다.
3 그 강의는 지루했다. 청중들 대부분이 졸았다.

D

1 no longer afraid of horror movies
2 go swimming every[each] weekend
3 Most of his paintings were
4 None of these shirts goes[go] well

1 ▸ no longer(= not ~ anymore): 더 이상 ~ 않다
2 ▸ every weekend: 주말마다
3 ▸ most of + 한정사 + 명사: ~의 대부분
4 ▸ none of + 한정사 + 명사: ~ 중에 하나도 …아닌

E

No, tickets

A: 뉴욕행 7시 비행기 표를 살 수 있나요?
B: 죄송하지만 오늘이 추수감사절이라서 표가 남아있지 않습니다.
→ 오늘은 추수감사절이기 때문에 뉴욕행 비행기 표를 하나도 구할
   수 없다.
▸ no + 명사: 하나도[조금도] ~ 아닌(= not ~ any + 명사)

GRAMMAR IN READING

A ⓐ any ⓑ some B 1 ⑤ 2 그것들 모두는 미가공 데이터를
이용해서 이야기를 만들어 낸다. Q ②

A

많은 알레르기 환자들이 알고 있듯이, 알레르기는 어느 계절이라도 생
길 수 있다. 사람들이 봄, 여름, 가을에 각기 다른 종류의 먼지나 꽃가
루에 영향을 받는다. 또한, 일부 알레르기 환자들은 일 년 내내 증상
이 계속된다.
▸ ⓐ any는 긍정문에서 '어떠한 ~이라도'라는 뜻으로 쓰임
  ⓑ 긍정의 평서문에서 '몇 명, 얼마간' 등을 의미하는 some

B

우리는 모두 친구들이나 가족들이 들려주는 이야기를 좋아한다. 하지
만 컴퓨터가 쓴 이야기는 어떨까? 인공 지능 전문가들은 컴퓨터가 사
실적인 보고서와 허구적인 이야기를 모두 쓰게 해 주는 알고리즘을
만들었다. 이 알고리즘 중 일부는 당신이 인간만이 쓸 수 있다고 생각
할 만한 기사나 보고서를 생성한다. 그것들 모두가 미가공 데이터를
이용해서 이야기를 생성한다. 연합통신(AP)은 이 알고리즘 중 하나를
이용해 금융 기사를 생성한다. 그것은 또한 각 선수의 팀과 리그에서
비롯되는 데이터를 바탕으로 스포츠 기사를 작성한다. 이러한 과정의
주요 강점은 그 알고리즘이 사람들이 이해하기 어려워하는 대량의 미
가공 데이터를 받아들여 그것을 명확하고 간단한 이야기로 바꾼다는
점이다.
1 ▸ ⓐ 뒤의 동사가 복수형인 것으로 보아 some 또는 all이 적절하
     다.
     ⓑ 뒤의 명사가 단수형인 것으로 보아 each가 적절하다.
2 ▸ 「all of + 명사」는 '모든 ~'이라고 해석한다.
Q ① 기사 작성 방법
  ② 컴퓨터가 작성하는 이야기
  ③ 왜 컴퓨터는 인간을 대신할 수 없는가

55 부정대명사 II
(one, other, another, both, either, neither, -thing)

EXERCISE

A

1 one 2 either 3 everything 4 Nobody 5 anything
6 both

1 나는 보통 정장을 입지 않지만, 파티를 위해 입었다.
  ▸ 앞에서 언급된 명사 a suit와 같은 종류임을 나타내는 one
2 나는 이 영화를 보지 못했고 내 동생 역시 보지 못했다.
  ▸ either는 부사로 쓰여 '역시 (~도 아닌)'라는 의미를 나타냄
3 아내와 아이들은 나에게 모든 것(가장 소중한 것)이다.
  ▸ everything: 가장 소중한 것
4 그는 항상 거짓말을 하기 때문에 아무도 그를 믿지 않는다.
5 우리는 아무것도 정하지 못했어. 시간이 더 필요해.
6 내가 양손에 가방을 들고 있어서 그가 문을 열어줬다.
  ▸ both + 복수명사: 둘 다

B

1 one **2** others **3** other **4** another, the other

1 이 수건은 지저분하네요. 깨끗한 것으로 주시겠어요?
▸ 앞에서 언급된 명사와 같은 종류임을 나타내는 one(= a towel)
2 어떤 사람들은 축구 시합을 하기를 좋아하고 다른 사람들은 농구 경기를 하기를 좋아한다.
▸ some ~, others ...: 어떤 사람[것]은 ~, 다른 사람[것]은 …
3 다른 사람들이 너에 대해 말하는 것에 신경 쓰지 마라.
4 네가 외출한 동안 세 통의 전화가 왔었어. 하나는 너의 여동생으로부터, 다른 하나는 상사로부터, 마지막 하나는 너의 친구 Mark로부터 온 거야.
▸ 셋 중 처음 하나는 one, 다른 하나는 another, 나머지는 the other

C

1 it → one **2** Anybody → Nobody[No one] **3** ○
4 special anything → anything special
5 Either → Neither

1 너 이 라켓 어디서 샀니? 나도 하나 사고 싶은데.
▸ 동일한 것이 아닌 같은 종류의 라켓을 의미하므로 one(= a racket)
2 그 문제는 아주 어려웠다. 아무도 그 문제를 풀지 못했다.
▸ 의미상 '아무도 ~ 않는'의 의미인 nobody
3 이 쿠키 맛있다. 하나 더 먹어도 되니?
▸ another: 또 다른 하나의
4 밸런타인데이에 특별한 것을 준비했니?
▸ -thing으로 끝나는 말은 형용사가 뒤에서 수식
5 두 비밀번호 모두 맞지 않아. 맞는 것을 알려줘.
▸ neither of + 한정사 + 복수명사: (둘 중) 어느 쪽도 아닌

D

1 look for another way **2** get along with each other 또는 get along with one another **3** Nobody[No one] knows

1 ▸ another: 또 다른
2 ▸ each other[one another]: 서로
3 ▸ nobody: 아무도 ~ 않는(= no one)

E

the other was *Beauty and the Beast*, both

오페라의 유령 – 음악과 이야기가 놀라웠다.
미녀와 야수 – 모든 노래와 가사가 좋았다.
→ Chris는 뮤지컬 두 편을 보았다. 하나는 '오페라의 유령'이었고, 나머지 하나는 '미녀와 야수'였다. 그는 두 뮤지컬 모두 음악이 멋지다고 생각했다.
▸ one ~ the other ...: (둘 중에) 하나는 ~ 나머지는 … / 문맥상 '둘 다'의 의미이므로 both
어휘 number (공연에서) 노래[춤] / lyric (노래의) 가사

GRAMMAR IN READING

A ② **B 1** nothing **2** ⓐ ones ⓑ some ⓒ others **Q** ②

A

어떤 사람들은 2개 언어를 배우도록 강요받는 아이들은 둘 중 어느 것에서도 편안함을 느끼지 못할 것이라고 주장한다. 어느 쪽에도 강한 동질감을 느끼지 못한 채 그들은 항상 두 문화 사이에 끼인 것 같은 느낌을 가질 것이다.
▸ either of + 복수명사: 둘 중 하나

B

Q: 저는 대학교 1학년이고 기숙사에서 살고 있습니다. 저는 가족들이 너무 그리워서 항상 몸이 안 좋습니다. 이게 정상인가요?
A: 새로운 장소에서는 모든 것이 당신에게 낯섭니다. 게다가, 당신이 사랑하는 사람들과 집의 아늑함에서 떨어져 사는 것은 어렵습니다. 그래서 당신은 그것들을 그리워하게 마련입니다. 이런 감정들은 아주 정상적인 것입니다. 그러나 어떤 사람들이 조금의 외로움과 슬픔, 또는 불안을 경험하는 반면, 다른 사람들은 실제 신체적 증상을 경험하기도 합니다. 향수병은 당신이 새로운 환경에 익숙해지게 되면 보통 사라집니다.
1 새로운 장소에서는 아무것도 당신에게 익숙하지 않다.
▸ nothing: 아무것도 ~ 아닌
2 ▸ ⓐ 복수의 일반인을 나타내는 ones
ⓑ, ⓒ some ~, others ...: 어떤 사람[것]은 ~, 다른 사람[것]은 …
Q ① 하지만
② 게다가
③ 그러지 않으면

REVIEW TEST 11

A 1 It **2** ones **3** someone, anything **4** No one
5 each other **6** another, the others
B 1 b **2** a **3** d **4** c **5** e
C 1 each, has **2** Some, vegetarians, eat, others, eat
3 made, jokes, about, himself **4** is, physics, Maria,
wants **5** most, of, them, understood
D ③ **E 1** a my friend → a friend of mine 또는 my friend
2 ○ **3** it → one **4** ○ **5** other → another
6 that → those
F (A) it (B) neither (C) both
G 1 ⓑ **2** I slipped and fell during the second scene

A

1 A: 파티에 이 드레스를 입고 갈 생각이야.
   B: 그렇게 해. 너한테 잘 어울린다.
   ▶ 앞에 언급된 것(this dress)을 대신하는 대명사 it
2 A: 저 부츠 신어 봐도 될까요?
   B: 어느 것을 말씀하시는 거예요?
   ▶ 앞에서 언급된 부츠와 같은 종류를 지칭하며 복수명사(boots)
   이므로 ones
3 A: 누군가 문을 두드리는 소리가 들려요.
   B: 정말요? 아무 소리도 못 들었는데요.
   ▶ someone은 긍정문에서 '누군가'의 의미, anything은 부정문
   에서 '어떤 것, 아무 것(도 아니다)'라는 뜻
4 아무도 Jim을 좋아하지 않는다. 그는 매우 욕심이 많다.
   ▶ 문맥상 '아무도 ~ 않는'이라는 뜻의 no one
   어휘 greedy 욕심이 많은
5 Mike와 나는 서로를 좀처럼 만나지 못한다.
   ▶ each other[one another]: 서로
6 우리 반에는 15명의 학생이 있다. 한 명은 캐나다 출신이고 다른
   한 명은 멕시코 출신이고 나머지는 모두 미국 출신이다.
   ▶ 셋 이상일 때 처음 하나는 one, 다른 하나는 another, 나머지
   는 the others

B

1 다시 만나서 반가워.
   b. 그는 배우였다고 한다.
   ▶ to부정사구와 that절을 대신하는 가주어 it
2 밖이 어두워지고 있다.
   a. 벌써 봄이다.
   ▶ 시간·날씨·거리·명암·계절 등을 나타내는 비인칭 주어 it
3 우리는 아기 이름을 짓는 것이 어렵다는 것을 알았다.
   d. 나는 그 일을 끝마치는 것이 불가능하다고 생각했다.
   ▶ to부정사구를 대신하는 가목적어 it

4 나는 그렇게 많은 돈을 낼 여유가 없다.
   c. 그 문제는 그렇게 쉽진 않았다.
   ▶ '그렇게'라는 의미의 부사로 쓰인 that
5 북한말은 남한말과 무척 다르다.
   e. 일반적으로 여성의 수명이 남성의 수명보다 더 길다.
   ▶ 앞에 나온 명사(language, life expectancy)를 대신하는
   that
   어휘 life expectancy 평균 수명

C

1 ▶ 부정대명사 each는 단수 취급한다.
2 ▶ some ~ others …: 어떤 사람은 ~, 다른 사람은 …
3 ▶ about 다음에 들어갈 목적어가 주어와 동일하므로 재귀대명사
   himself
4 ▶ 「It is[was] ~ that」 강조구문
5 ▶ most of + 명사: ~의 대부분

D

① 그는 내 모든 짐이 운송 중에 분실되었다고 말했다.
▶ all 뒤의 명사가 셀 수 없는 명사이므로 이에 동사의 수를 일치시켜
was
어휘 in transit 수송 중에
② 그와 그 문제에 관해 말하는 것은 불가능했다.
▶ 진주어인 to부정사구를 대신하는 가주어 it
③ 이 학교 대부분의 학생은 아르바이트를 해 본 적이 있다.
▶ 「most + 복수명사」의 수에 맞춰 복수형 동사
④ 우리는 그들 중 아무도 졸업생 대표가 될 것이라고 기대하지 않았
다.
▶ 「neither of + 명사」는 '(둘 중) 어느 쪽도 아닌'의 의미로 부정어를
따로 쓰지 않는다.
어휘 valedictorian 졸업생 대표
⑤ 이 기사에 우리가 다뤄야 할 중요한 것이 있다.
▶ -thing으로 끝나는 단어는 형용사가 뒤에서 수식한다.

E

1 나는 네가 내 친구 한 명을 만나기를 원한다.
   ▶ 이중소유격일 때는 「한정어 + 명사 + of + 소유대명사」 순으로
   씀
2 이걸 고칠 수 있으세요, 아니면 우리가 직접 해야 할까요?
   ▶ '직접'이라는 뜻으로 주어 we를 강조하는 재귀대명사
3 나는 꽃무늬 티셔츠를 찾고 있었는데, 마침내 내가 원하는 것을
   찾았다.
   ▶ 앞에 언급된 명사와 같은 종류를 지칭하는 one

4 그는 6개월에 한 번씩 스케일링을 받아야 한다.

▸ every + 숫자 + 복수명사: ~마다

5 이것은 나한테 잘 안 맞네요. 다른 것으로 보여 주실래요?

▸ another: 또 다른 하나

6 상어의 이빨은 호랑이의 이빨보다 더 날카롭다.

▸ teeth는 복수형이므로 복수형 대명사 those로 받음

F

저는 2주 전에 귀사의 웹사이트에서 셔츠와 넥타이를 주문했습니다. 배송되는 데 2~3일 정도 걸릴 거라고 들었지만 둘 중 아무것도 도착하지 않았습니다. 이번 주말 전에 제게 둘 다 보내주시면 감사하겠습니다. 가능한 한 빨리 알려주세요.

▸ (A) 시간을 나타내는 비인칭 주어 it

(B) neither of + 한정사 + 복수명사: (둘 중) 어느 쪽도 아닌

(C) both of + 인칭대명사: 둘 다

G

그 연극은 순조롭게 시작되었다. 아무도 대사를 까먹지 않았다. 모든 배우들은 그들의 역할에 몰두해 있었다. 모든 것이 완벽했다. 하지만 2장에서 내가 미끄러져 넘어지고 말았다. 이것이 나를 당황하게 했지만 포기하고 싶지 않았기 때문에 연기를 계속했다. 내 대사를 시작하려고 할 때 나는 모든 관객이 나를 가리키고 있다는 것을 깨달았다. 갑자기 한 여배우가 내 귀에 속삭였다. "바지 올려!"

1 ▸ every는 단수명사와 함께 쓰이며 단수 취급하므로 performer was가 되어야 함

2 ▸ 앞에 언급된 문장의 내용을 대신하는 대명사 this

어휘 be immersed in ~에 깊이 빠지다, 몰두하다 / pull up (위로) 추어올리다

UNIT

56 형용사의 기본 개념 및 역할

EXERCISE

A

1 alike **2** live **3** alive **4** calm **5** shy **6** frightened

1 그 어떤 두 사람도 똑같지 않다.

▸ 서술 용법으로 사용될 수 있는 것은 alike

2 Taylor Swift가 생방송 TV 쇼의 특별 출연자였다.

▸ 수식 용법으로 사용될 수 있는 것은 live

3 그녀가 살아있을 때 자신의 소설과 연극으로 존경받았다.

▸ 서술 용법으로 사용될 수 있는 것은 alive

4 그는 긴급 상황에서조차 차분했다.

▸ 주격 보어 자리에 부사는 쓰이지 않음

어휘 urgent 긴급의, 응급의

5 그녀는 수줍음을 타는 사람이다.

▸ ashamed는 서술 용법으로만 사용

6 경찰은 겁에 질린 군중을 안전한 장소로 안내했다.

▸ afraid는 서술 용법으로만 사용

B

1 a **2** b **3** a

1 나는 그가 곧 돌아올 것이라고 확신한다.

a. 그는 자신이 하려는 일에 대해 확신하는 것처럼 보였다.

b. 만일 네가 어떤 상황에서 불안감을 느끼면 심호흡을 몇 번 해 보아라.

2 행복한 기운이 그 방 안에 있었다.

a. 나는 우리 경제의 현재 상황이 걱정스럽다.

b. 그 회의에 참석했던 모든 회원에게 무료 티켓이 주어졌다.

3 무엇이 옳고 그른지 말하기를 두려워하지 마라.

a. 오늘 옳은 것처럼 보이는 것이 미래에 그른 것으로 드러날 수도 있다.

b. 그녀는 얼굴 오른쪽에 상처가 있다.

어휘 scar 상처, 흉터

C

1 live → alive **2** exciting anything → anything exciting
3 warmly → warm

1 물 이외엔 아무것도 먹지 않았음에도 불구하고 그는 한 달 동안 생존해 있었다.

▸ 서술 용법으로 쓰이는 형용사는 alive

2 오늘 학교에서 뭔가 재미있는 일이 있었니?

▸ -thing, -body, -one 등으로 끝나는 부정대명사는 형용사가 뒤에서 수식

3 담요는 사람들을 따뜻하게 해준다.

▸ 목적격 보어로 쓰이는 것은 부사가 아닌 형용사

D

1 The wounded were taken **2** anyone capable of

answering **3** is becoming extinct is sad

1 ▸ the + 형용사: ~한 사람들 (복수 보통명사)
2 ▸ -one으로 끝나는 부정대명사를 수식하는 형용사(구)는 뒤에 위치함
3 ▸ 형용사 extinct는 is becoming의 보어, 형용사 sad는 is의 보어

E

fundraiser, blind

Tom: 이봐 Ann. 네가 눈이 보이지 않는 사람들을 위한 모금 행사를 개최하는 걸 맡고 있다고 들었어. 나도 참여하고 싶어.
Ann: 정말 잘 됐다! 안 그래도 도움이 필요했거든.
Q Tom은 무엇을 하기를 원하는가?
→ 그는 시각장애인을 위한 모금 행사에 참여하고 싶어 한다.
▸ 「the + 형용사」는 복수 보통명사 취급한다.
어휘 in charge of ~을 맡은, 담당하는 / fundraiser 기금 모금 행사 / blind 눈이 보이지 않는, 장님인

GRAMMAR IN READING

A do, something, meaningful **B 1** ⓐ Asleep ⓑ awake
2 which makes the foot numb **Q** F

A

끝맺음은 힘든 것이지만 그것으로부터 당신은 배운다. 당신에게 중요한 어떤 것이 끝나서 아무리 슬프다고 해도, 새로운 것이 항상 다가오고 있다.
▸ -thing으로 끝나는 말은 형용사가 뒤에서 수식함

B

발은 왜 저런 걸까?
이것은 발이 휴식을 취하고 싶어 하는 것과는 상관이 없다. 탓할 게 있다면 신경이다! 신경은 온 몸을 통과하는 아주 가는 실과 같은 것이다. 발을 깔고 앉으면 신경을 누르게 되는데, 이것이 발을 아무것도 느낄 수 없게 만든다. 뇌는 눌린 신경과 소통할 수 없으므로 일시적으로 연결이 끊기게 되고 당신은 아무것도 느낄 수 없게 되는 것이다. 만일 발이 깨어있길 (저리지 않길) 바란다면 발을 깔고 앉거나 신경을 누르는 자세를 취하지 말아야 한다.
1 ▸ ⓐ '(어떤 상태가) 되다'의 의미로 쓰인 fall 다음에 보어 역할을 하는 서술 용법의 형용사가 필요함

ⓑ '~한 상태로 유지하다'의 의미로 쓰인 keep 다음에 보어 역할을 하는 형용사가 필요함
2 ▸ make + 목적어 + 목적격 보어(형용사)
Q 피로가 발 저림의 주요 원인이다.

EXERCISE

A

1 happy **2** lately **3** hard **4** rudely **5** happily **6** hardly **7** late **8** rude

1 오늘 기분 좋아 보이시네요. 좋은 일이 있었나요?
▸ 보어 역할을 하는 것은 형용사
2 오랜만이야. 요즘에 뭘 하고 있어?
▸ lately: ⓟ 최근에
3 Becky는 고집이 너무 세다. 그녀는 함께 일하기가 매우 어렵다.
▸ hard는 '어려운'을 뜻하는 형용사로 보어 역할
어휘 stubborn 고집스러운
4 그는 무례하게 행동한 것에 대해 사과했고 나는 그에게 괜찮다고 했다.
▸ 동사를 수식하는 것은 부사
5 Craig와 Ann은 33년 동안 행복한 결혼생활을 하고 있다.
▸ 형용사 married를 수식하는 것은 부사
6 그 산은 매우 높다. 당신은 산 정상을 거의 볼 수 없다.
▸ hardly: ⓟ 거의 ~ 않다
7 우리 비행기는 매우 늦게 도착해서 우리는 새벽 1시쯤에 호텔에 도착했다.
▸ late: ⓟ 늦게
8 그 여자는 웨이터가 테이블에 커피를 쏟자 그에게 무례하게 대했다.
▸ 보어 역할을 하는 것은 형용사

B

1 enough generous → generous enough
2 off it → it off **3** high → highly **4** ○ **5** never would → would never

1 100명의 사람 중 오로지 5명만이 헌혈을 할 만큼 자비심이 있다.
  ▸ 부사로 쓰인 enough는 형용사를 뒤에서 수식한다.
  어휘 generous 자비로운 / donate blood 헌혈하다

2 선생님, 여기서는 모자를 쓰고 계실 수 없습니다. 모자 좀 벗어주시겠습니까?
  ▸ 「타동사 + 부사」로 이루어진 동사구의 목적어가 대명사이면 반드시 「타동사 + 대명사 + 부사」의 어순

3 지원자는 고객 응대에 매우 숙련된 사람이어야 한다.
  ▸ '매우'라는 의미의 부사는 highly
  어휘 applicant 지원자

4 전문적인 정원 설계와 시공은 비쌀 수 있다.
  어휘 costly 비싼

5 James는 같은 실수를 다시는 하지 않겠다고 약속했다.
  ▸ 빈도부사(never)는 조동사의 뒤에 위치한다.

C

1 strong enough to beat 2 my sister put it out
3 always get to the station, is always late

1 ▸ 부사로 쓰인 enough는 형용사를 뒤에서 수식
2 ▸ 「타동사 + 부사」로 이루어진 동사구의 목적어가 대명사이면 반드시 「타동사 + 대명사 + 부사」의 어순
  어휘 put out (불을) 끄다
3 ▸ 빈도부사는 일반동사 앞, be동사 뒤에 위치

D

early, fast, daily, hard, late

평소에 나는 일찍 일어나므로 서둘러 준비할 필요가 없다. 지하철에선 하루의 소식을 알기 위해 일간지를 읽는다. 나의 일은 힘들어서 모든 것을 끝마치기 위해 때론 늦게까지 있어야 한다.

GRAMMAR IN READING

A lately → late, hard → hardly B 1 @ seriously
ⓑ Eventually 2 you are usually able to Q ①

A

방치된 식물을 살리는 데 너무 늦은 때라는 것은 없다. 식물이 거의 살아있지 않은 것처럼 보여도 그것을 회생시킬 방법이 있다. 먼저 화분을 물이 몇 센티미터 채워진 그릇에 30분 동안 담가라. 다음으로 죽은 잎과 줄기를 잘라내고 식물이 다시 자랄 수 있도록 강한 햇빛이 들

지 않는 장소에 두어라.
  ▸ 주격 보어 역할을 할 수 있게 late가 되어야 함 / 문맥상 '거의 ~ 않다'라는 뜻의 부사가 들어가야 하므로 hardly

B

우리가 흡연하면 안 되는 이유가 여기에 있다.
어떤 사람들은 (담배를 피울 때 느끼는) 그 즐거운 느낌을 잃어버리기 싫어서 계속해서 담배를 피웁니다. 그러나 그렇게 함으로써 그들은 건강을 충분히 진지하게 생각하고 있지 않습니다. 담배는 중독성이 있습니다. 그것은 뇌에 영향을 미치는 약물인 니코틴을 함유하고 있습니다. 처음엔 니코틴이 기분을 좋게 만들지만, 당신은 곧 긴장되고 우울해지기 시작합니다. 기분이 좋아지고 싶어서 또 한 개비에 손이 가죠. 마치 특정 음식을 열망하듯, 당신의 뇌는 니코틴을 열망하기 시작합니다. 좋아하는 음식에 대한 열망은 보통 물리칠 수 있지만, 담배 한 개비를 참아내기는 훨씬 더 어렵죠. 결국, 당신은 빠져들게 되는 겁니다.

1 ▸ @ '받아들이다'라는 뜻으로 쓰인 take를 수식해야 하므로 부사 seriously
  ⓑ 담배를 계속 피울 수밖에 없게 되는 과정을 설명한 후 결과를 이끌고 있으므로 Eventually가 적절하다.
2 ▸ 빈도부사는 be동사의 뒤에 위치
Q ① 중독성 있는
  ② 영향력 있는
  ③ 불쾌한
  ▸ 이 글은 담배의 중독성에 관한 글이다.

58 비교급·최상급의 형태, 비교 구문

EXERCISE

A

1 better 2 more economical 3 more quickly 4 worse
5 safer 6 earlier 7 more confident

0 차가 많이 막혀요. 급행열차를 탑시다. 그것이 훨씬 빨라요.
  ▸ 1음절어는 보통 -er을 붙여 비교급을 만든다.
1 다행히도 그녀의 상태는 우리가 생각했던 것보다 좋다.
  ▸ good의 비교급은 better
2 이 차는 너무 비쌉니다. 좀 더 경제적인 것이 있나요?
  ▸ 3음절 이상의 단어는 more를 붙여 비교급을 만든다.

3 식물은 겨울보다 여름에 더 빨리 자란다.
▸ 접미사 -ly로 끝나는 부사의 비교급은 대체로 more를 쓴다.

4 상황이 좋지 않았지만 훨씬 더 안 좋았을 수도 있었다.
▸ bad의 비교급은 worse

5 시애틀에서 사는 것은 뉴욕에서 사는 것보다 안전하다. 시애틀은 범죄율이 낮다.
▸ 1음절어는 보통 -er을 붙여 비교급을 만든다.

6 나의 여동생은 오랜 비행으로 지쳐서 평상시보다 일찍 잠자리에 들었다.
▸ -y로 끝나는 2음절어는 보통 -er을 붙여 비교급을 만든다.

7 그는 수학 공부를 많이 해서 작년보다 올해 더 자신이 있다.
▸ 3음절 이상의 단어는 more를 붙여 비교급을 만든다.

B

1 further 2 later 3 worse 4 older 5 less

1 더 많은 정보를 원하신다면, 저희 웹사이트를 방문하십시오.
▸ '(정도가) 한층 더한'이라는 의미의 비교급은 further

2 그녀는 약속했던 것보다 더 늦게 빚을 갚았다.
▸ 뒤에 than이 있으므로 '더 늦게'라는 의미의 비교급 later

3 그들의 생활 환경은 내가 생각했던 것보다 더 열악하다.
▸ bad의 비교급은 worse

4 그가 나이가 듦에 따라, 그의 건강은 더 나빠졌다.
▸ '나이가 더 든'이라는 의미의 비교급은 older

5 그는 자국의 역사에 대해 자신의 외국인 친구보다도 더 몰랐다.
▸ little의 비교급은 less

C

1 more comfortable, more talkative 2 more expensive, than 3 later, we expected 4 superior to 5 much more handsome 또는 much handsomer

1 ▸ 비교 대상이 명확할 때 than 없이 비교급만을 쓸 수 있음
2~3 ▸ 비교급 + than ~: ~보다 더 …한
4 ▸ superior는 비교 대상 앞에 than이 아닌 to를 씀
5 ▸ 비교급을 강조하는 데 쓰이는 much

D

longer, by, bus, than

A: 전주까지 가는 데 얼마나 걸리니?
B: 버스로 두 시간 반이 걸리고 기차로는 두 시간이 안 걸려.
→ 전주까지 가는 데 기차로 가는 것 보다 버스로 가는 것이 더 오래 걸린다.

▸ 비교급 + than ~: ~보다 더 …한

GRAMMAR IN READING

A ⓐ B 1 ⓐ better ⓑ Even 2 a better posture will make you feel fitter Q ①

A

합성모로 만든 가발이 인기가 있는 데에는 여러 가지 이유가 있다. 첫째로, 그것들은 인모로 만든 가발보다 더 저렴하다. 그리고 요즘에는 개선된 재료가 합성모를 더욱 천연모처럼 보이고 느껴지도록 해 준다. 합성모 가발은 또한 인모로 만든 것보다 더 가볍다.
▸ 문맥상 '더 저렴한'의 의미이므로 cheaper가 되어야 한다.

B

매력적인 외모를 유지하기 위해서는 단순히 예쁜 얼굴 이상의 것이 필요하다. 당신의 자세 역시 그만큼 중요하다. 당신이 나아 보이게 하기 위해서, 어깨를 뒤로 당기고 척추를 곧게 펴라. 눈은 앞쪽을 곧장 바라보며, 턱을 목과 직각이 되게 해라. 훨씬 더 중요한 것으로, 가슴을 앞으로 내밀고 배는 뒤로 당기도록 해라. 처음에는 이것이 어색하고 불편한 것 같겠지만, 나중에는 자연스러워질 것이다. 결국에, 더 나은 자세는 또한 당신이 몸 상태가 더 좋아진 기분이 들게 해줄 것이다.
1 ▸ ⓐ good의 비교급은 better
  ⓑ very는 비교급을 강조하기 위해 쓸 수 없다.
2 ▸ good과 fit의 비교급은 각각 better와 fitter

UNIT

59 여러 가지 비교 구문

EXERCISE

A

1 the higher 2 more than 3 you can 4 worst, have ever seen 5 faster, any other 6 No, than him[he (does)]

1 컴퓨터가 작아질수록 가격은 더 비싸진다.
▸ the + 비교급 ~, the + 비교급 …: ~하면 할수록 더 …하다
2 그 소녀는 고작 6살 아니면 7살 정도인 것처럼 보인다.

▶ no more than: 겨우 ~ 밖에

3 비행기 좌석을 되도록이면 빨리 예약하는 게 낫다.
　▶ as + 원급 + as possible: 가능한 한 ~한[하게](= as + 원급
　　+ as one can)

4 그것은 내가 여태까지 본 것 중에서 최악의 영화이다.
　▶ the + 최상급 + (that) + 주어 + have ever v-ed: (주어)가
　　지금까지 ~한 것들 중에 가장 …한

5 치타는 모든 큰 고양이과 동물 중 가장 빨리 달린다.
　▶ 비교급 + than any other + 단수명사: 다른 어떤 ~보다도 더
　　…한 (최상급의 의미)

6 이 사무실에서 아무도 그보다 컴퓨터에 대해 더 잘 알지 못한다.
　▶ No + 명사 + 비교급 + than ~: 누구도 ~보다 …하지 않은
　　(최상급의 의미)

B

> **1** interesting movie → most interesting movies
> **2** safer → safe **3** state → states 또는 all the other →
> any other **4** ○ **5** smarter → smart

1 '아바타'는 내가 지금까지 본 것 중 가장 재미있는 영화 중 하나이
　다.
　▶ one of the + 최상급 + 복수명사 + (that) + 주어 + have
　　ever v-ed: (주어)가 지금까지 ~한 것들 중에 가장 …한 (명사)
　　중 하나

2 비행기 여행은 네가 생각하는 것만큼 안전하지 않다.
　▶ as + 원급 + as ~: ~만큼 …한

3 알래스카는 미국의 다른 모든 주보다 더 크다.
　▶ 비교급 + than all the other + 복수명사: 다른 모든 ~보다도
　　더 …한(= 비교급 + than any other + 단수명사)

4 그는 천재라기보다는 노력가이다.
　▶ not so much A as B: A라기보다는 (차라리) B

5 Betty는 똑똑하기보다는 교활하다.
　▶ 동일한 대상의 다른 특징을 비교할 때 「more + 원급(A) +
　　than + 원급(B)」

C

> **1** twice as expensive as mine **2** situation we've ever
> faced **3** he made, the bigger his houses got **4** more
> likely to die of lung cancer than

1 ▶ 배수사 + as + 원급 + as ~: ~보다 몇 배 …한
2 ▶ the + 최상급 + (that) + 주어 + have ever v-ed: (주어)가
　　지금까지 ~한 것들 중에 가장 …한
3 ▶ the + 비교급 ~, the + 비교급 …: ~하면 할수록 더 …하다
4 ▶ 배수사 + 비교급 + than ~: ~보다 몇 배 …한

D

> **1** as, expensive, as 또는 more, expensive, than
> **2** longer, than **3** less, heavy

	가격	비행시간	무게
David의 드론	70달러	약 6분	0.5 kg
Karen의 드론	420달러	약 20분	1.28 kg

1 가격: Karen의 드론은 David의 것보다 여섯 배 비싸다.
　▶ 배수사 + as + 원급 + as ~: ~보다 몇 배 …한(= 배수사 + 비
　　교급 + than ~)

2 비행시간: Karen의 드론은 David의 것보다 더 오랜 시간 동안
　날 수 있다.

3 무게: David의 드론은 Karen의 것보다 덜 무겁다.
　▶ less + 원급 + than ~: ~만큼 …하지 않은(= not as + 원급 +
　　as ~)

GRAMMAR IN READING

> **A** longer, better / 훈련을 오래 할수록 그들의 언어 기억력은
> 더 좋아진다. **B 1** are not as[so] quick **2** ⓐ more
> ⓑ more **Q** ③

A

음악 교습을 받는 아이들은 언어 기억력이 뛰어나다. 훈련을 오래 할
수록 그들의 언어 기억력은 더 좋아진다. 이러한 발견은, 뇌의 특정 부
분을 변화시키는 경험이 같은 부분에서 지원하는 다른 임무들의 수행
능력을 향상시킬 수 있음을 시사한다.
　▶ the + 비교급 ~, the + 비교급 …: ~하면 할수록 더 …하다

B

대개 편견에는 어떠한 이유가 있다. 나이 든 사람들을 차별하는 고용
주들은 그들이 젊은 사람들만큼 재빠르지 못하기 때문에 그렇게 한다
고 말한다. 흑인을 차별하는 사람들은 그들이 백인보다 범죄를 저지르
기 쉽다고 말한다. 여자들은 단지 여자라는 이유만으로 때론 남자들
과 동등한 기회를 가질 수가 없다. 오늘날 'Fortune'지의 500대 기
업의 최고 경영자 가운데 겨우 5퍼센트만이 여자다. 차별을 막기 위한
법이 있음에도 여전히 많은 사람들은 그렇게 생각하는 것이 정당하다
고 느낀다.

1 ▶ not as[so] + 원급 + as ~: ~만큼 …하지 않은
2 ▶ ⓐ 문맥상 '더 많은'이라는 의미인 more
　　ⓑ no more than: 겨우, 단지(= only)
Q ① 관용, 아량

② 위반
③ 편견

REVIEW TEST 12

A 1 friendly 2 slowly 3 highly 4 comfortable 5 hard
6 living 7 silent 8 many
B 1 less, better 2 smarter 3 fast 4 more
C 1 as[so] proficient, as 2 the most challenging, (that)
I've ever worked on 3 You had enough time
4 the married are less depressed than
D ③, ④ E 1 angrily → angry 2 highly → high 3 ○
4 enough warm → warm enough 5 ○
F (A) thoroughly (B) well (C) confident
G 1 much 2 as thick as that used by our web-
swinging hero

A

1 그 선생님은 정말 친절한 분이다.
  ▸ friendly: 웹 친절한, 다정한
2 우리가 들어갔을 때 그는 천천히 일어났다.
  ▸ 동사를 수식하는 것은 부사
3 그녀가 제시간에 도착할 가능성은 매우 적다.
  ▸ high: 閉 높게 / highly: 閉 매우, 대단히
4 나는 그 자전거가 타기 편하다는 것을 알게 되었다.
  ▸ 목적격 보어 자리에 올 수 있는 것은 형용사
5 밖에 비가 세차게 내리고 있어요. 좀 더 계시지 그러세요?
  ▸ hard: 閉 열심히, (비 따위가) 세차게 / hardly: 閉 거의 ~ 않다
6 화성에 생명체가 있는지에 대한 호기심이 있다.
  ▸ 수식 용법의 형용사는 living
7 Eugene이 내 의견에 반대했음에도 나는 침묵했다.
  ▸ 주격 보어 자리에 올 수 있는 것은 형용사
8 그는 한 달에 책을 스무 권씩이나 보기 때문에 모르는 게 없다.
  ▸ 「as + 원급 + as ~」 구문에서 book은 셀 수 있으므로 many
  어휘 a walking dictionary 걸어 다니는 사전, 박학다식한 사람

B

0 너 너무 크게 노래 부르고 있어. 더 작게 불러줄래?
1 나는 가볍게 여행하는 것이 좋다. 짐이 적으면 적을수록, 더 좋다.
  ▸ the + 비교급 ~, the + 비교급 …: ~하면 할수록 더 …하다
2 이 부서의 어느 직원도 George보다 더 똑똑진 않다. 그는 천재이다.
  ▸ No + 명사 + 비교급 + than ~: 누구도 ~보다 …하지 않다
3 나는 학교에 제시간에 가려고 가능한 한 빨리 뛰었다.
  ▸ as + 원급 + as possible: 가능한 한 ~한[하게]

4 정부의 금연 운동이 점점 더 강화되고 있다.
  ▸ 비교급 + and + 비교급: 점점 더 ~한
  어휘 intense 극심한, 강렬한

C

1 ▸ No + 명사 + as[so] + 원급 + as ~: 누구도 ~만큼 …하지 않은 (최상급의 의미)
  어휘 proficient ~을 잘 아는
2 ▸ one of the + 최상급 + 복수명사 + (that) + 주어 + have ever v-ed: (주어)가 지금까지 ~한 것들 중에 가장 …한 (명사) 중 하나
3 ▸ enough가 형용사로 쓰여 명사 앞에 위치
4 ▸ the + 형용사: ~한 사람들 (복수 보통명사)

D

① 우리는 청각장애인들을 돕도록 개들을 훈련한다.
▸ the + 형용사: ~한 사람들 (복수 보통명사)
어휘 deaf 청각 장애가 있는
② 나의 형과 나는 닮지 않았다.
▸ 주격 보어로 서술 용법으로 쓰이는 alike가 와야 함
③ 부산에는 눈이 오는 일이 거의 없다.
▸ hardly는 빈도부사로 일반동사 앞에 옴
④ 그들은 일요일에는 대개 정오까지 잠을 잔다.
▸ usually는 빈도부사로 be동사 뒤에 옴
⑤ 오늘 저녁으로 완전히 다른 것을 만들자.
▸ -thing, -body, -one으로 끝나는 부정대명사는 형용사가 뒤에서 수식하므로 something completely different가 되어야 함

E

1 Patrick은 사진에서 화나 보였다.
  ▸ look(~하게 보이다) 뒤에 주격 보어로 형용사가 와야 함
2 책과 서류가 선생님의 책상 위에 높이 쌓여 있었다.
  ▸ 문맥상 '높이, 높게'를 의미하는 부사 high가 적절
3 그는 자기 가족을 다른 어떤 것보다 더 사랑하는 사람이다.
4 따뜻하니, 아니면 난방을 켜줄까?
  ▸ 부사로 쓰인 enough는 형용사 뒤에서 수식
5 나는 중학교 때 내가 했어야 하는 만큼 공부하지 않았다.

F

면접은 어려울 수 있다. 좋은 인상을 남기기 위해서, 당신은 꼼꼼히 준비해야 한다. 면접 전에 그 회사를 철저히 조사하고 그것의 제품과 핵심 가치에 대해 알아보아라. 면접에서는 당신의 성취에 대해 이야기하

고 당신이 잘할 수 있는 일을 반드시 언급해라. 항상 자신감 있게 들리도록 노력해라.

▸ (A) 동사 research를 수식하는 부사가 와야 한다.
  (B) can do를 수식하는 부사가 와야 한다.
  (C) sound(~처럼 들리다) 뒤에 주격 보어로 형용사가 와야 한다.

[어휘] impression 인상 / thorough 철저한 / achievement 업적, 성취 / confident 자신감 있는

G

거미줄은 사람 머리카락 지름의 십 분의 일 정도밖에 안 되지만, 강철로 만든 줄보다 훨씬 더 질기다. 영화 '스파이더맨'은 이 거미줄의 강도를 대단히 과소평가하고 있다. 실제 거미줄이라면 영화에서 거미줄에 매달리는 주인공이 사용하는 것만큼 두꺼울 필요가 없을 것이다.

1 ▸ 비교급을 수식할 수 있는 부사에는 much, a lot, far, even 등이 있다. very는 비교급을 수식할 수 없다.

2 ▸ as + 원급 + as ~: ~만큼 …한

[어휘] diameter 지름 / thread 실, 가닥 / underestimate 과소평가하다

UNIT
60 전치사의 역할 및 위치

EXERCISE

A

1 The boy 2 What 3 psychological problems
4 Sunday evening

1 그 소년은 이모의 보살핌을 받았다.
   ▸ look after는 「동사 + 전치사」로 이루어진 동사구로, 수동태로 쓸 때는 전치사가 목적어와 분리되어 문장 뒤로 온다.

2 강의 시간에 그가 무엇에 관해 이야기했니?
   ▸ 의문사가 전치사의 목적어

3 Kate에게는 해결해야 할 심리적 문제가 있다.
   ▸ 전치사를 포함한 형용사적 용법의 to부정사구는 목적어를 뒤에서 수식함

4 일요일 저녁에 눈이 많이 와서 나는 외출할 수 없었다.

B

1 b 2 c 3 a 4 e 5 f 6 d

1 나는 2015년 이래로 여기서 일하고 있다. (전치사)
   b. 어제 이후로 나는 아무것도 먹을 수 없다. (전치사)

2 그녀는 한 달 전에 중국에 갔고, 나는 그 이후로 그녀를 보지 못했다. (부사)
   c. 그녀의 면허증은 만료된 지 오래되었다. (부사)
   [어휘] expire 만기가 되다, (자격 등이) 소멸하다

3 그들이 헤어진 이후로 몇 년이 흘렀다. (접속사)
   a. 네가 이곳을 떠난 이후로 계속 비가 온다. (접속사)

4 지금 떠나는 게 좋겠다. 그러지 않으면 우리가 도착하기 전에 어두워질 것이다. (접속사)
   e. 그분은 제가 태어나기 전에 돌아가셨습니다. (접속사)

5 내가 생각하기에 명단에서 너는 내 앞에 있다. (전치사)
   f. 나는 가족을 누구보다도 우선으로 생각한다. (전치사)

6 내가 전에 분명 너에게 이것을 말했어. (부사)
   d. 일주일 전에 그녀는 런던에 있었다. (부사)

C

1 see → seeing 2 for she → for her 3 on this Friday → this Friday

1 Andy는 그녀를 다시 보기를 정말 고대하고 있다.
   ▸ look forward to(~하기를 고대하다)에서 to는 전치사이므로 동명사를 목적어로 취함

2 그녀가 만난 그 남자는 그녀에게 맞지 않는 것 같아.
   ▸ 전치사의 목적어로 오는 대명사는 반드시 목적격을 사용

3 이사회 회의는 이번 주 금요일에 있다.
   ▸ 요일 앞에 this가 오면 전치사(on)를 쓰지 않음

D

1 fond of watching 2 know anything about him
3 From what I experienced
4 Who[Whom], go to the concert with 또는 With whom, go to the concert

1 ▸ be fond of v-ing: ~하는 것을 좋아하다

2 ▸ 전치사의 목적어로 오는 대명사는 반드시 목적격

3 ▸ 명사절(what I experienced)이 from의 목적어이며 전치사구가 문장 전체를 수식

4 ▸ 의문사가 전치사의 목적어일 때 전치사는 보통 후치됨 (전치사가 의문사 앞에 오는 것은 격식체)

E

A: 어떤 작가에 대해 조사 보고서를 쓸 거야?

B: Amelia Earhart. 그녀는 미국인 비행사이면서 작가였어.

A: 나는 그녀에 대해 들어본 적이 없어. 그녀는 무엇으로 유명하니?

B: 그녀는 단독 비행으로 대서양을 건넜고, 자신의 비행 경험에 관해 베스트셀러를 썼어.

▸ on의 목적어는 which author로 '어떤 작가에 대해'라는 뜻이다. 의문사가 전치사의 목적어일 때 전치사를 문장 뒤에 둘 수 있다. / I've never heard of her before.에서 전치사는 목적어 앞에 온다. / for의 목적어는 what이며 '무엇으로'라는 뜻이다. 의문사가 전치사의 목적어일 때 전치사를 문장 뒤에 둘 수 있다.

GRAMMAR IN READING

A ⓐ consider → considering **B 1** ⓐ putting ⓑ walking **2** a T b F **Q** artificial land

A

피카소는 자신만의 화풍을 아직 찾아내지 못한 사람 같았다. 그는 자신의 불안정한 마음을 나타낼 완벽한 표현을 찾는 데 여전히 애를 먹고 있었다. 바꿔 말하자면, 그는 다른 사람들의 의견을 고려하지 않고, 어떤 것이든 자신에게 최상으로 느껴지는 방식대로 그림을 그렸다.

▸ 전치사 뒤에는 명사 상당어구가 와야 하므로 동사는 동명사 형태로 바꿔야 한다.

B

티티카카 호수는 페루와 볼리비아의 국경에 있는 크고 깊은 호수다. 그것은 그 위에 사는 선(先) 잉카 족, 우로스 때문에 유명하다. 그들은 위에서 살 인공섬을 만들기 위하여, 키가 큰 풀과 비슷한 호수의 토종 식물인 '토토라'를 사용한다. 처음에 이 섬들의 목적은 방어용이었는데, 공격이 있으면 그것들은 쉽게 옮길 수 있었기 때문이었다. 토토라가 아래부터 썩기 때문에, 이 섬들은 위에 풀을 더 쌓아 올려 정기적으로 보강되어야 한다. 이 섬들의 크기는 변할 수 있으며, 필요에 따라 더 많은 섬이 만들어진다. 표면은 고르지 않고 얇아서 그 위에서 걷는 것은 마치 물침대 위를 걷는 것처럼 느껴진다.

1 ▸ ⓐ, ⓑ 전치사 뒤에 동사가 이어질 때는 동명사 형태로 바꿔 써야 한다.

2 a. 우로스 족은 식물로 만든 뜬 섬 위에 산다.

b. 섬이 만들어진 후에는, 정기적으로 더 많은 풀이 섬 아래에 추가되어야 한다.

EXERCISE

A

1 during **2** For **3** in **4** to **5** until **6** through **7** since

1 A: Betty의 결혼식은 어땠니?

B: 너무 길었어. 난 결혼식 도중에 잠들었다니깐.

▸ during: ~ 동안 (행사, 사건 등)

2 A: 너 이 강아지를 얼마 동안 길렀니?

B: 5년 동안. 걔는 내 가장 친한 친구야.

▸ for: ~ 동안 (기간의 길이)

3 A: 너 거기서 뭐 하니? 우리 이제 가야 돼.

B: 아, 준비됐어. 2분 후에 내려갈게.

▸ in: (말하는 시점 기준) ~ 후에

4 A: 서두르자. Julie랑 5시에 만나기로 했단 말이야.

B: 걱정하지 마. 5시 15분 전이야. 안 늦을 거야.

▸ to: ~시 전

5 A: 이 호텔에 얼마나 머무르실 건가요?

B: 이번 주말까지 머무를 계획입니다.

▸ until: ~까지 계속 (지속되는 동작이나 상태)

6 A: 작년에 무엇을 했어?

B: 작년 내내 새 소설을 썼어.

▸ through: ~ 동안 내내

7 A: 너는 David를 알고 지낸지 얼마나 됐니?

B: 우리는 고등학교때부터 가장 친한 친구야.

▸ since: ~ 이래 줄곧

B

1 on **2** to **3** for **4** within **5** during

1 나는 금요일 밤에 Mary와 데이트를 했다.

▸ 요일 앞에는 on

어휘 go out with ~와 데이트하다

2 그 가게는 월요일부터 토요일까지 문을 연다.

▸ from A to B: A부터 B까지 (미국에서는 to 대신 through를 쓰기도 함)

3 나는 그와 그 문제에 관해 몇 시간 동안 논의했다.

▸ 기간의 길이를 나타내는 말 앞에는 for

4 당신의 소포는 3일 이내에 도착할 것입니다.

▶ within: (일정한 기간) ~ 이내에

5 나는 여름방학 동안 우리 동네에 있는 체육관에서 운동했다.
　▶ 행사나 사건 등 특정 기간을 나타내는 말 앞에는 during
　어휘 neighborhood 동네, 인근

C

> 1 in → at　2 at → on　3 ○　4 until → by　5 during → for

1 살을 빼기 위해 나는 밤에 먹지 않으려고 노력한다.
　▶ 특정한 시점 앞에는 at을 씀
2 나는 크리스마스이브에 삼촌 댁에 방문할 것이다.
　▶ 특정한 날 앞에는 on을 씀
3 두 번의 세계대전 중에 많은 사람이 죽었다.
　▶ 특정한 행사나 사건 등을 나타내는 말 앞에는 during을 씀
4 제 차를 내일까지 수리해 주실 수 있나요?
　▶ 동작이 완료되는 기한을 나타낼 때는 by를 씀
5 그는 형편이 어려운 사람들을 돕기 위해 20년 동안 일했다.
　▶ 지속 기간의 길이를 나타낼 때 for를 씀
　어휘 underprivileged (사회·경제적으로) 혜택을 못 받는

D

> 1 America, in, 1492
> 2 invented, the, airplane, in, 1903

미국의 발견
누가 – Christopher Columbus
언제 – 1492년

비행기 발명
누가 – Wright 형제
언제 – 1903년
1 Christopher Columbus가 1492년에 미국을 발견했다.
2 Wright 형제가 1903년에 비행기를 발명했다.
1~2 ▶ 연도 앞에는 in을 쓴다.

GRAMMAR IN READING

> A since　B 1 ⓐ until ⓑ On　2 in[In]　Q ③

A

1958년 1월 31일 미국은 미국 최초의 인공위성인 '익스플로러 1호'를 발사했다. 그 이후로 수천 개의 인공위성이 지구 및 태양계에 있는 다른 행성들의 궤도를 돌며 귀중한 정보를 수집해오고 있다.

→ 1958년 이후로 수천 개의 인공위성이 지구에서 발사되었다.
▶ 완료시제와 함께 쓰여 '~ 이래로'라는 뜻을 나타내는 것은 since

B

6월 10일 도시 곳곳에 생겨나는 하트를 지켜보세요!
이것은 모두 샌프란시스코 종합 병원 재단의 기금 마련을 위한 자선행사인 샌프란시스코의 하트의 일부입니다. 여러 예술가가 창작한 130개의 하트 조각들이 6월 말까지 선보일 예정입니다. 샌프란시스코의 하트는 2004년 봄에 첫발을 내디뎠습니다. 2월 14일, 최초의 하트 두 개가 유니언 광장의 개회식에서 공개되었습니다. 11월 초에는 엄선된 하트 몇 점을 샌프란시스코 종합 병원 의료 센터에 도움을 주기 위한 경매 행사에 팔기 위해 내놓을 것입니다.
1 ▶ ⓐ until: ~까지 계속(상태 지속)
　　ⓑ 특정일 앞에서는 전치사 on
2 ▶ 월, 계절 같은 다소 긴 기간을 나타내는 in

UNIT

62 장소를 나타내는 전치사 Ⅰ

EXERCISE

A

> 1 in　2 on　3 in　4 under　5 on[in]　6 at

1 Judy는 욕조 안에 있다.
　어휘 bathtub 욕조
2 비누는 세면대 위에 있다.
3 칫솔들은 컵 안에 있다.
4 고양이가 세면대 밑에 있다.
5 스펀지가 물 위에 떠 있다.
　어휘 float (물에) 뜨다, 떠오르다
6 Tom은 문가에 있다.

B

> 1 among　2 on　3 for　4 up

1 그는 나무들 사이의 오두막에 혼자 산다.
　▶ among: (셋 이상의 개체) 사이에
2 엄마는 탁자 위에 흘린 물을 닦았다.

▶ on: ~의 위에[표면에]

어휘 wipe up (액체를) 닦다

3 내 친구와 나는 내일 로마로 떠난다.

▶ for: ~행, 방향으로

4 그 남자는 곰에게서 도망치기 위해 나무 위로 올라갔다.

▶ up: ~의 위로

C

> 1 between his house and mine
> 2 ran across, jumped into[in]
> 3 came out of, beside[next to/by] the school building
> 4 along the Golden Gate Bridge

2 ▶ across: ~을 가로질러

3 ▶ out of: ~의 밖으로

4 ▶ along: ~을 따라서

D

> The books are on the shelf.

Q 책이 어디에 있는가?

→ 책은 선반 위에 있다.

▶ on: ~의 위에[표면에]

GRAMMAR IN READING

> **A** ① **B** 1 ⓐ to ⓑ through ⓒ at **2** 당신은 맥머도에서 비행기로 3시간 후에 남극에 도착할 것입니다. **Q** 남극

A

애완동물을 위한 초인종이요? '펫투링 초인종'은 외벽에 설치하는 새로운 장치입니다. 먹을 것을 이용하여 고양이나 개가 안으로 들어오고 싶을 때 손잡이를 누르도록 훈련시키세요. 그러면 벨이 울려 '누군가' 현관에 와있다는 신호를 줍니다.

▶ ⓐ 벽 위에 설치하는 것이므로 on

ⓑ at the door: 출입구(문간)에서

B

그곳에 가는 방법

여러분의 남극으로의 여행에 있어, 남극에 가려면 아름다운 뉴질랜드를 통과해야 합니다. 그리고 나서 남극 대륙 해안에 있는 연구소인 맥

머도에 착륙해 (남극) 대륙의 중심이자 지구의 밑바닥인 남극으로 가야 합니다. 당신은 맥머도에서 비행기로 3시간 후에 남극에 도착할 것입니다.

1 ▶ ⓐ to: ~로 (목적지)

ⓑ through: ~을 통해서

ⓒ at: ~에 (지점)

2 ▶ at: ~에 (지점)

from: ~로부터 (출발점)

63 장소를 나타내는 전치사 II (in, at, on의 구별)

EXERCISE

A

> **1** on, at **2** at, on **3** in, on

1 아카데미 시상식에 대한 기사가 70페이지에 있다. 페이지 윗부분에 최우수 감독상 수상자의 사진이 있다.

▶ '(몇) 페이지에'라고 표현할 때는 on / the top[bottom] of와 함께 쓰이는 것은 at

2 누군가가 문 앞에 있다. 그는 문을 두드리고 있다.

▶ 지점을 나타낼 때는 at / '노크하다'는 knock on[at]

3 그는 차 안에서 책을 읽는 것을 좋아하지 않는다. 그러나 기차 안에서 책을 읽는 것은 좋아한다.

▶ car, taxi 등과 같이 작은 교통수단에는 in / train, bus 등과 같이 큰 교통수단에는 on

B

> **1** in **2** in **3** on **4** in **5** at, at **6** At, on **7** at **8** on

1 Jessica는 독감 때문에 병원에 입원했다.

▶ in (the) hospital: 입원 중인

2 비가 내리퍼부어서 나는 사무실 안에서 기다렸다.

▶ 건물 안을 나타낼 때 in

3 이 지도에서 호텔이 어디에 있는지 가르쳐 주시겠어요?

▶ on the map: 지도에서

4 나는 도시 사람이 아니다. 사실, 나는 시골에서 자랐다.

▶ in the country: 시골에서

5 내 아들은 학교에서 공부 중이고 내 남편은 근무 중이다.

▶ at school: 학교에서 공부 중인 / at work: 근무 중인

6 교차로에서 왼편으로 극장이 보일 것이다.
- ▸ 지점을 나타낼 때는 at

    on one's left: ~의 왼쪽에

    [어휘] intersection 교차로, 교차 지점

7 Tess는 집에 있는 것 같지 않다. 그녀가 어디에 갔는지 궁금하다.
- ▸ at home: 집에(서)

8 그 대학 캠퍼스에 우체국이 있니?
- ▸ on campus: 교정에

C

> **1** in the middle of the square **2** at a party, in prison
> **3** in the newspaper **4** at the traffic light

1 ▸ in the middle of: ~의 가운데
2 ▸ 행사 장소를 말할 때 at / in prison: 수감 중인
3 ▸ in a newspaper: 신문에(서)
4 ▸ at the traffic light: 신호등에서

D

> at, at, in

(전화 통화 중)
A: 여보세요, Henry. 나야. 다음 역에서 내리거든. 극장 입구에서 만나자.
B: 나 이미 로비 안에 있어. 밖이 너무 추워!
A: 그래. 5분 후에 그리로 갈게.
- ▸ 도착지로 지점을 나타내는 at / 만나는 지점을 나타내는 at / '~안에' 있다는 것을 강조할 때는 in

GRAMMAR IN READING

> A ⓐ on ⓑ in B **1** ⓐ on ⓑ at ⓒ on ⓓ in **2** There are too many people on the street Q F

A

네덜란드는 나막신으로 유명하다. 때때로 농장이나 튤립 재배지에서 일하는 일꾼들이 그것을 신는다. 요즘에는 대부분의 나막신이 기계로 만들어진다. 하지만 아직도 네덜란드에는 예전에 그랬던 것처럼 장인들이 손으로 나막신을 깎는 곳이 몇 군데 있다.
- ▸ ⓐ on a farm: 농장에서

  ⓑ 도시, 국가 등 넓은 장소에 있을 때는 in

B

(전화 통화 중)
Jake: 여보세요, 어디야? 난 피자 가게 바로 밖이야.
Mina: 나도 네 바로 근처에 있어. 벤치에 앉아있는데. 나 보이니?
Jake: 아니, 안 보여. 일어나 볼래? 길에 사람들이 너무 많아!
Mina: 그래. 나 일어났어. 이제 보이니?
Jake: 아니. 버스 정류장 옆에 있는 벤치 말하는 거지?
Mina: 아니, 공중전화 옆 벤치야.
Jake: 음. 너 그 피자 가게에 있는 게 확실한 거지?
Mina: 그럼! 간판에 'Mario's Home-Baked Pizza'라고 쓰여있어!
Jake: 앗! 나는 'Maria's Stone-Baked Pizza에서 보자.'고 한 건데.
Mina: 어머! 내가 찾아갈 때까지 줄을 서서 자리가 나기를 기다려 줄래?
- ▸ ⓐ 어떤 것의 표면 위에 있을 때는 on

  ⓑ 특정 지점에 있을 때는 at

  ⓒ 표면 위에 있을 때는 on

  ⓓ wait in line: 줄을 서서 기다리다
- Q Mina는 피자 가게 안에서 Jake를 기다리고 있었다.

UNIT

64 기타 주요 전치사

EXERCISE

A

> **1** in **2** of **3** over **4** for **5** on **6** with **7** from **8** by
> **9** for **10** on

1 그들이 영어를 읽지 못하기 때문에, 한국어로 된 안내 책자가 필요하다.
- ▸ 언어를 수단으로 나타낼 때 in

  [어휘] brochure 상품 안내 책자

2 가까운 미래에 사람들은 더는 에이즈로 죽지 않을 수 있다.
- ▸ die of: ~으로 죽다

  [어휘] AIDS 에이즈, 후천성 면역 결핍증

3 그들은 여자 때문에 싸울 가치가 없다고 생각했다.
- ▸ fight over: ~에 관하여 싸우다

4 이 도시는 자동차 제조로 유명하다.
- ▸ 이유를 나타내는 for

5 도보로 여행하는 것은 피곤하지만 흥미로운 경험이었다.
- ▸ on foot: 걸어서

6 그 소녀는 열쇠를 잃어버렸다. 그래서 그녀는 자기 머리핀으로 자물쇠를 열려고 하였다.

  ▸ with: (직접적인 도구를) 가지고, ~로

7 mead는 꿀, 향신료 그리고 물로 만들어진 알코올성 음료이다.

  ▸ 완전히 형체가 변해서 재료를 식별할 수 없을 때는 be made from

8 여행사에서 내 일정표를 이메일로 보냈다.

  ▸ by + 통신수단: ~로

  어휘 itinerary 여행 일정표

9 나는 온종일 집에 있었다. 그래서 엄마를 위해 집 안 청소를 했다.

  ▸ for: ~을 위해서

10 지구 온난화에 관한 국제회의가 있을 것이다.

  ▸ on: ~에 관하여 (전문적인 주제에 대해 말할 때)

B

> **1** with, with **2** from **3** for **4** on **5** about **6** through
> **7** at

1 답을 빨간 펜으로 쓰지 말고, 검은 펜으로 써라.

  ▸ 직접적인 도구를 나타내는 with

2 그 나라는 이번 여름에 가뭄으로 고통을 겪었다.

  ▸ suffer from: ~을 겪다 (질병이나 사고가 원인)

  어휘 drought 가뭄

3 어제 그는 나를 바람맞혔지만, 자신이 한 일에 대해 사과는 했다.

  ▸ 이유를 나타내는 for

  어휘 stand ~ up ~를 바람맞히다

4 나를 위해 심부름 좀 다녀와 줄래요?

  ▸ 목적을 나타내는 on

  어휘 errand 심부름

5 어젯밤 너는 집에 늦게 들어왔다. 난 그것에 화가 났다.

  ▸ 관련을 나타내며 '~에 대해'라는 뜻으로 해석되는 about

6 통역사를 통해서 의사소통하는 것은 많은 시간이 걸린다.

  ▸ through: ~을 통하여

  어휘 interpreter 통역사

7 나는 학급에서 이루어지는 토의의 수준에 놀랐다.

  ▸ be amazed at: ~에 놀라다 (감정의 원인)

C

> **1** with → of **2** about → of **3** with → by
> **4** at → on

1 ▸ consist of: ~으로 이루어지다
2 ▸ think of: ~을 생각해 내다
3 ▸ by + 동명사: ~함으로써
4 ▸ rely on: ~에 의지[의존]하다

D

> **1** by, poor, nutrition
> **2** due, to[because, of / owing, to], was, canceled

1 Rose는 영양 부족으로 건강상의 문제가 있었다.

  ▸ Rose had health problems caused by ~. = Rose had health problems which was caused by ~.

2 그녀는 다른 도시의 병원에 가 보려 했지만, 악천후로 인해 비행기가 취소되었다.

  ▸ due to(= because of, owing to): ~때문에

GRAMMAR IN READING

> **A** ⓐ through ⓑ on ⓒ about **B 1** ⓑ **2** try to take a
> picture with a flash **Q** ①

A

지난 수백 년 동안 인류는 화성을 탐구해 왔습니다. 처음에는 땅 위에서 망원경을 통해, 그 다음에는 궤도에 있는 망원경을 통해 말입니다. 이제 화성 탐사 전문가 William Hartmann 씨가 저 붉은 행성에 대해서 우리가 알고 있는 모든 것을 망라하는 흥미진진한 책을 저술했습니다.

  ▸ ⓐ through: ~을 통하여

  ⓑ on: ~에 관하여 (전문적인 내용에 관해 말할 때)

  ⓒ about: ~에 관하여 (일반적인 내용에 대해 말할 때)

B

안녕하세요, 저는 Vanessa입니다. 오늘 제가 여러분께 미술관을 안내해 드릴 것입니다. 작품에 관해 말씀드리기 전에 먼저 몇 가지 설명 드리겠습니다. 박물관에서 작품의 사진을 찍는 것은 괜찮습니다. 그러나 플래시 사진 촬영은 두 가지 이유로 허용되지 않습니다. 첫째로, 반복적인 플래시 불빛은 작품을 감상하려고 하는 다른 관람객들을 어수선하게 하고 짜증 나게 할 수 있습니다. 두 번째로, 시간이 지나면서 이 불빛들은 특정한 재료로 만들어진 귀중한 예술품에 손상을 줄 수 있습니다. 만약 여러분이 플래시를 이용해 사진을 찍으려 하신다면 여러분은 지금까지 만들어진 것 중 가장 훌륭한 미술품들을 파괴하는 데 일조하고 계신 것인지도 모릅니다.

1 ▸ 이유를 나타내는 전치사 for

2 ▸ 직접적인 도구를 나타내는 with

Q ① 하지만

  ② 따라서

  ③ 다시 말해

65 전치사별 의미 정리

EXERCISE

A

1 ③ 2 ① 3 ② 4 ① 5 ③ 6 ② 7 ② 8 ① 9 ③ 10 ③
11 ② 12 ①

[보기] 남극에서 하늘은 매우 밝다.
그들은 제품의 질에 놀랄 것이다.
자신이 안전하다는 것을 알고 그녀는 마음을 놓았다.

1 그녀는 나이에 비해 어려 보인다.
2 그 기차는 7시에 모스크바를 향해 떠난다.
3 Susan은 빨간 불을 무시하고 달렸다는 이유로 딱지를 떼였다.
4 당신의 운전면허증은 일주일 후에 발급될 것입니다.
   [어휘] issue 발급하다
5 그의 회사는 파산할 위기에 처해 있었다.
   [어휘] go bankrupt 파산하다
6 너는 옷장 안의 옷을 정리해야 한다.
7 그는 총상으로 인해 죽은 것으로 드러났다.
8 옥수수로 만든 바이오 연료를 사용하는 것은 비용 효율이 높은가?
   [어휘] cost-effective 비용 효율이 높은 / biofuel 바이오 연료
9 이제부터 제시간에 오도록 하세요.
10 펜이나 연필로 답을 쓰시면 됩니다.
11 그녀가 청혼을 받아들였을 때, 그는 환호성을 질렀다.
   [어휘] proposal 제안, 청혼
12 목소리가 떨린 채로 그녀는 강도 사건에 관해 증언했다.
   [어휘] tremble 떨다, 떨리다 / testify 증언하다

B

1 by 2 for 3 in 4 to 5 On[Upon] 6 from

1 ▸ by + 동명사: ~함으로써
5 ▸ on[upon] v-ing: ~하자마자
6 ▸ prevent A from B: A가 B하지 못하도록 하다

C

to, by, at[in], by

A: 이번 주말에 미술 전시회에 가는 게 어때?
B: 볼 만한 괜찮은 게 있어?
A: 클림트 전시회가 있어. 내가 항상 그의 그림을 보고 싶어 했던 걸 너도 알잖아.
B: 좋아! Union 역에서 만나자. 열차를 타고 가자.
▸ 목적지를 나타내는 to / 행위자를 나타내는 by / 특정 장소나 지점을 나타내는 at('~안에'를 강조할 때는 in도 가능) / 교통수단을 나타내는 by

GRAMMAR IN READING

A being deprived with → being deprived of B 1 ⓐ on
ⓑ with 2 ⑤ Q ②

A

연구에 따르면 잠이 모자라면 실제로 사람들이 우울해진다고 한다. 그러므로 고민거리가 있을 때는 잠을 잘 자는 것이 중요하다. 힘든 시기에는 당신이 신뢰하는 사람들에게 자신의 기분을 얘기하는 것도 중요하다.
▸ deprive A of B: A에게서 B를 빼앗다

B

완벽한 컴퓨터 모니터를 만들어 내려는 전쟁 속에서, 몇몇 회사들은 어떤 각도에서도 뚜렷하게 보이는 스크린을 제작한 것에 자부심을 갖고 있습니다. 하지만 우리는 다른 길을 선택했습니다. 우리 회사의 새로운 스크린의 최대 장점은 측면에서는 데이터가 보이지 않는다는 것입니다. 이 아이디어는 몰래 엿보이는 것으로부터 기밀 정보를 보호하기 위한 것입니다. 지금까지는 컴퓨터 화면에 설치해야 하는 큰 보호막을 사용해 왔습니다. 하지만 새로운 스크린의 개발로 인해 그런 불편한 장비를 쓸 필요가 없어졌습니다.

1 ▸ ⓐ pride oneself on: ~에 대해 자부심을 갖고 있다
   ⓑ with: ~로 인해 (원인)
2 ▸ ① from: ~에서, ~로부터 (출발점)
   ② protect A from B: A를 B로부터 보호하다
Q ① 비판하려고
   ② 광고하려고
   ③ 항의하려고

REVIEW TEST 13

A 1 in 2 at 3 out of 4 from 5 for 6 within
7 through

B 1 in 2 to 3 with 4 by 5 at 6 from
C 1 c / to 2 d / for 3 b / of 4 a / at
D 1 posters on the wall
2 walking up the stairs
3 drop below freezing
E ② **F** ① **G** (A) writing (B) by (C) in
H 1 ⓒ 2 He pitched for five teams during the 22 years
of his career

A

1 바다에서 수영하는 것을 좋아하니?
  ▸ in: ~ 안에서
2 나는 버스 정류장에서 20분 동안 기다렸다.
  ▸ at: ~에서 (지점)
3 그는 방에서 나와 문을 걸어 잠갔다.
  ▸ out of: ~의 밖으로
4 다른 사람의 관점에서 사물을 보려고 노력하라.
  ▸ from: ~로부터
5 그는 나를 방해한 것에 미안해하는 것 같지 않았다.
  ▸ for: ~한 이유로, ~ 때문에
6 그 경영자는 일주일 이내에 자신의 후계자를 발표할 것이다.
  ▸ within: (일정 기간) ~ 이내에
  어휘 announce 발표하다, 알리다 / successor 후계자
7 인터넷으로 진정한 친구를 사귀는 것이 가능하다고 생각하니?
  ▸ through: ~을 통하여

B

1 Cindy 다리가 부러졌다고 들었어. 그녀는 얼마 동안 입원해 있었니?
  ▸ be in (the) hospital: 입원하다
2 당신의 자녀들은 아침에 어떻게 등교합니까?
  ▸ to: ~로 (목적지)
3 그녀는 도둑이 칼로 자신을 위협했다고 말했다.
  ▸ with: ~을 가지고 (도구)
  어휘 threaten 위협하다
4 그 여자는 남편이 디자인한 반지를 끼고 있다.
  ▸ by: ~에 의해 (행위자)
5 그는 지금 바쁘다. 그는 현재 회의를 하고 있다.
  ▸ at the moment: 지금
6 반죽이 손에 묻지 않도록 손에 기름을 조금 발라라.
  ▸ keep A from B: A가 B하지 못하도록 하다

C

1 나는 너를 만나기를 고대하고 있다.

  ▸ look forward to v-ing: ~하는 것을 기대하다
  c. 놀랍게도, 그녀는 매우 침착했다.
  ▸ to: ~하게도 (감정)
2 그녀는 반지 값으로 200달러를 지불했다.
  ▸ for: ~의 대가로
  d. 일주일 내내 비가 오고 있다.
  ▸ for: ~ 동안 (기간의 길이)
3 그 책상은 나무로 만들어졌다.
  ▸ of: ~로 만든 (식별할 수 있는 재료)
  b. 그는 심장마비로 사망했다.
  ▸ die of: ~로 죽다 (원인)
4 나는 그의 성공에 놀랐다.
  ▸ at: ~으로 인하여 (원인)
  a. 그는 비행기를 타려고 공항에 있다.
  ▸ 건물의 목적에 초점을 맞춘 경우 at을 쓴다.

D

2 ▸ up: ~의 위로
3 ▸ below: ~의 아래[~보다 낮은]
  어휘 below freezing 영하의[에]

E

① 그녀는 자동차로 전국을 여행했다.
② Chris는 다음 주까지 그의 아버지와 여행할 것이다.
③ 그 배우는 관객 속에서 자기 어머니를 보았다.
④ 많은 가족들이 강가에서 쉬고 있다.
⑤ 내가 문을 열자, 내 개가 나를 향해 달려왔다.
▸ 특정 시기까지 동작이 계속됨을 의미할 때는 until을 쓴다.

F

① 아이들은 영어 노래를 배우고 있다.
② 그녀의 새 영화는 4월 20일에 개봉할 것이다.
③ 이 비행기는 현재 구름 위를 날고 있다.
④ 여름 내내 그는 사촌 집에서 지냈다.
⑤ 하루 대부분을 서 있는 사람은 요통을 자주 앓는다.
▸ in + 언어: ~로 (수단)

G

많은 사람에게 전송되고 해커들에 의해 입수될 수 있다는 점만 빼면 이메일을 보내는 것은 편지 쓰는 것과 별반 다르지 않다. 사적인 내용을 이메일에 쓰지 않도록 주의해라. 당신은 세상 사람들이 당신의 개인 정보를 읽는 것을 원하지 않을 것이다.

▶ (A) 동사가 전치사의 목적어가 되면 동명사의 형태로 쓴다.
(B) 행위자를 나타내는 by
(C) '~안에'를 의미하는 in

H

Cy Young 상(賞)은 1956년에 Cy Young이라는 야구 선수를 기리기 위해 만들어졌다. 그는 메이저리그에서 22년간의 선수생활 동안 다섯 개 팀에서 투수로 뛰었다. 그는 메이저리그 역사상 최다승을 올렸으며 야구 명예의 전당에 헌액되었다. 그가 죽고 1년 후 그의 이름을 딴 상이 제정되었다. 그 이후로 그 상은 매년 최고의 투수에게 수여되어왔다.

1 ▶ 일정 시점에서부터 줄곧 계속됨을 나타내므로 since가 되어야 한다.

2 ▶ during: (특정 기간) 동안

UNIT

66 수의 일치, 시제의 일치

EXERCISE

A

1 was 2 is 3 ruins 4 were 5 has heard 6 is 7 Is, has
8 are 9 am 10 was 11 have 12 wear 13 are
14 loves 15 is

1 물리학은 내가 지금까지 수강했던 과목 중 가장 어려운 과목이었다.
▶ 학문명은 단수 취급

2 30킬로미터는 꽤 먼 거리이다.
▶ 거리를 나타내는 명사는 하나의 단위로 간주하여 단수 취급

3 TV를 지나치게 많이 보는 것은 시력을 해친다고 한다.
▶ 단일의 동명사구 주어는 단수 취급

4 독감 때문에 오늘 많은 학생이 결석을 하였다.
▶ 「a number of + 복수명사」는 복수 취급

5 나뿐만 아니라 내 여동생도 그 소문을 들은 적이 있다.
▶ 「not only A but also B」는 동사의 형태를 B의 수에 일치

6 그 사과의 3분의 2는 썩었다.
▶ 「분수 + of」 다음에 오는 명사의 수에 동사의 형태를 일치

7 아스피린에 알레르기가 있는 사람 있습니까?
▶ -one으로 끝나는 명사는 단수 취급

8 이 호텔의 방들은 디자인과 정리가 잘 되어 있다.

▶ 형용사구(in this hotel)의 수식을 받는 주어 The rooms에 동사의 형태를 일치

9 그녀도 나도 술을 마실 만큼 나이 들지 않았다.
▶ 「neither A nor B」는 동사의 형태를 B의 수에 일치

10 2주는 흥미로운 장소들을 모두 방문하기엔 충분치 않은 시간이었다.
▶ 2주라는 시간을 하나의 단위로 간주하여 단수 취급

11 그나 나 둘 중 한 명이 그 피해에 대해 보상해야 한다.
▶ 「either A or B」는 동사의 형태를 B의 수에 일치

12 엄마와 아빠는 둘 다 가끔 청바지를 입는다.
▶ 「both A and B」는 복수형 동사를 취함

13 나는 사과 하나면 충분하다. 나머지는 너의 것이다.
▶ the rest of는 of 뒤 명사의 수에 동사의 형태를 일치

14 차를 세 대 가지고 있는 그 회사의 소유주는 자동차 경주를 사랑한다.
▶ 형용사절(who has three cars)의 보충 설명을 받는 주어 The owner에 동사의 형태를 일치

15 당뇨병은 혈액 속에 지나치게 많은 당분이 있을 때 발생한다.
▶ 병명은 단수 취급

B

1 ○ 2 are → is 3 consist → consists 4 have → had

1 Jim은 소개팅을 할 거라고 언급했다.
▶ 주절의 시제가 과거이면 종속절의 시제는 과거 (또는 과거완료)
어휘 blind date 모르는 이성을 소개로 만나는 것, 소개팅

2 20달러는 이런 책의 값으로 지불하기에는 많은 돈이 아니다.
▶ 금액을 나타내는 명사는 단수 취급

3 미합중국은 50개 주(州)로 이루어져 있다.
▶ 하나의 단체를 나타내는 국가명은 단수 취급

4 내가 2년 전에 그들과 이야기했을 때, 그들은 거기서 2년 동안 살았다고 말했다.
▶ 주절이 과거시제이고, 종속절이 과거 이전부터 과거 특정 시점까지 지속된 일을 나타내므로 과거완료가 적절

C

1 gets[got] up at 6 every morning 2 goes around the Earth 3 the Gulf War broke out in 1991

1 ▶ 과거의 상황이 현재에도 사실인 경우 과거시제와 현재시제 모두 가능 (시제 일치 예외)

2 ▶ 과학적 사실과 같이 현재에도 사실인 내용을 나타낼 때는 현재시제 (시제 일치 예외)

3 ▶ 역사적 사실은 항상 과거시제 (시제 일치 예외)

D

> Our new Rotherham office, which will be our first international branch, **is** now being built. About 30 percent of our annual budget **is** to be dedicated to the construction. At first, some of our employees in the US **are** going to relocate, but, ... (생략)

본사의 첫 번째 해외 지사가 될 새로운 Rotherham 사무실이 현재 건설 중입니다. 연간 예산의 약 30퍼센트가 건설에 사용될 예정입니다. 우선 미국 직원의 일부가 이전할 것이지만, 후에는 직원이 Rotherham 부근에서 채용될 예정입니다.

▸ 관계대명사절의 수식을 받는 주어 Our new Rotherham office에 동사 형태를 일치시켜 is / About 30 percent of 뒤에 오는 명사(셀 수 없는 명사 budget)의 수에 동사 형태를 일치시켜 is / some of 뒤에 오는 복수명사 employees에 동사 형태를 일치시켜 are

GRAMMAR IN READING

> **A** ⓐ represent ⓑ determines **B 1** ⓐ, ⓒ **2** giving, shows **Q** color(s)

A

한 회사의 주식 지분은 부분적인 소유권을 의미한다. 회사에서 발행한 총 주식수에 대해 당신이 보유하고 있는 주식의 수가 당신의 소유권 비율을 결정한다. 예를 들어 회사에서 20만주를 발행하고 당신이 100주를 보유하고 있다면 당신은 회사 (지분)의 2,000분의 1을 소유하고 있는 것이다.

▸ ⓐ 전치사구 of a company's stock의 수식을 받는 주어 Shares에 동사의 형태를 일치
  ⓑ 「the number of + 복수명사」는 단수 취급

B

모든 꽃에는 저마다 의미가 있지만, 꽃들의 색깔 역시 특별한 의미를 지닌다. 예를 들어, 일반적인 카네이션의 의미로는 매력과 고귀함, 사랑이 있다. 하지만 누군가에게 밝은 빨간색의 카네이션을 보내는 것은 그들에 대한 존경을 나타내지만, 어두운 빨간색의 카네이션을 보내는 것은 강한 사랑과 애정의 표현이다. 하얀 카네이션은 주로 순수와 행운 같은 것과 연관되고, 분홍색 카네이션을 주는 것은 당신의 고마움을 표현한다.

1 ▸ ⓐ every는 일반적으로 단수 취급
  ⓒ 전치사구의 수식을 받는 주어 meanings에 동사의 형태 일치

2 ▸ 동명사구 주어는 단수 취급
Q 꽃은 색에 따라 다른 의미를 지닐 수 있다.

67 화법

EXERCISE

A

> **1** (that) I could sit there
> **2** (that) she would marry me if I were a millionaire
> **3** not to be late
> **4** where the keys were
> **5** if[whether] we had read Shakespeare's plays before

1 그녀는 말했다. "너는 여기 앉으면 돼."
  → 그녀는 나에게 거기 앉아도 된다고 말했다.
  ▸ here는 there로 전환

2 그녀는 내게 말했다. "만일 네가 백만장자라면 나는 너와 결혼하겠어."
  → 그녀는 만약에 내가 백만장자라면 나와 결혼하겠다고 말했다.
  ▸ 인용문의 would는 전달동사의 시제와 관계없이 형태가 같으며, 가정법 동사도 주절의 시제가 바뀌어도 시제가 바뀌지 않음

3 내 상사가 내게 말했다 "늦지 마세요."
  → 내 상사는 나에게 늦지 말라고 했다.
  ▸ 명령문을 간접화법으로 바꿀 때는 인용문의 동사를 to부정사로 바꾸고, not을 to부정사 앞에 둬서 부정의 의미를 나타냄

4 내 여동생이 내게 물었다. "열쇠가 어디 있어?"
  → 내 여동생이 내게 열쇠가 어디 있냐고 물어보았다.
  ▸ 의문사가 있는 의문문을 간접화법으로 전환하면 「ask + 사람 + 의문사 + S + V」의 어순임

5 선생님이 우리에게 물어보셨다. "전에 Shakespeare의 희곡을 읽어 본 적이 있니?"
  → 선생님은 우리가 전에 Shakespeare의 희곡을 읽어 본 적이 있는지 물어보셨다.
  ▸ 의문사가 없는 의문문을 간접화법으로 전환하면 「ask + 사람 + if[whether] + S + V (or not)」의 어순임

B

> **1** not divorce → not to divorce **2** how should she

pronounce → how she should pronounce **3** ○ **4** ○
5 to negotiate → negotiating 또는 (that) we (should) negotiate

1 그들은 나에게 그와 이혼하지 말라고 충고했다.
▸ 충고를 나타내는 부정 명령문: advise + 사람 + not to-v
2 Lisa는 내게 그 라틴어를 어떻게 발음해야 하느냐고 물어보았다.
▸ 의문사가 있는 의문문: ask + 사람 + 의문사 + S + V
3 그들은 내가 시험을 통과했는지 안 했는지 궁금해했다.
▸ 의문사가 없는 의문문: wonder + if[whether] + S + V (or not)
4 오늘 아침 식사 때 Alex는 그녀에게 오늘 그가 늦을 것이라고 말했다.
5 Lee 씨는 그들과 배송 날짜를 다시 협의할 것을 제안했다.
▸ 제안을 나타낼 때: suggest[propose] v-ing 또는 suggest[propose] that + S + (should) + V

C

1 told them to be quiet
2 asked him to wait for me
3 asked her if[whether] she (had) called the police
4 asked him to come back soon
5 asked her how she had done it 또는 asked her how she did it
6 suggested that we (should) go to the theater 또는 suggested going to the theater

0 Sue는 아주 천천히 짐을 꾸리고 있었다. 그래서 나는 그녀에게 서두르라고 말했다.
1 내 아기가 자는데 그들이 매우 크게 떠들고 있었다. 그래서 나는 그들에게 조용히 하라고 말했다.
▸ 명령을 나타낼 때: tell + 사람 + to-v
2 Mike는 떠날 준비가 되어 있었지만 나는 그렇지 못했다. 그래서 나는 그에게 기다려달라고 요청했다.
▸ 요청을 나타낼 때: ask + 사람 + to-v
3 어제 누군가가 Judy의 집에 침입하였다. 그래서 나는 그녀에게 경찰에게 전화를 했는지 물었다.
▸ 의문사가 없는 의문문: ask + 사람 + if[whether] + S + V
어휘 break into ~에 침입하다
4 나는 Jim이 너무나 그리울 것 같았다. 그래서 그에게 빨리 돌아오라고 부탁했다.
▸ 요청을 나타내는 「ask + 사람 + to-v」
5 Mary는 올해 많은 돈을 저축했다. 그래서 나는 그녀에게 어떻게 했는지 물어봤다.
▸ 의문사가 있는 의문문: ask + 사람 + 의문사 + S + V
6 나는 영화를 보고 싶었다. 그래서 극장에 가자고 제안했다.

▸ 제안을 나타낼 때: suggest that + S + (should) + V 또는 suggest v-ing

D

not, to, quit, he, knows[knew]

Joe: 나는 새로운 직업을 찾아 볼 생각이야.
Sara: 네가 무엇을 해야 할지 알기 전까지는 네 일을 그만두지 마.
→ Sara는 그에게 무엇을 해야 할지를 알기 전까진 일을 그만두지 말라고 충고했다.
▸ 명령문을 간접화법으로 바꿔 충고를 나타낼 때: advise + 사람 + (not) to-v

GRAMMAR IN READING

A he said (that) he never meant to harm anybody 또는 he said (that) he had never meant to harm anybody
B 1 ⓐ was ⓑ could **2** he told me (that) if I wanted one of the cameras in stock, I would have to pay $799.
Q ②

A

미네소타에 사는 한 십 대 청소년이 인터넷상에 컴퓨터 바이러스를 유포한 혐의로 체포되었다. 수사관이 그가 무슨 짓을 저지르고 있는지 알고 있었는지 묻자 소년은 "저는 기소 내용을 충분히 이해하지 못하겠네요."라고 말했다. 그러면서 그는 "저는 아무에게도 해를 끼칠 의도가 없었어요."라고 말했다. 그의 부모는 아들이 그저 평범한 청소년일 뿐이라고 믿었다.
▸ 직접화법을 간접화법으로 전환할 때 종속절의 과거시제는 과거시제 또는 과거완료시제로 쓸 수 있음

B

지난달 저는 귀사의 웹사이트에서 649달러에 디지털카메라를 주문했습니다. 주문을 하고 얼마 지나지 않아 그 카메라 가격은 799달러로 올랐습니다. 몇 주가 흘렀고 저는 제 카메라를 받지 못했습니다. 전 귀사에 전화해서 담당자에게 이야기를 했습니다. 그녀는 제 카메라가 이월 주문된 상태이고 도착하려면 몇 주가 걸릴 수도 있다고 말했습니다. 미심쩍은 마음에 저는 그다음 날 같은 카메라를 구입하는 데 관심이 있는 다른 손님인 척하고 전화를 다시 했습니다. 당황스럽게도 저는 카메라 몇 대가 재고로 남아있다는 얘기를 들었습니다. 저는 책임자와 얘기하겠다고 요구했고, 그러자 그는 "재고가 있는 카메라를 사고 싶다면 고객님이 799달러를 내셔야 합니다."라고 말했습니다. 저는

귀사의 용납할 수 없는 행동에 너무 화가 납니다.

1~2 ▶ 전달동사의 시제가 과거이므로 that절의 시제도 여기에 일치시킨다.

Q ① 조언하려고
　　② 항의하려고
　　③ 사과하려고

68 부정 표현, 부가의문문

EXERCISE

A

> **1** nothing but **2** can't, without **3** no longer **4** Not all
> **5** can't, too **6** the last

1 이 회사의 소유주는 오직 돈에만 관심이 있다.
> ▶ nothing but: 단지 ~만(= only)

2 그녀는 그 노래를 들으면 꼭 운다.
> ▶ not[never] ~ without v-ing: ~하면 반드시 …한다

3 그는 더는 그 휴대폰을 쓰지 않는다.
> ▶ no longer ~: 더는 ~ 않다(= not ~ anymore)

4 모든 사람들이 재즈를 좋아하는 것은 아니다.
> ▶ not all ~: 모두가 ~인 것은 아니다 (부분부정)

5 화학물질을 다룰 땐 아무리 조심해도 지나치지 않다.
> ▶ cannot[can't] ~ too …: 아무리 …하게 ~해도 지나치지 않다

6 ABC는 내가 가지 않을 쇼핑센터. 거기에서는 모든 것이 비싸다.
> ▶ the last + 명사 + (관계사절): 가장 ~일 것 같지 않은 …

B

> **1** have you **2** didn't she **3** shall we **4** won't they
> **5** isn't there **6** will[won't] you

1 너 이 책 안 읽어봤지, 그렇지?
> ▶ 앞이 완료형이면 부가의문문 동사는 have[has/had]

2 Jane은 역사 과목에서 A를 받았어, 그렇지 않니?
> ▶ 앞이 일반동사이고 과거시제이므로 부가의문문 동사는 didn't

3 커피 한 잔 마시면서 쉬는 게 어떨까, 응?
> ▶ Let's로 시작하는 문장의 부가의문문은 shall we?

4 그들은 거래를 하기 위해 최선을 다할 거야, 그렇지 않겠니?

> ▶ 앞이 조동사 will이므로 부가의문문 동사는 won't

5 여기엔 좀 이상한 구석이 있어, 그렇지 않니?
> ▶ 앞이 there is일 때 부가의문문은 isn't there

6 문 열어, 그래 줄 거지?
> ▶ 명령문의 부가의문문은 will[won't] you?

C

> **1** is it → is there **2** wasn't → was **3** couldn't → could

1 이 거래에는 어떤 위험부담도 없어, 그렇지?
> ▶ 앞이 there isn't일 때 부가의문문은 is there

2 접시에는 음식이 거의 남아 있지 않았다.
> ▶ 부정의 의미를 포함한 little은 not 등의 부정어와 함께 쓰이지 않음

3 그 슈퍼 스타를 보았을 때 우리는 거의 숨도 쉴 수 없었다.
> ▶ 부정의 의미를 포함한 barely는 not 등의 부정어와 함께 쓰이지 않음

D

> there is hardly anything in your closet

A: 언제 새집으로 이사 가나요?
B: 다음 주 월요일에요. 단지 며칠밖에 안 남았어요!
A: 아, 그래서 옷장 안에 거의 아무것도 없군요!
> ▶ hardly: 거의 ~가 아닌

GRAMMAR IN READING

> **A** Not, all　**B 1** ⓐ 반드시 지루할 것이라는 의미는 아니다.
> ⓑ 창의성은 아무리 많아도 지나치지 않다. **2** doesn't it　**Q** ①

A

모든 콜레스테롤이 나쁜 것은 아니다. 사실 신체는 제대로 기능하기 위해서 일정량의 콜레스테롤이 필요하다. 콜레스테롤은 세포의 기능과 에스트로겐, 테스토스테론 같은 호르몬의 생산을 위해 필요하다. 하지만 신체는 자연적으로 모든 세포에서 콜레스테롤을 만들어내므로 그것을 반드시 섭취해야 할 필요는 없다.
> ▶ not all ~: 모두가 ~인 것은 아니다 (부분부정)

B

종이공학 개론

이 수업이 종이에 관한 것이라고 해서 반드시 지루할 것이라는 의미는 아닙니다! 이번 학기에 종이공학 수업을 듣는 게 어때요? 종이공학 개론은 건축, 공학 그리고 책 제작에 관한 요소들을 재미있고 흥미로운 방식으로 엮습니다. 학생들은 다양한 구조와 형태를 만들기 위해 종이를 접고, 자르고, 붙이는 방법을 배울 것입니다. 수업이 끝날 무렵이면 각 학생들은 자신만의 팝업북을 완성했을 겁니다. 재미있을 것 같지 않나요? 모든 재료는 제공됩니다. 여러분은 창의력만 가지고 오시면 됩니다. 그리고 이런 수업을 위해서는 창의성이 아무리 많아도 지나치지 않습니다! 등록할 시간이 얼마 남지 않았고 빈자리도 몇 개 없습니다. 그러니 오늘 꼭 등록하세요!

1 ▸ ⓐ not necessarily ~: 반드시 ~인 것은 아니다 (부분부정)
　　ⓑ cannot ~ too ...: 아무리 …하게 ~해도 지나치지 않다

2 ▸ 앞이 일반동사이므로 부가의문문의 동사는 doesn't

Q ▸ 문맥상 '(양이) 거의 없는'이라는 의미가 자연스러우므로 little

UNIT

69 도치, 강조

EXERCISE

A

> **1** did I dream **2** had I gone **3** you taken the bus

1 나는 이 순간이 그렇게 빨리 오리라고는 전혀 상상도 못 했다.
　▸ 부정어가 문장 맨 앞으로 나오면 주어와 동사가 도치

2 나는 잠자리에 들자마자 전화를 받았다.
　▸ 부정어가 문장 맨 앞으로 나오면 주어와 동사가 도치

3 만약에 네가 버스를 탔더라면, 안 늦었을 텐데.
　▸ 가정법 문장에서 if를 생략하면 주어와 동사가 도치된다.

B

> **1** at all **2** on Valentine's Day that he proposed to her **3** an action movie that we watched last night **4** did get the job **5** the very **6** not until we need it

1 나는 그 누구도 보지 못했다.
　▸ not[no] ~ at all: 조금도 ~ 아니다

2 그가 그녀에게 청혼한 것은 밸런타인데이였다.

3 우리가 어젯밤에 본 것은 액션 영화였다.

4 이제야 내가 그 일자리를 정말로 얻었음을 알겠어요.

▸ 문장의 내용이 사실이라는 것을 강조하는 조동사 do[did]

5 당신이 지금 내가 말하고픈 바로 그 사람이에요.
　▸ 명사를 강조할 때 the very

6 필요할 때가 되어서야 비로소 우리는 물이 얼마나 중요한지 깨닫는다.

2, 3, 6 ▸ 「It is[was] ~ that」 강조구문에서는 강조하고 싶은 말을 It is[was]와 that 사이에 둔다.

C

> **1** on earth, coming to **2** was his confidence, attracted me **3** is it, you want

1 ▸ on earth는 의문사가 있는 의문문을 강조할 때 사용

2 ▸ It is[was] ~ that: …한 것은 바로 ~이다

3 ▸ 의문사를 「It is[was] ~ that」 강조구문으로 강조하면 「의문사 + is[was] it that ~」의 어순이 된다.

D

> **1** the book is → is the book **2** so I did → so did I **3** realized → realize **4** when → than

1 내가 읽고 싶었던 책이 저기에 있다.
　▸ 부사(there)가 문장 맨 앞에 와서 주어와 동사가 도치됨

2 형이 초콜릿을 조금 먹었고, 나도 그랬다.
　▸ so + V + S: 앞에서 한 말에 대해 '~도 또한 그렇다'라고 할 때

3 나는 내가 점점 살이 찌고 있다는 것을 거의 깨닫지 못했다.
　▸ 부정어가 앞에 와서 일반동사가 도치될 때는 「부정어 + do[does/did] + S + 동사원형」의 어순

4 게임이 시작되자마자, 우리는 한 골을 넣었다.
　▸ No sooner A than B = Hardly A when[before] B: A하자마자 B하다

E

> Neither have I, so do I

A: 난 오랫동안 파티에 가 본 적이 없어.

B: 나도 그래. 나는 붐비는 곳을 정말 싫어해.

A: 응, 나도 그래. 난 파티광은 아닌 것 같아. 너도 알다시피 나는 조용한 타입이잖아.

▸ 앞에서 한 말에 대해 '~도 또한 아니다[그렇다]'라고 할 때 「neither[so] + V + S」를 쓴다.

GRAMMAR IN READING

A nor they can → nor can they **B 1** did Ferrari create a marketing department **2** it is the quality of the product that companies should try to perfect
Q Dreams

A

뭘 입어야 하지? 결혼식에는 전통과 격식이 너무 많아 옷을 잘 입는다고 자신하는 사람들도 스스로 의심해보게 된다. 신부는 검은색 옷을 입을 수 없고, 바지도 입을 수 없다. 이런 모든 규칙 때문에 우리가 지나치게 신중해지는 것도 당연하다.

▶ 부정어(nor)가 문장 맨 앞에 나오면 주어와 동사가 도치

B

기업 들여다보기
이탈리아의 스포츠카와 경주용 자동차 제조사인 페라리는 세계에서 가장 인지도 높은 3대 브랜드 중 하나이다. 이 회사는 광고부의 도움 없이 세계의 거대 기업 가운데서 많은 주목을 받았다. 페라리는 1993년에야 비로소 마케팅 부서를 신설했다. 페라리의 성공은 상품의 품질만으로도 판매를 증진하기에 충분하다는 것을 증명한다. 그러므로 회사가 완벽하게 만들려고 노력해야 하는 것은 상품의 품질이다. 페라리처럼, 모든 회사들은 '꿈'을 창조해서 팔아야 한다.

1 ▶ 부정에 가까운 의미의 only가 문장 맨 앞에 오면 주어와 동사가 도치됨
2 ▶ It is[was] ~ that: …한 것은 바로 ~이다
Q 기업의 성공 비결: 꿈을 팔아라

70 생략, 병렬관계, 삽입 및 동격, 무생물 주어 구문

EXERCISE

A

1 have to (leave) **2** any (pens) **3** (it is) **4** Diana (ate) two oranges, Jerry (ate) three bananas

1 가야 한다면 지금 가도 된다.
▶ 반복되는 동사를 대부정사 to로 대신
2 내가 Emma에게 펜이 혹시 있는지 물어 볼게.

▶ 반복되는 명사 pens생략 가능
3 이 개는 완전히 자라면 소만큼 커질 수 있다.
▶ 부사절의 주어가 주절의 주어와 같을 때 「주어 + be동사」 생략 가능
4 John은 사과 하나를 먹었고, Diana는 오렌지 두 개를 먹었고, Jerry는 바나나 세 개를 먹었다.
▶ 반복되는 동사 ate를 생략

B

1 listening → listen **2** watch → watching
3 play → playing **4** what → that

1 Mary는 독서, 조깅 그리고 음악 감상을 좋아한다.
▶ like의 목적어로 앞에서 to부정사를 썼고 뒤에는 to가 생략된 원형부정사가 나왔으므로, listening을 listen으로 써야 함
2 그는 많이 읽고 매일 CNN을 시청함으로써 영어를 향상시켰다.
▶ by의 목적어로 동명사가 병렬관계를 이룸
3 나의 취미는 영화 보기, 웹사이트 관리하기, 테니스 하기이다.
▶ 동명사구 going ~, working on ~, and playing tennis가 병렬관계를 이룸
4 그가 비밀을 숨기고 있다는 생각이 나를 매우 성가시게 했다.
▶ thought는 동격절을 이끄는 주요 명사로, 바로 뒤에 what이 아닌 접속사 that이 와야 함

C

1 want, to **2** afraid, so **3** forgot, to **4** hope, not

1 A: 축구 경기에 올 거니?
　　B: 아니, 그러고 싶지 않아.
2 A: Tess가 독감에 걸렸니?
　　B: 아마 그런 것 같아. 그녀는 몸이 안 좋아 보이더라.
3 A: Tommy, 우유 사 왔니?
　　B: 죄송해요, 제가 그걸 깜빡했어요.
4 A: 내일 비가 올까?
　　B: 안 왔으면 좋겠어. 소풍을 가기로 되어 있거든.
1, 3 ▶ 반복되는 동사를 대부정사 to가 대신함
2, 4 ▶ I'm afraid so.(= I'm afraid that she has the flu.) 유감스럽게도 그렇다. / I hope not.(= I hope that it will not rain tomorrow.) 그렇게 되지 않으면 좋겠다.

D

1 The heavy rain prevented us

2 little help, if any
3 forced her to quit her job
4 Her mother rejected the idea of living

1 ▶ 무생물 주어 + prevent: ~ 때문에 … 못하게 되다
2 ▶ if any: 조금이라도 있다면, 있다고 하더라도
3 ▶ 무생물 주어 + force: ~ 때문에 어쩔 수 없이 …하다
　　어휘 diabetes 당뇨병
4 ▶ 「A of B」 형태로 쓰인 동격 구문으로 of 이하가 idea를 구체적으로 설명함
　　어휘 nursing home 양로원, 요양소

E

done, so
→ eat pancakes with honey and butter for breakfast

나는 아침으로 항상 꿀과 버터를 곁들인 팬케이크를 먹는다. 나는 평생 그래 왔다. 그것은 달콤하고 맛있는 케이크 같은 맛이다.

Q 빈칸에 들어갈 표현은 본문에서 어떤 어구를 가리키는가?
　　→ 아침으로 꿀과 버터를 곁들인 팬케이크를 먹는 것
　　▶ done so가 대신 받는 것은 앞 문장의 동사구

GRAMMAR IN READING

A ⓐ (they are) doing ⓑ having　**B 1** 그와의 결혼 덕분에 그녀는 당대 가장 뛰어난 작가들 중 몇몇과 친분을 맺을 수 있었다. **2** (while they were) reading German ghost stories around the fire　**Q** ③

A

오늘날의 십 대들은 단지 돈만 버는 데는 관심이 없다. 그들은 돈을 벌면서 행복을 느끼고 싶어 한다. 모든 것을 갖는다는 것은 좋은 일자리를 유지하고, 가족을 부양하며, 좋아하는 것을 할 수 있는 돈이 있다는 것을 뜻한다. 십 대들은 일의 노예가 되기를 원하지 않는다. 그들은 또한 즐기고 싶어 하기도 한다.
▶ ⓐ 부사절 while they are doing에서 「주어 + be동사」가 생략된 경우임. 또는 부사절의 주어가 없는 불완전한 문장으로 판단하여 they do라고 수정하는 것도 가능함
　ⓑ 동명사 holding ~, raising ~, and having ~이 means의 목적어로 병렬관계를 이룸

B

작가 약력
Mary Shelly는 1797년에 태어나 1851년에 죽었다. 그녀는 저명한 시인 Percy Bysshe Shelley와 결혼했다. 그와의 결혼으로 인해 그녀는 당대의 가장 뛰어난 작가들 중 몇몇과 친분을 맺을 수 있었다. 1816년, 부부는 Byron 경, John William Polidori, 그리고 Claire Clairmont와 함께 스위스 제네바 근처에서 여름을 보냈다. 어느 저녁, 벽난로 근처에서 독일의 유령 이야기들을 읽고 있던 모임원들은 Byron 경에 의해 그들 각자의 유령 이야기를 쓰라는 도전을 받았다. 이는 Mary가 소설 '프랑켄슈타인'에 대한 아이디어를 얻게끔 하였다.

1 ▶ 무생물 주어 + bring: (사물) ~ 덕분에[때문에] …하게 되다, (사물이) ~을 야기하다
2 ▶ 주어와 동사 사이에 분사구문이 삽입된 형태로, 능동의 의미를 나타내는 현재분사 reading이 와야 함
Q ▶ Byron 경과의 내기에서 '프랑켄슈타인'에 관한 아이디어를 얻게 되었다.

REVIEW TEST 14

A 1 has **2** lives **3** have **4** have **5** is **6** broke out
B if, he, that, she, had, finished, before[earlier], how, he
C 1 doesn't it **2** will it **3** anymore **4** until **5** that **6** not **7** on earth **8** if ever
D 1 Barely had she entered the restaurant when she saw him.
2 Not until the war ended did she see her children again.
3 Out of the room walked two women wearing sunglasses.
E ③　**F** ⓐ what → that
G 1 (A) is (B) did Tom give (C) goes my stop
2 While he was reading

A

1 각각의 사무실에는 별개의 화장실이 딸려 있다.
　▶ each는 단수 취급
2 오케스트라 단원 중 아무도 시내에 살지 않는다.
3 많은 지원자들이 우리 센터에 왔다.
　▶ 「a number of + 복수명사」는 복수 취급
　어휘 applicant 지원자, 신청자
4 John과 아이들 중 한 쪽이 이 난장판에 책임을 져야 한다.
　▶ 「either A or B」는 동사의 형태를 B의 수에 일치
5 골동품 시계를 모으는 일은 값비싼 취미다.
　▶ 단일 동명사구 주어는 단수 취급
　어휘 antique 골동품(의)
6 나는 역사 시간에 2차 세계대전이 1939년에 일어났다는 것을 배

웠다.

▶ 역사적 사실은 주절의 시제와 상관없이 과거시제로 쓴다.

B

Tom: 숙제 하는 것 도와줄까?
Kate: 응, 도와주면 좋겠어.
Tom: 해야 할 게 많은 모양이네. 내 숙제는 얼마 전에 끝냈는데.
Kate: 어떻게 그렇게 빨리 끝낼 수 있었니?
Tom: 연습문제 답지를 찾아내서 답을 전부 다 베꼈거든.
→ Tom은 자기가 Kate의 숙제를 도와줘도 되는지 알고 싶어 했다. 그녀는 도와주면 좋겠다고 대답했다. Tom은 그녀가 해야 할 게 많음을 알 수 있었다. 그러고 나서 그는 자기 숙제는 얼마 전에 마쳤다고 그녀에게 말했다. 그녀는 그에게 어떻게 그렇게 빨리 마칠 수 있었는지 물었다. 그는 연습문제 답지를 찾아내서 답을 다 베꼈다고 답했다.

어휘 key 해답 / reply 대답하다

C

1 우리가 탈 기차가 3번 플랫폼에서 출발하지, 그렇지?
▶ 앞의 동사가 일반동사이며 현재시제이므로 부가의문문의 동사는 doesn't

2 결혼했다고 해서 별로 다를 게 없을 거야, 그렇지?
▶ 앞에 조동사 won't가 있으므로 부가의문문의 동사는 will

3 Jones 씨가 여전히 당신 비서입니까? — 아뇨, 그녀는 더는 이곳에서 일하지 않습니다.
▶ no longer(= not ~ anymore): 더 이상 ~ 아니다

4 12% 임금 인상을 받기 전에는 그들은 일터로 돌아가지 않을 것이다.
▶ not A until B: B할 때까지 A하지 않다
어휘 raise (임금) 인상

5 아직도 많은 사람들로 하여금 시골에서 사는 것을 선호하게 하는 것은 바로 마을의 평화로운 주변 환경이다.
▶ the peaceful surroundings of the villages를 It is[was] 와 that 사이에 둔 강조구문
어휘 surroundings 주위 환경

6 그녀가 오니? — 안타깝지만 안 올 거야. 그녀는 교수님과 약속이 있어.
▶ not이 부정의 that절을 대신(= I'm afraid that she's not coming.)

7 너 도대체 어떻게 그의 비밀을 알아냈니?
▶ 의문사를 강조할 때 on earth, in the world를 사용
어휘 on earth 도대체

8 Brian은 올빼미족이다. 그는 간혹 그런다 하더라도, 새벽 3시 전에는 좀처럼 잠자리에 들지 않는다.
▶ if ever: 설사 한다고 하더라도

어휘 night owl 밤늦도록 자지 않는 사람, 올빼미족

D

1 그녀는 식당에 들어가자마자 그를 봤다.
▶ 부정어(barely)가 문장 맨 앞에 나오면 「동사 + 주어」 순으로 도치됨

2 전쟁이 끝나고 나서야 그녀는 아이들을 다시 볼 수 있었다.
▶ 부정어가 문장 맨 앞에 오면서 주어와 동사가 도치됨

3 선글라스를 낀 두 여자가 방에서 걸어 나왔다.
▶ 부사구(out of the room)가 문장 맨 앞에 오면서 주어와 동사가 도치됨

E

① 모든 참가자들이 자리에 앉자마자 기념식이 시작되었다.
② 그가 4개국어를 한다는 사실이 해외에서 일을 구하는 데 도움이 되었다.
③ 온라인 게임에 중독된 학생 수가 증가하고 있다.
④ Green 씨는 내가 초안을 다 끝냈는지 알고 싶어했다.
⑤ 그는 내가 잘 먹고, 운동하며 충분히 수면해야 한다고 제안했다.
▶ the number of + 복수명사: ~의 수 (단수 취급)

F

오늘날 사회의 지배적인 요소는 바로 변화, 그것도 끊임없는 변화, 피할 수 없는 변화이다. 현재의 세계뿐만 아니라 앞으로의 세계를 고려하지 않고는 더는 어떠한 분별 있는 결정도 내릴 수 없다. 미국 작가인 Isaac Asimov는 모든 사람이 공상과학소설 같은 방식의 사고를 해야 한다고 언젠가 말했었다.
▶ ⓐ 「It is[was] ~ that」 강조 구문으로 '…한 것은 바로 ~이다'의 뜻이다.
어휘 inevitable 불가피한 / dominant 지배적인 / sensible 분별 있는 / take into account ~을 고려하다

G

Tom은 버스에서 다른 누군가의 잡지를 읽는 경우는 거의 없었다. 그러나 오늘은 무언가가 그의 관심을 사로잡았다. 그 헤드라인에는 사람들의 가장 큰 두려움 하나가 대중 연설이라고 쓰여 있었다. Tom은 가끔씩만 프레젠테이션을 했기 때문에, 다음 날 프레젠테이션을 하는 것이 걱정스러웠다. 그는 읽다가 창을 내다보았다. "앗! 내 정거장이 지나가잖아!"라고 그는 말했다. "어쩌면 나는 대중 연설을 걱정하지 말아야 할지도 모르겠어." 그는 혼자 생각했다. "정말 내게 문제를 일으키는 건 공공장소에서의 읽기야!"

1 ▶ (A) 주어가 전치사구의 수식을 받는 One이므로 동사는 단수형

으로 써야 함

(B) 부정의 의미에 가까운 Only가 문장 앞에 있으므로 주어와 동사가 도치됨

(C) there가 문장 앞에 있으므로 주어와 동사가 도치됨

2 ▶ 부사절의 주어가 주절의 주어와 같은 경우 「주어 + be동사」를 생략할 수 있다.

▶ It은 가주어, that절이 진주어

3 왕의 무덤이 어디에 있는지는 미스터리로 남아 있다.

　▶ where가 이끄는 의문사절이 주어

4 지금 네가 버리는 것이 앞으로 필요하게 될 수도 있다.

　▶ what이 이끄는 관계사절이 주어

5 방문객 때문에 공원을 깨끗하게 유지하는 것이 어렵다.

　▶ it은 가주어, to부정사구가 진주어

71 주어, 주격 보어, 목적어의 이해

EXERCISE

A

1 목적어　2 목적어　3 주어　4 목적어　5 주어　6 보어
7 ⓐ 주어 ⓑ 보어

1 다음에 무엇을 해야 할지 알고 있니?

　▶ 「의문사 + to-v」가 목적어

2 나는 그 감독을 직접 만나고 싶다.

　▶ to부정사구가 동사 hope의 목적어

　어휘 face to face 직접

3 하루 만에 습관을 바꾸는 것은 불가능하다.

　▶ It은 가주어이고, to부정사구가 진주어

4 나는 네가 내일 아침에 시간이 있는지 궁금하다.

　▶ if가 이끄는 절이 동사 wonder의 목적어

5 사람들과 좋은 관계를 맺기는 쉽지 않다.

　▶ 동명사구가 주어

6 내 질문은 언제 그 상품을 출시할 것인가이다.

　▶ 의문사절이 주격 보어

7 나를 가장 신경쓰게 하는 것은 그의 나쁜 식사 예절이다.

　　▶ ⓐ 관계대명사 what이 이끄는 절이 주어 ⓑ 명사구가 주격 보어

B

1 Taking a warm bath　2 that Jack and Jenny will get married soon　3 Where the king's grave is located
4 What you throw away now　5 to keep the park clean

1 따뜻한 물에 목욕하는 것은 그 날의 스트레스를 해소할 수 있다.

　▶ 동명사구가 주어

2 Jack과 Jenny가 조만간 결혼하리라는 것은 명백하다.

C

1 to be a world-famous actress / C
2 whether his answer was correct or not / O
3 what their children are good at / O
4 how to treat each other with respect / O
5 that artificial sweeteners are as bad for your body as sugar / C

1 나의 꿈은 세계적으로 유명한 여배우가 되는 것이다.

　▶ to부정사구가 주격 보어

2 그는 자기 답이 맞는지 물었다.

　▶ whether가 이끄는 명사절이 목적어

3 부모들은 자녀가 무엇을 잘하는지 알아야 한다.

　▶ 의문사절이 목적어

4 우리는 서로를 존중하는 법을 배워야 한다.

　▶ 「의문사 + to-v」 이하가 목적어

5 문제는 인공감미료가 설탕만큼 몸에 좋지 않다는 것이다.

　▶ that절이 주격 보어

　어휘 artificial sweetener 인공감미료

D

1 how the public will react to this case
2 whether you agree with our decision
3 What I want to do in the future

1 ▶ how가 이끄는 의문사절이 주격 보어

　어휘 react to ~에 반응하다

2 ▶ whether가 이끄는 명사절이 tell의 직접목적어

3 ▶ what이 이끄는 관계사절이 주어

E

ⓐ to go[going]　ⓑ important　ⓒ to gain　ⓓ how I can get

A: 올해 너의 가장 큰 목표는 뭐야?

B: 내 계획은 유럽으로 배낭여행을 떠나는 거야. 너도 알다시피, 가능

한 한 세상을 많이 경험하는 것이 중요하잖아.

A: 그래서 새로운 경험을 얻고 시야를 넓히고 싶은 거니?

B: 응, 하지만 문제는 어떻게 여행 경비를 마련하는가야.

▶ ⓐ to부정사[동명사]구가 주격 보어 역할

　ⓑ 형용사가 주격 보어 역할

　ⓒ to부정사구가 목적어 역할

　ⓓ 의문사절이 주격 보어 역할, 「의문사 + 주어 + 동사」의 어순에 유의

GRAMMAR IN READING

A ⓐ Building good relationships with others ⓑ How successful ~ other people　B 1 ⓐ 목적어 ⓑ 주어 ⓒ 보어 2 Wear → Wearing　Q ①

A

다른 사람과 좋은 관계를 맺는 것은 우리에게 소속감을 준다. 얼마나 성공적으로 좋은 관계를 형성하느냐와 우리가 다른 사람들에게 어떻게 행동하느냐는 스스로에 대해 얼마나 좋게 생각하는지에 있어 큰 차이를 만든다.

▶ ⓐ 동명사구가 문장의 주어

　ⓑ how가 이끄는 의문사절이 문장의 주어

B

스타일에 대한 감각이 있다는 것은 패션의 측면에서 본다면, 무엇이 당신과 당신의 성격에 어울리는지를 아는 것이다. 우리는 모두 자기 성격에 어울리는 저마다의 독특한 스타일을 가지고 있다. 이것 때문에 잡지나 패션 전문가 또는 심지어 친구들이 강력하게 추천하는 것이 반드시 당신에게 최고의 선택인 것은 아니다. 당신의 성격과 연관성 없는 유명 브랜드 옷을 입는 것은 당신 자신을 표현하지 못함을 의미할 뿐 아니라 값비싼 대가를 치르는 패션에 있어서의 실수일 수도 있다!

1 ▶ ⓐ 의문사 what이 이끄는 명사절이 동사 understand의 목적어로 쓰임

　ⓑ 관계대명사 what이 이끄는 명사절이 문장의 주어로 쓰임

　ⓒ 관계대명사 what이 이끄는 명사절이 주격 보어로 쓰임

2 ▶ 주어 자리에 동명사가 와야 함 (to부정사는 주어 자리에 잘 쓰이지 않음)

Q ① 자신만의 스타일을 찾아라

　② 변화하는 패션 트렌드

　③ 패션 전문가가 되는 방법

EXERCISE

A

1 to turn　2 encouraging　3 walking　4 cleaned
5 know　6 acting　7 to enjoy　8 to reconsider　9 shut

1 박테리아가 우유를 상하게 한다.

▶ cause + 목적어 + to-v: ~가 …하게 만들다

어휘 turn sour 시어지다, 상하다

2 그의 연설은 용기를 북돋워 주는 것이었니?

▶ 목적어와 목적격 보어가 의미상 능동의 관계이므로 현재분사 encouraging

3 나는 누군가가 이 방 쪽으로 걸어오는 것을 알아차렸다.

▶ 지각동사의 목적어와 목적격 보어가 능동의 관계일 때, 현재분사를 써서 동작·사건이 진행 중임을 강조할 수 있다.

4 나는 내 셔츠가 다음 주 목요일까지 세탁되기를 바란다.

▶ 목적어와 목적격 보어가 의미상 수동의 관계이므로 과거분사 cleaned

5 그 사건이 해결된 뒤에 사실을 말해 줄게.

▶ 사역동사의 목적어와 목적격 보어가 능동의 관계일 때, 목적격 보어로 원형부정사를 씀

6 Mandy는 그녀의 아들이 무대에서 연기하는 것을 보고 감동받았다.

▶ 지각동사의 목적어와 목적격 보어가 의미상 능동의 관계이므로 현재분사 acting

7 좋은 날씨 덕분으로 나는 휴가를 즐길 수 있었다.

▶ allow + 목적어 + to-v: ~가 …할 수 있게 하다

8 나는 그들이 우리의 제안을 재고하게끔 하려고 노력 중이다.

▶ get + 목적어 + to-v: ~가 …하도록 하다

어휘 reconsider 재고하다, 다시 생각하다

9 꽃가루 철에는 창문을 닫아두는 게 좋을 거야.

▶ keep의 목적어와 목적격 보어가 의미상 수동의 관계이므로 과거분사 shut

B

1 a walking dictionary　2 awake　3 blushing
4 upgraded　5 to get out of his car　6 really hard
7 keep diaries　8 crying

1 모든 사람이 그를 걸어 다니는 사전이라고 부른다.
▶ 명사구가 목적격 보어

2 이 약은 12시간 동안 너를 깨어 있게 할 것이다.
▶ 형용사가 목적격 보어

3 그녀는 부끄러워서 얼굴이 빨개지는 것을 느꼈다.
▶ 현재분사가 목적격 보어
어휘 blush 얼굴을 붉히다, 얼굴이 빨개지다

4 네 컴퓨터를 업그레이드하는 게 어때?
▶ 과거분사가 사역동사의 목적격 보어

5 경찰은 그 남자에게 차에서 나오라고 명령했다.
▶ to부정사구가 목적격 보어

6 나는 좋은 사업 파트너를 구하는 것이 정말로 힘들다는 것을 알게 되었다.
▶ 형용사가 목적격 보어로, it은 가목적어이고 to find 이하가 진목적어이다.

7 담임선생님은 모든 학생이 일기를 쓰게 하셨다.
▶ 원형부정사인 keep 이하가 사역동사의 목적격 보어
어휘 keep a diary 일기를 쓰다

8 어젯밤, Kate는 내가 우는 소리를 듣고 내 방으로 건너왔다.
▶ 현재분사가 지각동사의 목적격 보어

C

1 me feel good 2 Steve playing[play] the guitar
3 a woman fall[falling] down 4 me to go to medical school

0 그녀는 아름답다.
→ John은 그녀가 아름답다는 것을 알았다.

1 나는 기분이 좋다.
→ 이 음악은 나를 기분 좋게 만든다.
▶ 사역동사는 목적어와 목적격 보어가 능동의 관계일 때 목적격 보어로 원형부정사를 취한다.

2 Steve는 기타를 연주하고 있다.
→ 나는 Steve가 기타 연주하고 있는 것을 들었다.
▶ 목적어와 목적격 보어가 능동의 관계이고 진행의 의미가 있으므로 목적격 보어로 현재분사나 원형부정사를 쓴다.

3 어떤 여자가 돌계단에서 넘어졌다.
→ 나는 어떤 여자가 돌계단에서 넘어진 것을 보았다.
▶ 지각동사의 목적어와 목적격 보어가 능동의 관계이므로 목적격 보어로 원형부정사나 현재분사를 쓴다.
어휘 fall down 넘어지다

4 나는 의대에 다닐 것이다.
→ 어머니는 내가 의대에 갈 것을 기대하신다.
▶ expect는 to부정사를 목적격 보어로 취한다.

D

come, running[run], sprayed

A: 오늘 아침에 왜 회사에 늦었어요?
B: 어젯밤을 꼴딱 샜어요. 우리 아파트에 바퀴벌레가 있거든요! 매일 밤 부엌 조리대를 사방으로 기어 다니는 걸 봐요. 아주 끔찍해요.
A: 저런! 해충 방제 전문가가 아파트 전체에 (약을) 살포하게 해야겠네요.
▶ 사역동사 make는 목적격 보어로 원형부정사를 취함 / 지각동사 see는 진행 중인 동작·상태를 강조하기 위해 목적격 보어로 현재분사를 취함 (그 자리에 대신 원형부정사도 쓸 수 있음) / 사역동사 have는 목적어와 목적격 보어가 수동의 관계일 때 목적격 보어로 과거분사를 취함
어휘 cockroach 바퀴벌레 / pest control 해충 방제

GRAMMAR IN READING

A make, think B 1 ⓐ relax ⓑ motivated 2 encourage you to brighten your perspective Q ③

A

의사소통에 능한 사람이 되려면 어떤 표현들은 피하는 것이 중요하다. 그런 것 중 하나가 바로 '솔직하게 말하면'이다. 겉으로 보기에 별 뜻 없는 이 말은 사람들로 하여금 당신이 이전에는 그들에게 솔직하지 않았을지도 모른다고 생각하게 만든다!
▶ 「lead + 목적어 + to-v」는 「make + 목적어 + 원형부정사」와 같은 의미로 쓰일 수 있음

B

여러분을 진정시켜주는 마사지처럼 좋은 음악은 당신이 편히 쉬게 도와주고 편안하게 해 줄 수 있습니다. 여러분이 스트레스 받는다면, 이 CD들을 들어 보세요.
STEVIE WONDER, *Songs in the Key of Life*
Stevie Wonder처럼 삶에 대한 중요한 메시지로 음악을 채우는 사람은 없습니다. 그의 음악은 여러분이 삶에서 변화를 만들어내도록 동기를 유발할 것입니다.
SARAH MCLACHLAN, *Surfacing*
세상이 각박할 때, 목욕을 하고, 이 Sarah McLachlan의 CD를 들어보세요. 그녀의 음악은 여러분이 삶에 대해 밝은 관점을 갖도록 고무시켜 줄 것입니다.
1 ▶ ⓐ help + 목적어 + (to)-v
　　ⓑ 목적어와 목적격 보어가 수동 관계이므로 과거분사
2 ▶ encourage는 to부정사를 목적격 보어로 취함

Q ① 노래를 비평하려고
② 음악가를 모집하려고
③ 음악을 추천하려고

EXERCISE

A

1 rocking the cradle 2 rich in vitamin C 3 related to film piracy 4 after he changed his hair style 5 down the river 6 to speed up our work processes 7 we make

1 그녀는 요람을 흔들면서 아기에게 미소 지었다.
▶ 동시상황을 나타내는 분사구문이 주절 전체를 수식 (부사 역할)
어휘 rock (살살) 흔들다 / cradle 요람, 아기 침대

2 감기에 걸리지 않으려면 비타민 C가 풍부한 식품을 골라야 한다.
▶ 형용사구가 명사를 수식 (형용사 역할)

3 영화 불법 복제와 관련된 문제들은 피할 수가 없다.
▶ 과거분사구가 명사를 수식 (형용사 역할)
어휘 piracy 불법 복제

4 그는 머리 모양을 바꾼 뒤로 더 잘생겨 보였다.
▶ 때를 나타내는 부사절이 주절 전체를 수식 (부사 역할)

5 우리는 모두 강에서의 래프팅 여행을 고대하고 있었다.
▶ 전치사구가 뒤에서 명사 수식 (형용사 역할)

6 우리는 작업 과정의 속도를 올리기 위해 이 시스템을 개발했습니다.
▶ 목적을 나타내는 to부정사구가 동사를 수식 (부사 역할)

7 우리가 내리는 모든 결정은 다음 세대에게 영향을 미칠 것이다.
▶ 관계대명사절이 명사구를 수식하며 목적격 관계대명사 that은 생략됨 (형용사 역할)

B

1 형용사 2 부사 3 형용사 4 부사 5 부사 6 형용사

1 내게 그것에 대해 생각할 시간을 좀 줘.
▶ 명사구 some time을 수식하는 to부정사구

2 그들은 결혼했고 그 후 영원히 행복하게 살았다.
▶ 동사 lived를 수식하는 부사구

3 Tom은 옆집에 사는 여자 때문에 짜증이 났다.
▶ 명사구 the woman을 수식하는 현재분사구

4 David은 피곤했기 때문에 일찍 잠자리에 들었다.
▶ 주절 전체를 수식하는 부사절로 이유를 나타냄

5 유럽을 여행하는 동안 나는 가능한 한 많은 곳을 방문했다.
▶ 때를 나타내는 분사구문이 주절 전체를 수식

6 나는 내가 할 수 있는 모든 것을 해 봤지만, 아무것도 제대로 되지 않았다.
▶ 대명사 everything을 수식하는 관계대명사절 (관계대명사 that은 생략됨)

C

1 The athlete who was in the hospital with a leg injury
2 Because the company's products were defective, the customers were given
3 Knowing little about the movie
4 the building destroyed by the earthquake

0 Peter는 개로부터 도망쳤다. 그 개는 그에게 짖고 있었다.
→ Peter는 자기한테 짖는 개로부터 도망쳤다.

1 그 선수는 경기에서 뛸 수 없었다. 그는 다리 부상 때문에 입원해 있었다.
→ 다리 부상 때문에 입원해 있던 그 선수는 경기에서 뛸 수 없었다.

2 고객들은 전액 환불을 받았다. 그 회사의 제품에 결함이 있었다.
→ 그 회사의 제품에 결함이 있었기 때문에 고객들이 전액 환불을 받았다.
어휘 defective 결함이 있는

3 나는 그 영화에 관해 거의 알지 못했다. 나는 그것에 관해 인터넷에서 찾아봤다.
→ 그 영화에 관해 거의 알지 못해서 나는 그것에 관해 인터넷에서 찾아봤다.

4 사람들이 그 건물을 재건하고 있다. 그것은 지진으로 파괴되었다.
→ 사람들이 지진으로 파괴된 그 건물을 재건하고 있다.
어휘 reconstruct 재건하다

D

going, terrified, passing by

출근하던 여자가 강도를 당했다. 겁에 질린 여자는 도와달라고 외쳤고, 옆을 지나가던 남자가 그녀를 돕기 위해 경찰에 전화했다.
▶ 현재분사구가 앞의 명사구 A woman을 수식 / 과거분사가 명사 woman을 수식 / 현재분사구가 앞의 명사구 a man을 수식

GRAMMAR IN READING

A

요전 날 내 개가 새로 산 내 조깅화 한 짝을 물어뜯었다. 돈을 아끼고
싶어서 나는 신발 수선점에 그것을 가져갔다. "내 개가 이걸 물어뜯어
놨는데, 어떻게 하면 좋을까요?"라고 나는 수선공에게 말했다. 그러자
그가 답하길, "나머지 한 짝도 개에게 주세요."

1   내 개가 새로 산 신발 한 짝을 망가뜨렸다.
▶ 새로 산 신발 한 짝을 물어뜯었으므로 T

2   나는 신발을 수선점으로 가져가서 수선했다.
▶ 수선점으로 가져갔으나 수선할 수 없다는 의미의 말을 들었으므로 F

B

제목: 동물원을 내버려 두세요.
관계자께,
동물원에 있는 동물들을 도시의 남쪽 언저리에 있는 새로운 지역으로
옮긴다는 정부의 재개된 계획에 대해 읽었습니다. 현재 동물원인 땅
은 매우 소중한 지역입니다. 만일 동물들이 옮겨진다면, 새와 작은 동
물들이 살던 아름다운 이 공원이 없어져서 더는 시민들과 아이들에게
기쁨이 되지 못할 것입니다. 설령 동물들이 옮겨지더라도 그 땅만은
오로지 공공의 즐거움을 위해 존재하고 사람들이 소풍도 가고 뱃놀이
도 갈 수 있는 정원으로 개조되어야 합니다.
Ahmed Ali로부터

1~2 ▶ 관계사가 이끄는 절이 바로 앞의 명사구를 수식함
Q   정부는 동물원을 공원으로 바꿀 계획이다.

UNIT
74 해석에 주의해야 할 동사

EXERCISE

A

1   그 냄새는 나에게 크리스마스를 떠오르게 한다.

▶ remind A of B: A에게 B를 생각나게 하다

2   많은 사람들이 나를 일본인으로 착각한다.
▶ mistake A for B: A를 B로 잘못 알다

3   나는 샤워를 하려 했는데, 샴푸가 다 떨어져 있었다.
▶ run out of: ~을 다 써버리다, ~이 바닥나다

4   당신은 우리의 결정에 대해 60일 이내에 알게 될 것이다.
▶ inform A of B: A에게 B를 알리다

5   Rose는 금전적인 문제를 이유로 남편을 비난하였다.
▶ blame A for B: A를 B의 이유로 비난하다

6   우리는 모든 승객에게 음료를 제공할 예정이다.

7   우리는 모든 승객에게 음료를 제공할 예정이다.
▶ supply A with B: A에게 B를 제공하다

B

1   a. 그 노래는 그녀를 깊이 감동시켰고 그녀를 울렸다.
b. 우리 가족은 아버지의 직장 때문에 Boston으로 이사 갈 것이
다.

2   a. 음성 안내기가 여러분이 그림을 더 잘 감상하도록 도울 것입니
다.
b. 당신의 따뜻한 환대에 진심으로 감사드립니다.

3   a. 이 기계는 많은 시간을 절약해 줄 것입니다.
b. 저 굶주리는 아이들을 구하기 위해 무엇인가가 행해져야 한다.

4   a. 그가 우리의 요구 조건을 충족시키지 못했기 때문에 그와의 계
약을 취소하였다.
b. 나는 30분 후에 고객을 만나기로 되어 있다.

어휘 contract 계약 / requirement 필요 조건, 요건 / client
고객, 의뢰인

C

1   이 소음은 끔찍해. 나는 더는 그걸 참지 않을 거야.
▶ put up with: ~을 견디다, 인내하다(= tolerate)

2   나는 이번 달에만 3킬로그램이 쪘다. 나는 운동을 해야 한다.
▶ work out: 운동하다(= exercise)

3   우리는 그것을 몇 시간 동안 논의한 후 새 브랜드명을 생각해냈다.
▶ come up with: ~을 생각해내다(= think of)

4   Kelly는 몇몇 일자리에 지원했지만, 그 모두에서 탈락되었다.
▶ turn down: ~을 거절하다(= reject)

5 그곳은 분주한 공항이다. 비행기들이 몇 분 간격으로 이착륙한다.

▶ take off: (항공기 등)이 이륙하다(= depart)

D

> replace the tires of my car (with snow tires) 또는 replace my car's tires (with snow tires)

일기예보에 의하면 이번 겨울에 눈이 자주 내릴 것이라고 한다. 그래서 나는 내 자동차 타이어를 떼어내 스노타이어를 장착하기로 했다.
→ 이번 겨울에 눈이 자주 올 경우에 대비하여 내 차 타이어를 스노타이어로 교체하기로 했다.

▶ replace A with B: A를 B로 대체하다

GRAMMAR IN READING

> **A** food with → food for[to]　**B 1** of **2** b　**Q** Internet users

A

플랑크톤은 담수와 바다 생태계 둘 다에서 자라며 온갖 물고기 및 기타 바다 생물들에게 먹이를 제공한다. 인류의 자원으로서는 이제 겨우 개발되기 시작했을 뿐이다. 하지만 일부 전문가들은 그것이 결국엔 세계의 주요 식량 공급원이 될 수도 있다고 예측한다.

▶ provide B for[to] A(= provide A with B): A에게 B를 제공하다

B

사생활에 관한 소송
한 캘리포니아 여성이 불법적으로 고객의 개인 정보를 입수하고 판매한 혐의로 인터넷 광고 업체 더블클릭 사(社)를 상대로 어제 소송을 제기했다고 그녀의 변호사단이 말했다. 뉴욕에 있는 더블클릭 사는 이에 대한 언급을 거부했다. "보통 저희는 더블클릭 사에서 진행되고 있는 어떠한 소송에 대해서도 언급하지 않습니다."라고 회사 대변인이 말했다. 소송 내용에 따르면 더블클릭 사는 '쿠키'라고 알려진 컴퓨터 추적 기술을 적용해 인터넷 사용자들이 웹사이트를 돌아다닐 때, 그들의 동의 없이 신원을 파악해 개인 정보를 수집했다는 혐의로 기소된 상태였다.

1 ▶ accuse A of B: A를 B의 혐의로 고소[고발]하다
2 a. 누군가에게 돈을 지급하라고 요구하다
　　b. 공식적으로 누군가가 범죄를 저질렀다고 말하다

REVIEW TEST 15

> **A 1** What **2** sleepy **3** to rest **4** Going **5** dangerous **6** repaired **7** works out
> **B 1** famous **2** The rooms **3** finish **4** the groom kissed the bride **5** a woman **6** hunting tools **7** enough room **8** they are going to build a new bypass around the city
> **C 1** charged **2** save **3** for **4** of **5** with
> **D** ②　**E** ④　**F** (A) making (B) what (C) with
> **G 1** ⓐ to track ⓑ to violate **2** it keeps people from realizing

A

1 그가 한 일은 도덕적으로 옳지 않았다.
▶ what이 이끄는 관계대명사절이 주어로 쓰임
어휘 morally 도덕적으로

2 그 약은 나를 매우 졸리게 만들었다.
▶ 부사는 목적격 보어로 쓸 수 없음

3 그 의사는 그녀에게 일주일 동안 쉬라고 조언했다.
▶ advise A to-v: A가 ~하도록 조언하다

4 나는 치과에 가는 것이 항상 두렵다.
▶ 동사가 주어 역할을 해야 하므로 동명사(v-ing) 형태로 씀

5 사막에서 혼자 여행하는 것은 위험한 것 같다.
▶ sound가 '~하게 들리다'의 의미일 때 주격 보어로 형용사가 쓰임

6 어떻게 그렇게 싸게 자동차를 수리할 수 있었어요?
▶ 목적어(your car)와 목적격 보어가 의미상 수동의 관계이므로 과거분사를 씀

7 그는 건강을 유지하기 위해 규칙적으로 운동을 한다.
▶ work out: 운동하다 / work on: (문제 등)에 애쓰다[공들이다]
어휘 keep fit 건강을 유지하다

B

1 그녀는 특이한 목소리와 외모로 유명했다.
▶ 전치사구가 형용사(famous)를 수식
어휘 peculiar 독특한, 특이한

2 바다가 보이는 전망의 방은 모두 예약되었습니다.
▶ 전치사구가 명사구(The rooms)를 수식

3 우리는 올해 말까지 완공하기를 바랍니다.
▶ 전치사구가 동사(finish)를 수식

4 커플이 반지를 교환한 후 신랑은 신부에게 키스했다.
▶ 때를 나타내는 부사절이 주절 전체(the groom ~ bride)를 수식
어휘 exchange 교환하다 / groom 신랑 / bride 신부

5 이 영화는 범죄 누명을 쓴 여성에 관한 것이다.
▶ 관계사절이 명사구(a woman)를 수식

6 그 고고학자는 청동기 시대에 만들어진 사냥 도구를 발견했다.

　▸ 과거분사구가 명사구(hunting tools)를 수식

　[어휘] archaeologist 고고학자 / Bronze Age 청동기 시대

7 이 식당에는 100명까지 수용할 수 있는 충분한 공간이 있다.

　▸ to부정사구가 명사구(enough room)를 수식

　[어휘] accommodate 공간을 제공하다, 수용하다

8 보아하니 그들이 도시 주위로 새 우회 도로를 만들려고 하는 것 같다.

　▸ 부사가 문장 전체(they ~ city)를 수식

　[어휘] bypass 우회 도로

C

1 a. 그 식당은 우리에게 와인 값으로 40달러를 청구했다.

　b. Gibson은 사기죄로 기소되었다.

　▸ charge A B (for): A에게 B를 청구하다 /

　　charge A with B: A를 B의 죄목으로 고발하다

　[어휘] fraud 사기

2 a. 헌혈을 함으로써 당신은 누군가의 생명을 구할 수 있다.

　b. 이 새로운 기술을 채택하는 것이 많은 시간을 덜어줄 것이다.

　▸ save: 구하다; 덜어주다

　[어휘] adopt 택하다, 차용하다

3 a. 모든 사람이 그 사고의 원인으로 택시 기사를 탓했다.

　b. 한 여자가 그를 배우로 착각해서 사인해달라고 요청했다.

　▸ blame A for B: A를 B의 이유로 비난하다 /

　　mistake A for B: A를 B로 잘못 알다

　[어휘] autograph (유명인의) 사인

4 a. 그녀의 병은 그녀에게서 평범한 일상을 앗아갔다.

　b. 그 교수는 학생의 아이디어를 도용한 혐의로 기소되었다.

　▸ rob A of B: A에게서 B를 빼앗다 /

　　be accused of: ~로 고소되다, 비난받다

5 a. 비타민 약이 건강한 식단을 대신할 수는 없다.

　b. 나는 그녀의 무례한 행동을 더는 참을 수 없을 것 같다.

　▸ replace A with B: A를 B로 대체하다 /

　　put up with: ~을 견디다, 인내하다(= tolerate)

D

① 나는 사람들 앞에서 이야기하는 것이 부끄럽다.

② 그는 냉장고 문에 메모를 붙여놓았다.

③ 두 형제는 아버지 재산을 놓고 싸우는 것을 그만두었다.

④ 많은 승객을 태운 버스가 가로등에 충돌했다.

⑤ 그 모든 지연이 있었던 뒤에, 그들은 잃어버린 시간을 만회하기를 무척 바라고 있었다.

▸ 목적어와 목적격 보어가 수동의 관계이므로 과거분사(attached)가 와야 함

E

① 누가 탁자 위에 있던 신문을 가져갔니?

② 이 그림이 바로 그녀가 경매에서 산 것이다.

③ 너는 바람이 나무 사이에 부는 소리를 들을 수 있을 거야.

④ 연구원은 학생들에게 설문지를 작성해달라고 요청했다.

⑤ 그 남자는 주차 금지 구역에 주차해서 벌금을 내야 했다.

▸ ask A to-v: A에게 ~해달라고 요청하다

F

우리가 사람을 만날 때, 그에게 마음이 끌리는지를 결정하는 데는 불과 몇 초밖에 걸리지 않는다. 외모와 몸짓이 처음에 우리가 눈여겨보는 것이다. 그 외에도 그들의 목소리와 말하는 방식이 그들의 배경과 성격에 대한 단서를 제공할 수 있다.

▸ (A) 동사가 주어로 쓰일 때는 동명사의 형태로 쓴다.

　(B) what은 선행사를 포함하는 관계대명사로 '~하는 것'이라는 뜻이며, what이 이끄는 절이 주격 보어 역할을 한다.

　(C) provide A with B: A에게 B를 제공하다

[어휘] appearance 외모 / in addition to ~에 더하여, ~일 뿐 아니라 / clue 단서 / as to ~에 대해

G

사생활 전문가들은 새로운 형태의 무선 기술이 개인의 사생활에 큰 위협이 될 수 있다고 우려한다. 스마트폰을 예로 들어 보자. 해커들이 스마트폰 앱을 통해 우리의 위치와 개인 정보를 추적하기가 쉽다. 이것은 기본적으로 그들이 우리의 사생활을 침해할 수 있게 해 준다. 게다가, 전화기의 카메라 렌즈는 너무 작아서 사람들이 사진이 찍히고 있다는 것을 깨닫지 못하게 한다. 이것은 온갖 잠재적인 문제를 발생시킬 수 있다.

1 ▸ ⓐ 앞에 가주어 It이 쓰였으므로 뒤에 진주어인 to부정사구가 필요함

　ⓑ allow A to-v: A가 ~하도록 허락하다

2 ▸ keep A from B: A가 B하는 것을 막다

[어휘] privacy 사생활 / wireless 무선의 / track 추적하다 / violate 침해하다 / potential 잠재적인

수능 Special 08

A

1 participate in → have participated in

2 had been motivated → were motivated

3 would be killed → would have been killed

1 나는 경기에 졌지만 네 도움이 없었다면 경기에 참가하지 못했을 것이다.
  ▶ if절 대신 without을 이용하여 과거 사실의 반대를 가정하는 가정법 과거완료 문장으로 couldn't have participated in이 알맞다.
2 만약 모든 사람들이 두려움에 의해 동기 부여가 된다면, 창조적인 그 무엇도 이루어지지 않을 것이다.
  ▶ 주절에 「조동사의 과거형 + 동사원형」이 쓰인 가정법 과거 문장이므로 if절의 동사는 were가 되어야 한다.
3 만약 건물을 빠져나오라는 결정이 내려지지 않았다면, 그 팀 전원이 사망했을 것이다.
  ▶ if절에 동사의 과거완료형이 쓰인 가정법 과거완료 문장이므로 주절의 동사는 would have been killed가 되어야 한다.

B

⑤

거장 화가로서, Pablo Picasso와 Henri Matisse는 그들을 새로운 경지로 끌어올린 지속적인 경쟁을 유지했다. Picasso는 Matisse가 더 음울한 주제와 상을 사용하도록 동기를 부여했다. Matisse는 차례로, Picasso가 혁명적인 양식인 큐비즘을 창시하도록 영감을 주었다. 이런 방식으로, 두 화가는 인간 형태의 혁신적인 묘사를 이루었으나, Picasso 특유의 천재성은 극적인 필치의 사용이었던 반면 Matisse의 그것은 색채의 응용이었다. 서로의 영향이 없었더라면 그들 중 누구도 미술계에 그처럼 대단한 공헌을 세우지 못했을 것이다.
  ▶ ⑤ Matisse와 Picasso가 서로 미술적인 영향을 주고받으며 성장했다는 글이므로, 내용상 과거 사실의 반대를 가정하는 가정법 과거완료 문장이 되어야 한다. 이때 without이 이끄는 부사구가 가정법의 if절을 대신하므로, 따라서 made를 would have made로 고쳐야 한다.
  ① 선행사 an ongoing rivalry를 수식하는 관계사절을 이끄는 주격 관계대명사 that
  ② motivate의 목적격 보어로 쓰인 to부정사구
  ③ inspire의 목적격 보어로 쓰인 to부정사구
  ④ 양보를 나타내는 종속접속사 though
  어휘 ongoing 계속 진행 중인 / rivalry 경쟁 의식 / motivate 동기를 부여하다 / imagery 심상, 상 / inspire 영감을 주다 / revolutionary 혁명적인 / Cubism (미술) 입체파, 큐비즘 / innovative 혁신적인 / representation 표현, 묘사 / brushstroke 붓놀림, 필치 / application 응용, 적용 / contribution 기여, 공헌

수능 Special 09

A

1 that 2 What 3 that 4 when

1 나는 내가 졸업한 학교를 방문해서 예전 선생님을 뵈었다.
  ▶ 선행사 the school을 수식하는 관계사절을 이끌며 관계사절 안에서 전치사 from의 목적어 역할을 하는 목적격 관계대명사 that이 알맞다.
2 그들이 제일 먼저 알고 싶어한 것은 그 비용이 얼마나 들까 하는 것이었다.
  ▶ 선행사를 필요로 하지 않고 명사절을 이끄는 관계대명사 what이 알맞다.
3 Meteora는 높은 바위 위에 지어진 수도원으로 유명하다.
  ▶ 선행사 monasteries를 수식하는 관계사절을 이끌며 관계사절 안에서 주어 역할을 하는 주격 관계대명사 that이 알맞다.
  어휘 monastery 수도원
4 가장 많은 허리케인이 발생할 것이라고 예상된 해에는 가장 적은 수의 허리케인이 왔다.
  ▶ 선행사 The year를 수식하는 관계사절을 이끌며 관계사절 안에서 때를 나타내는 부사 역할을 하는 관계부사 when이 알맞다.

B

②

"거대한 거인이 저 그림들을 그렸음이 틀림없어!" 당신이 페루 남부에서 비행기로부터 Nazca Line을 내려다본다면 이런 생각을 하게 될지도 모른다. 아래에 펼쳐진 땅에서 당신은 거대한 삼각형들과 다른 기하학적 도형들을 보게 될 것이다. 그 그림들은 아마도 약 1,900년 전에 Nazca 사람들에 의해 그려졌을 것이다. 그들이 왜 그랬는지는 수수께끼이다. 한 가지 가설은 이러한 선들이 우주의 방문객들에게 착륙 지점을 알려주는 표시였다는 것이다.
  ▶ ② be동사의 보어 역할을 하는 명사절을 이끌고, 선행사를 필요로 하지 않고 관계사절 안에서 목적어 역할을 하는 what이 와야 한다.
  ① 과거의 일에 대한 확실한 추측은 「must have v-ed」로 나타냄
  ③ The drawings는 make의 대상이므로 수동태
  ④ 의문사절이 다른 문장의 일부로 쓰였으므로 「의문사 + 주어 + 동사」의 어순이 와야 함
  ⑤ 주격 보어로 쓰인 명사절을 이끄는 접속사 that
  어휘 geometric 기하학적인 / figure 형태, 형상 / puzzle 수수께끼 / landing field 착륙장, 경비행장

수능 Special 10

A

1 few 2 little 3 was

1 그 작가는 대중 앞에 거의 모습을 보이지 않아서 그의 사생활을 아는 사람이 거의 없다.
- ▶ 아는 사람이 '거의 없다'는 의미이므로 few로 수식한다.

2 비록 그녀는 교육을 거의 받지 못했지만, 기술이 매우 뛰어났다.
- ▶ 셀 수 없는 명사인 education을 수식하므로 little이 알맞다.

3 인구 규모와 복잡성의 증가가 과학 발전의 추진력이었다.
- ▶ 주어(The growth)가 셀 수 없는 명사이므로 단수형 동사를 써야 한다.

B

③

북부 중앙 라오스의 한 마을인 Luang Prabang은 그것의 경치와 유네스코 유산으로서의 지위로 유명하다. 그것의 근대 역사는 60년 동안의 프랑스에 의한 지배를 포함하며, 그 후에는 독립적인 라오스 왕국의 왕도가 되었다. 이 때문에, Luang Prabang 전역에는 많은 프랑스 건축물이 전통적인 건물과 섞여 있다. 전반적으로, 도시 풍경은 경이로운 양식의 융합이고, 따라서 많은 관광객들이 매년 Luang Prabang을 방문하는 것도 놀라운 일이 아니다.

- ▶ ③ architecture는 셀 수 없는 집합명사이므로 수량을 나타낼 때 a large amount of를 써야 한다.
- ① 문장의 주어인 Luang Prabang에 이어지는 문장의 동사는 is
- ② 선행사 rule by the French for 60 years를 대신하는 목적격 관계대명사가 전치사 after의 목적어로 쓰임
- ④ 셀 수 없는 명사 scenery가 포함된 주어에 이어지는 문장의 동사는 is
- ⑤ 진주어인 명사절을 이끄는 that

[어휘] scenery 풍경 / heritage 유산 / rule 규칙; *통치, 지배 / independent 독립적인 / architecture 건축 양식; *건축물 / urban 도시의 / fusion 융합 / it is no wonder that ~도 놀라운 일이 아니다

수능 Special 11

A

1 those → that
2 them → themselves
3 ○

1 그녀의 말은 유권자들을 불확실한 상태에서 반감을 가진 상태로 만들었다.

- ▶ 앞에 쓰인 the position의 반복을 피하기 위해서는 단수형 대명사인 that이 적절하다.

2 치료사들이 환자들을 낫도록 돕지만 환자들만이 자신을 진정으로 변화시킬 수 있다.
- ▶ 목적어가 주어(the patients)와 같은 대상을 가리키므로 재귀대명사 themselves를 써야 한다.

3 쉽게 성공할 것이라고 믿은 여성들이 자신의 체중 감량 여정이 힘들 것이라고 여긴 사람들보다 24파운드를 더 적게 감량했다.

B

④

어린 사람들은 성인보다 광고에 더 취약하다. 우리에게는 그들에게 정크 푸드의 위험성을 경고하는 캠페인이 필요하다. 십 대 청소년 스스로가 하루에 약 13개의 식품 광고에 노출된다. 연구원들은 식품 광고가 과체중인 십 대들한테 더 큰 영향을 미친다는 것을 발견했다. 그들에게, 쾌감, 맛, 입을 통제하는 두뇌 영역은 체지방이 적은 청소년들의 그것보다 훨씬 더 많이 자극받는다. 십 대들은 대개 체중 증가의 원인으로 자기 자신을 탓하지만, 식품 광고가 그 책임의 일부를 져야 한다.

- ▶ ④ 목적어 them이 주어(teenagers)와 같은 대상을 가리키므로 재귀대명사를 써서 themselves로 고쳐야 한다.
- ① a campaign을 선행사로 하는 주격 관계대명사절 안에서의 수일치
- ② 주어인 Teenagers를 강조하는 재귀대명사
- ③ 앞에 나온 복수 명사구 the brain regions를 대신하는 대명사 those
- ⑤ 지시형용사 that

[어휘] vulnerable 취약한 / expose 노출시키다 / commercial 광고 방송 / overweight 과체중의 / stimulate 자극하다 / blame A for B A를 B의 이유로 탓하다

수능 Special 12

A

1 highly → high
2 familiarly → familiar
3 ○

1 2000년에 남자아이들의 비만율은 여자아이들의 비만율보다 거의 3배 더 높았다.
- ▶ 배수사 + as + 원급 + as ~: ~보다 몇 배 …한

2 히포크라테스는 2,500년 전에 살았지만, 그의 생각들은 오늘날에도 친근하게 들린다.
- ▶ sound는 보어로 형용사(familiar)를 필요로 하는 불완전 자동사이다.

3 요즘에는 많은 스마트폰 소유자들이 대화 도중 트위터를 확인하

면서도 그것이 예의 없다고 여기지는 않는다.
▸ consider는 목적격 보어로 형용사(impolite)를 필요로 하는 동사이다.

B

④

Mexico City가 가라앉고 있다. 약 이천만 명이 사는 이 도시는 150년이 넘도록 그 아래의 우물에서 물을 퍼 올려 왔으며, 이제 그 결과에 직면하고 있다. 우선, 몇몇 장소가 100년 전보다 무려 9미터나 낮다. 이것은 지하 우물들이 주위 환경이 그것들을 다시 채울 수 있는 것보다 더 빠르게 고갈되고 있기 때문이다. 이런 일이 더 많이 벌어질수록, Mexico City의 주민들에게는 더 많은 문제가 생길 것이다. 두 개의 구체적인 근심거리는 인근 Texcoco 호수에서의 홍수와, 더는 도시에서 하수를 빼내지 못하는 구부러진 하수관이다.
▸ ④ '~하면 할수록 더 …하다'라는 뜻을 나타내는 「the + 비교급 ~, the + 비교급 …」 구문이므로 앞의 More를 The more로 고쳐 써야 한다.
  ① 과거에 시작되어 현재까지 지속되는 일을 나타내는 현재완료진행형
  ② as much as: 무려
  ③ 비교급 구문
  ⑤ crooked sewage lines를 선행사로 하는 주격 관계대명사 that
[어휘] approximately 약 / well 우물 / face ~에 직면하다 / consequence 결과 / underground 지하의 / empty 빈; *비우다 / surrounding 인근의, 주위의 / resident 주민 / concern 우려 / flooding 홍수 / crooked 비뚤어진, 구부러진 / sewage 하수

수능 Special 13

A

1 during → for
2 ○
3 by → until
4 because → because of

1 사람들이 차를 온라인상으로 판 지 이제 꽤 되었다.
  ▸ for 뒤에는 기간의 길이를 나타내는 명사구가 온다.
2 비록 음악이 때로 허가 없이 사용될지라도, 원작자는 여전히 대가를 받을 수 있다.
3 정부는 내년까지 업그레이드를 미루도록 소프트웨어 회사들을 압박하고 있다.
  ▸ 특정 시점까지 일의 지속 상태를 나타낼 때는 until을 쓴다.
4 돼지들은 진흙에 몸을 굴리는 습관 때문에 전통적으로 더러움과 관련이 있다.

▸ 명사구가 이어지므로 because of가 와야 한다.

B

(A) due to (B) as (C) because

나는 그날 저녁 그를 떠나 집으로 가는 긴 여행을 시작했다. 나는 그가 나에게 말을 건 방식 때문에 기분이 좋았다. 우리가 만난 이래 처음으로 그는 나를 Miss Eyre라고 부르지 않고 Jane이라고 불렀다. 나는 내가 이미 그를 사랑하는 것처럼 언젠가 그도 나를 사랑하게 되기를 바라기 시작했다. 그것은 사실 실낱같은 희망이었다. 왜냐하면 나는 키도 작고 전혀 아름답지도 않다는 사실을 알고 있었기 때문이다.
▸ (A) 뒤에 명사구가 이어지므로 due to가 와야 함
  (B) as가 '~인 것과 같이'를 뜻하는 접속사로 쓰임
  (C) 뒤에 절이 이어지므로 because가 와야 함
[어휘] journey 여행 / faint 희미한, 어렴풋한

수능 Special 14

A

1 is 2 act 3 learn

1 두 개의 길 사이의 거리 차이는 지구의 굽은 표면 때문이다.
  ▸ 수식어구가 쓰여 주어가 길어진 구문으로 단수 주어(The difference)에 맞춰 동사를 일치시킨다.
2 디지털 시대의 도구들은 우리가 쉽게 정보를 얻고 공유하고 그것에 따라 행동하게 해 준다.
3 너의 편지를 받고 네가 Royal Holloway에 합격한 것을 알고 나는 매우 기뻤다.
2~3 ▸ to부정사의 to 뒤에 오며 등위접속사 and로 연결된 말이므로 동사원형이 와야 한다.

B

(A) The number of (B) does (C) provides

한 사람이 하루에 필요로 하는 열량은 얼마인가? 모든 사람에게 공통적으로 옳은 답은 없다. 한 사람이 필요로 하는 열량은 나이, 신체 구조 그리고 그 사람이 하는 일 등에 따라 달라진다. 또한, 운동을 하거나 활동적인 생활을 하는 사람은 좀 더 많은 열량을 소모한다. 한 사람이 매일 세 끼의 균형 잡힌 식사를 통해서 섭취하는 음식은 대개 필요한 만큼의 열량을 모두 제공한다.
▸ (A) the number of + 복수명사: ~의 수 (단수 취급)
    a number of + 복수명사: 많은 ~ (복수 취급)
  (B) one이 관계사절 내 주어이므로 단수형 동사를 쓴다.
  (C) 관계대명사절의 수식을 받는 주어(The food)가 단수형이므로 이에 동사를 수 일치시켜 단수형으로 쓴다.
[어휘] well-balanced 균형이 잡힌

MEMO

MEMO

대한민국 영문법 교재의 표준

G-ZONE

THE STANDARD
FOR ENGLISH
GRAMMAR BOOKS

G-ZONE 기본편의 특징

Authentic Examples
실생활에서 사용되는 예문을 통해 고등 영어에 필요한 핵심 문법 학습

Grammar Skills and Writing Ability
풍부한 연습 문제를 통한 단계별 학습으로 문법 실력과 쓰기 능력 강화

Comprehensive Vocabulary
다양한 주제와 상황에 적합하고 유용한 어휘 습득

Grammar for Reading
학습한 문법이 적용된 실용 및 학술 지문을 통해 문법 응용력 향상